LA SÉLECTION

CHARTIER

20|08

www.francoischartier.ca

1 500 NOUVEAUX VINS
2 500 METS EN HARMONIES
400 VINS À MOINS DE 25 $

Les Éditions
LA PRESSE

Catalogage avant publication de Bibliothèque et Archives nationales du Québec et Bibliothèque et Archives Canada

Chartier, François

La sélection Chartier

ISSN 1711-2958

ISBN 978-2-923194-56-1

1. Vin. 2. Vin - Dégustation. 3. Vin - Service. I. Titre.

TP548.2.C42   641.2'2   C2004-300389-3

Les Éditions La Presse

Président
André Provencher

Directeur de l'édition
Martin Rochette

Adjointe à l'édition
Martine Pelletier

Conception graphique
Bernard Méoule

Infographie
Francine Bélanger

Révision linguistique et collaboration
Nicole Henri

Gestion de la base de données
Annie Pelletier

Photos
Louis-Michel Major
François Chartier

Publicité
Alain Desjardins - Hibou communication
alain@hiboucommunication.com

Dépôt légal – Bibliothèque et
Archives nationales du Québec, 2007
Dépôt légal – Bibliothèque et
Archives Canada, 2006
4e trimestre 2007
ISBN 978-2-923194-56-1

Imprimé et relié au Québec
Impression : Interglobe

Les Éditions
LA PRESSE

7, rue Saint-Jacques
Montréal (Québec)
H2Y 1K9

1 800 361-7755

www.francoischartier.ca

Abonnez-vous,
c'est GRATUIT!
MISES À JOUR INTERNET
DE LA SÉLECTION
CHARTIER 2008

www.francoischartier.ca

La Sélection Chartier 2008 est le seul guide des vins à offrir GRATUITEMENT à ses lecteurs un suivi Internet hebdomadaire des nouveaux arrivages commentés « en primeur » dans ce guide de référence!

Avec les **MISES À JOUR INTERNET** de *La Sélection Chartier*, impossible de manquer le retour des très attendus coups de cœur de l'année.

Dans *La Sélection Chartier 2008*, plus de 200 vins sont commentés en « primeur », donc avant leur mise en marché à la SAQ. Vous serez ainsi avertis en temps réel de l'arrivée à la SAQ de ces nombreux vins.

Sous forme d'Infolettre, vous recevrez régulièrement toute l'information sur les plus récents arrivages chez les vins commentés dans *La Sélection Chartier 2008*.

Un privilège accordé uniquement aux lecteurs de La Sélection Chartier 2008.

ET C'EST GRATUIT!

Pour de plus amples informations et pour vous abonner gratuitement, visitez le site Internet www.francoischartier.ca section *MISES À JOUR Internet de La Sélection Chartier*

MARIE·SOPHIE
DiON
OPTICIENNE

bar à lunettes

www.msdion.com

Plus de 2000 montures de lunettes, méticuleusement sélectionnées partout sur la planète, vous sont servies au bar. Confortablement assis, miroir en main, vous vous laissez enivrer par les couleurs, le design recherché et les formes inusitées. Marie-Sophie Dion Opticienne et son équipe de professionnels vous proposent la lunette parfaite pour étancher votre soif d'authenticité.

Over 2000 meticulously selected frames from a worldwide selection. Sitting comfortably at the bar, mirror in hand, immerse yourself into a world of infinite colors and unusual designs. Optician Marie-Sophie Dion and her team of professionals have the perfect glasses to quench your thirst for authenticity.

MONTRÉAL
401 rue McGill
T 514.843.3466

SHERBROOKE
3073 boul. de Portland
T 819.346.4494

Le grand concours

du guide des vins « La Sélection Chartier 2008 »

Du 3 novembre 2007 au 31 décembre 2007, *La Sélection Chartier 2008* vous offre la chance de gagner l'un des quatre prestigieux prix suivants :

LE PRIX HÔTELIER Un séjour de deux nuitées pour deux personnes dans la suite présidentielle de l'Hôtel Quintessence, à Mont-Tremblant. Le prix comprend deux soupers et deux petits déjeuners. Vin de glace et fruits frais offerts à l'arrivée, champagne et délice surprise servis à la chambre la deuxième soirée. Deux peignoirs seront offerts aux gagnants, gracieuseté de l'Hôtel Quintessence, le tout d'une valeur de 4 500 $.

LE PRIX SOIRÉE GASTRONOMIQUE Un souper gastronomique pour douze personnes où le menu sera concocté par le chef Fred Ouimet. Le prix d'une valeur de 2 000 $ inclut les vins, le service et les taxes, gracieuseté du restaurant Confusion Tapas du Monde, à Montréal.

LE PRIX PARTENAIRE Un cellier d'appartement de couleur acajou à porte vitrée d'une capacité de 100 bouteilles, gracieuseté de la boutique Vinum Design, d'une valeur de 1 395 $.

LE PRIX CONNAISSEUR Une collection complète de verres de marque Schott Zwiesel série Carat, soit un ensemble de quarante-huit verres et une carafe Pollux d'une capacité de 750 ml. Le prix d'une valeur de 1 200 $ est une gracieuseté des boutiques Vin et Passion.

Pour participer : remplissez le bulletin de participation publié tous les samedis entre le 10 novembre et le 22 décembre 2007 dans *La Presse, Le Soleil, Le Nouvelliste, Le Droit, La Tribune, La Voix de l'Est* et *Le Quotidien*. Vous pouvez également vous inscrire grâce au coupon de participation fourni à la page suivante de La Sélection Chartier 2008. Répondez à la question et postez le bulletin de participation aux Éditions La Presse : C.P. 11618, Succursale Centre-ville, Montréal (Québec) H3C 5W5.

Vous pouvez également vous inscrire gratuitement au concours sur **cyberpresse.ca**, ainsi que sur **www.francoischartier.ca** entre le 3 novembre 2007 et le 31 décembre 2007.

Le concours débute le 3 novembre 2007 pour se terminer le 31 décembre 2007 à 23 h 59, heure et date limite pour participer au concours. Ce concours s'adresse aux personnes âgées de 18 ans et plus.

Le grand concours

du guide des vins
« La Sélection Chartier 2008 »

Question : **Combien de nouveaux vins propose l'édition 2008 de** *La Sélection Chartier* **?**

A) 1 500 nouveaux vins   **B)** 1 000 nouveaux vins

Réponse : _____

Remplissez et envoyez à :
Les Éditions La Presse
C. P. 11618, Succursale Centre-ville, Montréal (Québec) H3C 5W5

Les Éditions
LA PRESSE

Nom :   Prénom :

Adresse :   App. :

Ville :   Code postal :

Tél. bur. : (   )   Rés. : (   )

Adresse électronique :

Les fac-similés ne sont pas acceptés. Valeur totale des prix : 9 095 $.

Règlements disponibles aux *Éditions La Presse*. Le tirage aura lieu le 7 janvier 2008.

Ce concours est organisé avec la participation de nos commanditaires :

CONFUSION
TAPAS DU MONDE

www.francoischartier.ca

La performance EuroCave
maintenant offerte à un prix **exceptionnel**

Modèle V266PV 200 bouteilles
à partir de 3295 $**

Aussi disponible,
modèle de
100 bouteilles
à partir de 2395 $**

EuroCave® le leader mondial depuis 1976

Le cellier modèle V266PV vous est offert avec 8 clayettes coulissantes et 3 clayettes de stockage. Les capacités sont approximatives et sont calculées avec des bouteilles de type bordeaux tradition. Taxes et livraison en sus. **Offre valide jusqu'au 31 décembre 2007 détails en magasin.

Vin & Passion
celliers et accessoires au service du vin

www.vinetpassion.com

Succursale de la Rive-Sud
Promenades St-Bruno
321 boul. Des Promenades, St-Bruno
(Local C-030 - 1er étage - porte #2)

T. 450.**653.2120**

Succursale de Laval
Centropolis
1910, avenue Pierre-Péladeau, Laval
(Angle St-Martin et autoroute 15)

T. 450.**781.8467**

VIEILLE EUROPE

LA SÉLECTION

CHARTIER

20 08

NOUVEAU MONDE

12ᵉ ÉDITION
COMMENT
UTILISER
LA SÉLECTION
CHARTIER 20
LE SYSTÈME
DE NOTATION

LA SÉLECTION CHARTIER 2008
« LES MEILLEURS VINS DISPONIBLES ET 204 PRIMEURS! »

Si vous êtes un fidèle lecteur de *La Sélection Chartier*, vous avez sans doute remarqué que, depuis la toute première édition, parue en 1996, je commente « uniquement » les vins dignes d'être achetés et qui sont disponibles lors de la parution du guide, à la fin octobre, ou à venir.

Dans le chapitre d'introduction de chaque édition, j'explique que l'idée maîtresse de ce guide d'achat était, et est plus que jamais, de proposer une « sélection » de vins triés parmi les meilleurs du moment – d'où le nom *La Sélection* –, sans perdre de temps avec les vins qui n'offrent pas satisfaction en matière de qualité, de rapport qualité-prix et encore moins à table! D'autres guides se chargent de commenter des vins jugés « moins intéressants » en répertoriant *ad nauseam*, façon « Guide de l'auto », tout ce qui passe dans le verre de ou des auteurs.

Plus que jamais l'ouvrage d'un seul dégustateur, *La Sélection Chartier* demeure avant tout une « sélection » rigoureuse et homogène des meilleurs vins disponibles au moment de sa parution, dans toutes les gammes de prix et dans tous les styles, harmonisés avec plus de 2 500 combinaisons de mets divers.

Depuis la première parution de ce guide, de nombreux vins sont commentés en primeur, avant leur mise en marché à la SAQ – dont 204 vins dans l'édition 2008! Ainsi, *La Sélection* est le seul guide des vins au Québec à informer les amateurs aussi des meilleurs achats à venir au cours des mois qui suivent sa parution, lui donnant ainsi une plus longue durée de vie dans l'année et une plus grande pertinence quant au côté vraiment pratique de ce guide d'achat (voir *Calendrier des futurs arrivages 2007/2008*, à la page 16).

Ce bréviaire gourmand est également le seul à offrir « gratuitement », à tous ses lecteurs, un service de *Mises à jour
Internet de La Sélection Chartier* via le site Internet **www.
francoischartier.ca**. Un outil sur mesure afin de ne pas manquer
le retour des favoris de *La Sélection*.

Enfin, depuis octobre 2007, l'abonnement à *La CYBER Sélection
Chartier Internet*, le guide des vins Internet de François Chartier
(www.francoischartier.ca), vous permet d'être informé tout au
long de l'année des « nouvelles sélections » de l'auteur.

Puissent les efforts mis de l'avant pour que vous soyez plus que
jamais en première ligne des consommateurs les plus avisés vous
servir au mieux.

François Chartier
www.francoischartier.ca

DE QUOI EST FAITE
LA SÉLECTION CHARTIER 2008?

La Sélection Chartier 2008 commente et répertorie **1 500 NOU-
VEAUX vins***, dont **400 VINS À MOINS DE 25 $**, tous harmo-
nisés avec des mets regroupés dans un index de plus de **2 500
HARMONISATIONS VINS ET METS**. Comme à chaque édition,
La Sélection Chartier est **RENOUVELÉE À 100 %**.

Que des **NOUVEAUX VINS**, disponibles au moment de sa parution ainsi que 204 vins commentés en **PRIMEUR**.

Afin de mieux identifier ces quelque 204 vins commentés en primeur, un *Calendrier des futurs arrivages 2007/2008* a été
ajouté au début du guide (p. 16), permettant aux lecteurs d'être
informés des meilleurs achats à venir, avant même leur mise en
marché à la SAQ.

---

*Un index général à la fin du livre en fournit la liste par ordre alphabétique
de noms, de pays et d'appellations.

Plus interactive que jamais, *La Sélection Chartier 2008 offre à ses lecteurs un* **abonnement « gratuit »**, via le site www. francoischartier.ca, à un service de *Mises à Jour Internet de La Sélection Chartier 2008.* Hebdomadaires ou mensuelles, elles annoncent, par courriel, l'arrivée des futurs arrivages et le retour des favoris de cette douzième édition.

Parmi les autres nouveautés, une grande place est accordée aux **Vins du Nouveau Monde**, qui gagnent de plus en plus d'adeptes tant au Québec qu'aux quatre coins du monde. Les meilleurs vins y sont sélectionnés, dont plusieurs futurs arrivages. La SAQ a grandement ouvert son carnet de commandes depuis l'an passé, enrichissant ainsi le marché québécois d'innombrables nouveaux vins, plus ou moins 1 000 nouveaux produits, dont de multiples crus d'Afrique du Sud, de Nouvelle-Zélande, d'Australie, d'Espagne, d'Italie et du Midi de la France. Afin de les repérer rapidement, comme dans l'édition 2007, j'ai identifié, au fil des pages, les quelque **294 nouveaux vins** par le mot NOUVEAUTÉ!.

S'ajoutent à cette édition 2008 deux nouveaux chapitres: *Quoi de neuf dans la vieille Europe?* et *Quoi de neuf dans le Nouveau Monde?* Sous forme de résumés, ils vous permettront, en un coup d'œil, de saisir les tendances qui émergent dans chaque pays, tout comme les aubaines à ne pas manquer, cette année, dans les principaux pays producteurs de ces deux hémisphères.

Le retour du chapitre *Le Blogue de La Sélection Chartier* (**www.francoischartier.ca**) comprend des éditoriaux, des dossiers et des nouvelles de l'actualité vinicole internationale, dont certaines portant sur les effets des **CHANGEMENTS CLIMATIQUES** ainsi que des problèmes liés au **BOUCHON DE LIÈGE**. Afin de conserver un lien quotidien avec l'actualité du vin, les lecteurs peuvent ainsi visiter le *Blogue de La Sélection Chartier* où des commentaires plus exhaustifs sont accessibles, des commentaires à chaud sur l'actualité, au jour le jour, l'année durant.

Parmi les **2 500 mets** recommandés avec les vins, ceux identifiés par un (**C***) font l'objet d'une recette dans le livre *À table avec François Chartier*, tandis que les mets identifiés par un (**R***), une nouveauté cette année, se retrouvent dans les recettes du magazine *Ricardo* de l'automne et de Noël 2007, auquel je collabore.

Aussi au rendez-vous: la toujours attendue liste des *Coups de cœur 2008 de Chartier.* Et finalement, les vins issus de raisins de culture biologique et/ou biodynamique sont, comme depuis plusieurs éditions de ce guide, identifiés par le mot **BIO**.

J'ai toujours grand plaisir à choisir les meilleurs rapports qualité-prix, parmi plus ou moins 3 000 vins dégustés chaque année, et à vous offrir moult conseils pour mieux les servir. Je le fais, comme depuis la toute première édition de ce guide, sans subventions et sans commandites, faut-il le rappeler, car je tiens à conserver l'indépendance, l'impartialité et l'objectivité qui constituent la marque de commerce de cet ouvrage de référence, tout comme de son auteur.

LE SYSTÈME DE NOTATION 2008

Dans ce guide, les vins sont notés dans l'absolu par rapport à tous les vins du monde et non par rapport à leurs pairs dans la même catégorie (formule adoptée dans d'autres guides).

Le SYSTÈME DE NOTATION attribue à chaque vin un maximum de cinq étoiles et de symboles du dollar représentant respectivement son appréciation et son coût. Ainsi, un vin à 10 $, aussi agréable soit-il, peut difficilement se voir décerner une note de quatre étoiles, tout en étant un excellent rapport qualité-prix. Le lecteur peut alors connaître instantanément la qualité et le prix des vins présentés. Par exemple, le vin rouge espagnol **Taja Monastrell 2006 Jumilla,** vendu 12,30 $, est noté ★★☆ $. Ceci indique un achat exceptionnel puisque le nombre d'étoiles attribuées est de beaucoup supérieur au nombre de symboles du dollar.

(Capsule à vis)
Cette année, dans *La Sélection 2008*, j'ai décidé d'ajouter, à la fin de chaque description, la désignation (**Capsule à vis**), afin de mettre en évidence le nombre de vins obturés par ce bouchon révolutionnaire (voir texte sur ce sujet dans le chapitre *Le Blogue de La Sélection Chartier*).

RECETTES DES METS EN HARMONIES

(C*) Identifie les mets, à la fois dans les vins commentés et dans le Menu des harmonies Vins & Mets, faisant l'objet d'une recette dans le Tome I du livre de cuisine pour amateurs de vin *À Table avec François Chartier.*

(R*) Identifie les mets, à la fois dans les vins commentés et dans le Menu des harmonies Vins & Mets, faisant l'objet d'une recette dans le magazine *Ricardo* de l'automne et de Noël 2007.

DISPONIBILITÉ DES PRODUITS

Pour vous aider dans vos recherches de produits, spécialement pour vous avertir des nouveaux arrivages des vins commentés dans *La Sélection 2008,* les lecteurs ont le privilège de s'abonner « gratuitement », via le site www.francoischartier.ca, à un service de *Mises à Jour Internet de La Sélection Chartier 2008*, pour ainsi recevoir par courriel des mises à jour hebdomadaires ou mensuelles annonçant l'arrivée des futurs arrivages commentés en primeur dans *La Sélection Chartier 2008,* tout comme le retour des favoris de cette douzième édition.

Comme à chaque parution de *La Sélection*, ne vous découragez pas si vous ne trouvez pas le vin que vous cherchez à une succursale de la SAQ, car il est peut-être disponible dans une autre, ou temporairement manquant. Consultez le site Internet de la SAQ ou utilisez son service téléphonique pour obtenir des renseignements sur la disponibilité des produits. En utilisant le **code du vin**, vous faciliterez votre recherche. Les vins affichant le code S* sont des produits de spécialité en vente continue selon la politique d'achat de la SAQ, et sont présents tout au long de l'année, comme les produits courants, affichés avec un C, avec des ruptures de stock beaucoup plus courtes qu'autrefois.

- **Site Internet de l'auteur :** www.francoischartier.ca
- **Site Internet de la SAQ :** www.saq.com
- **Service téléphonique de la SAQ :** 514 254-2020 ou 1 866 873-2020
- **Service par courriel de la SAQ :** info@saq.com
- **Site Internet du LCBO (Ontario) :** www.lcbo.com
- **Site Internet des boutiques Vintages (Ontario) :** www.vintages.com

LE SYSTÈME DE NOTATION

La Truffière « De Conti » 2005
BERGERAC, CHÂTEAU TOUR DES GENDRES, FRANCE *(DISP. JANV. 08)*

13,10 $	SAQ C (10846000)	★★☆?☆ $		MODÉRÉ+ BIO

■ NOUVEAUTÉ!

■ NOTATION DU VIN

Les vins sont notés dans l'absolu par rapport à tous les vins du monde.

★★★★★	Vin exceptionnel
★★★★	Vin excellent
★★★	Très bon vin
★★	Bon vin
☆	Cette demi-étoile permet de nuancer les appréciations.
?	Ce vin pourrait mériter une demie ou une étoile supplémentaire dans quelques années.

Filets de bœuf grillés et coulis de poivrons verts (C*) Placé entre parenthèses, un (C*) indique les mets, à la fois dans les vins commentés et dans l'index du Menu des harmonies Vins & Mets, faisant l'objet d'une recette dans le Tome I du livre de cuisine pour amateurs de vin *À Table avec François Chartier*.

Parfait de foies de volaille à la poire (R*) Placé entre parenthèses, un (R*) indique les mets, à la fois dans les vins commentés et dans l'index du Menu des harmonies Vins & Mets, faisant l'objet d'une recette dans le magazine *Ricardo* de l'automne et de Noël 2007.

■ ÉCHELLE DE PRIX

$	Jusqu'à 10 $
$	Jusqu'à 14 $
$$	Jusqu'à 20 $
$$	Jusqu'à 24 $
$$$	Jusqu'à 28 $
$$$	Jusqu'à 36 $
$$$$	Jusqu'à 48 $
$$$$	Jusqu'à 70 $
$$$$$	Jusqu'à 110 $
$$$$$	Plus de 110 $

★★$
Un nombre d'étoiles supérieur au nombre de symboles du dollar indique un excellent rapport qualité-prix.

★★$$
Un nombre d'étoiles égal au nombre de symboles du dollar signifie que le vin vaut son prix.

★$$
Un nombre d'étoiles inférieur au nombre de symboles du dollar signifie que le vin est cher, très cher ou même franchement surévalué.

■ PUISSANCE DU VIN

Léger   Vin souple et coulant, pour ne pas dire aérien, laissant une impression de légèreté en bouche.

Léger+   Vin à la structure presque modérée, tout en étant passablement léger.

Modéré   Vin ample, sans être corsé, avec une certaine présence et, chez les vins rouges, passablement tannique.

Modéré+   Vin avec plus de tonus que le précédent.

Corsé   Vin riche, avec du corps, étoffé, d'une assez bonne présence en alcool et, chez les vins rouges, doté d'une bonne quantité de tanins.

Corsé+   Vin viril, presque puissant, tout en étant plus étoffé que le précédent.

Puissant   Vin au corps à la fois dense et très généreux, aux saveurs pénétrantes et, quant aux vins rouges, aux tanins puissants.

■ NOUVEAUTÉ!   Désigne un nouveau vin pour la première fois disponible à la SAQ. Plus de 294 vins, commentés en primeur, sont ainsi identifiés dans cette édition.

♥   Désigne un vin ayant reçu un coup de cœur de l'auteur.

BIO   Indique que le vin est issu de raisins de culture biologique et/ou de culture biodynamique.

Servir entre 2006 et 2010   Indique que le vin sera à son meilleur entre 2006 et 2010.

(Capsule à vis)   À la fin de certaines descriptions de vin, cette désignation permet de mettre en évidence le nombre de vins obturés par ce bouchon révolutionnaire (voir texte sur ce sujet dans le chapitre *Le Blogue de La Sélection Chartier*).

(DISP. JANV. 08)   Ce vin devrait normalement être disponible à partir de la date indiquée, dans ce cas-ci, en janvier 2008.

■ DISTRIBUTION SAQ

C   Désigne un produit « courant », offert en tout temps dans la plupart des succursales de la SAQ.

S   Désigne un produit de « spécialité », en vente dans certaines succursales Classique et dans les succursales Sélection.

S*   Désigne un produit de « spécialité en achat continu », en vente dans certaines succursales Classique et dans les succursales Sélection, et qui, contrairement aux autres spécialités, est présent plus régulièrement, avec des ruptures de stocks généralement moins longues.

SS   Indique que le produit est disponible uniquement dans les deux succursales Signature, l'une à Montréal, l'autre à Québec.

(12345678)   Le code du produit, de six à huit chiffres entre parenthèses, facilitera vos recherches, tant dans les différentes succursales que sur le site Internet *www.saq.com*.

CALENDRIER DES FUTURS ARRIVAGES 2007/2008 DES VINS COMMENTÉS « EN PRIMEUR » DANS *LA SÉLECTION CHARTIER 2008*

Voici un nouveau *Calendrier mensuel 2007/2008* des 204 **futurs arrivages** de vins commentés en primeur dans *La Sélection Chartier 2008*, le seul guide des vins québécois à commenter des vins avant leur mise en marché à la SAQ, pour ainsi permettre aux lecteurs de prévoir les futurs arrivages des sélections de l'auteur. Depuis la première édition de *La Sélection Chartier*, il y a douze ans, j'ai toujours indiqué les dates de mise en marché des nombreux vins que j'ai le privilège de déguster avant leur arrivée au Québec. Mais, pour un suivi plus aisé, tout au long de l'année, l'idée d'un *Calendrier des futurs arrivages* m'a paru fort judicieuse.

OCTOBRE/NOVEMBRE 2007

*(**64 vins** commentés en primeur étaient attendus, au moment d'aller sous presse, entre octobre et novembre 2007)*

Tempranillo Campobarro 2006 Ribera del Guardiana, Espagne (9,35 $, page 97)

Castel Montplaisir 2004 Cahors, Alain-Dominique Perrin, France (13,10 $, page 105)

Nebbiolo Malgrà 2005 Coste della Sesta, Malgrà, Italie (13,80 $, page 108)

Cabernet Sauvignon/ Carmenère Cono Sur Organic 2006 Valle de Colchagua, Viña Cono Sur, Chili (15,35 $, page 303)

Primitivo A Mano 2005 Puglia, Empson & Co., Italie (15,40 $, page 116)

Moulin Lagrezette 2004 Cahors, Alain-Dominique Perrin, France (16,45 $, page 123)

Merlot Tudernum 2005 Umbria, Catina Tudernum, Italie (16,60 $, page 124)

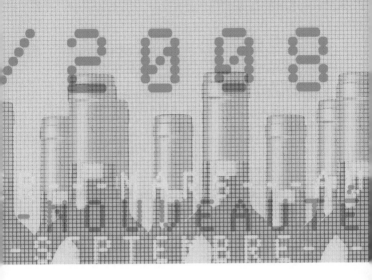

Les dates de mise en marché inscrites dans *La Sélection Chartier* peuvent varier légèrement, l'importation de vin étant sujette à un calendrier plutôt aléatoire dû à l'écoulement rapide ou non des stocks des millésimes précédents, ainsi qu'au temps alloué à l'importation des nouveaux vins. Pour vous faciliter la mise à jour de ce nouveau *Calendrier 2007/2008*, et ainsi ne pas manquer l'arrivée des meilleurs vins, n'oubliez pas de vous abonner « gratuitement » au service de ***Mises à jour Internet de La Sélection Chartier 2008***, via le site Internet **www. francoischartier.ca**. Enfin, pour en savoir plus sur ces futurs arrivages, consultez les descriptions de ces vins, ainsi que les propositions d'harmonies vins et mets, au fil des pages de cette édition de *La Sélection Chartier*.

MISES À JOUR INTERNET DE
LA SÉLECTION CHARTIER 2008

www.françoischartier.ca

Bonarda Broquel Trapiche 2005 Mendoza, Bodegas Trapiche, Argentine (16,70 $, page 306)

Carmenère La Capitana 2005 Vallée Cachapoal, Viña La Rosa, Chili (16,85 $, page 307)

Domaine du Ministre 2005 Saint-Chinian, François Lurton, France (16,85 $, page 126)

Shiraz La Capitana 2005 Vallée Cachapoal, Viña La Rosa, Chili (16,85 $, page 307)

La Vendimia 2006 Rioja, Bodegas Palacios Remondo, Espagne (16,90 $, page 127)

Château Cailleteau Bergeron « Tradition » 2004 Premières-Côtes-de-Blaye, Dartier et Fils, France (16,95 $, page 127)

La Madura Classic 2004 Saint-Chinian, Domaine La Madura, France (17,75 $, page 131)

Les Garrigues 2006 Coteaux-du-Languedoc, Clavel, France (17,95 $, page 132)

OCTOBRE/NOVEMBRE 2007 (suite)

Monasterio de Las Viñas Gran Reserva 2001 Cariñena, Espagne (18,45 $, page 135)

Cabernet Sauvignon Cathedral Cellar 2002 Coastal Region, KWV, Afrique du Sud (18,95 $, page 311)

Sauvignon Blanc Mount Nelson 2006 Marlborough, Campo di Sasso, Nouvelle-Zélande (18,95 $, page 282)

Sauvignon Blanc Wild South 2006 Marlborough, Wild South, Nouvelle-Zélande (18,95 $, page 283)

Marcarini « Fontanazza » 2005 Dolcetto d'Alba, Poderi Marcarini, Italie (19,05 $, page 137)

Natoma « Easton » 2000 Sierra Foothills, Easton, États-Unis (19,35 $, page 284)

Bendicò Mandrarossa 2003 Rosso di Sicilia, Cantine Settesoli, Italie (19,95 $, page 140)

Sauvignon Blanc Sacred Hill 2006 Marlborough, Nouvelle-Zélande (19,95 $, page 291)

Carmenère Don Reca 2005 Vallée Cachapoal, Viña La Rosa, Chili (20,80 $, page 315)

Zinfandel Easton 2005 Amador County, États-Unis (20,90 $, page 316)

Granaxa 2005 Minervois, Château Coupe Roses, France (21,20 $, page 146)

Riesling Zeltinger Sonnenuhr Kabinett Markus Molitor 2005 Mosel-Saar-Ruwer, Allemagne (21,30 $, page 67)

Grain de Folie Douce 2005 Gaillac Doux, Domaine Causse Marines, France (21,50 $, page 238)

Riesling Les Princes Abbés 2004 Alsace, Schlumberger, France (22,55 $, page 68)

Toar Masi 2004 Rosso del Veronese, Italie (23,45 $, page 155)

Mas Cal Demoura « L'Infidèle » 2004 Coteaux-du-Languedoc, France (23,55 $, page 156)

Merlot Meerlust 2003 Stellenbosch, Afrique du Sud (23,55 $, page 320)

Grenache/Shiraz/Mourvèdre Kaesler « Stonehorse » 2005 Barossa Valley, Australie (23,65 $, page 320)

Pétalos 2006 Bierzo, J. Palacios, Espagne (23,70 $, page 157)

La Braccesca 2003 Vino Nobile di Montepulciano, Antinori, Italie (24,50 $, page 162)

Altano Reserva 2004 Douro, Symington, Portugal (24,95 $, page 164)

La Pinède 2005 Collioure, Domaine La Tour Vieille, France (25,25 $, page 165)

Rives de Longsault 2005 Saint-Véran, Domaine des Deux Roches, France (25,30 $, page 72)

Les Vins de Vienne 2005 Crozes-Hermitage, France (25,65 $, page 166)

Isole e Olena 2005 Chianti Classico, Italie (26 $, page 219)

Sauvignon Blanc St. Supéry 2006 Napa Valley, États-Unis (26,10 $, page 292)

Serego Alighieri « Valpolicella dell'650 Anniversario » 2003 Valpolicella Classico « Superiore », Italie (26,50 $, page 169)

Sauvignon Blanc Isabel 2005 Marlborough, Nouvelle-Zélande (26,75 $, page 287)

Rubicon Meerlust 2001 Stellenbosch, Afrique du Sud (27,05 $, page 324)

La Massa 2005 Toscana, Italie (27,25 $, page 170)

Château de Rully 2005 Rully, A. Rodet, France (28,15 $, page 173)

Enigma 2005 Sierra Foothills, Domaine de la Terre Rouge, États-Unis (28,50 $, page 287)

Tabarrini « Colle Grimaldesco » 2003 Monteflaco, Italie (28,50 $, page 174)

Grándárellá Masi 2004 Rosso del Veronese, Italie (28,75 $, page 175)

Sauvignon Blanc « Redwood Ranch » Gary Farrell 2006 Sonoma County, États-Unis (29,10 $, page 288)

Corbec 2005 Tupungato-Mendoza, Masi, Argentine (29,55 $, page 326)

Shiraz Kaesler « Stonehorse » 2005 Barossa Valley, Australie (29,95 $, page 328)

Quinta dos Roques Touriga Nacional 2003 Dão, Portugal (32,25 $, page 179)

Cabernet Sauvignon Smith & Hook 2003 Santa Lucia Highlands, États-Unis (33 $, page 329)

Clos Cuminaille Pierre Gaillard 2005 Saint-Joseph, France (36,75 $, page 182)

Malbec Piedra Negra Lurton 2002 Vale de Uco-Mendoza, Argentine (37,75 $, page 330)

Elderton « Ode to Lorraine » 2004 Barossa, Australie (40 $, page 331)

Clos des Fées « Vieilles Vignes » 2005 Côtes-du-Roussillon Villages, France (43 $, page 186)

Mas La Plana 2001 Penedès, Miguel Torres, Espagne (44,75 $, page 187)

Mas La Plana 2003 Penedès, Miguel Torres, Espagne (44,75 $, page 187)

Delamotte Brut Champagne, France (45,50 $, page 250)

Lumen « Riserva » 2003 Controguerra, Dino Illuminati, Italie (49,25 $, page 228)

Cabernet Sauvignon Elderton « Ashmead Single Vineyard » 2004 Barossa, Australie (71 $, page 334)

Château La Nerthe « Cuvée des Cadettes » 2003 Châteauneuf-du-Pape, France (117 $, page 197)

NOVEMBRE 2007
(Magazine *Cellier*)

*(**16 vins** commentés en primeur devaient être disponibles via le magazine SAQ Cellier, mis en marché en deux tranches, les 8 et 22 novembre 2007)*

The Stump Jump « d'Arenberg » 2006 McLaren Vale, Australie (15,95 $, page 280)

The Hermit Crab « d'Arenberg » 2005 McLaren Vale, Australie (19,35 $, page 284)

The Money Spider « d'Arenberg » 2006 McLaren Vale, Australie (22,40 $, page 286)

Shiraz Langmeil « Valley Floor » 2005 Barossa Valley, Australie (23,20 $, page 319)

Shiraz Mitolo « Jester » 2005 McLaren Vale, Australie (23,95 $, page 321)

Shiraz Epsilon 2005 Barossa Valley, Massena, Australie (27 $, page 324)

Merlot De Trafford 2004 Stellenbosch, Afrique du Sud (31 $, page 328)

Shiraz De Trafford « Blueprint » 2004 Stellenbosch, Afrique du Sud (32 $, page 328)

Shiraz Turkey Flat Vineyards 2005 Barossa Valley, P. & C. Schulz, Australie (49 $, page 332)

NOVEMBRE 2007
(Magazine Cellier) *(suite)*

Shiraz De Trafford 2004
Stellenbosch, Afrique du Sud
(50 $, page 332)

**De Trafford « Elevation
393 » 2003** Stellenbosch,
Afrique du Sud (55 $,
page 333)

**Henriot Blanc Souverain
Brut** Champagne, France
(68 $, page 251)

Tignanello 2004 Toscana,
Marchese Piero Antinori,
Italie (99 $, page 196)

Ornellaia 2004 Bolgheri,
Italie (149 $, page 198)

Solaia 2004 Toscana,
Marchese Piero Antinori,
Italie (175 $, page 198)

Masseto 2004 Bolgheri,
Tenuta dell'Ornellaia, Italie
(299 $, page 198)

NOVEMBRE/DÉCEMBRE 2007

*(39 vins commentés en
primeur étaient attendus
entre novembre et
décembre 2007)*

**Merlot Christian Moueix
2005** Bordeaux, France
(15,40 $, page 115)

Brampton OVR 2006 Coastal
Region, Rustenberg, Afrique
du Sud (16,65 $, page 306)

La Cuvée dell'Abate 2005
Montepulciano d'Abruzzo,
Zaccagnini, Italie (17,30 $,
page 129)

**Chardonnay Tohu
« Unoaked » 2006**
Marlborough, Nouvelle-
Zélande (19,95 $, page 285)

Merlot Oyster Bay 2006
Hawke's Bay, Nouvelle-Zélande
(19,95 $, page 313)

Sauvignon Blanc Tohu 2006
Marlborough, Nouvelle-
Zélande (19,95 $, page 285)

**Château de Roquefort
« Les Mûres » 2005** Côtes-
de-Provence, France (20,35 $,
page 141)

**Merlot/Cabernet sauvignon
Alpha Domus 2004** Hawke's
Bay, Nouvelle-Zélande
(20,95 $, page 316)

Morogues 2006 Menetou-
Salon, Henry Pellé, France
(20,95 $, page 66)

**Cabernet Sauvignon
Brampton 2005** Stellenbosch,
Rustenberg, Afrique du Sud
(21,40 $, page 317)

Shiraz Brampton 2005
Stellenbosch, Rustenberg,
Afrique du Sud (21,40 $,
page 317)

La Montesa 2004 Rioja,
Palacios Remondo, Espagne
(21,65 $, page 147)

Château Treytins 2004
Lalande-de-Pomerol, France
(22,05 $, page 149)

**Pinot Noir « Maison Dieu »
2005** Bourgogne, Nicolas
Potel, France (22,15 $,
page 150)

**Les Sorcières du Clos des
Fées 2006** Côtes-du-
Roussillon, France (23 $,
page 153)

Neige 2006 Cidre de Glace,
La Face Cachée de la Pomme,
Canada (23,45 $, page 349)

La Mère Grand 2004
Minervois, France (23,50 $,
page 156)

Château Ramafort 2003
Médoc, France (24,45 $,
page 161)

Château Lagrezette 2004
Cahors, Alain-Dominique
Perrin, France (24,50 $,
page 162)

Pinot Noir Waimea 2005
Nelson, Nouvelle-Zélande
(24,50 $, page 321)

**Domaine La Tour Vieille
Vendanges 2005** Banyuls,
France (25,50 $, page 240)

Pinot Noir Oyster Bay 2006
Marlborough, Nouvelle-
Zélande (25,95 $, page 322)

Copa Santa 2005 Coteaux-
du-Languedoc, Clavel, France
(26,35 $, page 168)

Pinot Noir Benziger 2005
Sonoma Coast, États-Unis
(26,75 $, page 323)

**Domaine La Tour Vieille
Reserva** Banyuls, France
(26,90 $, page 240)

Jean-Pierre Moueix 2005
Pomerol, France (28,20 $,
page 173)

**Chardonnay Scotchmans Hill
2006** Geelong, Australie
(29,30 $, page 288)

Shiraz Scotchmans Hill 2005
Geelong, Australie (29,45 $,
page 326)

**Cabernet Sauvignon Plaisir
de Merle 2003** Paarl, Afrique
du Sud (29,65 $, page 327)

Pinot Noir Margrain 2005
Martinborough, Nouvelle-
Zélande (33,25 $, page 329)

Propiedad 2005 Rioja,
Palacios Remondo, Espagne
(38,25 $, page 185)

Napanook 2004 Napa Valley,
Dominus Estate, États-Unis
(44 $, page 331)

**Pierre Gaillard Côte-Rôtie
2005** Côte-Rôtie, France
(45 $, page 188)

Frimas 2006 Cidre de Glace,
La Face Cachée de la Pomme,
Canada (49,25 $, page 351)

**Domaine des Perdrix
Vosne-Romanée 2004**
Vosne-Romanée, France
(64 $, page 192)

**Seigneur de Maugiron
« Delas » 2005** Côte-Rôtie,
France (74 $, page 194)

Brancaia « Il Blu » 2005
Toscana, Italie (76 $,
page 195)

Col Solare 2004 Columbia
Valley, Antinori & Château
Ste. Michelle, États-Unis
(79 $, page 335)

**Dominus « Christian
Moueix » 2004** Napa Valley,
Dominus Estate, États-Unis
(110 $, page 336)

AUTOMNE 2007
(dates incertaines)

*(24 vins commentés en
primeur, et dont la date de
mise en marché n'était pas
définie, étaient attendus au
courant de l'automne 2007)*

Shiraz Astica Superior 2007
San Juan, Trapiche, Argentine
(9,95 $, page 296)

**Merlot Domaine de Moulines
2006** Vin de Pays de l'Hérault,
France (11,45 $, page 100)

**Laguna de la Nava Reserva
2001** Valdepeñas, Navarro
López, Espagne (12,75 $,
page 104)

Laderas de El Sequé 2006
Alicante, Espagne (13,05 $,
page 104)

Nero d'Avola Inycon 2005
Sicilia, Settesoli, Italie
(13,35 $, page 107)

**Sauvignon Blanc La Baume
2006** Vin de Pays d'Oc, France
(14 $, page 56)

**Chardonnay Robert Skalli
2005** Vin de Pays d'Oc, France
(14,95 $, page 57)

**Syrah Domaine des Salices
2005** Vin de Pays d'Oc,
F. Lurton, France (15,40 $,
page 116)

**Cabernet/Merlot Mission Hill
« Five Vineyards » 2005**
Okanagan Valley VQA, Canada
(16,95 $, page 307)

Martín Códax 2004 Rías
Baixas, Espagne (17,10 $,
page 62)

**Merlot/Cabernet Franc Sileni
« Cellar Selection » 2006**
Hawke's Bay, Nouvelle-Zélande
(18,65 $, page 310)

**Viognier Cono Sur Visión
2006** Valle de Colchagua,
Chili (18,85 $, page 282)

AUTOMNE 2007
(dates incertaines) (suite)

Cabernet Sauvignon Cono Sur Visión 2005 Maipo Valley, Chili (19,75 $, page 312)

Château Bujan 2005 Côtes-de-Bourg, France (20,05 $, page 141)

Château Lousteauneuf 2004 Médoc, Segond & Fils, France (23,25 $, page 217)

Château Montus Blanc 2001 Pacherenc-du-Vic-Bilh, France (24,60 $, page 71)

Pinot Noir Estancia « Pinnacles Ranches » 2006 Monterey County, États-Unis (24,85 $, page 322)

Cuvée Blé Noir « Miellée » 2002 Hydromel Moelleux, Le Clos des Brumes, Canada (26,35 $, page 350)

Merlot Cono Sur « 20 Barrels Limited Edition » 2004 Valle de Colchagua, Chili (26,60 $, page 323)

Sève d'automne 2004 Jurançon Sec, Cauhapé, France (28,05 $, page 72)

Élie-Anne Réserve Spéciale « Miellée Automnale » 2001 Hydromel Doux, Le Clos des Brumes, Canada (29,20 $, page 350)

Shiraz Gordon Brothers 2003 Columbia Valley, États-Unis (29,95 $, page 327)

Syrah Foley « Rancho Santa Rosa » 2003 Santa Rita Hills, États-Unis (43 $, page 331)

Vaio Armaron Serego Alighieri 2000 Amarone della Valpolicella, Masi, Italie (69 $, page 194)

DÉCEMBRE 2007

(4 vins commentés en primeur étaient attendus en décembre 2007)

Château de Valcombe 2006 Costières-de-Nîmes, France (10,95 $, page 99)

Domaine Labranche Laffont 2004 Madiran, France (15,75 $, page 119)

Simonnet-Febvre Crémant de Bourgogne, France (21,90 $, page 249)

Shiraz Stellenzicht « Golden Triangle » 2004 Stellenbosch, Afrique du Sud (22,50 $, page 318)

FIN 2007/DÉBUT 2008

(20 vins commentés en primeur étaient attendus entre la fin décembre 2007 et le début de 2008)

Ortas Tradition « Rasteau » 2006 Côtes-du-Rhône Villages, Cave de Rasteau, France (15,35 $, page 205)

Merlot Washington Hills 2005 Columbia Valley, États-Unis (16,65 $, page 306)

Château Cailleteau Bergeron « Tradition » 2005 Premières-Côtes-de-Blaye, France (16,95 $, page 128)

Corona de Aragón Reserva 2002 Cariñena, Espagne (17,75 $, page 131)

Graciano Ijalba « Crianza » 2005 Rioja, Espagne (19,65 $, page 213)

Ijalba Reserva 2003 Rioja, Espagne (19,80 $, page 213)

Ciliegiolo 2005 Maremma Toscana, Il Grillesino, Italie (22,75 $, page 152)

Baron de Brane 2004 Margaux, Henri Lurton, France (35,75 $, page 223)

Le Cigare Volant 2003 California, Bonny Doon, États-Unis (39,75 $, page 330)

Château Brane-Cantenac 2003 Margaux, Henri Lurton, France (59 $, page 229)

Argiano 2001 Brunello di Montalcino, Italie (61 $, page 191)

Ijalba Reserva « Seleccion Especial » 2001 Rioja, Espagne (61 $, page 192)

Rustenberg « Peter Barlow » 2004 Simonsberg-Stellenbosch, Afrique du Sud (61 $, page 333)

La Fleur de Boüard 2003 Lalande-de-Pomerol, France (62 $, page 230)

Château de Fieuzal 2003 Pessac-Léognan, France (69 $, page 92)

Château Smith Haut-Lafitte 2003 Pessac-Léognan, France (70 $, page 92)

Henriot Millésimé Brut 1996 Champagne, France (74 $, page 252)

Henriot Rosé Brut Champagne, France (74 $, page 252)

Rosé Sauvage Piper-Heidsieck Brut Champagne, France (74 $, page 252)

Charles Heidsieck Vintage Brut 1996 Champagne, France (79 $, page 253)

JANVIER 2008

(9 vins commentés en primeur étaient attendus en janvier 2008)

Tocado 2006 Campo de Borja, Borsao, Espagne (8,80 $, page 96)

La Truffière « De Conti » 2005 Bergerac, Tour des Gendres, France (13,10 $, page 105)

Pinot Noir Kim Crawford 2006 Marlborough, Nouvelle-Zélande (21,95 $, page 318)

Ciacci Piccolomini d'Aragona « Fabius » 2004 Sant'Antimo, Italie (25 $, page 164)

Piazzano Rio Camerata Riserva 2003 Chianti, Italie (25 $, page 164)

Syrah Piazzano 2004 Colli della Toscana Centrale, Italie (29 $, page 176)

Les Terrasses 2005 Priorat, Álvaro Palacios, Espagne (37,50 $, page 183)

Alto Moncayo « Garnacha » 2005 Campo de Borja, Espagne (49 $, page 188)

Brancaia « Ilatraia » 2005 Maremma Toscana, Italie (67 $, page 193)

FÉVRIER 2008

(19 vins commentés en primeur étaient attendus en février 2008)

Merlot Lurton 2005 Bordeaux, France (15,95 $, page 120)

Château Thieuley 2006 Bordeaux, France (17,40 $, page 82)

Chardonnay Grand Ardèche Louis Latour 2004 Bourgogne, France (18 $, page 83)

Gini 2006 Soave Classico, Italie (22 $, page 85)

Domaine de la Ferté 2005 Givry, France (23,75 $, page 158)

Château de Barbe Blanche 2005 Lussac-Saint-Émilion, France (24,75 $, page 163)

Chardonnay Clos du Bois « Calcaire » 2005 Russian River Valley, États-Unis (25,45 $, page 287)

Merlot Vistorta 2005 Friuli, Italie (27,40 $, page 171)

Château de Mercey 2005 Mercurey, France (27,90 $, page 172)

Savigny Rodet 2005 Savigny-les-Beaune, France (28,90 $, page 175)

Corbec 2005 Tupungato-Mendoza, Masi, Argentine (29,55 $, page 326)

FÉVRIER 2008 (suite)

Haute Pierre « Delas » 2005
Châteauneuf-du-Pape,
France (35,25 $, page 223)

**Chardonnay Rustenberg
« Five Soldiers » 2005**
Stellenbosch, Afrique du Sud
(38 $, page 289)

Le Clos « Delas » 2005
Crozes-Hermitage, France
(42,50 $, page 226)

Clio 2005 Jumilla, Espagne
(49 $, page 188)

**Marta de Baltà « Syrah »
2004** Penedès, Cavas Parés
Baltà, Espagne (56 $,
page 190)

Briarcrest Clos du Bois 2003
Alexander Valley, États-Unis
(57 $, page 344)

Absis 2003 Penedès, Cavas
Parés Baltà, Espagne
(78 $, page 195)

El Nido 2005 Jumilla,
Espagne (120 $, page 197)

MARS 2008

*(7 vins commentés en primeur
étaient attendus en mars
2008)*

**Antonin Rodet « Brouilly »
2006** Brouilly, France
(22,85 $, page 153)

Ben Ryé 2006 Passito di
Pantelleria, Italie (32,50 $,
page 244)

**Vaio Armaron Serego
Alighieri 2001** Amarone della
Valpolicella, Masi, Italie
(66 $, page 230)

Finca Dofi 2004 Priorat,
Álvaro Palacios, Espagne
(84 $, page 195)

**Campolongo di Torbe
« Classico » Masi 2001**
Amarone della Valpolicella,
Italie (87 $, page 231)

**Mazzano « Classico » Masi
2001** Amarone della
Valpolicella, Italie (96 $,
page 232)

L'Ermita 2004 Priorat,
Álvaro Palacios, Espagne
(550 $, page 199)

JUIN 2008
(Magazine *Cellier*)

*(3 vins commentés en primeur
devaient être disponibles via
le magazine SAQ Cellier, où
le Portugal sera à l'honneur,
mis en marché en juin 2008)*

Barco Negro 2005 Douro,
J. & F. Lurton, Portugal
(15,70 $, page 118)

Pilheiros 2004 Douro,
J. & F. Lurton, Portugal
(25,90 $, page 167)

**Alto Moncayo « Garnacha »
2005** Campo de Borja,
Espagne (49 $, page 188)

SEPTEMBRE 2008
(Magazine *Cellier*)

*(1 vin commenté en primeur
devait être disponible via le
magazine SAQ Cellier, où les
vins du millésime 2005 de
la France seront à l'honneur,
mis en marché en septembre
2008)*

Sainte-Épine « Delas » 2005
Saint-Joseph, France
(47 $, page 227)

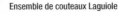

LE BLOGUE DE *LA SÉLECTION CHARTIER 2008*
LES NOUVELLES DU VIN 2007-2008

De *La Sélection Chartier 2008* au blogue de Chartier
w w w . f r a n c o i s c h a r t i e r . c a
un regard sur le monde du vin, au quotidien, douze mois par
année.

*N'oubliez pas de lire la suite de ces textes sur le blogue de
Chartier, à la section « Le Blogue de La Sélection Chartier
2008 ».*

MARATHON DE DÉGUSTATIONS 2007...
Du début du mois de mai à la fin septembre 2007, le cœur de
mon désormais MARATHON ANNUEL DE DÉGUSTATIONS visant à
choisir les vins pour *La Sélection Chartier 2008*, j'ai été surpris
de constater la hausse de qualité générale de ces vins. Il faut
préciser que je m'oblige à une présélection très sévère, élimi-
nant ainsi les échantillons de producteurs au travail moyen ou
douteux – trop nombreux encore sont les vins qui ne méritent
pas d'être mis en marché par notre Monopole! –, puis à une
deuxième sélection en dégustation « rapide », avant d'attaquer
sérieusement l'analyse organoleptique approfondie de ceux qui
me semblent les meilleurs sujets. J'y ai trouvé des vins plus nets
et plus précis, sans déviations aromatiques, moins d'échantillons
que l'an dernier à être marqués par le SO_2, et une baisse consi-
dérable de défauts liés au bouchon de liège (voir note sur ce
sujet dans ce chapitre). (***La suite de ce texte sur le blogue de
Chartier www.francoischartier.ca***)

BAISSE NOTABLE DES VINS BOUCHONNÉS EN 2007
Après avoir dégusté près de
3 000 échantillons de vin depuis l'automne 2006, et plus
particulièrement depuis mai
2007, période d'intensives dégustations pour la rédaction de
La Sélection 2008, j'ai observé

une baisse notable des vins bouchonnés ou marqués par des défauts liés à l'utilisation du liège comme obturateur. En effet, très peu de vins présentaient des déviations aromatiques imputables à cet obturateur. Malheureusement, je n'en ai pas fait le compte exact, contrairement aux bouteilles obturées d'une capsule à vis (voir note sur ce sujet dans ce chapitre), mais disons que plus ou moins 1,5 % de vins sont réellement bouchonnés. Ce qui est une baisse importante comparativement aux chiffres des dernières années, se situant entre 3 % et 7 % (6 % lors des dégustations de *La Sélection 2007*). (**La suite de ce texte sur le blogue de Chartier** www.francoischartier.ca)

LA CAPSULE À VIS DANS *LA SÉLECTION CHARTIER 2008*

Cette année, dans *La Sélection 2008*, j'ai décidé d'ajouter, à la fin de chaque description, la désignation (**Capsule à vis**), afin de mettre en évidence le nombre de vins obturés par ce bouchon révolutionnaire. La plupart des vins ne nécessitant plus de tire-bouchon proviennent des pays du Nouveau Monde, avec 113 vins obturés par la capsule à vis, dont 90 % de la production de Nouvelle-Zélande se cache à ce jour sous une capsule à vis, contre seulement 39 vins pour la vieille Europe – dont 23 blancs et 16 rouges. Ce taux d'utilisation total est vraiment faible lorsque l'on compare ces 152 vins à capsule au nombre de vins sous liège (avec une très faible partie sous bouchons synthétiques) commentés dans la douzième édition de *La Sélection* – un ratio de 10 % de vins sous capsule à vis sur les 1 500 vins. Fait surprenant, plus de 67 vins rouges du Nouveau Monde sont obturés avec une capsule, contre 52 blancs, ce qui contredit les idées reçues que seuls les blancs méritent la capsule à vis. (**La suite de ce texte sur le blogue de Chartier www.francoischartier.ca**)

LA CAPSULE À VIS GAGNE DU TERRAIN

La fameuse capsule à vis *Stelvin* – bouchon dévissable mis au point, entre autres, au Québec, par la compagnie Pechiney (**www.stelvin.pechiney.com**) (dont le chiffre d'affaires a bondi de 2 à 6 milliards US entre 2003 et 2006), propriété d'Alcan depuis 2003 –, utilisée depuis plus d'une vingtaine d'années en Suisse (80 % des vins en sont obturés), et plus récemment en Nouvelle-Zélande (90 %) et en Australie (50 %), connaît une progression fulgurante, surtout dans les pays du Nouveau Monde, ainsi que sur les marchés anglo-saxons – mais plus timide au Québec (voir note sur ce sujet dans ce chapitre). Pour répondre au souhait de leurs clients étrangers, les producteurs de la vieille Europe, principalement de la France, de l'Italie et de l'Espagne, sont de plus en plus nombreux à offrir, sur demande, des bouteilles obturées par une capsule à vis. Les importateurs sont aussi de plus en plus nombreux, notamment dans les pays du nord de l'Europe et sur les marchés anglo-saxons, à demander des vins bouchés de cette manière. (***La suite de ce texte sur le blogue de Chartier*** www.francoischartier.ca)

LES AVANTAGES DE LA CAPSULE À VIS

Vous vous demandez peut-être quels sont les avantages de la capsule à vis sur le bouchon de liège? En voici quelques-uns :

- Elle supprime le goût de bouchon que le liège occasionne parfois (1,5 % à 7 % des bouteilles peuvent ainsi être dépréciées).
- Elle sauvegarde parfaitement les arômes, la fraîcheur et le fruit du vin, et le vin vieillit naturellement, en fonction de ses propres qualités. De nombreuses études et des dégustations comparatives ont prouvé que les vins dont les bouteilles étaient bouchées par une capsule à vis présentaient une totale régularité d'une bouteille à l'autre, ainsi que des arômes, une fraîcheur et des structures mieux respectés que les mêmes vins bouchés par du liège ou du synthétique – mise à part l'apparition quelquefois de notes aromatiques réductrices (problème qui sera résolu sous peu). (***La suite de ce texte sur le blogue de Chartier*** www.francoischartier.ca)

PAS DE ROSÉS DANS *LA SÉLECTION CHARTIER*; POURQUOI?

À l'image du polar estival, le vin rosé est, dans presque tous les cas de figure, dégusté comme une boisson rafraîchissante qui ne requiert pas de travail de la part du cerveau. L'été venu, on a beau vouloir lire « léger », afin de laisser l'esprit vagabonder où bon lui semble, il n'est pas nécessaire de laisser ses bourgeons gustatifs à la dérive sur un océan trop souvent gorgé d'insipides et muets rosés. Ce fut malheureusement le cas de la très grande majorité des rosés 2006 mis en marché au cours de la belle saison 2007 à la SAQ. Pire encore, un cafouillage de commande a retardé le retour du rosé espagnol Borsao, succès éclair à son arrivée, au printemps 2007, en rupture de stock pendant tout l'été... Pendant que nos neurones se la coulent douce entre les lignes d'un roman à l'eau de rose, pourquoi ne pas donner à « lire » à nos papilles, en leur servant des vins rosés de terroirs riches d'expression? (***La suite de ce texte sur le blogue de Chartier*** www.francoischartier.ca)

CHANGEMENTS CLIMATIQUES :
TAUX DE CO_2 SUR LES ÉTIQUETTES?

En avril 2007, lors d'une rencontre privée avec Miguel Torres, président de la célèbre maison éponyme (**www.torreswines.com**), dans son domaine au sud de Barcelone, il m'a confié, en grand visionnaire qu'il est, que d'ici plus ou moins cinq ans de nouvelles législations européennes obligeront sans doute les producteurs de vins à participer à l'effort général de diminution des émissions de gaz à effet de serre en leur demandant d'établir un bilan carbone de leurs activités. Ils devront alors indiquer sur chaque étiquette le taux de CO_2 engendré dans la production de chaque bouteille de vin. Après les avertissements des dangers de la consommation d'alcool pour les fœtus des femmes enceintes, puis des doses de SO_2, le CO_2 fera visiblement son apparition sur les étiquettes des vins de ce monde...

CHANGEMENTS CLIMATIQUES VUS *DE L'ESPAGNE*

Ayant séjourné quelques semaines à Barcelone en mars-avril 2007, j'ai pu constater que l'Espagne venait de s'éveiller aux effets des changements climatiques. Tout comme nous, qui avons été interpellés par la douceur des mois de décembre 2006 et de janvier 2007 – certains jouaient même au golf la première semaine de janvier! –, l'Espagne a été sensibilisée de façon aussi abrupte. L'absence de neige durant les vacances de décembre a fortement alerté l'opinion publique.

Impossible de pratiquer les sports d'hiver dans les Pyrénées en plein congé des Fêtes! Après des mois de décembre et de janvier exceptionnellement secs et chauds dans le nord de l'Espagne, l'hiver a débarqué à la mi-mars... avec de la neige à la fin mars dans la Rioja et les Pyrénées, et de fortes pluies jusqu'à la mi-avril, causant d'importantes inondations, et ce, après deux années d'arides sécheresses... Tous les journaux et les magazines en faisaient état sur au moins dix pages par numéro.

CHANGEMENTS CLIMATIQUES :
MIGUEL TORRES PASSE À L'ACTION

Miguel Torres (**www.torreswines.com**), grand producteur catalan, songe à acheter des terres dans les Pyrénées afin de contrer la chaleur excessive et la sécheresse omniprésente en Espagne. Sa société a déjà injecté plus ou moins 10 millions d'euros dans un projet de sauvegarde du climat (reboisement des vignobles, réutilisation des eaux usées et des eaux de pluie, toit vert sur les nouveaux chais, système de climatisation naturelle, etc.). Plus que jamais, la viticulture est sensibilisée aux bouleversements climatiques en cours et à venir. Sans compter qu'il prévoit que les producteurs de vins devront à court terme indiquer sur chaque étiquette le taux de CO_2 engendré dans la production de chaque bouteille de vin (voir note sur ce sujet dans ce chapitre).

CHANGEMENTS CLIMATIQUES;
LA CHAMPAGNE SOUS SURVEILLANCE

Après avoir constamment reculé entre 1950 et 1988, passant de la mi-septembre au début octobre, les dates de vendanges de la zone d'appellation Champagne ont, depuis 1989, vécu une avancée notable, d'une rapidité stupéfiante. En seulement quinze ans, les Champenois sont revenus à des dates de récoltes encore plus précoces que celles enregistrées dans les années cinquante. En 2007, le ban des vendanges champenoises a sonné le 20 août! Les indices de maturité, aussi à la hausse, se rapprochent maintenant des valeurs obtenues dans les millésimes de légendes qu'ont été les 1945, 1947 et 1959, toutes des années exceptionnellement chaudes. Il est donc aisé de conclure que le réchauffement climatique est plutôt favorable, du moins pour l'instant, à l'amélioration qualitative des champagnes... (***La suite de ce texte sur le blogue de Chartier* www.francois chartier.ca**)

SUBJECTIVE, L'HARMONIE DES VINS ET DES METS?

À ceux et celles – et parmi eux quelques chroniqueurs et sommeliers – qui pensent que l'harmonie des vins et des mets est
un fait plutôt subjectif, je demanderais de réfléchir sur ce qui
suit. Vous viendrait-il à l'idée de boire un verre de lait avec une
entrecôte au poivre vert ou avec des pâtes à la sauce tomate?
Aucun dégustateur qui se respecte n'oserait mâcher une gomme
à la menthe fraîche juste avant une dégustation de vins. Même
chose pour le service d'un blanc léger que vous n'oseriez marier
à un plat de gibier en sauce. Un puissant rouge avec des huîtres
fraîches? Personne ne s'y risquerait, et avec raison. Il ne s'agit
pas de concepts de sommeliers, mais bel et bien de données que
tous les scientifiques spécialisés dans la physionomie du goût
connaissent parfaitement bien. Rien de subjectif dans le goût
métallique qu'engendre généralement la rencontre des protéines
de la chair de la majorité des coquillages et crustacés avec
la dureté végétale des tanins de certains vins rouges. Tous
les palais perçoivent le goût déplaisant qui apparaît en bouche
lors de la rencontre des tanins du vin rouge et de ce type de
protéines. Chacun n'a pas le vocabulaire technique pour le com-
muniquer, mais tous réagissent de la même façon. Rien de
subjectif ici. (*La suite de ce texte sur le blogue de Chartier*
www.francoischartier.ca)

PARADOXE HARMONIQUE DU VIN ET DE LA CUISINE AU XXIe SIÈCLE

Depuis une dizaine d'années, alors que le style des vins se
concentrait et que le niveau d'alcool s'élevait de plus en plus,
la cuisine, elle, prenait un chemin toujours plus épuré et allégé.
Par ailleurs, plus de 75 % des plats proposés sur les cartes des
restaurants des grandes villes du monde sont construits pour
s'unir au vin blanc et non au vin rouge. Un paradoxe à mille
lieues du fameux *French Paradox*... d'autant plus que la clientèle
désire boire rouge, couleur qui représente plus ou moins 85 %
des ventes en Amérique et en Europe de l'Ouest, peu importe le
menu. Même phénomène dans les pays asiatiques, comme la
Chine et le Japon, où les amateurs préfèrent voir la vie en rouge,
et même en rouge très foncé, avec des vins structurés pour ce
qui est de la Chine. Si c'est blanc, du côté de l'Asie du Sud-est,
il faut que ce soit des alcools forts, vodka en tête. Tous les
acteurs de la scène vinicole mondiale qui voyagent aux quatre
coins du monde arrivent à la même conclusion. Les Hubert de
Bouärd, Miguel Torres, Álvaro Palacios, Marc Beyer, Ben Howkins
(*The Royal Tokaji Company*), que j'ai rencontrés au cours de la
dernière année, abondent tous dans le même sens. (*La suite de
ce texte sur le blogue de Chartier* **www.francoischartier.ca**)

BORDEAUX : VENTE EN PRIMEUR « SUR PIEDS »...

On condamne souvent la vente en primeur des vins de Bordeaux
– qui a lieu en avril de chaque année suivant la récolte –, et
particulièrement leur dégustation après seulement quelques
mois de barriques. Il faut savoir qu'en 1961, millésime de
légende s'il en est un, à la suite de problèmes économiques,
plusieurs grands crus ont été vendus « sur pieds », avant même
que la vendange ne soit mûre et ramassée... À quand les primeurs « sur fleurs »?!

MAGAZINE SAQ *CELLIER*

Le numéro de la rentrée, paru en septembre 2007, de *Cellier*,
le magazine publicitaire de la SAQ – *Cellier* n'étant pas un magazine indépendant, faut-il le rappeler –, portait sur les *Vins du*

Midi de la France, dont les vins ont été mis en marché dans les succursales *Sélection* en deux tranches, les 13 et 27 septembre. Nombreux de ces vins ont été commentés, à la mi-septembre, via *La CYBER Sélection Chartier Internet* (www.francoischartier.ca).

Certains de ces crus étant encore disponibles, ils sont donc aussi commentés dans *La Sélection 2008*. Au moment d'aller sous presse, la prochaine publication de *Cellier* (**www.saq.com**) était prévue pour une distribution en succursale à partir du 25 octobre 2007. Ce cinquième numéro à voir le jour, depuis sa création à l'automne 2006, portera cette fois sur les vins du Nouveau Monde, avec l'Afrique du Sud et l'Australie en tête d'affiche. S'y trouvera aussi une couverture

de produits haut de gamme pour Noël, dont de grands toscans. Une vingtaine de vins sont commentés en primeur dans *La Sélection 2008* et répertoriés dans le *Calendrier des futurs arrivages 2007/2008* à la page 16. (**La suite de ce texte sur le blogue de Chartier** www.francoischartier.ca)

L'ABSTINENT SARKOSY À LA DÉFENSE DU VIN?

Le nouveau président de la France, Nicolas Sarkosy, tout comme son prédécesseur, Jacques Chirac, ne boit pas de vin. Chirac était un consommateur de bière et de *rhum & coke* – fait confirmé par mes espions sommeliers qui travaillaient à l'Auberge Hatley, où Chirac a passé ses vacances estivales, il y a quelques années. En revanche, selon sa bio et son entourage, le président Sarkosy ne consomme pas d'alcool – du moins en France... Durant sa campagne électorale, il a pourtant promis qu'il rendrait caduque la loi française sur les droits de succession, si lourde dans le monde du vin, ainsi que la loi Evin sur la publicité, afin de permettre aux Français de publiciser leurs vins sur leur propre marché pour ainsi reprendre les parts de marché laissées aux mains des producteurs du Nouveau Monde. Il affirmait alors que « *Le vin n'est pas seulement une activité économique, mais aussi une tradition française, une identité nationale, un savoir-faire français* ». (**La suite de ce texte sur le blogue de Chartier** www.francoischartier.ca)

L'ŒNOLOGUE MICHEL ROLLAND À MONTRÉAL

De la grande visite à Montréal les 10 et 11 septembre 2007. L'œnologue bordelais, de réputation mondiale, Michel Rolland, en tournée de promotion pour les vins de ses domaines personnels, réunis sous la nouvelle société familiale *Rolland Collection* (**www.rollandcollection.com**), rencontrait la presse

spécialisée lors d'une dégustation de ses différents crus des quatre coins du monde. Tous des vins mis en marché à la SAQ et commentés à la mi-septembre dans *La CYBER Sélection Chartier Internet* (**www.francoischartier.ca**), ainsi que dans *La Sélection Chartier 2008*, pour ce qui est

des vins qui étaient encore disponibles au moment d'aller sous presse. Impossible de ne pas connaître Michel Rolland si vous êtes un brin « branché » sur l'actualité du vin. Ne serait-ce que d'avoir lu son nom à quelques reprises dans mes chroniques de vins et dans les magazines, ou, si vous êtes encore plus branché, en ayant visionné le brûlot qu'a été le film documentaire *Mondovino*, dans lequel Michel Rolland a été écorché, au grand plaisir malsain du réalisateur... Grâce à son flair et à son talent, cet homme, appuyé par son épouse Danny Rolland, aussi œnologue, a imprégné de sa marque le style des vins de Bordeaux. Il est littéralement l'Émile Peynaud de l'ère moderne. (***La suite de ce texte sur le blogue de Chartier*** www.francoischartier.ca)

CUISINE POUR AMATEURS DE VIN AVEC RICARDO

Depuis septembre 2007, François Chartier s'est joint à l'équipe de chroniqueurs réguliers de l'émission de télévision ***Ricardo***, présentée tous les jours de la semaine, à 11 h, à la télé de Radio-Canada (**www.radio-canada.ca**). Les amateurs de vins pourront

ainsi le voir cuisiner avec Ricardo, 3 à 4 fois par mois, tout en y découvrant ses secrets pour atteindre l'accord parfait. Sa collaboration s'étend aussi dans le très populaire magazine *Ricardo*, dans lequel il effectue l'harmonie avec les différentes recettes de Ricardo. Il y dévoile aussi, à chaque numéro, cinq coups de cœur d'une région ou d'un pays émergent. Le magazine *Ricardo* étant depuis plus d'un an aussi publié en anglais, à travers le Canada, grâce au succès de l'émission *Ricardo & Friends*, diffusée au Food Chanel, les lecteurs anglophones tant du Québec que de l'Ouest canadien pourront maintenant se délecter de ses harmonies vins & mets. Ricardo et Chartier : un nouveau duo harmonique! Pour connaître les dates où Chartier cuisine pour les amateurs de vins avec Ricardo, visitez le blogue de Chartier (**www.francoischartier.ca**)

« L'arrivée "médiatique" de David Beckham à Los Angeles, célébrée avec Tom Cruise autour d'un nabuchodonosor de Maleollus, grande cuvée espagnole de la Ribera del Duero signée Emilio Moro. »

COUPS DE CŒUR 2008 DE LA VIEILLE EUROPE

LES COUPS DE CŒUR DE LA VIEILLE EUROPE CHEZ LES PRODUITS COURANTS ET LES SPÉCIALITÉS EN ACHATS CONTINUS (disponibles toute l'année)

Notez que certains coups de cœur peuvent être des futurs arrivages, dégustés en primeur, avant leur mise en marché à la SAQ. Pour connaître la date de disponibilité de ces vins, voir le commentaire détaillé, à la page indiquée, ainsi que le Calendrier des futurs arrivages 2007/2008 *(voir la page 16)*

LES BLANCS DE LA VIEILLE EUROPE

♥ **Gros Manseng-Sauvignon Brumont 2006** Vin de Pays des Côtes de Gascogne, France (12,30 $, page 54)

♥ **Fumaio « Chardonnay & Sauvignon Blanc » 2006** Toscana, Banfi, Italie (15,95 $, page 59)

♥ **Les Vignes Retrouvées 2005** Côtes-de-Saint-Mont, France (16,20 $, page 59)

♥ **La Segreta 2006** Sicilia, Planeta, Italie (16,90 $, page 61)

♥ **G. & P. Talmard Mâcon-Uchizy 2006** Mâcon-Uchizy, France (19,15 $, page 64)

♥ **Champs Royaux 2006** Chablis, William Fèvre, France (22,30 $, page 68)

♥ **Domaine La Moussière 2006** Sancerre, France (25,10 $, page 71)

LES ROUGES DE LA VIEILLE EUROPE

♥ **Tempranillo Campobarro 2006** Ribera del Guardiana, Espagne (9,35 $, page 97)

♥ **Sangiovese Farneto Valley Farnese 2006** Terre di Chieti, Italie (9,60 $, page 97)

♥ **Meia Encosta 2005** Dão, Portugal (10,25 $, page 98)

♥ **Château du Parc 2005** Côtes-du-Roussillon, France (10,45 $, page 98)

♥ **Nero d'Avola Primula 2003** Sicilia, Italie (10,45 $, page 99)

♥ **Quinta de Bons-Ventos 2005** Vinho Regional Estremadura, Portugal (11,35 $, page 100)

♥ **Pedras do Monte 2005** Vinho Regional Terras do Sado, Portugal (12,40 $, page 102)

♥ **La Truffière « De Conti » 2005** Bergerac, Château Tour des Gendres, France (13,10 $, page 105)

♥ **Lapaccio 2005** Primitivo SalentoItalie (13,90 $, page 108)

♥ **Moulin de Gassac « Élise » 2005** Vin de Pays de l'Hérault, France (14,15 $, page 110)

♥ **Quinta das Caldas 2005** Douro, Portugal (14,75 $, page 112)

♥ **Château Puy-Landry 2005** Côtes-de-Castillon, France (15,30 $, page 114)

♥ **Ortas Tradition « Rasteau » 2005** Côtes-du-Rhône Villages, France (15,35 $, page 114)

♥ **Vitiano 2005** Rosso Umbria, Falesco, Italie (15,35 $, page 115)

♥ **Merlot Christian Moueix 2005** Bordeaux, France (15,40 $, page 115)

♥ **Château St-Jean de la Gineste « Carte Blanche » 2005** Corbières, France (15,60 $, page 117)

♥ **Quinta dos Roques 2004** Dão, Portugal (15,65 $, page 118)

♥ **Domaine du Ministre 2005** Saint-Chinian, France (16,85 $, page 126)

♥ **Belleruche 2005** Côtes-du-Rhône, Chapoutier, France (16,95 $, page 127)

♥ **Château Cailleteau Bergeron « Tradition » 2005** Premières-Côtes-de-Blaye, France (16,95 $, page 128)

♥ **Château Peyros « Vieilles Vignes » 2001** Madiran, France (17,25 $, page 128)

♥ **Château Paul Blanc 2005** Costières-de-Nîmes, Jeanjean, France (17,40 $, page 130)

♥ **Villa Cerna 2005** Chianti Classico, Italie (17,45 $, page 130)

♥ **Château Revelette 2005** Coteaux d'Aix-en-Provence, France (18 $, page 133)

♥ **Bergerie de l'Hortus 2005** Coteaux-du-Languedoc, France (18,35 $, page 134)

♥ **Tuffeau 2005** Bourgueil, Christophe Chasle et Hervé Ménard, France (19,45 $, page 138)

♥ **Gran Coronas Reserva 2003** Penedès, Miguel Torres, Espagne (19,95 $, page 141)

♥ **Celeste 2004** Ribera del Duero, Miguel Torres, Espagne (20,95 $, page 144)

♥ **Château Lamargue « Cuvée Aegidiane » 2003** Costières-de-Nîmes, France (21,10 $, page 145)

♥ **Château de Pic 2003** Premières-Côtes-de-Bordeaux, France (21,15 $, page 145)

♥ **Tres Picos 2005** Campo de Borja, Bodegas Borsao, Espagne (21,90 $, page 149)

♥ **Château Montaiguillon 2004** Montagne-Saint-Émilion, France (22,30 $, page 150)

♥ **Castell de Falset « Old Vines Selection » 2003** Montsant, Espagne (24,40 $, page 160)

♥ **Monte Real Reserva 2000** Rioja, Bodegas Riojanas, Espagne (25,15 $, page 165)

♥ **Château Mazeris 2001** Canon-Fronsac, France (28,05 $, page 172)

♥ **Château de Chamirey 2005** Mercurey, France (28,25 $, page 174)

LES VINS MOUSSEUX & CHAMPAGNES DE LA VIEILLE EUROPE

♥ **Cuvée Flamme Brut** Saumur, Gratien & Meyer, France (21,70 $, page 249)

♥ **Pol Roger Extra Cuvée de Réserve Brut** Champagne, Pol Roger, France (58 $, page 250)

LES PORTOS DE LA VIEILLE EUROPE

♥ **Quinta do Infantado Ruby** Porto Ruby, Portugal (15,60 $, page 260)

♥ **Quinta do Infantado LBV 2001** Porto Late Bottled Vintage, Portugal (30,25 $, page 264)

LES COUPS DE CŒUR DE LA VIEILLE EUROPE CHEZ LES VINS DE SPÉCIALITÉ
(disponibles uniquement dans les succursales Sélection, en quantité pouvant être plus restreinte)

LES BLANCS DE LA VIEILLE EUROPE

♥ **Quinta da Ponte Pedrinha 2005** Dão, Portugal (15,20 $, page 58)

♥ **Anthilia Donnafugata 2006** Sicilia, Italie (16,25 $, page 60)

♥ **Pinot Grigio Mezzacorona Riserva 2004** Trentino, Mezzacorona, Italie (17,50 $, page 62)

♥ **Aligoté Goisot 2005** Bourgogne-Aligoté, France (19,40 $, page 65)

♥ **Sauvignon Goisot 2005** Saint-Bris, France (19,85 $, page 66)

♥ **Moroques 2006** Menetou-Salon, Henry Pellé, France (20,95 $, page 66)

♥ **Cuvée Marie 2005** Jurançon, Charles Hours, France (22,55 $, page 68)

♥ **Chardonnay L'Altro 2006** Piemonte, Pio Cesare, Italie (23,10 $, page 69)

♥ **Les Pépinières 2005** Anjou, Jo Pithon, France (24,55 $, page 70)

♥ **Sève d'automne 2004** Jurançon Sec, Cauhapé, France (28,05 $, page 72)

♥ **Myrto 2005** Vigneti delle Dolomiti Bianco, Foradori, Italie (28,45 $, page 73)

♥ **Riesling Trocken Heiligenstein Schloss Gobelsburg 2005** Kamptal, Autriche (31 $, page 74)

♥ **Château La Grande Clotte « blanc » 2004** Bordeaux, Malaterre-Rolland, France (34 $, page 75)

♥ **Broy 2005** Collio, Eugenio Collavini, Italie (34,50 $, page 76)

♥ **Le MD de Bourgeois 2006** Sancerre, France (35 $, page 76)

♥ **Fourchaume 2005** Chablis 1er Cru, William Fèvre, France (36,25 $, page 76)

♥ **Clos du Bourg « Demi-Sec » 2005** Vouvray, Domaine Huet, France (37,75 $, page 77)

♥ **Riesling Auslese Zeltinger Sonnenuhr Selbach Oster 2005** Mosel-Saar-Ruwer, Allemagne (38,75 $, page 77)

♥ **Le Haut-Lieu « Moelleux » 2005** Vouvray, Domaine Huet, France (46,25 $, page 77)

LES ROUGES DE LA VIEILLE EUROPE

♥ **Laderas de El Sequé 2006** Alicante, Espagne (13,05 $, page 104)

♥ **Higueruela 2005** Almansa, Espagne (13,95 $, page 109)

♥ **Nótios 2006** Peloponnisos, Gaia Estate, Grèce (14,75 $, page 112)

♥ **Domaine Labranche Laffont 2004** Madiran, France (15,75 $, page 119)

♥ **Merlot Tudernum 2005** Umbria, Italie (16,60 $, page 124)

♥ **La Vendimia 2006** Rioja, Palacios Remondo, Espagne (16,90 $, page 127)

♥ **La Cuvée dell'Abate 2005** Montepulciano d'Abruzzo Zaccagnini, Italie (17,30 $, page 129)

♥ **Le Roc « Cuvée Don Quichotte » 2004** Fronton, France (19,35 $, page 137)

♥ **Château Signac « Cuvée Combe d'Enfer » 2004** Côtes-du-Rhône Villages Chusclan, France (19,45 $, page 138)

♥ **Graciano Ijalba « Crianza » 2004** Rioja, Viña Ijalba, Espagne (19,65 $, page 139)

♥ **Nerola 2004** Catalunya, Miguel Torres, Espagne (19,75 $, page 139)

♥ **Château Bujan 2005** Côtes-de-Bourg, France (20,05 $, page 141)

♥ **Le Régal du Loup 2005** Minervois, France (20,50 $, page 142)

♥ **Quinta do Infantado 2004** Douro, Portugal (20,90 $, page 144)

♥ **Granaxa 2005** Minervois, Château Coupe Roses, France (21,20 $, page 146)

♥ **La Montesa 2004** Rioja, Palacios Remondo, Espagne (21,65 $, page 147)

♥ **Château de Haute-Serre 2002** Cahors, France (21,95 $, page 149)

♥ **Château Fougas « Cuvée Prestige » 2005** Côtes-de-Bourg, France (22,55 $, page 151)

♥ **El Albar 2003** Toro, J. & F. Lurton, Espagne (22,70 $, page 152)

♥ **Domaine du Clos de la Procure 2005** Côtes-de-Provence, France (23,25 $, page 154)

♥ **Cedro do Noval 2004** Douro, Quinta do Noval, Portugal (23,45 $, page 154)

♥ **Transhumance 2005** Faugères, Les Vins de Vienne, France (23,60 $, page 156)

♥ **Pétalos 2006** Bierzo, J. Palacios, Espagne (23,70 $, page 157)

♥ **Château La Gorce 2005** Médoc, France (24,15 $, page 159)

♥ **Domaine Gallety 2004** Côtes-du-Vivarais, France (24,20 $, page 159)

♥ **Secondo 2004** Sovanna, Poggio Foco, Italie (24,45 $, page 161)

♥ **La Braccesca 2003** Vino Nobile di Montepulciano, Antinori, Italie (24,50 $, page 162)

♥ **Poggerino 2004** Chianti Classico, Italie (24,55 $, page 162)

♥ **Château de Barbe Blanche 2005** Lussac-Saint-Émilion, France (24,75 $, page 163)

♥ **Altano Reserva 2004** Douro, Portugal (24,95 $, page 164)

♥ **Ciacci Piccolomini d'Aragona « Fabius » 2004** Sant'Antimo, Italie (25 $, page 164)

♥ **Château Greysac 2003** Médoc, France (25,35 $, page 166)

♥ **Amarcord d'un Ross Riserva 2003** Sangiovese di Romagna, Agricola Trere, Italie (26,05 $, page 168)

♥ **Copa Santa 2005** Coteaux-du-Languedoc, Clavel, France (26,35 $, page 168)

♥ **Serego Alighieri « Valpolicella dell'650 Anniversario » 2003** Valpolicella Classico « Superiore », Italie (26,50 $, page 169)

♥ **Tabarrini « Colle Grimaldesco » 2003** Monteflaco, Tabarrini, Italie (28,50 $, page 174)

♥ **Argile Rouge 2004** Madiran, Alain Brumont, France (28,95 $, page 175)

♥ **Quinta dos Roques Touriga Nacional 2003** Dão, Portugal (32,25 $, page 179)

♥ **Tancredi 2004** Contessa Entellina, Donnafugata, Italie (33 $, page 180)

♥ **Les Coteaux 2004** Saint-Joseph, Eric et Joël Durand, France (33,75 $, page 180)

♥ **Château de La Dauphine 2001** Fronsac, France (35,75 $, page 181)

♥ **Clos Cuminaille Pierre Gaillard 2005** Saint-Joseph, France (36,75 $, page 182)

♥ **Château Grand Renouil 2003** Canon-Fronsac, France (37,25 $, page 182)

♥ **Les Terrasses 2004** Priorat, Álvaro Palacios, Espagne (37,50 $, page 182)

♥ **Propiedad 2005** Rioja, Palacios Remondo, Espagne (38,25 $, page 185)

♥ **'Inu Riserva 2003** Cannonau di Sardegna, Italie (41,50 $, page 186)

♥ **Clos des Fées « Vieilles Vignes » 2005** Côtes-du-Roussillon Villages, France (43 $, page 186)

♥ **Dominio de Atauta 2004** Ribera del Duero, Espagne (43,50 $, page 186)

♥ **Mas La Plana 2003** Penedès, Miguel Torres, Espagne (44,75 $, page 187)

♥ **Pierre Gaillard Côte-Rôtie 2005** Côte-Rôtie, France (45 $, page 188)

♥ **Alto Moncayo « Garnacha » 2005** Campo de Borja, Espagne (49 $, page 188)

♥ **Clio 2005** Jumilla, Bodegas El Nido, Jorge Ordoñez, Espagne (49 $, page 188)

♥ **Do Ut Des 2004** Toscana, Carpineta Fontalpino, Italie (49 $, page 189)

♥ **Château Trianon 2003** Saint-Émilion Grand Cru, France (50 $, page 190)

♥ **Belle Dame 2005** Sancerre, Vacheron & Fils, France (56 $, page 190)

♥ **Granato 2003** Vigneti delle Dolomiti Rosso, Foradori, Italie (61 $, page 191)

♥ **Château Destieux 1998** Saint-Émilion Grand Cru, France (65 $, page 192)

♥ **Seigneur de Maugiron « Delas » 2005** Côte-Rôtie, France (74 $, page 194)

♥ **Finca Dofi 2004** Priorat, Álvaro Palacios, Espagne (84 $, page 195)

♥ **Tignanello 2004** Toscana, Antinori, Italie (99 $, page 196)

♥ **Château La Nerthe « Cuvée des Cadettes » 2003** Châteauneuf-du-Pape, France (117 $, page 197)

♥ **L'Ermita 2004** Priorat, Álvaro Palacios, Espagne (550 $, page 199)

LES VINS DE DESSERTS ET AUTRES GOURMANDISES DE LA VIEILLE EUROPE

♥ **Château Les Pins « Primage » 2000** Rivesaltes, France (19,95 $, page 238)

♥ **Vendemiaire « Octobre » 2000** Pacherenc-du-Vic-Bilh, A. Brumont, France (22,60 $, page 239)

♥ **Domaine La Tour Vieille Reserva** Banyuls, France (26,90 $, page 240)

LES VINS MOUSSEUX & CHAMPAGNES DE LA VIEILLE EUROPE

♥ **Raventos Reserva Brut** Cava, Codorniu, Espagne (18,75 $, page 248)

♥ **Simonnet-Febvre** Crémant de Bourgogne, France (21,90 $, page 249)

♥ **Bruno Paillard Première Cuvée Brut** Champagne, France (61 $, page 250)

♥ **Charles Heidsieck Vintage Brut 1996** Champagne, France (79 $, page 253)

LES PORTOS DE LA VIEILLE EUROPE

♥ **Quinta do Castelinho Colheita 1990** Porto Tawny, Portugal (35 $, page 265)

COUPS DE CŒUR 2008 DU NOUVEAU MONDE

LES COUPS DE CŒUR DU NOUVEAU MONDE CHEZ LES PRODUITS COURANTS ET LES SPÉCIALITÉS EN ACHATS CONTINUS (disponibles toute l'année)

Notez que certains coups de cœur peuvent être des futurs arrivages, dégustés en primeur, avant leur mise en marché à la SAQ. Pour connaître la date de disponibilité de ces vins, voir le commentaire détaillé, à la page indiquée, ainsi que le Calendrier des futurs arrivages 2007/2008 (voir la page 16)

LES BLANCS DU NOUVEAU MONDE

♥ **Chenin Blanc Robertson 2006** Robertson, Afrique du Sud (10 $, page 278)

♥ **Chardonnay Koonunga Hill 2006** South Eastern Australia, Australie (15,95 $, page 280)

LES ROUGES DU NOUVEAU MONDE

♥ **Shiraz Astica Superior 2007** San Juan, Bodegas Trapiche, Argentine (9,95 $, page 296)

♥ **Petite Sirah L.A. Cetto 2005** Valle de Guadalupe, Baja California, Mexique (11,95 $, page 297)

♥ **Malbec Reserva Nieto Senetiner 2005** Mendoza, Argentine (12,75 $, page 299)

♥ **Shiraz Luis Felipe Edwards 2005** Valle de Colchagua, Chili (12,85 $, page 299)

♥ **Merlot Errazuriz « Estate » 2006** Valle de Curicó, Chili (14,95 $, page 302)

♥ **Carmenère Errazuriz 2006** Valle de Aconcagua, Chili (15,20 $, page 303)

♥ **Syrah/Cabernet/Merlot Clancy's 2004** Barossa, Peter Lehmann, Australie (17,90 $, page 308)

♥ **Cabernet/Merlot Koonunga Hill 2005** South Eastern Australia, Australie (17,95 $, page 309)

♥ **Zinfandel Easton 2005** Amador County, Easton, États-Unis (20,90 $, page 316)

♥ **Zinfandel Cardinal Zin 2005** California, Bonny Doon, États-Unis (26,95 $, page 324)

LES COUPS DE CŒUR DU NOUVEAU MONDE CHEZ LES VINS DE SPÉCIALITÉ (disponibles uniquement dans les succursales Sélection, en quantité pouvant être plus restreinte)

LES BLANCS DU NOUVEAU MONDE

♥ **Sémillon/Sauvignon Blanc Amberley 2005** Margaret River, Australie (16,95 $, page 281)

♥ **Sauvignon Blanc Mount Nelson 2006** Marlborough, Nouvelle-Zélande (18,95 $, page 282)

♥ **Sauvignon Blanc Saint Clair 2006** Marlborough, Nouvelle-Zélande (19 $, page 283)

♥ **Natoma « Easton » 2000** Sierra Foothills, États-Unis (19,35 $, page 284)

♥ **The Money Spider « d'Arenberg » 2006** McLaren Vale, Australie (22,40 $, page 286)

♥ **Chardonnay Clos du Bois « Calcaire » 2005** Russian River Valley, États-Unis (25,45 $, page 287)

♥ **Sauvignon Blanc Isabel 2005** Marlborough, Nouvelle-Zélande (26,75 $, page 287)

♥ **Sauvignon Blanc « Redwood Ranch » Gary Farrell 2006** Sonoma County, États-Unis (29,10 $, page 288)

♥ **Chardonnay Scotchmans Hill 2006** Geelong, Australie (29,30 $, page 288)

♥ **Chardonnay Rustenberg « Five Soldiers » 2005** Stellenbosch, Afrique du Sud (38 $, page 289)

LES ROUGES DU NOUVEAU MONDE

♥ **Pinotage Hill & Dale 2003** Stellenbosch, Afrique du Sud (15,95 $, page 305)

♥ **Brampton OVR 2006** Coastal Region, Rustenberg, Afrique du Sud (16,65 $, page 306)

♥ **Vergelegen « Mill Race » 2004** Stellenbosch, Afrique du Sud (19,40 $, page 311)

♥ **Petite Sirah Concannon « Limited Released » 2004** Central Coast, États-Unis (19,95 $, page 314)

♥ **Cabernet Sauvignon Brampton 2005** Stellenbosch, Rustenberg, Afrique du Sud (21,40 $, page 317)

♥ **Merlot Meerlust 2003** Stellenbosch, Afrique du Sud (23,55 $, page 320)

♥ **Clos de los Siete 2005** Mendoza, Argentine (23,85 $, page 321)

♥ **Shiraz Mitolo « Jester » 2005** McLaren Vale, Australie (23,95 $, page 321)

♥ **Pinot Noir Waimea 2005** Nelson, Nouvelle-Zélande (24,50 $, page 321)

♥ **Shiraz Epsilon 2005** Barossa Valley, Massena, Australie (27 $, page 324)

♥ **Rubicon Meerlust 2001** Stellenbosch, Afrique du Sud (27,05 $, page 324)

♥ **Shiraz Scotchmans Hill 2005** Geelong, Australie (29,45 $, page 326)

♥ **Corbec 2005** Tupungato-Mendoza, Masi, Argentine (29,55 $, page 326)

♥ **Merlot De Trafford 2004** Stellenbosch, Afrique du Sud (31 $, page 328)

♥ **Shiraz De Trafford « Blueprint » 2004** Stellenbosch, Afrique du Sud (32 $, page 328)

♥ **Pinot Noir Margrain 2005** Martinborough, Nouvelle-Zélande (33,25 $, page 329)

♥ **Elderton « Ode to Lorraine » 2004** Barossa, Elderton Wines, Australie (40 $, page 331)

♥ **Syrah Foley « Rancho Santa Rosa » 2003** Santa Rita Hills, États-Unis (43 $, page 331)

♥ **Napanook 2004** Napa Valley, Dominus Estate, États-Unis (44 $, page 331)

♥ **Shiraz Turkey Flat Vineyards 2005** Barossa ValleyAustralie (49 $, page 332)

♥ **Rustenberg « Peter Barlow » 2004** Simonsberg-Stellenbosch, Afrique du Sud (61 $, page 333)

♥ **Cabernet Sauvignon Elderton « Ashmead Single Vineyard » 2004** Barossa, Australie (71 $, page 334)

LES VINS DE DESSERTS ET AUTRES GOURMANDISES DU NOUVEAU MONDE

♥ **Dégel 2005** Cidre Tranquille, La Face Cachée de la Pomme, Canada (11,85 $, page 348)

♥ **Michel Jodoin Cidre Léger Mousseux Rosé** Québec, Canada (18,10 $, page 349)

♥ **Neige 2006** Cidre de Glace, La Face Cachée de la Pomme, Canada (23,45 $, page 349)

♥ **Cuvée Blé Noir « Miellée » 2002** Hydromel Moelleux, Le Clos des Brumes, Canada (26,35 $, page 350)

ARRIVEZ. RELAXEZ. EXPLOREZ. SAVOUREZ.
3004, CHEMIN DE LA CHAPELLE, MONT-TREMBLANT

Quintessence

RESORT HOTEL SPA & RESTAURANT

TREMBLANT SUR LE LAC

Le Portugal est actuellement le secret le mieux gardé du vignoble mondial. Le majestueux Douro est assurément sa plus riche zone de production de grands vins, tant pour ses portos que ses généreux vins rouges et minéralisants vins blancs.

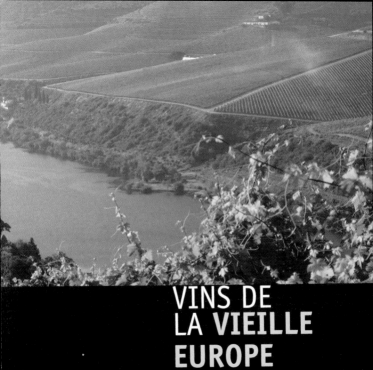

VINS DE
LA VIEILLE
EUROPE

QUOI DE NEUF DANS LES PAYS DE LA VIEILLE EUROPE?

« Le luxueux Château de Saran, surplombant les vignobles d'Epernay, en Champagne, où se déroulent les réceptions privées de Moët & Chandon, propriétaires de ce lieu historique du XIXe siècle. **www.moet.com** »

LA VIEILLE EUROPE EN CHIFFRES

L'Union européenne occupe une place prédominante sur le marché mondial du vin. Elle représente 45 % des superficies viticoles du globe, 65 % de la production, 57 % de la consommation mondiale et 70 % des exportations mondiales. L'Union européenne compte plus de 2,4 millions d'exploitations vinicoles sur une superficie de 3,6 millions d'hectares. La consommation de vins communautaires ne cesse de décroître, même si les ventes de vins de qualité sont en augmentation. Au cours des dix dernières années, les importations ont augmenté de 10 % par an, alors que les exportations progressent lentement. Si les tendances actuelles se poursuivent, la production d'excédents atteindra 15 % de la production annuelle d'ici 2010-2011. L'Union européenne dépense chaque année plus d'un demi-milliard d'euros uniquement pour se débarrasser du vin ne trouvant plus preneurs.

À SURVEILLER EN 2007/2008

Tout au long de l'automne 2007 et des premiers mois de 2008, il faudra surveiller plus que jamais les nouveaux arrivages des remarquables 2005, pratiquement tous réussis haut la main, dans tous les pays producteurs de la vieille Europe et plus particulièrement chez l'incontournable trio France-Espagne-Italie – mis à part les 2005 de Toscane et de Vénétie –, auquel j'inclus désormais le quatrième mousquetaire qu'est devenu, au fil de la dernière décennie, le Portugal. D'ailleurs, dans le numéro de juin 2008, la magazine SAQ *Cellier* sera consacré aux 2005 européens.

QUOI DE NEUF EN FRANCE?

Les nouveaux arrivages des remarquables 2005 de toute la France viticole sont à surveiller, à l'exception de la Corse et de la Provence, où la qualité est plus hétérogène et où les grandes réussites y sont plus rarissimes, mais belles en Provence chez le duo franco-québécois Dupéré-Barrera, comme dans leur **Terres de Méditerranée 2005** et leur **Domaine du Clos de la Procure 2005**, ainsi que chez LA référence qu'est devenu le **Château de Roquefort « Les Mûres » 2005**, tout comme le **Château Revelette 2005**. Mis à part les remarquables bourgognes rouges, dont de multiples réussites entreront dans la légende, ainsi que les bourgognes blancs et les bordeaux toutes couleurs et tous styles confondus, qui les suivent de très près, et dont plusieurs 2005 sont commentés dans cette édition, voici les régions et les appellations françaises à inscrire dans votre calepin du bourlingueur, cette année (par ordre de préférence, en débutant avec les *musts*) :

1. **Loire en rouge et blanc :** spécialement ceux de Bourgueil, dont la cuvée **Tuffeau 2005,** de Saumur-Champigny, comme le **Château de Targé 2005,** et de Sancerre, comme le remarquable pinot noir **Belle Dame 2005 Domaine Vacheron,** ainsi que tous les blancs moelleux et liquoreux du Layon et de Vouvray, tout particulièrement les **Clos du Bourg « Demi-Sec » 2005** et **Le Haut-Lieu « Moelleux » 2005** du **Domaine Huet.**

2. **Sud-Ouest :** réussite générale à Cahors, dont les cuvées **Clos La Coutale 2005, La Fage 2005, Le Petit Clos 2005** et le **Château Labrande 2005,** tout comme à Bergerac, dont la nouvelle étoile que sera l'abordable cuvée **La Truffière « De Conti » 2005,** ainsi qu'à Jurançon, tant pour les secs que les liquoreux de Jurançon, dont les crus du **Domaine de Cauhapé,** tout aussi réussis en 2004, et de Charles Hours, dont la vibrante **Cuvée Marie 2005.** Sans oublier le très beau blanc côtes-de-saint-mont **Les Vignes Retrouvées 2005.**

3. **Jura :** de grandes réussites, tant en rouge qu'en blanc, mais uniquement chez les meilleurs viticulteurs, comme chez **Stéphane Tissot** – la SAQ n'a malheureusement jamais vraiment ouvert son carnet de commandes pour les vins du Jura.

4. **Roussillon :** les rouges de Collioure, comme la cuvée **La Pinède 2005,** et des Côtes-du-Roussillon-Villages, comme l'aubaine qu'est le **Château du Parc 2005** et le grandissime **Clos des Fées « Vielles Vignes » 2005,** sans oublier certains crus isolés des Corbières, comme le **Château St-Jean de la Gineste « Carte Blanche » 2005,** ainsi que les vins doux naturels à base de muscat, tout comme ceux de Banyuls, dont le **Domaine La Tour Vieille Vendanges 2005,** de Maury et de Rivesaltes.

5. **Rhône en rouge :** allez-y gaiement avec les rouges à prix doux de Crozes-Hermitage, dont la cuvée **Les Vins de Vienne 2005,** et de Vacqueyras, ainsi que ceux de Gigondas, de Châteauneuf-du-Pape, de Cornas et de Côte-Rôtie, dont l'élégante cuvée de **Pierre Gaillard 2005** et la grande cuvée **Seigneur de Maugiron « Delas » 2005,** sans oublier le très réussi saint-joseph **Clos Cuminaille Pierre Gaillard 2005,** et même des Côtes-du-Luberon, comme la cuvée **La Vieille Ferme 2005,** des Costières-de-Nîmes, comme le **Château Paul Blanc 2005,** et certains Côtes-du-Rhône-Villages,

comme le **Ortas Tradition « Rasteau » 2005,** sans oublier quelques blancs, comme le **Coudoulet de Beaucastel 2005.**

6. **Languedoc en rouge :** Saint-Chinian, comme le remarquable **Domaine du Ministre 2005,** – mais aussi en blanc, comme **Les Fiefs d'Aupenac 2005** –, Corbières et Fitou sont au sommet des appellations en 2005, mais certains des meilleurs viticulteurs des zones d'appellation Minervois, comme **Le Régal du Loup 2005** et le **Granaxa 2005,** Faugères, comme le **Transhumance 2005,** et Coteaux-du-Languedoc, s'en sortent avec brio, comme chez les cuvées **Bergerie de l'Hortus, Les Garrigues** et **Copa Santa 2005.**

Enfin, les vins blancs français du **millésime 2006,** très nombreux actuellement sur le marché, m'ont paru fort réussis, très classiques, minéraux et tendus à souhait, comme dans les cuvées **Champs Royaux 2006,** à Chablis, **Moroques 2006,** à Menetou-Salon, **Domaine La Moussière 2006** et **Le MD de Bourgeois 2006,** à Sancerre, **Château Villerambert-Julien 2006,** dans le Minervois, et **Gros Manseng-Sauvignon Brumont 2006,** en **Côtes-de-Gascogne.**

Pour en terminer avec la France, sachez que de nombreux 2004 de grande qualité vous attendent sur les tablettes de la SAQ. Osez donc les 2004, comme **La Madura Classic 2004** (Saint-Chinian), **Château Signac « Cuvée Combe d'Enfer » 2004** (Côtes-du-Rhône Villages Chusclan), **Mas Cal Demoura « L'Infidèle » 2004** (Coteaux-du-Languedoc), **Château Rolland-Maillet 2004** (Saint-Émilion Grand Cru), **Château Le Bon Pasteur 2004** (Pomerol), **Domaine des Perdrix Vosne-Romanée 2004** (Vosne-Romanée), **En Luraule 2004** (Meursault) et **Argile Rouge 2004** (Madiran). Tous des références de *La Sélection 2008.*

QUOI DE NEUF EN ITALIE?

Grâce aux remarquables progrès effectués depuis une vingtaine d'années par les producteurs italiens, spécialement en Toscane, en Vénétie, dans les Pouilles et en Sicile, l'Italie a presque réussi à enrayer sa production de vins de masse dilués, production qui inondait le marché mondial dans les années 60. Malgré les prix très élevés pratiqués par de nombreux producteurs de Toscane, du Piémont et de Vénétie, il est encore possible de découvrir de véritables perles italiennes à bon prix. Il vous faut alors mettre le cap sur les régions suivantes:

La Sicile, devenue la Californie italienne, pour y découvrir les aubaines que sont les **Nero d'Avola-Shiraz Settesoli 2005, Aglianico Inycon 2005, Nero d'Avola Inycon 2005, Anthilia Donnafugata 2006, La Segreta 2006, Sangiovese Farneto Valley Farnese 2006, Nero d'Avola Primula 2003, Nero d'Avola Lamura 2006, Nero d'Avola/Syrah Benuara Cusumano 2005, Bendicò Mandrarossa 2003, Ficiligno « Insolia-Viognier » 2005** et **Tancredi 2004.**

Les Pouilles, royaume du primitivo et du negroamaro, afin de ne pas manquer les abordables **Lapaccio 2005, Primitivo A Mano**

2005, Taurino Riserva **2003** et **Negro Amaro Sangue Blu 2004**. La Toscane, LA référence, et sa voisine l'Ombrie, avec les **Fumaio 2006**, **Villa Cerna Chianti Classico 2005**, **Poggio Alla Badiola 2005**, **Berardenga 2005**, **Secondo 2004**, **La Massa 2005**, **Argiano 2001**, **Brancaia « Ilatraia » 2005**, **Piazzano Rio Camerata Riserva 2003**, **Syrah Piazzano 2004**, **Tignanello 2004**, **Do Ut Des 2004**, **Tabarrini « Colle Grimaldesco » 2003** et **Vitiano 2005**. Les vibrantes Abruzzes, avec **La Cuvée dell'Abate 2005**, l'**Edizione « Cinque Autoctoni »**, le **Majolica 2006** et le **Coste delle Plaie Rosso 2005**. La grande Vénétie, avec les **Folonari Superiore « Ripasso » 2005**, **Serego Alighieri « Valpolicella dell'650 Anniversario » 2003**, **Brentino Maculan 2005**, **San Vincenzo 2006**, **Inama « Vigneto du Lot » 2005**, **Luigi Righetti « Amarone Classico » 2003**, ainsi que les nombreux grandissimes *amaroni* de **Masi**.

Sans oublier le Frioul, avec les **Merlot Vistorta 2004** et **2005** et le **Broy 2005**, ainsi que le Trentin-Haut-Adige, avec le **Myrto 2005**, le **Pinot Grigio Mezzacorona Riserva 2004** et le **Granato 2003**. Enfin, la Campanie, qui recèle d'innombrables vins, blancs et rouges, élaborés à partir de cépages autochtones offrant aujourd'hui des vins de haut niveau, et plus particulièrement ceux signés **Feudi di San Gregorio**. L'une des grandes forces de l'Italie, à l'image du Portugal d'aujourd'hui, réside assurément dans sa très grande diversité de cépages – plus de 400 variétés actuellement cultivées. Elle possède donc un riche patrimoine ampélographique qui devrait lui permettre de résister aux assauts des pays du Nouveau Monde.

QUOI DE NEUF EN ESPAGNE?

Je vous le dis depuis deux ou trois ans, l'Espagne est sans contredit le pays de la vieille Europe dont la qualité générale des vins a le plus évolué au cours des dernières années, devenant ainsi le point de mire européen, tant pour sa réputation viticole que pour celle de sa table, actuellement au sommet de la gastronomie mondiale (voir dossier « El Celler de Can Roca » et « El Bulli » dans le chapitre *Le Blogue de Chartier* de *La Sélection 2007*). De nombreux excellents rapports qualité-prix d'Espagne, actuellement disponibles au Québec, ainsi que plusieurs nouveaux vins, attendus à la SAQ à l'automne 2007 et à l'hiver 2008, sont commentés dans cette *Sélection 2008*.

De belles aubaines proviennent de la récente appellation Ribera del Guardiana, comme le **Tempranillo Campobarro 2006** (commenté en primeur), de celle de Campo de Borja, avec son nouveau **Tocado 2006** (aussi commenté en primeur) et son généreux **Tres Picos 2005** – tous deux des *bodegas* Borsao –, tout comme des plus renommées zones d'appellation Cariñena, La Mancha, Almansa (avec les délicieux **Higueruela 2005** et **Loma Gorda 2005**), Jumilla (avec l'explosif **Taja 2006,** mais aussi les grandissimes **Clio 2005** et **El Nido 2005** des bodegas El Nido, de Jorge Ordoñez, commentés en primeur) et Alicante. De cette dernière, ne manquez pas le **Laderas de El Sequé 2006** (commenté en primeur), dont le 2004 avait été le coup de foudre de l'été 2006, et le 2005, le coup de cœur de la saison estivale 2007. Sans oublier les nouvelles vedettes de la Rioja, bien sûr, comme **La Montesa 2004**, le **Propiedad 2005** et le **Graciano Ijalba « Crianza » 2004**, du Priorat, comme le **Finca Dofi 2004** et **Les Terrasses 2004** et **2005** – deux grands priorats magnifiés par le célèbre Álvaro Palacios –, de sa voisine Montsant, avec le **Castell de Falset « Old Vines Selection » 2003**, du Bierzo, comme le **Pétalos 2006** et de Toro, comme l'**El Albar 2003** et le **Campo Eliseo 2003**. Et que dire des nouvelles références de la Ribera del Duero, comme le **Dominio de Atauta 2004**, l'**Emilio Moro 2004** et le **Celeste 2004**, et des remarquables crus catalans signés Miguel Torres, comme le **Nerola 2004** et le **Mas La Plana 2003** , et Parés Baltà, comme les grandissimes **Marta de Baltà « Syrah » 2004** et **Absis 2003**, sans oublier le prenant campo de borja **Alto Moncayo « Garnacha » 2005**, de Jorge Ordoñez, aussi commenté en primeur? Enfin, cette année, plus que jamais, osez les blancs espagnols, car il y a des vins secs au nez très expressif et à la fraîcheur électrisante du côté des appellations Rueda (spécialement l'**Hermanos Lurton**), Rioja et Rías Baixas, comme le **Martín Códax 2004**.

QUOI DE NEUF AU PORTUGAL?

Comme je l'ai mentionné dans les trois dernières éditions de *La Sélection*, les vins du Portugal sont actuellement à ranger parmi les secrets les mieux gardés du vignoble mondial. De vraies perles, dont certaines à bons prix, y sont élaborées avec brio. Il suffit de déguster les aubaines que sont les **Quinta de Bons-Ventos 2005, Chaminé 2006, Meia Encosta 2005, Pedras do Monte 2005, Quinta das Caldas 2005, Quinta dos Roques 2004, Barco Negro 2005**, tout comme en blanc avec le nouveau **Quinta da Ponte Pedrinha 2005**. L'une des grandes forces du Portugal, à l'image de l'Italie, réside assurément dans sa diversité de cépages autochtones, donc de vins empreints d'une singularité qui se fait de plus en plus rare dans le marché mondial inondé de cabernets et de chardonnays. Ceux qui ont dégusté avec intérêt les vins portugais, au cours de la dernière décennie, auront remarqué une importante et rapide évolution de la qualité. Il existe, aujourd'hui, de nombreux vins polis, raffinés et expressifs, de niveau international. De grandes pointures se trouvent dans les zones d'appellation Dão, pour les **Quinta dos Roques Reserva 2003, Quinta dos Roques Touriga Nacional 2003,** ainsi que du Douro, actuellement la plus riche zone de production de grands vins, mais aussi de belles aubaines, avec les **Altano Reserva 2004, Castelinho Reserva 2004, Cedro do Noval 2004, Quinta de la Rosa 2004, Quinta do Infantado 2004** et **Pilheiros 2004**. Sans oublier les vins de Bairrada et de l'Alentejo. D'ailleurs, la présente édition, comme la précédente, fait l'apologie de nombreux rouges du Portugal.

QUOI DE NEUF EN ALLEMAGNE?

L'année 2007 a été marquée par l'arrivée de quelques excellentes nouveautés venant de l'Allemagne, faisant ainsi suite aux nombreux arrivages de rieslings de haut calibre débarqués à la SAQ, au cours des trois dernières années (voir les trois dernières éditions de *La Sélection Chartier*, notamment le spécial *Rieslings allemands* dans le chapitre *Livre de Cave* de l'édition *2005*). Les rieslings germaniques de la dernière décennie ayant gagné en volume et en moelleux de texture, lorsque comparés aux rieslings plus mordants, et même verts dans certains cas, d'il y a plus de dix ans, osez plus que jamais vous aventurer du côté de l'Allemagne. Surtout qu'ils sont de grands accordeurs harmoniques à table! Vous trouverez, dans *La Sélection 2008,* de belles découvertes de domaines de pointe tels que **St. Urbans-Hof**, **Markus Molitor**, **Schloss Lieser**, **Selbach-Oster**, **S.A. Prüm** et **Doctor Loosen**, tous de la Mosel, ainsi que **Carl Gunderloch** et **Klaus Keller**, du Rheinhessen, sans oublier **Hermann Dönnhoff** de la Nahe, et **Müller-Catoir** du Pfalz. Pour de plus amples détails sur l'Allemagne, consultez les dossiers « Coup d'œil sur la vieille Europe », dans *La Sélection 2007*, et « Vingt ans autour du monde », dans *La Sélection 2006*.

QUOI DE NEUF EN AUTRICHE?

Depuis la mise en place, en 1990, d'une législation plus rigoureuse, l'Autriche connaît une véritable renaissance. Quelle fulgurante progression, en quinze ans, pour les viticulteurs autrichiens! Avec l'Espagne, le Portugal, l'Italie, l'Allemagne et, bien sûr, la France, l'Autriche se positionne maintenant parmi les six pays producteurs les plus sérieux de la vieille Europe. Ses rieslings y sont époustouflants, notamment ceux de **Schloss Gobelsburg** et de **F.X. Pichler.** Ses liquoreux sont légendaires (au sommet, les déstabilisants liquoreux d'**Alois Kracher**, du Burgenland), et certains rouges, uniques dans le paysage viticole mondial. Grâce à des terroirs adaptés et à un climat frais et lumineux – qui profite ces dernières années du réchauffement climatique planétaire pour offrir des vins plus expressifs que jamais –, le cépage grüner veltliner, un vibrant cépage blanc autochtone, commence à tirer son épingle du jeu à l'exportation, spécialement aux États-Unis et en Grande-Bretagne, où il grignote des parts de marché de plus en plus importantes. Ne manquez pas à la SAQ ceux de **Bründlmayer** et d'**Huber**, tous deux commentés. Souhaitons maintenant que cette tendance s'accentue au Québec, à condition que la SAQ ouvre un peu plus son carnet de commandes, car les vins de grüner veltliner sont plutôt rares, pour l'instant, au Québec.

« Le Priorat, majestueuse zone d'appellation espagnole, située au sud de Barcelone. »

PLANETA

LA SEGRETA

2006

VINS

Chardonnay Farneto Valley Farnese 2006

TERRE DI CHIETI, FARNESE VINI, ITALIE

9,60 $	SAQ C (10331217)	★★ $	Léger+

■ NOUVEAUTÉ! Très beau et abordable chardonnay italien qui complète le duo avec son tout aussi bon frangin rouge, le Sangiovese Farnese (aussi commenté). Donc, un blanc sec, aromatique et fin, désaltérant au possible, expressif et persistant. Du plaisir, de la fraîcheur et de l'élégance à bon prix. **Cépage :** chardonnay. **Alc./**13 % www.farnese-vini.com

☛ *Servir entre 2007 et 2008, à 12 °C*

Canapés de fromage à la crème et de fines tranches de poisson fumé, farfalle aux asperges, fusilli au saumon, filet de sole aux amandes grillées ou sandwich « pita » au poulet et au chutney à la mangue.

Gros Manseng-Sauvignon Brumont 2006　　♥

VIN DE PAYS DES CÔTES DE GASCOGNE, DOMAINES ET CHÂTEAUX D'ALAIN BRUMONT, FRANCE

12,30 $	SAQ C (548883)	★★☆ $	Modéré

■ NOUVEAUTÉ! Portant le nom La Gascogne jusqu'au millésime 2005, ce vin nouvellement nommé Brumont est maintenant élaboré avec une portion de sauvignon blanc qui vient s'ajouter à l'autochtone gros manseng. Il en résulte un blanc hyper aromatique, au charme immédiat, d'une fraîcheur exemplaire, jouant dans la sphère de l'ananas, de la lime et de la pomme verte, à la bouche droite, vivifiante et croquante à souhait. Une longue finale au relent de menthe fraîche signe la présence du sauvignon. Une référence. **Cépages :** gros manseng, sauvignon blanc. **Alc./**12,5 % www.brumont.fr

☛ *Servir entre 2007 et 2008, à 12 °C*

Apéritif, trempette de guacamole, salade de crevettes, paella de Valence, calmars au mojo (ail, huile d'olive, graines de cumin grillé, jus de lime et jus d'orange), salade de crevettes à la vinaigrette au gingembre et au jus de lime ou linguine aux crevettes au cari et à l'orange.

Domaine La Hitaire « Les Tours » 2006

VIN DE PAYS DES CÔTES DE GASCOGNE, P. GRASSA FILLE & FILS, FRANCE

12,75 $	SAQ C (567891)	★★?☆ $	Léger+

Toujours aussi croquant et vivifiant, exprimant des parfums exotiques, ce blanc sec du sud-ouest est le blanc de soif par excellence, tant pour l'apéritif que pour les plats très frais comme les salades. Agrumes et kiwi signent le profil aromatique. **Cépages :** 60 % ugni blanc, 35 % colombard, 5 % gros manseng. **Alc./**10,5 % (**Capsule à vis**) www.la-hitaire.com

☛ *Servir entre 2007 et 2008, à 10 °C*

Apéritif, salade de crevettes à la mayonnaise à l'aneth, salade de calmars au mojo (ail, huile d'olive, graines de cumin grillé, jus de lime et jus d'orange), salade d'épinards au fromage de chèvre ou pâtes au saumon fumé en sauce légèrement crémée et parfumée à l'aneth (C*).

Chardonnay/Pinot Grigio Primo Trevini 2006

VENETO, MONDO DEL VINO, ITALIE

12,85 $	SAQ C (10669197)	★★☆ $	Corsé

Un assemblage plus que réussi des deux cépages de l'heure en blanc, au nez engageant au possible, à la bouche pleine et très fraîche, exprimant des notes d'ananas et d'agrumes, dans un ensemble moelleux et texturé sans aucune lourdeur. **Cépages :** chardonnay, pinot grigio. **Alc./**13 % **www.mondodelvino.com**

☛ *Servir entre 2007 et 2008, à 14 °C*

 Saté malaisien au poulet et crevettes, brochettes de poulet et de crevettes à la salsa d'ananas, saumon grillé à la salsa d'ananas ou fricassée de poulet au gingembre.

Chéreau Carré Réserve Numérotée 2006

MUSCADET-DE-SÈVRE-ET-MAINE « SUR LIE », CHÉREAU CARRÉ, FRANCE

12,95 $	SAQ C (365890)	★★☆ $	Léger+

Comme à son habitude, cette maison présente un 2006 top niveau, aromatique, fin, pur, croquant et désaltérant comme il se doit, non dénué de présence et de minéralité. Assurément la référence des muscadets disponibles chez les produits courants, surtout que son prix est ridiculement bas. **Cépage :** melon de Bourgogne (muscadet). **Alc./**12 % **www.chereau-carre.fr**

☛ *Servir entre 2007 et 2010, à 12 °C*

 Huîtres fraîches à l'huile de persil, bouchées d'escargots à la crème de persil, minibrochettes de crevettes au basilic, moules au jus de persil (R*), salade niçoise ou salade grecque.

Marquis de Chasse 2006

BORDEAUX, GINESTET, FRANCE

12,95 $	SAQ C (404095)	★★ $	Modéré

Un abordable bordeaux blanc au nez timide, mais à la bouche juteuse et vivifiante, étonnamment soutenue et expressive, aux saveurs croquantes de pomme et de citron. **Cépages :** sauvignon blanc, sémillon. **Alc./**12 % **www.ginestet.fr**

☛ *Servir entre 2007 et 2008, à 12 °C*

 Apéritif, rouleaux de printemps, salade de crevettes, taboulé à la menthe fraîche et aux crevettes, truite saumonée grillée à l'huile de basilic ou pasta au citron, asperges et basilic frais.

Sauvignon Tutiac 2006

PREMIÈRES-CÔTES-DE-BLAYE, CAVE DES HAUTS DE GIRONDE, FRANCE

13,25 $	SAQ C (624320)	★★ $	Léger+

Un bordeaux blanc classique, presque mordant, pour ne pas dire *crispy* tant l'acidité fouette les papilles et lui procure une sapidité digeste et rafraîchissante. Menthe fraîche et citron donnent le ton. Parfait pour l'apéritif. **Cépage :** sauvignon blanc. **Alc./**12 % **(Capsule à vis) www.tutiac.com**

☛ *Servir entre 2007 et 2008, à 12 °C*

 Apéritif, canapés de saumon fumé et à l'aneth, canapés de truite fumée sur purée de céleri-rave ou bouchées d'escargots à la crème de persil.

La Vieille Ferme 2006

CÔTES-DU-LUBERON, LA VIEILLE FERME, FRANCE

13,70 $	SAQ C (298505)	★★☆ $	Modéré

Un 2006 encore meilleur que le déjà très agréable 2005. Du charme à revendre, de l'élan, de la complexité – oui! oui!, même à ce prix! –, des notes fraîches et mûres de fleurs blanches, de miel et d'abricot, une texture toujours aussi suave, une acidité discrète et un corps passablement soutenu. Il faut savoir que la famille Perrin, propriétaire du grandissime Château de Beaucastel, élabore les vins de La Vieille Ferme avec une attention rarement notée chez les vins de ce prix. Ceci explique cela. **Cépages :** 30 % grenache blanc, 30 % bourboulenc, 30 % ugni blanc, 10 % roussanne. **Alc./**13 % (**Capsule à vis**) **www.perrin-et-fils.com**

☛ *Servir entre 2007 et 2008, à 14 °C*

 Salade César au poulet épicé, brochettes de poulet et de crevettes à la salsa d'ananas, saté de poulet, mon lapin exotique pour amateurs de vins blancs (C*) ou fondue au fromage.

Sauvignon Domaine du Tariquet 2006

VIN DE PAYS DES CÔTES DE GASCOGNE, P. GRASSA FILLE & FILS, FRANCE

13,80 $	SAQ S* (484139)	★★ $	Léger+

Un blanc moderne, aux parfums amyliques de bonbon et de banane, à la bouche à la fois très fraîche et caressante, presque sucrée, aux saveurs étonnamment longues et vivifiantes. Yves Grassa a su à nouveau accoucher d'un sauvignon d'une très belle texture satinée. **Cépage :** sauvignon blanc. **Alc./**12,5 % **www.tariquet.com**

☛ *Servir entre 2007 et 2008, à 12 °C*

 Apéritif, minibrochettes de crevettes au basilic, truite et purée de céleri-rave ou escargots aux champignons et à la crème de persil.

Sauvignon Blanc La Baume 2006

VIN DE PAYS D'OC, DOMAINE DE LA BAUME, FRANCE *(DISP. APRÈS LE 2005)*

14 $	SAQ S (477778)	★★☆ $	Modéré+

Ce 2006 se montre tout aussi parfumé, texturé et suave que ne l'étaient les 2005 et 2004, salués en primeur dans les deux éditions précédentes de ce guide. Malgré la subtilité de ses parfums, il se montre passablement riche et détendu en bouche, offrant ampleur et générosité, sans perdre l'essence du sauvignon blanc. Menthe et pomme golden participent au plaisir. Un blanc sec, fort nourri pour le prix. **Cépage :** sauvignon blanc. **Alc./**13,5 % **www.labaume.nl**

☛ *Servir entre 2007 et 2009, à 12 °C*

 Fettucine au saumon fumé et à l'aneth, poitrines de poulet farcies au fromage brie et au carvi ou vol-au-vent de crevettes au Pernod.

Dourthe Nº 1 2006

BORDEAUX, VINS ET VIGNOBLES DOURTHE, FRANCE

14,85 $	SAQ C (231654)	★★☆ $	Léger+

Difficile de trouver mieux que le Dourthe Nº 1, tant en blanc qu'en rouge, chez les produits courants bordelais offerts à ce prix. Pour preuve, ce plus que jamais parfumé blanc sec, exhalant des notes classiques du sauvignon blanc bordelais (menthe fraîche, pamplemousse rose et buis), à la bouche croquante, rafraîchissante et digeste, au corps aérien et léger, mais aux saveurs très expressives. **Cépage :** sauvignon blanc. **Alc./**12 % **www.dourthe.com**

☛ *Servir entre 2007 et 2009, à 12 °C*

Apéritif, canapés d'asperges enroulées de saumon fumé, bouchées d'escargots à la crème de persil, poireaux braisés à la menthe, truite et purée de céleri-rave ou moules marinière « à ma façon » (C*).

Viognier Domaine de Gourgazaud 2006
VIN DE PAYS D'OC, CHÂTEAU DE GOURGAZAUD, FRANCE

14,85 $	SAQ S* (912469)	★★ $$	Modéré

À l'image du 2005 qui le précédait, ce Viognier 2006 se montre moins gras et moins généreux que la majorité des viogniers du Midi. Son profil plus sec, droit, satiné et aérien, pour ce cépage, fait de lui une excellente entrée en la matière et un bon achat. **Cépage :** viognier. **Alc./**13,5 % **www.gourgazaud.com**

☛ *Servir entre 2007 et 2009, à 12 °C*

Escalopes de porc à la salsa fruitée, fricassée de poulet à l'asiatique, pilaf de poulet et d'agrumes (R*) ou sandwich « pita » au poulet au chutney de mangue.

Chardonnay Albizzia 2006
TOSCANA, MARCHESI DE' FRESCOBALDI, ITALIE

14,95 $	SAQ C (541235)	★★☆ $$	Modéré

Frescobaldi présente plus que jamais un rafraîchissant chardonnay en 2006, qui se montre, comme par le passé, sec et croquant comme une pomme mcIntosh, à laquelle s'ajoutent des notes d'agrumes, ainsi qu'une touche anisée. Un vin de plaisir, digeste au possible, on ne peut plus européen de style. **Cépage :** chardonnay. **Alc./**12,5 % **www.frescobaldi.it**

☛ *Servir entre 2007 et 2008, à 12 °C*

Trempette au saumon fumé, salade de vermicelles au poulet et au citron, salade de pâtes au saumon fumé parfumées à l'aneth, calmars frits, filet de truite au thym et au citron, farfalle aux asperges ou pasta au citron, asperges et basilic frais.

Chardonnay Robert Skalli 2005
VIN DE PAYS D'OC, LES VINS SKALLI, FRANCE *(DISP. APRÈS LE 2004)*

14,95 $	SAQ S* (592519)	★★☆ $$	Modéré+

Si vous aimez les chardonnays gourmands, aux courbes sensuelles, tout en étant passablement frais et expressif, vous serez en terrain connu avec celui de la famille Skalli. Ananas et poire y donnent le ton, accentuant ainsi son profil presque Nouveau Monde. **Cépage :** chardonnay. **Alc./**13,5 % **www.skallifamilywines.com**

☛ *Servir entre 2007 et 2009, à 14 °C*

Raviolis aux champignons, pâtes aux fruits de mer sauce à la crème, filet de sole à la moutarde et au miel ou brochettes de poulet à l'ananas et au cumin.

Nótios 2006

PELOPONNISOS, GAIA ESTATE, GRÈCE

14,95 $	SAQ S (10700924) ★★★ $$	Modéré

■ **NOUVEAUTÉ!** Envoûtante nouveauté, provenant de l'un des meilleurs domaines de l'ère moderne de la Grèce. Quel nez! Des fleurs, de la finesse et de la fraîcheur, soutenues par une bouche minérale à souhait, vivifiante, tendue et digeste au possible. À mille lieues des blancs solaires et souvent oxydés qui peuplaient le paysage grec jusqu'à tout récemment. **Cépages :** 50 % moschofilero, 50 % roditis. **Alc./**12 % **www.gaia-wines.gr**

☞ *Servir entre 2007 et 2009, à 12 °C*

Crevettes tempura, crêpes fines aux asperges et au saumon fumé ou carpaccio de courgettes fraîches et de vieux cheddar (arrosé d'huile d'olive et accompagné de tomates fraîches et de quelques pousses d'aragula).

Quinta da Ponte Pedrinha 2005

DÃO, MARIA DE LOURDES MENDES OLIVA, PORTUGAL

15,20 $	SAQ S (10760492) ★★★ $$	Modéré+

■ **NOUVEAUTÉ!** Situé au nord de Lisbonne et juste au sud du Douro, le Dão est morcelé comme nulle autre région de production portugaise. On y compte plus de 60 000 propriétés, divisées en 450 000 parcelles... d'une moyenne de 1,6 hectare par propriété et de 0,14 hectare par parcelle. Les sols y sont à dominante granitique, procurant ainsi une fraîcheur et une minéralité uniques aux vins rouges, et tout particulièrement aux vins blancs. Ce à quoi répond ce nouveau venu, à la fois minéralisant, vivifiant et satiné comme pas un. Superbe touché de bouche, caressant les papilles d'une belle patine, et déposant des notes expressives de fleurs blanches, de miel et de poire. Une découverte! **Cépages :** encruzado, cerceal, arinto. **Alc./**13,5 %

☞ *Servir entre 2007 et 2011, à 14 °C et oxygéné en carafe 5 minutes*

Salade d'esturgeon fumé et d'asperges vinaigrette à l'huile d'avocat ou saumon grillé à la cajun et salsa d'ananas.

Hermanos Lurton 2006

RUEDA, BODEGAS J. & F. LURTON, ESPAGNE

15,85 $	SAQ S* (727198) ★★☆ $$	Modéré

À nouveau une belle réussite pour cet original coup de cœur, élaboré avec deux cépages typiquement espagnols, ce qui participe à son attrayante singularité par rapport aux désormais plus communs sauvignons et chardonnays de ce monde. Capturez sa fraîcheur vivifiante, sa texture satinée, ses saveurs subtiles et invitantes, laissant des traces de fleurs blanches, de pomme et de lime. **Cépages :** 75 % verdejo, 25 % viura. **Alc./**12,5 % **(Capsule à vis) www.jflurton.com**

☞ *Servir entre 2007 et 2008, à 12 °C*

Apéritif, terrine de truite fumée, tomates farcies au thon (avec céleri et persil) (R*), moules au jus de persil (R*), escargots aux champignons et à la crème de persil, ceviche d'huîtres au wasabi et à la coriandre, pâtes au pesto ou pâtes au saumon fumé en sauce légèrement crémée et parfumée à l'aneth (C*).

Pinot Grigio Le Rosse Tommasi 2006

DELLE VENEZIE, TOMMASI VITICOLTORI, ITALIE

| 15,85 $ | SAQ S* (10230555) | ★★?☆ $$ | Modéré+ |

Un 2006 intrigant et invitant, marqué par une couleur aux reflets pêche, ainsi que par une bouche à la fois ample et mordante, dotée de saveurs de fruits rouges, fait rarissime mais pas unique chez les vins blancs. **Cépage :** pinot gris. **Alc./**12 % **www.tommasiwine.it**

☛*Servir entre 2007 et 2009, à 14 °C*

 Moules au jus de persil (R*), fettucine Alfredo, pomme tiède farcie au fromage Maroilles (C*), salade tiède d'endives au fromage bleu Cambozola (C*), salade Warldorf à l'indienne (avec endives, noix et sauce à base de mayonnaise et de yogourt) ou dindon farci aux pommes.

Fumaio « Chardonnay & Sauvignon Blanc » 2006

TOSCANA, BANFI, ITALIE

| 15,95 $ | SAQ S* (854562) | ★★☆ $$ | Léger+ |

Un assemblage toscan, devenu, au fil des millé-simes, un classique des blancs italiens offerts sous la barre des vingt dollars. Le 2006 abonde dans ce sens, en offrant un blanc parfumé, fin et élégant, aux notes fraîches de menthe et de lime, à la bouche croquante, légère et zestée à souhait. **Cépages :** chardonnay, sauvignon blanc. **Alc./**12,5 % **(Capsule à vis) www.banfi.com**

☛*Servir entre 2007 et 2008, à 12 °C*

Apéritif, bruschetta à la romaine (pain de campagne, huile d'olive, ail et tomates fraîches), trempette de guacamole, canapés de saumon mariné, crêpes fines aux asperges et au saumon mariné, salade de crevettes à la mayo-wasabi, crevettes et légumes tempura ou moules marinière « à ma façon » (C*).

San Vincenzo 2006

VENETO, ROBERTO ANSELMI, ITALIE

| 16,15 $ | SAQ C (585422) | ★★★ $$ | Modéré+ |

Comme toujours, Roberto Anselmi présente un blanc sec des plus réussis et volant au-dessus de la mêlée des vins de cette région offerts dans la même gamme de prix. Difficile de faire mieux. Pureté aromatique, fraîcheur et ampleur en bouche, égrainant de longues et précises saveurs de poire et d'amande, tout en dévoilant une vibrante minéralité. Sapide et digeste au possible. **Cépages :** 80 % garganega, 15 % chardonnay, 5 % trebbiano di soave. **Alc./**12,5 % **www.robertoanselmi.com**

☛*Servir entre 2007 et 2010, à 12 °C*

Minibrochettes de crevettes au basilic, fettucine au saumon fumé et à l'aneth, escargots aux champignons et à la crème de persil ou vol-au-vent de crevettes au Pernod.

Les Vignes Retrouvées 2005

CÔTES-DE-SAINT-MONT, UNION DES PRODUCTEURS PLAIMONT, FRANCE

| 16,20 $ | SAQ C (10667319) | ★★★ $$ | Modéré+ |

■ NOUVEAUTÉ! L'excellent et original Vignes Retrouvées est assuré-ment la nouvelle étoile de l'année chez les vins courants, disponibles

dans toutes les succursales. C'est un assemblage de nobles, mais oubliés, cépages autochtones du sud-ouest, au nez aguicheur, saisissant et complexe, jouant dans la sphère des agrumes, tout en exprimant un profil exotique, à la bouche à la fois d'une grande tension et d'une gourmande présence, dotée de corps, d'expression et de persistance. Grâce à ce fameux équilibre entre un corps plein et une acidité tendue, ce vin possède les atouts qui en font un très grand compagnon de table. **Cépages :** 60 % gros manseng, 20 % petit courbu, 20 % arrufiac. **Alc./**13 % www.plaimont.com

☞ *Servir entre 2007 et 2010, à 12 °C*

 Avocats farcis à la chair de crabe et vinaigrette au jus d'agrumes, truite en papillote accompagnée de bettes à carde, saumon confit dans l'huile d'olive et orzo à la bette à carde (R*), omelette aux asperges ou sashimi sur salade de nouilles de cellophane au gingembre et au sésame. Fromages : asiago stravecchio (italien affiné à pâte ferme) ou cabra transmontano (lait cru de chèvre portugais affiné 60 jours).

Anthilia Donnafugata 2006

SICILIA, TENUTA DONNAFUGATA, ITALIE

16,25 $	SAQ S (10542137) ★★★ $$	Modéré

■ NOUVEAUTÉ! Un 2006 supérieur au 2005, à la couleur paille soutenue, au nez riche et engageant, exhalant des notes de poire, d'amande fraîche et de fleurs blanches, à la bouche tout aussi suave et coulante que le précédent millésime, à l'acidité discrète, mais avec plus de tonus. Une belle découverte sicilienne à ne pas laisser filer. **Cépages :** ansonica, catarratto. **Alc./**13 % www.donnafugata.it

☞ *Servir entre 2007 et 2010, à 14 °C*

 Salade de pâtes crémeuses au thon, pâtes aux fruits de mer sauce à la crème ou vol-au-vent de fruits de mer.

Grüner Veltliner Huber « Hugo » 2006

QUALITATSWEIN, WEINGUT HUBER, AUTRICHE

16,30 $	SAQ S (10750032) ★★☆?☆ $$	Modéré

■ NOUVEAUTÉ! Une nouveauté autrichienne, à base du noble cépage autrichien grüner veltliner, dont de trop rares représentants sont offerts au Québec. Ce cépage blanc de qualité n'attire malheureusement ni les faveurs des acheteurs du Monopole ni celles des consommateurs. Pourtant, il offre d'excellents vins secs à qui leur minéralité, puisée à même les meilleurs terroirs autrichiens de Vienne, de Kremstal ou des superbes coteaux pentus du Wachau, confère un pouvoir à la fois désaltérant et saisissant. Pour preuve, cet aromatique, intrigant et satisfaisant blanc sec, à la bouche à la fois ample et vivifiante, au corps modéré mais aux saveurs expansives et très fraîches, laissant des traces d'orange, de lime et de fleurs blanches. Je vous le redis, acheteurs du Monopole et consommateurs de la SAQ, osez l'Autriche! **Cépage :** grüner veltliner. **Alc./**12,5 % **(Capsule à vis)** www.weingut-huber.at

☞ *Servir entre 2007 et 2008, à 12 °C*

Apéritif, salade de fenouil et pommes, salade de demi-bulbes de fenouil grillés surmontés de fromage de chèvre chaud, salade de crevettes au mojo (ail, huile d'olive, graines de cumin grillées, jus de lime et jus d'orange) ou poulet au gingembre et à l'ananas.

Viognier Domaine Cazal-Viel 2006

VIN DE PAYS D'OC, HENRI MIQUEL, FRANCE

16,80 $	SAQ S* (895946)	★★★ $$	Corsé

Le viognier *bench mark* sur mesure pour faire ses gammes aromatiques avec ce cépage qui offre des vins plus que parfumés, aux saveurs soutenues rappelant les fleurs jaunes, le melon cantaloup, l'abricot et le miel, comme c'est le cas pour ce relevé et savoureux 2006. En bouche, il se montre presque plein, rond et caressant, comme il se doit avec les vins de viognier. Ainsi que je vous le dis depuis des lustres, les amateurs de vin rouge devraient se laisser prendre au jeu du viognier tant les vins de ce cépage semblent posséder la structure des vins rouges... **Cépage :** viognier. **Alc./**13,5 % www.cazal-viel.com

☞ *Servir entre 2007 et 2009, à 14 °C*

Fettucine alla morosana (cantaloup, huile d'olive, prosciutto et parmigiano reggiano) (C*), escalopes de veau à la salsa fruitée ou brochettes de poulet et de crevettes à la salsa d'ananas. Fromages : chaource, migneron de Charlevoix ou maroilles (jeune).

La Segreta 2006

SICILIA, PLANETA, ITALIE

16,90 $	SAQ S* (741264)	★★★ $$	Modéré+

Belle coloration jaune doré. Nez truculent, passablement riche et très frais, aux notes de fruits à chair jaune, presque exotique. Bouche débordante de saveurs, pulpeuse et vivifiante, d'une superbe harmonie, avec de l'élan et de l'ampleur. Une ixième aubaine sicilienne, dont quelques arrivages sont prévus au cours de l'automne 2007 et en début d'année 2008, de l'une des caves les plus performantes et novatrices de l'île. **Cépages :** 50 % grecanico, 30 % chardonnay, 10 % viognier, 10 % fiano. **Alc./**13 % www.planeta.it

☞ *Servir entre 2007 et 2009, à 14 °C*

Canapés de crevettes à la mayonnaise au curry, côtelettes de porc à l'orange et aux amandes, brochettes de poulet et de crevettes à la salsa d'ananas, fricassée de poulet à l'asiatique ou calmars au mojo (ail, huile d'olive, graines de cumin grillées, jus de lime et jus d'orange).

Masianco Masi 2006

PINOT GRIGIO E VERDUZZO DELLE VENEZIE, MASI, ITALIE

16,95 $	SAQ C (10439404)	★★☆ $$	Léger+

Toujours aussi aromatique, fin, attrayant, croquant, satiné, rafraîchissant et agréable au possible, tout en étant un brin moins texturé que ne l'était le 2005. Sera encore plus suave à la fin de l'automne 2007, début 2008. Ce nouveau blanc sec italien, élaboré avec maestria par la célèbre maison Masi, à base d'un assemblage de cépages cultivés dans le Frioul, connaît le succès annoncé dans l'édition précédente de ce guide. **Cépages :** 75 % pinot grigio, 25 % verduzzo. **Alc./**13 % **www.masi.it**

☛*Servir entre 2007 et 2009, à 14 °C*

Apéritif, fettucine au saumon fumé et à l'aneth, pâtes aux fruits de mer et au Pernod, frites de panais sauce au yogourt et au cari, truite et purée de céleri-rave ou escargots aux champignons et à la crème de persil.

Côté Tariquet 2006

VIN DE PAYS DES CÔTES DE GASCOGNE, P. GRASSA FILLE & FILS, FRANCE

17,10 $	SAQ S* (561316)	★★☆?☆ $$	Modéré

Yves Grassa est à la tête de la plus grosse propriété familiale de France, installée à Eauze, en plein cœur de l'Armagnac, avec plus de 832 hectares de vignobles, dont 65 pour la production d'Armagnac. Il propose un 2006 plus moderne que jamais, au nez de bonbon et de banane, très attrayant et rafraîchissant, à la bouche presque sucrée (sans sucre), juteuse et ample, tendue par une légère présence de gaz carbonique, rehaussant ainsi la sensation acide laissée à l'arrière-scène par une acidité discrète. Difficile de ne pas y succomber tant le charme juvénile opère, et ce, même si la matière est moins nourrie qu'en 2005. **Cépages :** 50 % chardonnay, 50 % sauvignon. **Alc./**11,5 % **www.tariquet.com**

☛*Servir entre 2007 et 2009, à 12 °C*

Parfait de foies de volaille à la poire acidulée (R*), pâtés impériaux aux crevettes et au chou nappa (R*), dinde rôtie à l'ananas (R*), brochettes de poulet au cari (R*) ou sauté de porc à l'asiatique au jus d'ananas (R*).

Martín Códax 2004

RÍAS BAIXAS, BODEGAS DE VILARINO, ESPAGNE *(DE RETOUR EN AUTOMNE 07)*

17,10 $	SAQ S (454140)	★★★ $$	Modéré+

À nouveau un excellent blanc sec espagnol à base de l'original cépage albarino, offrant expression, fraîcheur, ampleur, vitalité et tonicité, dans un ensemble passablement nourri, laissant deviner des saveurs de poire et de fleurs blanches. Devait faire un retour à la SAQ au cours de l'automne 2007. **Cépage :** albarino. **Alc./**12,5 % **www.martincodax.com**

☛*Servir entre 2007 et 2010, à 14 °C*

Flétan au beurre d'agrumes, salade de vermicelles au poulet et au citron, sashimi de poisson blanc ou turbot au jus de pomme.

Pinot Grigio Mezzacorona Riserva 2004 ♥

TRENTINO, MEZZACORONA, ITALIE

17,50 $	SAQ S (10780320)	★★☆?☆ $$	Modéré+

■ NOUVEAUTÉ! Complète la paire, chez les nouveautés italiennes, avec le drôlement entreprenant Pinot Noir Mezzacorona (aussi commenté). Du beau pinot gris, plus substantiel que ceux habituellement élaborés en Italie, souvent trop fluets. Donc, plus proche de la générosité alsacienne. Vous y dénicherez un blanc aromatique, au corps presque plein et prenant, à l'acidité certes discrète, mais fraîche, aux saveurs expansives de pomme poire

et de fruits secs. **Cépage :** pinot grigio (pinot gris). **Alc./**12,5 %
www.mezzacorona.it

☞ *Servir entre 2007 et 2009, à 14 °C*

Parfait de foies de volaille à la poire acidulée (R*), dinde rôtie à l'ananas (R*), sauté de porc à l'asiatique au jus d'ananas (R*) ou mon lapin exotique pour amateurs de vins blancs (C*).

Château Tour de Mirambeau « Réserve » 2005

ENTRE-DEUX-MERS, DESPAGNE, FRANCE

17,55 $	SAQ S (10388846)	★★☆ $$	Modéré

■ **NOUVEAUTÉ!** Un blanc sec ultra-fin, satiné et épuré, d'une belle retenue française et d'une acidité modérée, laissant place à une texture aérienne et à des saveurs subtiles au possible. Pas de bois, que de la fraîcheur – le vin ayant été fermenté et élevé en cuves inox, sur lies fines, avec bâtonnages fréquents. À saisir pendant qu'il se donne à son meilleur. **Cépages :** 34 % sauvignon blanc, 33 % sémillon, 33 % muscadelle. **Alc./**12 % **www.despagne.fr**

☞ *Servir entre 2007 et 2009, à 14 °C*

Fettucine au saumon fumé et à l'aneth ou filet de truite saumonée à l'huile de basilic.

Domaine des Aubuisières « Cuvée Silex » 2006

VOUVRAY, BERNARD FOUQUET, FRANCE

17,55 $	SAQ S* (858886)	★★★ $$	Modéré+

Après un 2005 dont la sucrosité à l'avant-plan et l'acidité plus discrète laissaient place à une douceur plus importante, millésime oblige, ce 2006 se montre sec, presque droit, parfumé, fin et minéral, laissant apprécier des saveurs de houblon, de lime et de pomme. Donc, tout à fait classique et épuré de tout artifice. **Cépage :** chenin blanc. **Alc./**13,5 % **www.vouvrayfouquet.com**

☞ *Servir entre 2007 et 2012, à 14 °C*

Salade Waldorf à l'indienne (avec endives, noix et sauce à base de mayonnaise et de yogourt), avocats farcis à la chair de crabe et vinaigrette au jus d'agrumes ou fettucine alla morosana (cantaloup, huile d'olive, prosciutto et parmigiano reggiano) (C*).

Château Villerambert-Julien « Blanc » 2006

MINERVOIS, MARCEL JULIEN, FRANCE

17,75 $	SAQ S* (918730)	★★★ $$	Modéré+

Bouquet printanier de fleurs blanches (acacia et aubépine), ainsi que de miel de tilleul, bouche suave et satinée, à l'acidité discrète, d'une bonne ampleur, tout en étant fraîche et expressive. Voilà un blanc sec d'une présence invitante à ne pas laisser filer. **Cépages :** 35 % marsanne, 35 % roussanne, 30 % viognier. **Alc./**13 % **www.villerambert-julien.com**

☞ *Servir entre 2007 et 2010, à 14 °C*

Terrine de lapin et salade de roquette aux suprêmes de poire, fricassée de poulet au gingembre et au sésame, saumon à la dijonnaise ou brochettes de poulet sauce moutarde et miel. Fromages : comté (12 mois d'affinage), saint-basile ou tomme de plaisir.

Les Fiefs d'Aupenac 2005

SAINT-CHINIAN « ROQUEBRUN », CAVE DE ROQUEBRUN, FRANCE

17,90 $	SAQ S* (10559174) ★★★ $$	Corsé

Un blanc généreux, coloré et enveloppant à souhait, parfait pour les fromages, ainsi que pour les plats en sauce onctueuse, comme en sauce fruitée. Du fruit à revendre, de l'ampleur, du moelleux et de la persistance, et une acidité discrète, laissant place à une belle patine, tout comme à des saveurs de miel, d'aubépine et de poire chaude. **Cépages :** 80 % roussanne, 20 % grenache blanc. **Alc./**13 % **www.cave-roquebrun.fr**

☞ *Servir entre 2006 et 2008, à 14 °C*

Curry de poulet à la noix de coco (C*), mignon de porc mangue-curry (C*), lapin à la crème moutardée (C*) ou escalopes de porc grillées à la salsa fruitée. Fromages : brie farci au cœur d'une poêlée de champignons, chaumes ou pied-de-vent.

Inama 2006

SOAVE CLASSICO, AZIENDA AGRICOLA INAMA, ITALIE

18,65 $	SAQ S* (908004) ★★★ $$	Modéré

À nouveau une très belle réussite pour ce domaine en passe de devenir l'une des références de cette appellation vénitienne. Un vin d'équilibre, alternant entre le fruit, à chair blanche, et la minéralité, d'une fraîcheur exemplaire. Digeste et croquant au possible. Contrairement à son grand frère, le pénétrant Inama Vigneti di Foscarino Soave Classico Superiore (25,75 $; SAQ S 907428), qui provient du célèbre Foscarino, un coteau pentu d'une grande renommée, l'Inama Soave Classico 2006 origine plutôt de différents terroirs des collines de Monteforte d'Alpone et de Soave. **Cépage :** 100 % garganega. **Alc./**12,5 % **www.inamaaziendaagricola.it**

☞ *Servir entre 2007 et 2009, à 12 °C*

Pétoncles poêlés au jus de persil simple (C*), truite et purée de céleri-rave, pâtes aux asperges sauce légèrement crémée, pizza aux fruits de mer ou crêpes fines aux asperges et au saumon fumé.

G. & P. Talmard Mâcon-Uchizy 2006

MÂCON-UCHIZY, DOMAINE GÉRALD & PHILIBERT TALMARD, FRANCE

19,15 $	SAQ S* (882381) ★★★?☆ $$	Corsé

Ce 2006, de l'un des domaines chouchous du Mâconnais, se montre dans la même lignée que les précédentes réussites, c'est-à-dire richement aromatique, engageant au possible, ample, rond et texturé, presque moelleux, égrainant de longues saveurs éclatantes d'ananas, de pomme golden, d'amande et de noisette. Donc, à nouveau l'un des meilleurs rapports qualité-prix chez les bourgognes blancs offerts au Québec sous la barre des trente dollars. On ne le répétera jamais assez, c'est dans le Mâconnais que se trouvent actuellement les plus belles aubaines bourguignonnes en blanc. **Cépage :** chardonnay. **Alc./**13,5 %

☞ *Servir entre 2007 et 2011, à 14 °C*

Saumon grillé à la cajun et salsa d'ananas, brochettes de poulet et de crevettes à la salsa d'ananas ou sauté de porc à l'asiatique au jus d'ananas (R*). Fromages québécois : douanier ou Victor et Berthold.

Aligoté Goisot 2005

BOURGOGNE-ALIGOTÉ, DOMAINE GHISLAINE & JEAN-HUGUES GOISOT, FRANCE

19,40 $	SAQ S (10520835)	★★★?☆ $$	Modéré	BIO

■ NOUVEAUTÉ! Deuxième millésime à nous parvenir de ce remar-quable aligoté, à nouveau réussi avec brio, ce qui le positionne au sommet de la hiérarchie des vins de ce cépage bourguignon. Mériterait plus que trois étoiles tant il frôle la perfection. Subtilité aromatique, pureté et fraîcheur invitantes, texture satinée, ampleur des saveurs, minéralité des meilleurs chablis et persistance de grands vins. Le travail de conversion de la culture biologique à la philosophie biodynamique porte déjà ses fruits. Comme il a été mis en marché à la fin septembre 2007, et qu'il risque de disparaître assez rapidement, soyez vigilant lors du prochain arrivage. **Cépage :** aligoté. **Alc./**12,5 % **www.goisot.com**

☛*Servir entre 2007 et 2009, à 12 °C*

 Canapés de saumon mariné, escargots à la crème de persil, soupe de tomates à la coriandre et au gingembre ou truite grillée et purée de céleri-rave.

Stone Hills 2006

VIN DE PAYS DE CORINTH, DOMAINE PALIVOU, GRÈCE

19,50 $	SAQ S (10703738)	★★★ $$	Modéré+

■ NOUVEAUTÉ! Belle nouveauté que ce blanc sec grec, d'une fraîcheur et d'une pureté rarissimes chez les vins de ce pays disponibles au Québec. Le nez aromatique est très fin et passablement riche. La bouche ample et fraîche se montre longue et harmonieuse, sans boisé inutile et sans la lourdeur habituelle perçue chez de multiples blancs méditerranéens. Une douce et légère amertume en finale par-ticipe au charme et à la singularité de ce cru. **Cépages :** malagouzia, chardonnay. **Alc./**13,5 % **www.palivos.gr**

☛*Servir entre 2007 et 2010, à 14 °C*

 Risotto aux champignons (C*), palets de saumon à la dijon-naise, crabe à carapace molle en tempura ou thon grillé à l'huile de basilic et salade de roquette.

Les Coteaux des Moines 2005

BOURGOGNE, BOUCHARD PÈRE & FILS, FRANCE

19,70 $	SAQ S (10796524)	★★★ $$	Modéré

■ NOUVEAUTÉ! Bouchard Père & Fils, qui, si vous ne le savez pas encore, est à ranger au sommet de la hiérarchie des meilleurs domaines, tout comme des meilleurs négoces de Bourgogne, propose une nouvelle cuvée, en blanc comme en rouge (aussi commenté). Elle se montre fraîche, épurée de tout artifice, cristalline, élancée et droite. Pour saisir la véritable identité du chardonnay en terres bourguignonnes, sans boisé et sans surmatu-rité, et à prix doux. **Cépage :** chardonnay. **Alc./**13 % **www.bouchard-pereetfils.com**

☛*Servir entre 2007 et 2009, à 12 °C*

 Saumon mariné en sauce à l'aneth (C*), saumon au cerfeuil et citron ou salade de fenouil grillé et fromage de chèvre chaud.

Sauvignon Goisot 2005

SAINT-BRIS, DOMAINE GHISLAINE & JEAN-HUGUES GOISOT, FRANCE

19,85 $	SAQ S (10520819)	★★★?☆ $$		Modéré	BIO

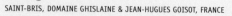

■ NOUVEAUTÉ! L'expressivité des meilleurs premiers crus du vignoble chablisien, offerte à un prix d'ami. Comme ce vin a été mis en marché à la fin septembre 2007, et qu'il risque de disparaître assez rapidement, soyez vigilant lors du prochain arrivage. Une référence pour capter l'essence du sauvignon blanc à son meilleur, exhalant des notes saisissantes de menthe fraîche, de basilic et de pample-mousse rose, à la bouche à la fois croquante, soyeuse, fraîche, ample et texturée, terminant sur une très longue finale au relent de pierre à fusil d'une minéralité quasi cosmique! Ce domaine, actuellement au zénith, demeure le secret le mieux gardé de la grande Bourgogne, offrant des vins à un prix défiant toute compétition. Ne manquez pas son Aligoté 2005 (aussi commenté). **Cépage :** sauvignon blanc. **Alc./**12,7 % www.goisot.com

☛ *Servir entre 2007 et 2011, à 12 °C*

 Canapés d'asperges enroulées de saumon fumé, rouleaux de printemps, taboulé à la menthe fraîche et aux crevettes ou truite saumonée grillée à l'huile de basilic.

Gran Guardia 2005

LUGANA, MONTRESOR, ITALIE

20,95 $	SAQ S (10705143)	★★☆?☆ $$	Modéré

■ NOUVEAUTÉ! Très beau blanc sec satiné et épuré de tout artifice, aux parfums fins et invitants de fleurs et d'amande, à la bouche caressante, à l'acidité discrète et au corps modéré. Rares sont les vins de trebbiano (également appelé lugana) aussi texturés et invitants. Les amateurs de vin de l'appellation Soave seront ravis par cette nouveauté qui n'est pas sans rappeler les blancs de garganega. **Cépage :** lugana (trebbiano). **Alc./**13 % www.vinimontresor.it

☛ *Servir entre 2007 et 2009, à 14 °C*

 Coulibiac de saumon, crevettes et légumes tempura ou trempette au saumon fumé.

Moroques 2006

MENETOU-SALON, DOMAINE HENRY PELLÉ, FRANCE *(DISP. NOV./DÉC. 07)*

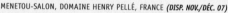

20,95 $	SAQ S (852434)	★★★ $$	Modéré+

 Il ne faudrait pas que les amateurs de grands vins de Pouilly-Fumé et de Sancerre oublient les tout aussi bons vins de Menetou-Salon, une zone située dans le prolongement de Sancerre. Pour preuve, ce Moroques, vinifié avec brio par l'excellent domaine Henry Pellé. Il en résulte un 2006 pur et raffiné, juste anisé à souhait, à la bouche droite, vivifiante et très expressive, laissant deviner des notes subtiles et aériennes de menthe, de pamplemousse, de buis et de fruit de la passion. **Cépage :** sauvignon blanc. **Alc./**13 % www.henry-pelle.com

☛ *Servir entre 2007 et 2010, à 12 °C*

 Canapés de saumon fumé et à l'aneth, minibrochettes de crevettes au basilic, truite et purée de céleri-rave, escargots à la crème de persil, nems à la menthe fraîche ou escalope de saumon au cerfeuil et citron.

Pinot Gris Réserve Pierre Sparr 2005

ALSACE, PIERRE SPARR & SES FILS, FRANCE

21,10 $	SAQ S* (966564)	★★★ $$	Corsé

Un pinot gris toujours aussi gourmand, mais un brin moins aromatique que ne l'était le 2004, à la robe jaune doré, au nez passablement riche, marqué par des parfums de miel, de fleurs blanches et de pamplemousse. La bouche se montre quant à elle plus prenante, plus généreuse, plus texturée et plus fraîche que dans le 2004. Du sérieux, bâti pour de belles envolées harmoniques à table. **Cépage :** pinot gris. **Alc./**13 % **www.alsace-wines.com**

☛*Servir entre 2007 et 2011, à 14 °C*

Sauté de porc à l'ananas (R*), poulet forestier (R*), fettucine alla morosana (cantaloup, huile d'olive, prosciutto et parmigiano reggiano) (C*), brochettes de porc glacées à l'orange et au miel ou brochettes de poulet et de prosciutto. Fromages : pomme tiède farcie au fromage migneron de Charlevoix ou saint-honoré.

Riesling Zeltinger Sonnenuhr Kabinett Markus Molitor 2005

MOSEL-SAAR-RUWER, WEINGUT MARKUS MOLITOR, ALLEMAGNE *(DISP. OCT. 07)*

21,30 $	SAQ S (10707333)	★★★ $$	Modéré

■ NOUVEAUTÉ! Une nouveauté hyper aromatique, aux notes détaillées de romarin, de thym, de conifère et de citron, à la bouche marquée par une attaque un brin sucrée (demi-sec), équilibrée par une acidité très fraîche, sans être vivifiante, et aux saveurs longues et précises laissant des traces de pomme et d'agrumes. Beau vin pour la cuisine salée, mais aussi pour certains desserts, pour ceux qui ne veulent pas trop se charger en sucre. **Cépage :** riesling. **Alc./**7,5 % **www.markusmolitor.com**

☛*Servir entre 2007 et 2010, à 10 °C*

Apéritif, sushis ou fricassée de crevettes à l'ananas et poivrons doux fouettés au curry rouge et au parfum de romarin (C*). Dessert : tarte au citron et meringue « à l'italienne » parfumée au romarin (aromatisez, au préalable, les blancs d'œufs, ou le sirop de sucre chaud, une fois la meringue montée en neige).

Riesling Trocken Müller-Catoir 2004

PFALZ, WEINGUT MÜLLER-CATOIR, ALLEMAGNE

22 $	SAQ S (10558462)	★★★ $$	Modéré

Un bouquet de fleurs printanières que ce riesling sec germanique. D'une couleur dorée, d'un nez expressif et fin, exhalant aussi des notes de racines d'angélique confites et de sauge fraîche, à la bouche droite, vivifiante, digeste, expressive, aérienne et très longue, laissant des traces d'épinette, de lime et de pamplemousse. **Cépage :** riesling. **Alc./**11,5 % **(Capsule à vis)** **www.muller-catoir.de**

☛*Servir entre 2007 et 2008, à 12 °C*

Apéritif, mix grill de légumes au romarin, truite grillée arrosée de jus de lime, crêpes fines aux asperges et au saumon fumé ou crevettes au citron et à l'ail.

Champs Royaux 2006

CHABLIS, WILLIAM FÈVRE, FRANCE

22,30 $	SAQ C (276436)	★★★ $$	Modéré+

Contrairement au précédent 2005, aérien, subtil, épuré, minéral et satiné, ce Champs Royaux 2006 se montre à la fois plus croquant et plus nourri, avec une présence et une ampleur plus marquées. Rares sont les blancs de ce prix à se montrer aussi distingués et intelligibles. À servir impérativement à 14 degrés si vous voulez saisir sa texture unique. **Cépage :** chardonnay. **Alc./**12,5 % **www.williamfevre.fr**

Servir entre 2007 et 2011, à 14 °C

Mousse de saumon fumé, avocats farcis à la chair de crabe et mayonnaise au wasabi, salade de crevettes au jus d'agrumes et au sésame ou escalope de saumon au cerfeuil et citron.

Cuvée Marie 2005

JURANÇON, CHARLES HOURS, FRANCE

22,55 $	SAQ S (896704)	★★★☆ $$	Corsé

Avec un phrasé tendu comme un Stradivarius, contrairement au 2004 qui était un brin plus rond à la manière d'un saxophone soprano, ce jurançon 2005 de référence frappe à nouveau l'inconscient de l'amateur de blanc de haute tenue. Quelle vitalité! Du nerf, de l'élan et de la minéralité, dans un ensemble nourri, dense et complexe, égrainant des saveurs d'amande grillée, de noisette, de miel, de lime et d'abricot. Intemporel. Bonne nouvelle, 400 caisses ont été mises en vente en octobre 2007, et 200 autres étaient attendues en janvier 2008. **Cépages :** 90 % gros manseng, 10 % petit courbu. **Alc./**14 % **www.uroulat.com**

Servir entre 2007 et 2017, à 14 °C et oxygéné en carafe 5 minutes

Avocats farcis à la chair de crabe et vinaigrette au jus d'agrumes, saumon confit dans l'huile d'olive et orzo à la bette à carde (R*), sashimi sur salade de nouilles de cellophane au gingembre et au sésame ou suprême de poulet au citron et parfum de gingembre. Fromages : asiago stravecchio (italien affiné à pâte ferme) ou cabra transmontano (lait cru de chèvre portugais affiné 60 jours).

Riesling Les Princes Abbés 2004

ALSACE, DOMAINES SCHLUMBERGER, FRANCE *(DE RETOUR OCT. 07)*

22,55 $	SAQ S (743443)	★★★ $$	Modéré+

Comme tous les vins de cette grande maison alsacienne, ce riesling a pour origine les coteaux de grès du charmant village de Guebwiller, situé à 25 km au sud de Colmar. En 2004, il se montre on ne peut plus classique, expressif, mûr, sec, droit et tendu, comme devrait l'être tout bon riesling. **Cépage :** riesling. **Alc./**12,5 % **www.domaines-schlumberger.com**

Servir entre 2007 et 2011, à 12 °C

Rouleaux de printemps au thon et à la sauce citron-soja, roulade de saumon fumé au fromage à la crème et au wasabi, sauté de crevettes aux épices et aux légumes croquants ou filet de saumon grillé sauce soya et jus de lime.

Riesling Trocken Keller 2004

RHEINHESSEN, WEINGUT KLAUS KELLER, ALLEMAGNE

22,85 $	SAQ S (10558446) ★★★ $$	Modéré+

Sec, élancé, parfumé, passablement dense pour son rang, long et invitant au possible, ce riesling représente une très bonne affaire pour quiconque désire saisir la vitalité des rieslings allemands secs, donc sans avoir à déguster des vins chargés en sucre résiduel – même si ces derniers permettent de remarquables harmonies à table... Pomme, citron et fleurs donnent le ton tant au nez qu'en bouche. **Cépage :** riesling. **Alc./**12 % **www.keller-wein.de**

☛*Servir entre 2007 et 2008, à 12 °C*

 Crevettes et légumes tempura, roulade de saumon fumé au fromage à la crème et au raifort ou escalope de saumon au cerfeuil et citron. Fromage : nisa (lait cru de brebis portugais, affiné plus de 45 jours).

Domaine des Fines Caillottes 2006

POUILLY-FUMÉ, JEAN PABIOT ET FILS, FRANCE

23 $	SAQ S* (963355) ★★★☆ $$	Modéré+

Avec cet éclatant et épuré 2006, la famille Pabiot présente l'un de ses plus beaux pouilly-fumé à ce jour, où alternent la fraîcheur minérale du cru et l'ampleur expressive du sauvignon, mais avec une acidité discrète jouant les funambules à l'arrière-scène. Rien de trop dans ce blanc sec. Tout est en retenue et en subtilité, mais avec une assurance et une vitalité le positionnant parmi les meilleurs « villages » de cette appellation. Menthe fraîche, pamplemousse rose et fleurs blanches participent au plaisir. **Cépage :** sauvignon blanc. **Alc./**12,5 % **www.jean-pabiot.com**

☛*Servir entre 2007 et 2011, à 12 °C*

 Bouchées d'escargots à la crème de persil, vol-au-vent de crevettes au Pernod ou pétoncles poêlés au jus de persil simple (C*).

Chardonnay L'Altro 2006

PIEMONTE, PIO CESARE, ITALIE

23,10 $	SAQ S (968982) ★★★?☆ $$	Modéré+

Pureté cristalline, saveurs éclatantes, presque exotiques, mais avec une fraîcheur et une retenue on ne peut plus européennes. Vraiment beau, pour amateur inconditionnel de chardonnays bourguignons. **Cépage :** chardonnay. **Alc./**13,5 % **www.piocesare.it**

☛*Servir entre 2007 et 2011, à 14 °C*

 Gravlax de saumon mariné (C*), crabe à carapace molle en tempura, risotto aux champignons (C*) ou saumon sauce chardonnay.

Marcel Deiss 2004

ALSACE, DOMAINE MARCEL DEISS, FRANCE

23,25 $	SAQ S (10516490) ★★★?☆ $$	Modéré+

Coup de cœur de *La Sélection 2007*, ce superbe assemblage alsacien, magnifié à la fois par le terroir calcaire de Bergheim, ainsi que par l'intuition du viticulteur de génie qu'est Jean-Michel Deiss, a fait l'objet d'une nouvelle commande en septembre 2007. Le nez est aussi parfumé, sans excès de racolage inutile, plutôt fin et détaillé, laissant échapper des notes de fleurs, de menthe et de fruits mûrs,

un brin exotiques, et la bouche est toujours aussi ample, mais formidablement retenue et équilibrée par une minéralité vibrante. Un vin sec, qui offre plaisir et sensualité. **Cépages :** pinot blanc, riesling (majoritaires) + pinot gris, gewürztraminer. **Alc./**13,5 %
www.marceldeiss.com

☞ *Servir entre 2007 et 2010, à 14 °C*

 Tagliatelle aux fruits de mer, curry de poulet à la noix de coco (C*), cuisine cantonaise, poulet laqué au piment, pétoncles grillés et anguille fumée à la crème de céleri ou pomme tiède farcie au fromage Sir Laurier (C*).

Grüner Veltliner Trocken « Kamptaler Terrassen » 2005
KAMPTAL, WEINGUT W. BRUNDLMAYER, AUTRICHE

23,50 $	SAQ S (10707069)	★★☆?☆ $$	Modéré

■ **NOUVEAUTÉ!** Un grüner classique, c'est-à-dire sec, croquant, vibrant, perlant, floral et aérien à souhait, laissant des traces minérales et citronnées en fin de bouche. **Cépage :** grüner veltliner. **Alc./**12 % **www.bruendlmayer.at**

☞ *Servir entre 2007 et 2010, à 12 °C*

 Apéritif, salade de vermicelles au poulet et au citron, acras de morue ou calmars au mojo (ail, huile d'olive, graines de cumin grillées, jus de lime et jus d'orange).

Les Pépinières 2005
ANJOU, DOMAINE JO PITHON, FRANCE

24,55 $	SAQ S (10525345)	★★★☆ $$	Modéré+

Le retour de ce superbe anjou sec – avec malheureusement seulement 75 caisses –, coup de cœur de *La Sélection 2007* dans le millésime 2004, et *re-coup de cœur* avec cet encore plus complexe 2005. Élaboré par le vigneron-artisan Jo Pithon, l'une des figures de proue du Layon et l'homme ès terroirs de l'appellation Anjou, ce cru provient d'un coteau plein sud, aux sols de grès du carbonifère. Une fermentation et un élevage en barriques de chêne, que de fûts de un à trois ans d'âge, complètent le tableau. Il en résulte un blanc sec à la fois très aromatique et subtil, complexe et aérien, détaillé et épuré, laissant exprimer des notes de miel et d'acacia, avec une touche minérale de fumée, à la bouche à l'attaque ample, presque ronde, mais bridée par une minéralisante acidité qui apporte une certaine tension à l'arrière-scène, question d'harmoniser l'ensemble ainsi que de lui procurer de l'élan et du naturel. Il ne reste plus qu'à espérer que la SAQ ouvre son calepin de commande afin que son dense savennières **La Croix Picot 2005**, son étonnamment aérien coteaux-du-layon **Les 4 Villages 2005** et son confit coteaux-du-layon saint-lambert **Les Bonnes Blanches 2004** nous soient aussi rendus accessibles... **Cépage :** chenin blanc. **Alc./**12 %
www.domaine-jopithon.com

☞ *Servir entre 2007 et 2013, à 14 °C et oxygéné en carafe 15 minutes*

 Saté malaisien au poulet et crevettes, salade d'ananas et de fèves de soya germées à la coriandre fraîche et aux crevettes, pétoncles grillés et anguille fumée à la crème de céleri ou prise du jour (poisson) sauce à l'orange. Fromages : asiago stravecchio (italien affiné à pâte ferme) ou gruyère (très vieux).

Château Montus Blanc 2001

PACHERENC-DU-VIC-BILH, ALAIN BRUMONT, FRANCE *(DISP. APRÈS LE 2000)*

24,60 $	SAQ S (882142)	★★★☆ $$	Corsé

Difficile de trouver mieux en matière de vin blanc sec dans le sud-ouest. Les amateurs de rouges seront comblés tant la matière est généreuse. C'est le premier millésime de ce cru vinifié et élevé en fûts de 800 litres. Nez actuellement fermé, laissant deviner une pointe de cire d'abeille. Après une longue oxygénation, s'ouvre avec plus d'éclat et de richesse sur le nougat. Ample et plus dodu que le 2000, finale d'une douce amertume, laissant des traces de fruits secs, de miel et de pain d'épices. Un vin soutenu, presque gras, mais l'électrisante minéralité tend le vin. Très, très longue finale de noisette, de miel et d'amande grillée. **Cépage :** petit courbu. **Alc./**13 %

☛ *Servir entre 2007 et 2014, à 14 °C et oxygéné en carafe 1 heure*

Pain au safran accompagné de terrine de foie gras de canard au naturel (C*), coquilles Saint-Jacques de pétoncles au vin jaune (C*) ou pastilla d'agneau parfumée aux sept-épices, accompagnée d'un tartare d'abricots secs et d'une poire rôtie au curry (C*). Fromages : chabichou (sec), kénogami ou migneron de Charlevoix.

Saint Martin Laroche 2004

CHABLIS, DOMAINE LAROCHE, FRANCE

24,95 $	SAQ C (114223)	★★★?☆ $$	Modéré+

Obturé par l'ingénieuse capsule à vis Stelvin (voir dossiers sur la capsule à vis dans le chapitre *Le blogue de Chartier* des éditions 2008 et 2007 de *La Sélection*), ce 2004 se montre d'une pureté, d'une franchise et d'une précision qui éclipsent les autres chablis villages (tous dégustés côte à côte avec ce 2004 pour *La Sélection*). Miel, pomme, fenouil et fleurs blanches donnent le ton au nez expressif et passablement riche, tandis que fraîcheur, ampleur et plaisir à boire signent une bouche aux saveurs étonnamment juteuses pour son rang. Une référence. **Cépage :** chardonnay. **Alc./**12,5 % (**Capsule à vis**) www.larochewines.com

☛ *Servir entre 2007 et 2009, à 14 °C*

Salade de demi-bulbes de fenouil grillés surmontés de fromage de chèvre chaud, saumon mariné en sauce à l'aneth (C*), truite braisée au cidre, tartare de saumon ou huîtres fraîches et jus de lime.

Domaine La Moussière 2006 ♥

SANCERRE, DOMAINE ALPHONSE MELLOT PÈRE & FILS, FRANCE

25,10 $	SAQ C (033480)	★★★☆ $$$	Modéré+	BIO

Après un 2005 superlatif, Alphonse Mellot fils présente un 2006 – dont plusieurs commandes de 500 caisses chacune ont été livrées au Québec en 2007, et ce, malgré une baisse de production de 30 % en 2006 – plus longiligne, plus minéralisant et plus classique du profil connu de l'appellation, contrairement au 2005 qui transcendait. Certes discret actuellement au nez, mais quelle définition et quelle présence en bouche! Pratiquement de l'eau de roche tant la pureté du fruit est cristalline. Je vous le redis pour une ixième fois, les cuvées de sancerre d'entrée de gamme offertes à ce prix présentent rarement une complexité aussi nourrie. Le travail minutieux des vignes cultivées en biodynamie rapporte. La maîtrise du fils, en poste depuis quelques millésimes, confirme, s'il est nécessaire, le renouveau de ce domaine qui était déjà parmi les meilleurs de l'appellation. **Cépage :** sauvignon blanc. **Alc./**13 % **www.mellot.com**

☞ *Servir entre 2007 et 2012, à 14 °C*

Rosace de saumon mariné sur fenouil à la crème, sashimi de poisson blanc à l'huile de sésame, crêpes fines aux asperges et au saumon fumé ou filet de truite saumonée à l'huile de basilic.

Rives de Longsault 2005

SAINT-VÉRAN, DOMAINE DES DEUX ROCHES, FRANCE *(DISP. OCT./NOV. 07)*

25,30 $	SAQ S (10792259)	★★★?☆ $$	Modéré+

■ NOUVEAUTÉ! Une nouveauté provenant de l'un des bons domaines du Mâconnais. Il en résulte un bourgogne ample et généreux, d'une fraîcheur naturellement bourguignonne, texturé et très long. Poire, amande et fleurs blanches signent le profil de saveurs, auquel s'ajoute une belle finale minérale. **Cépage :** chardonnay. **Alc./**13 % **www.collovrayterrier.com**

☞ *Servir entre 2007 et 2011, à 14 °C et oxygéné en carafe 15 minutes*

Gravlax de saumon mariné (C*), risotto aux champignons (C*), salade de champignons portabello et parmesan, saumon sauce chardonnay ou ris de veau saisis aux champignons sauvages à la crème (C*).

Bisci « Vigneto Fogliano » 2004

VERDICCHIO DI MATELICA, AZIENDA AGRICOLA BISCI, ITALIE

25,60 $	SAQ S (10782270)	★★★ $$	Modéré+

■ NOUVEAUTÉ! Les têtes chercheuses d'éclectiques découvertes, ne laissez pas filer la chance de vous sustenter avec cette superbe cuvée de verdicchio. Vous y dénicherez un vin blanc sec hyper parfumé, aux notes complexes de fleurs jaunes et de fruits exotiques, sans boisé à l'horizon, à la bouche à la fois ample et élancée, pleine et très fraîche, dotée d'une certaine minéralité et de saveurs gourmandes. **Cépage :** verdicchio di Matelica. **Alc./**13,5 % **www.bisciwines.it**

☞ *Servir entre 2007 et 2010, à 14 °C*

Risotto de crevettes au basilic ou poitrines de poulet farcies au fromage brie et au carvi.

Sève d'automne 2004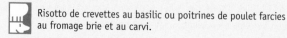

JURANÇON SEC, DOMAINE CAUHAPÉ, HENRI RAMONTEU, FRANCE *(DISP. AUTOMNE 07)*

28,05 $	SAQ S (10257504)	★★★☆?☆ $$$	Corsé

Un Sève d'automne 2004 – dégusté en primeur en juillet 2007 – d'une grande maturité de fruits (15 % d'alcool), ayant besoin d'oxygène pour révéler ses riches et enivrants parfums de fruits secs et de miel, à la bouche certes généreuse et explosive, mais dotée d'une minéralité sous-jacente et d'une acidité discrète, jouant les funambules avec maestria, tendant ainsi le vin vers l'harmonie et vers le futur. Une grande allonge en finale laisse des rémanences botrytisiennes, rappelant le pain grillé et la cire d'abeille.

Contrairement au délicieux Chant des Vignes, qui provient de jeunes vignes de quinze ans et qui est élevé sur lies en cuves inox, ce Sève d'automne est composé de vieilles vignes et a séjourné longuement en barriques, sur lies. Plus que jamais une référence. **Cépage :** gros manseng. **Alc./**15 % www.cauhape.com

☛ *Servir entre 2007 et 2017, à 14 °C et oxygéné en carafe 30 minutes*

 Poulet au soja et à l'anis étoilé, filet de turbot à la crème de champignons infusés au saké ou filet de porc au miel et aux poires.

Myrto 2005

VIGNETI DELLE DOLOMITI BIANCO, FORADORI, ITALIE

28,45 $	SAQ **SS** (10784152) ★★★ $$$	Modéré	BIO

■ NOUVEAUTÉ! Un blanc sec d'une grande minéralité et d'une originalité unique. Nerveux, tendu, droit, sans esbroufe, au fruité pur et précis, sur la pomme et les fleurs, avec une pointe anisée, terminant sur l'amande fraîche. Gagnera en texture et en complexité d'ici deux à trois ans. **Cépages :** 60 % sauvignon blanc, 40 % incrocio manzoni (croisement de pinot blanc et de riesling). **Alc./**13 % www.elisabettaforadori.com

☛ *Servir entre 2007 et 2011, à 12 °C et oxygéné en carafe 15 minutes*

 Salade de fenouil et pommes, escargots aux champignons et à la crème de persil, fettucine au saumon fumé et à l'aneth, morue poêlée et salade de fenouil cru à l'orange ou pétoncles poêlés au jus de persil simple (C*).

Riesling Wehlener Sonnenuhr Spätlese Markus Molitor 2005

MOSEL-SAAR-RUWER, WEINGUT MARKUS MOLITOR, ALLEMAGNE

29,15 $	SAQ **S** (10688558) ★★★ $$$	Modéré+

■ NOUVEAUTÉ! Une nouveauté parfumée à souhait, aux élégants effluves de houblon, de tilleul, de pomme et de lime, à la bouche aérienne (7,5 % d'alcool seulement), à l'acidité fraîche mais discrète, au corps longiligne, à la sucrosité pratiquement absente et aux saveurs persistantes, laissant des traces de saveurs terpéniques (agrumes et conifères). Si vous aimez le style, ne manquez pas l'un de ses frangins, le Riesling Zeltinger Sonnenuhr Kabinett 2005 (aussi commenté). **Cépage :** riesling. **Alc./**7,5 % www.markusmolitor.com

☛ *Servir entre 2007 et 2015, à 12 °C*

 Salade de fromage de chèvre macéré dans l'huile d'olive parfumée au romarin (ajoutez un trait de jus de lime avant de servir) ou rouget au romarin et à l'huile d'olive citronnée.

Riesling « Feinherb » Bernkasteler Badstube Spätlese Markus Molitor 2005

MOSEL-SAAR-RUWER, WEINGUT MARKUS MOLITOR, ALLEMAGNE

29,30 $	SAQ **S** (10786431) ★★★☆?☆ $$$	Corsé

■ NOUVEAUTÉ! Une nouveauté qui fait suite aux deux très bons rieslings du même domaine, Zeltinger Sonnenuhr Kabinett et Wehlener Sonnenuhr Spätlese, tous deux mis en marché au début du mois d'août. Issu du célèbre coteau Badstube du village de Bernkastel, ce riesling sec 2005 est d'une très belle richesse, offrant une certaine densité de texture, tendue par une minéralité et une acidité quasi électrisantes, exprimant des saveurs complexes d'épinette, de pamplemousse, de camomille et de houblon. **Cépage :** riesling. **Alc./**11,5 % www.markusmolitor.com

☞ *Servir entre 2007 et 2017, à 12 °C*

Brochettes de saumon au beurre de pamplemousse (C*), fricassée de crevettes à l'ananas et poivrons doux fouettés au curry rouge et au parfum de romarin (C*) ou pot-au-feu d'agneau au romarin.

Coudoulet de Beaucastel 2005
CÔTES-DU-RHÔNE, VIGNOBLES PIERRE PERRIN, FRANCE

29,70 $	SAQ S* (449983)	★★★?☆ $$$	Modéré+

En 2005, le Coudoulet blanc se montre plus minéral et plus longiligne que dans les précédents millésimes. Donc, un très beau blanc sec, requérant une bonne oxygénation en carafe pour se livrer dès maintenant, à la texture satinée, tendue par une acidité minéralisante, tout en étant passablement discrète, aux saveurs pures et précises d'acacia, d'amande fraîche et de miel. **Cépages :** 30 % marsanne, 30 % viognier, 30 % bourboulenc, 10 % clairette. **Alc./**13 % www.beaucastel.com

☞ *Servir entre 2008 et 2012, à 14 °C et oxygéné en carafe 1 heure*

Pilaf de poulet et d'agrumes (R*), brochettes de porc mariné et salsa de fruits, suprêmes de poulet et pommes de terre douces aux herbes de Provence ou poulet rôti et légumes grillés à l'huile d'olive.

Riesling Trocken Heiligenstein Schloss Gobelsburg 2005
KAMPTAL, WEINGUT SCHLOSS GOBELSBURG, AUTRICHE

31 $	SAQ S (10685285)	★★★☆?☆ $$$	Corsé

■ NOUVEAUTÉ! Assurément le meilleur riesling sec de l'opération *Blancs d'été*, lancée le 12 juillet 2007. Il provient des coteaux du Kamptal, en Autriche, et s'exprime par un nez d'une certaine noblesse et d'une précision rare, tout en étant riche et mûr, ainsi que par une bouche ample, généreuse, mais tout aussi fraîche, minérale et revitalisante, égrainant des saveurs explosives de citronnelle, de gingembre sauvage, de pomme et de fruit de la passion. Superbe harmonie d'ensemble et profondeur nourrie. Ira loin, même si déjà engageant au possible. Du sérieux. **Cépage :** riesling. **Alc./**13 % www.schloss-gobelsburg.at

☞ *Servir entre 2007 et 2017, à 14 °C*

Salade de fenouil et pommes, rouget au romarin et à l'huile d'olive citronnée, risotto aux langoustines et au romarin, pétoncles grillés et anguille fumée à la crème de céleri ou pot-au-feu d'agneau au romarin.

Château de Maligny « Fourchaume » 2005
CHABLIS 1er CRU, J. DURUP PÈRE ET FILS, FRANCE

33 $	SAQ S (480145)	★★★☆ $$$	Modéré

Un Fourchaume 2005 plus nourri et plus expressif que le précédent 2004 (commenté dans *La Sélection 2007*). A bien évolué depuis l'an passé, lors de ma première dégustation avec ce millésime, tout en demeurant retenu, élancé, fin et aérien. Comme pour tous les vins signés par la famille Durup, le néophyte pourrait être un brin

dérouté par sa trame longiligne et vivace de leurs vins, mais l'amateur de « vrais » chablis, non boisés, sera récompensé dans trois à cinq ans. **Cépage :** chardonnay. **Alc./**12,5 %
www.durup-chablis.com

☛ *Servir entre 2007 et 2014, à 14 °C et oxygéné en carafe 45 minutes*

Canapés d'asperges enroulées de saumon fumé, tartare d'huîtres à la coriandre fraîche, salade d'asperges et vinaigrette au jus de pamplemousse rose ou filet de truite en marinière de chardonnay.

Inama « Vigneto du Lot » 2005

SOAVE CLASSICO, AZIENDA AGRICOLA INAMA, ITALIE

33,75 $	SAQ S (10542866)	★★★☆?☆ $$$	Corsé

■ NOUVEAUTÉ! La grande cuvée de ce domaine, qui est en passe de devenir l'une des références de cette appellation vénitienne. Du sérieux. Grande profondeur et distinction aromatique. Étonnante densité en bouche, au fruité riche et persistant, à l'acidité sous-jacente et minéralisante, propulsant le vin dans le temps. Boisé intégré avec discrétion et doigté. Une grande bouteille pour l'appellation. **Cépage :** 100 % garganega. **Alc./**13,5 % **www.inamaaziendaagricola.it**

☛ *Servir entre 2007 et 2014, à 14 °C et oxygéné en carafe 15 minutes*

Pleurotes à la moelle sur croûtons de pain, risotto aux champignons (C*), salade de magret de canard fumé ou poîtrines de poulet au beurre de gingembre.

Château La Grande Clotte « blanc » 2004 ♥

BORDEAUX, MALATERRE-ROLLAND, FRANCE

34 $	SAQ S (10826990)	★★★☆ $$$	Modéré+

■ NOUVEAUTÉ! Une découverte, signée Michel Rolland. Quel prenant bordeaux blanc, très aromatique, riche et complexe, et ce, même après avoir dégusté une série de généreux rouges de *Rolland Collection*! Très sémillon au nez, donc miel, amande, mie de pain, au boisé modéré. Attaque en bouche ample et très fraîche, donc sur les deux sauvignons, expressive et très longue, sur les fleurs blanches et le miel, acidité fraîche, texture satinée et saveurs longues et précises. Vraiment beau. Une superbe harmonie fut réalisée en septembre 2007, *Chez l'Épicier*, lors d'une dégustation, en présence de Michel Rolland, avec une remarquable purée d'avocat, surmontée d'une saisissante gelée de pommes vertes, couronnée d'une salade de saumon épicé avec doigté. J'ai rarement dégusté une gelée aussi expressive et harmonieuse, sans sucre. **Cépages :** 60 % sauvignon blanc et gris, 25 % sémillon, 15 % muscadelle. **Alc./**13,5 % **www.rollandcollection.com**

☛ *Servir entre 2007 et 2021, à 17 °C et oxygéné en carafe 1 heure*

Purée d'avocat, surmontée d'une gelée de pommes vertes, couronnée d'une salade de saumon épicé (restaurant *Chez l'Épicier*).

Broy 2005
COLLIO, EUGENIO COLLAVINI, ITALIE

34,50 $	SAQ S (10780531)	★★★☆ $$$	Modéré+

■ NOUVEAUTÉ! Inspirante nouveauté, dégustée en primeur en juillet 2007, élaborée par la quatrième génération de la famille Collavini, référence du Frioul – dont le 2003 a remporté *tre bicchiere* (trois verres), la plus haute note du réputé guide italien *Gambero Rosso* – à la couleur dorée soutenue, au nez fin et épuré, à la bouche à la fois ample et fraîche, texturée mais aussi aérienne. Donc, un blanc sec d'un équilibre unique, sans lourdeur, tout en étant bien présent avec ses saveurs d'abricot, d'amande et de fleur d'oranger, avec un arrière-plan minéral. Harmonie suprême et digestibilité invitante. **Cépages :** chardonnay, tocai, sauvignon blanc. **Alc./**14 %
www.collavini.it

☛ *Servir entre 2007 et 2011, à 14 °C*

 Avocats farcis à la chair de crabe et vinaigrette au jus d'agrumes, fettucine alla morosana (cantaloup, huile d'olive, prosciutto et parmigiano reggiano) (C*) ou calmars au mojo (ail, huile d'olive, graines de cumin grillées, jus de lime et jus d'orange).

Le MD de Bourgeois 2006
SANCERRE, HENRI BOURGEOIS, FRANCE

35 $	SAQ S (967778)	★★★☆?☆ $$$	Modéré+

Nez saisissant, à la fois subtil et riche, exhalant des notes fraîches de buis, de bourgeon de cassis, de menthe fraîche et de lime, suivi d'une bouche ample et tout aussi revitalisante que le nez, d'une minéralité évidente, d'un fruité expressif, d'un corps satiné et d'une bonne plénitude. Assurément l'une des grandes pointures de l'appellation. **Cépage :** sauvignon blanc. **Alc./**13 %
www.henribourgeois.com

☛ *Servir entre 2007 et 2014, à 12 °C*

Risotto de crevettes au basilic, pétoncles poêlés au jus de persil simple (C*) ou brochettes de saumon au beurre de pamplemousse (C*).

Fourchaume 2005
CHABLIS 1er CRU, WILLIAM FÈVRE, FRANCE

36,25 $	SAQ S (518498)	★★★☆?☆ $$$	Modéré+

Ce premier cru de Chablis, vinifié avec maestria, se montre à nouveau d'une remarquable distinction, à la fois racé et vivifiant. Le nez est épuré, sans artifice, laissant deviner des effluves ultra-raffinés et passablement riches, rappelant les fleurs blanches, le miel et l'amande, avec une minéralité expressive. La bouche suit avec droiture, élan, ampleur et même une certaine densité, mais dans un style élancé et longiligne qui signe tous les vins de cette très grande maison. De plus, il gagnera en texture et en complexité au cours des prochaines années. **Cépage :** chardonnay. **Alc./**13 %
www.williamfevre.fr

☛ *Servir entre 2007 et 2015, à 12 °C et oxygéné en carafe 15 minutes*

Avocats farcis à la chair de crabe et vinaigrette au jus d'agrumes, saumon mariné en sauce à l'aneth (C*), homard grillé et mayonnaise au curry ou filets de merlan au cerfeuil et à la julienne de concombres. Fromages : azeitào (portugais), comté Fort des Rousses (12 mois d'affinage) ou Victor et Berthold.

Clos du Bourg « Demi-Sec » 2005

VOUVRAY, DOMAINE HUET, FRANCE

37,75 $	SAQ S (10796487)	★★★☆?☆ $$$	Modéré+	BIO

Ne vous laissez pas intimider par la mention « Demi-Sec », car ce remarquable vouvray se présente en bouche à la manière d'un vin sec tant sa fraîcheur et son harmonie d'ensemble « mangent » littéralement les quelques grammes de sucre résiduel. Et vous passeriez à côté d'un vin au nez enchanteur, d'une grande race, exhalant des effluves d'abricot frais, de camomille, de noyau de pêche et de houblon. Sans oublier sa très grande présence en bouche, déroulant un tapis velouté de saveurs expansives d'une superbe allonge. Prenant. **Cépage :** chenin blanc. **Alc./**12,5 % **www.huet-echansonne.com**

☞ *Servir entre 2007 et 2017, à 12 °C*

 Médaillons de homard sauté au vouvray, poulet sauté aux épices asiatiques ou suprême de poulet au tilleul. Fromages de chèvre mi-affinés : sainte-maure ou pouligny-saint-pierre.

Riesling Auslese Zeltinger Sonnenuhr Selbach Oster 2005

MOSEL-SAAR-RUWER, WEINGUT SELBACH-OSTER, ALLEMAGNE

38,75 $	SAQ S (10750809)	★★★☆ $$$	Corsé

■ NOUVEAUTÉ! Très beau nez intrigant et racé, exhalant des notes subtiles de basilic, de menthe, de citron et de fleurs, à la bouche pleine, d'un bon volume, à l'attaque moelleuse, mais sans sucré dominant, à l'acidité qui semble discrète, mais qui tend bel et bien le vin en arrière-scène, le propulsant dans le temps. Angélique confite, pomme et fenouil donnent le ton. Vraiment beau, et fort savoureux. Trouvera sa place à table. **Cépage :** riesling. **Alc./**8 % **www.selbach-oster.de**

☞ *Servir entre 2007 et 2013, à 14 °C*

 Salade de demi-bulbes de fenouil grillés surmontés de fromage de chèvre chaud, bouillon de lait de coco piquant aux crevettes, crevettes aux épices et aux légumes croquants (C*), bar grillé avec sauce yuzu miso (C*) ou cuisine sichuanaise. Fromage : croûte fleurie parfumée au romarin (romarin finement haché et préalablement macéré quelques jours au centre du fromage).

Le Haut-Lieu « Moelleux » 2005

VOUVRAY, DOMAINE HUET, FRANCE

46,25 $	SAQ S (10796508)	★★★★ $$$$	Modéré+	BIO

Un moelleux qui se montre plutôt demi-sec, au profil aérien au possible, au nez très aromatique, complexe et détaillé, jouant dans la sphère du tilleul, de la lime et du fruit de la passion, à la bouche éclatante, vibrante, très fraîche, pure, précise et persistante à souhait. Un grand vin, pour les plaisirs harmoniques à table, élaboré avec maestria par Noël Pinguet, qui, faut-il le rappeler, est l'homme ès terroirs qui a hissé ce domaine au firmament des grands blancs secs et moelleux de Loire et du monde. **Cépage :** chenin blanc. **Alc./**12,5 % **www.huet-echansonne.com**

☛ *Servir entre 2007 et 2023, à 12 °C*

 Soupe thaï au poulet et au lait de coco (C*), homard « Hommage à la route des épices » (C*) ou bar grillé avec sauce yuzu miso (C*).

Domaine Bouchard Père et Fils « Meursault » 2004

MEURSAULT, BOUCHARD PÈRE & FILS, FRANCE

49 $	SAQ **S** (872531)	★★★★ $$$$	Corsé

Né d'un excellent millésime bourguignon pour les blancs, ce meursault se montre à la fois tendu et généreux, expressif à souhait, plein, expansif et d'une grande allonge, tout en possédant une saisissante finale minérale et vive. Une grande définition des saveurs (poire, amande grillée, fleurs blanches et miel) lui procure une signature de haut vol. **Cépage :** chardonnay. **Alc./**13,5 % **www.bouchard-pereetfils.com**

☛ *Servir entre 2007 et 2016, à 14 °C*

 Pétoncles poêlés et salade de champignons portabello sautés et de copeaux de parmesan (vinaigrette à la moutarde) ou ris de veau saisis aux champignons sauvages à la crème et parfum de vermouth (C*).

En Luraule 2004

MEURSAULT, DOMAINE RÉMI JOBARD, FRANCE

62 $	SAQ **S** (10291112)	★★★★ $$$$	Modéré+

Un cru de Meursault, provenant de l'un des meilleurs domaines de l'appellation, au nez d'une finesse exquise, exhalant de subtils effluves de miel et de fleurs blanches, sans boisé apparent, à la bouche à la fois éclatante et aérienne, aux saveurs expressives, mais au corps vaporeux et longiligne, d'une texture satinée fort élégante et d'une acidité discrète. Noisette, amande grillée et poire ajoutent à la complexité de cet élégant et raffiné côte-de-beaune. Pour compléter la paire, découvrez le plus vertical, tendu et minéral **Les Chevalières 2005** (64 $; 10291121), un tout aussi excellent meursault du même domaine. **Cépage :** chardonnay. **Alc./**13 %

☛ *Servir entre 2007 et 2016, à 14 °C et oxygéné en carafe 15 minutes*

 Pain au safran accompagné de foie gras de canard au torchon (C*), risotto aux champignons sauvages (C*) ou magret de canard et crevettes à la saveur du Nouveau Monde (C*).

RÉPERTOIRE ADDITIONNEL

Sachez que les vins des Répertoires qui font l'objet d'une description détaillée, certes de façon concise, sont ou seront disponibles à un moment ou un autre dans les mois suivant la parution de cette douzième édition. Ceux qui sont seulement répertoriés risquent de ne plus être disponibles au moment où vous lirez ces lignes, mais vous permettront de connaître mon appréciation sur cinq étoiles. Soyez vigilant, car certains de ces vins pourraient faire l'objet d'un nouvel arrivage au cours de l'automne 2007 et des premiers mois de 2008, et ce, dans le même millésime proposé. Pour de plus amples informations sur les cépages des vins, ainsi que leur origine et leur élaboration, n'hésitez pas à consulter le **site Internet** de chaque domaine.

Gazela 2006
VINHO VERDE, SOGRAPE VINHOS, PORTUGAL
9,85 $ SAQ C (10667351)   ★★ $ Léger+
■ NOUVEAUTÉ! ■ *Apéritif, trempette tzatziki à la menthe fraîche ou bâtonnets de fish and chips à la sauce tartare.*

Catarratto-Chardonnay Primula 2004
SICILIA, FIRRIATO, ITALIE
10,45 $ SAQ C (606350)   ★☆ $ Modéré
Un blanc sicilien aux courbes caressantes, à la texture veloutée et aux saveurs de pomme golden. **Alc./**13 % **www.firriato.it** ■ *Salade César aux crevettes grillées ou fettucine Alfredo.*

Vale da Judia « Moscatel » 2005
TERRAS DO SADO, COOP. AG. DE SANTO ISIDRO DE PEGÕES, PORTUGAL
10,45 $ SAQ S (10513184)   ★★ $ Léger

Chardonnay Baron Philippe de Rothschild 2006
VIN DE PAYS D'OC, BARON PHILIPPE DE ROTHSCHILD, FRANCE
12,35 $ SAQ C (407528)   ★★ $ Léger+
Pureté, fraîcheur et digestibilité, voilà un chardonnay qui ne se prend pas pour une salade de fruits exotiques! **Alc./**13 % **www.bpdr.com** ■ *Filet de saumon en sauce au chardonnay.*

Genoli 2006
RIOJA, VIÑA IJALBA, ESPAGNE
13 $ SAQ S* (883033)   ★★☆ $ Modéré   BIO
Plus que jamais une aubaine espagnole à se mettre sous la dent. D'une fraîcheur on ne peut plus zestée et croquante, tendue par un brin de minéralité. **Alc./**12 % **www.ijalba.com** ■ *Trempette de légumes tzatziki ou moules marinière « à ma façon » (C*).*

Tokaji Furmint 2005
TOKAJI SEC, PAJZOS-MEGYER, HONGRIE
13,10 $ SAQ S (860668)   ★★☆ $ Léger+

Sauvignon Domaine Bellevue 2005
TOURAINE, PATRICK VAUVY, FRANCE
13,35 $ SAQ S (10690404)   ★★☆ $ Modéré
■ NOUVEAUTÉ!

Château de Campuget « Tradition » 2006
COSTIÈRES-DE-NÎMES, CHÂTEAU DE CAMPUGET, FRANCE
13,85 $ SAQ C (919340)   ★★☆ $$ Modéré
Avec ce nouveau 2006, le nez se montre toujours aussi subtil et rafraîchissant, tandis que la bouche suit dans un ensemble un brin moins généreux que le 2005, mais d'une finesse, d'une minéralité et d'une expression uniques chez les blancs du Midi offerts à ce prix. **Alc./**13 % **www.campuget.com**

Anfora 2006
MALVASIA DEL LAZIO, FONTANA DI PAPA, ITALIE
13,95 $ SAQ S (10699687)   ★★ $ Modéré
(Tetra Pak de 1 litre)

Sauvignon Blanc La Sablette 2006
TOURAINE, MARCEL MARTIN, FRANCE
13,95 $ SAQ C (10667239)   ★★ $$ Léger+
Crispy comme diraient les dégustateurs anglo-saxons. Voilà un blanc sec, mordant, léger et rafraîchissant. **Alc./**12,5 %

Sauvignon Blanc Berticot 2005
CÔTES-DE-DURAS, LES VIGNERONS DE BERTICOT, FRANCE
14,05 $ SAQ S (10675853)   ★★☆ $$ Léger+
■ NOUVEAUTÉ!

Riesling Dr. L Loosen Bros 2005
MOSEL-SAAR-RUWER, WEINGUT DR. LOOSEN, ALLEMAGNE
14,30 $ SAQ S (10685251)   ★★☆ $ Modéré
(Voir commentaire détaillé dans *La CYBER Sélection Internet*)

Il Giangio « Classico » 2006
GAMBELLARA, CASA VINICOLA ZONIN, ITALIE
14,35 $ SAQ S* (642744)   ★★★ $$ Modéré
■ *Apéritif, quiche au Valbert et asperges, fondue au fromage, fettucine Alfredo, filet de sole aux amandes grillées ou casserole de poulet à la pancetta.*

Château Bertinerie 2005
PREMIÈRES-CÔTES-DE-BLAYE, DANIEL BANTEGNIES ET FILS, FRANCE
14,70 $ SAQ S* (707190)   ★☆ $$ Léger

Château de Pocé « Sauvignon » 2005
TOURAINE, DOMAINE CHAINIER, FRANCE
14,75 $ SAQ S (10689606)   ★★ $ Modéré
■ NOUVEAUTÉ!

Pinot Grigio & Garganega Canaletto 2005
VENETO, CASA GIRELLI, ITALIE
14,75 $ SAQ C (928887)   ★★ $$ Modéré
Engageant, texturé et vivace, voilà un assemblage vénitien des plus harmonieux et sapide. **Alc./**12 % **www.casagirelli.com** ■ *Moules au jus de persil (R*).*

Pinot Grigio Terrazze della Luna 2005
TRENTINO, C.V.S.C., ITALIE
14,80 $ SAQ S* (618363)   ★★ $ Modéré

Pinot Grigio Terrazze della Luna 2006
TRENTINO, C.V.S.C., ITALIE
14,80 $ SAQ C (618363)   ★☆ $ Modéré
Un 2006 sympathique, discret, à la bouche souple et texturée, avec une certaine rondeur, laissant deviner des notes très fraîches de pomme mcIntosh et d'agrumes. Serait deux dollars de moins et deviendrait ainsi un excellent achat. **Alc./**12,5 % **www.cavit.it** ■ *Pâtes à la sauce crémeuse au jambon.*

Château de la Jaubertie 2005
BERGERAC SEC, RYMAN, FRANCE
15 $ SAQ S (10675829)   ★★☆ $$ Modéré
■ NOUVEAUTÉ!

Riesling St. Urbans-Hof 2005
MOSEL-SAAR-RUWER, WEINGUT ST. URBANS-HOF, ALLEMAGNE
15 $ SAQ S (10687601)   ★★☆ $$ Modéré+
■ NOUVEAUTÉ! Excellent rapport qualité-prix-plaisir chez les rieslings secs allemands. Du corps, de l'expression, de la minéralité et de la longueur. **Alc./**10 % **www.urbans-hof.de** ■ *Apéritif, tarte fine feuilletée aux tomates fraîches et au romarin, rouleaux de printemps au crabe, sashimi sur salade de nouilles de cellophane au gingembre et au sésame ou filet de truite au jus de cresson.*

Aligoté Bouchard Père & Fils 2006
BOURGOGNE-ALIGOTÉ, BOUCHARD PÈRE & FILS, FRANCE
15,35 $ SAQ S (464594)   ★☆ $$ Léger+

Riesling Villa Wolf 2005
PFALZ, WEINGUT JL WOLF, ALLEMAGNE
15,45 $ SAQ S (10786115)   ★☆?☆ $$ Modéré
■ NOUVEAUTÉ! Un riesling agréable, frais et coulant, doté d'une légère touche de gaz carbonique et d'une sucrosité discrète, mais peu expressif. **Alc./**11 % **(Capsule à vis) www.jlwolf.com** ■ *Apéritif ou crevettes au citron et à l'ail.*

Verdejo Oro de Castilla 2005
RUEDA, BODEGAS HERMANOS DEL VILLAR, ESPAGNE
15,45 $ SAQ S (10356756)   ★★☆ $$ Modéré+
Le cépage espagnol verdejo exprime un profil rappelant celui des vins de la Loire à base de sauvignon blanc. Ce à quoi ce 2005 répond avec précision et fraîcheur, au nez saisissant et des plus expressifs, à la bouche ample et vivifiante. **Alc./**12,5 % **www.orodecastilla.com** ■ *Bouchées d'escargots à la crème de persil.*

St-Florent 2005
SAUMUR, DOMAINE LANGLOIS-CHÂTEAU, FRANCE
15,55 $ SAQ S (962316)   ★★★ $$ Modéré+
Ce 2005 mérite toute votre attention. Nez raffiné et minéral, dépourvu de tout artifice. Bouche éclatante, fraîche, ample, aérienne et très longue. **Alc./**13 % **www.langlois-chateau.fr** ■ *Apéritif, tempura d'huîtres ou linguine aux moules.*

Pinot Blanc Trimbach 2004
ALSACE, MAISON TRIMBACH, FRANCE
15,70 $ SAQ S (089292)   ★★☆ $ Modéré
Digeste et invitant, voilà un pinot blanc on ne peut plus sec et rafraîchissant. Pas de flagornerie avec Trimbach. **Alc./**12,5 % **www.maison-trimbach.fr** ■ *Apéritif, raclette ou fondue au fromage suisse.*

Domaine du Salvard 2004
CHEVERNY, DELAILLE VITICULTEURS, FRANCE
15,75 $ SAQ S (977769)   ★★ $$ Léger+

Domaine La Haute Févrie « Excellence » 2004
MUSCADET-DE-SÈVRE-ET-MAINE « SUR LIE », CLAUDE BRANGER, FRANCE
15,75 $ SAQ S (10516369)   ★★ $$ Léger+
■ NOUVEAUTÉ!

Château Bonnet 2006
ENTRE-DEUX-MERS, ANDRÉ LURTON, FRANCE
15,90 $ SAQ C (083709)   ★★☆ $$ Modéré
Nez toujours aussi aromatique, même en 2006, au charme immédiat, exhalant des parfums de menthe et d'agrumes. Bouche très fraîche, satinée, pour ne pas dire sapide et digeste au possible. **Alc./**12 % **(Capsule à vis) www.andrelurton.com** ■ *Apéritif ou fettucine aux crevettes et coriandre fraîche.*

Riesling Réserve Fernand Engel 2004
ALSACE, DOMAINE FERNAND ENGEL, FRANCE
15,95 $ SAQ S (10518591)   ★★★ $$ Modéré

Salviano 2005
ORVIETO CLASSICO « SUPERIORE », TITIGNANO AGRICOLA, ITALIE
15,95 $ SAQ S (10782034)   ★★☆?☆ $$ Modéré
■ NOUVEAUTÉ! Plutôt rares sont les vins blancs de ce niveau, provenant de cette appellation. Très beau nez minéral, à la bouche à la fois vibrante, vivifiante, expressive et digeste, tout en étant passablement nourrie pour un orvieto. **Alc./**13,5 % **www.titignano.it** ■ *Pâtes aux asperges sauce légèrement crémée.*

Domaine de Brizé 2005

ANJOU, DOMAINE DE BRIZÉ, FRANCE

16,10 $ SAQ **S** (872960)   ★★★ **$$**   Modéré+   BIO

Un blanc sec débordant de vitalité et de charme, au nez expressif, à la bouche à la fois caressante, fraîche et minérale, au corps modéré et aux saveurs des plus persistantes. **Alc./**12,5 % **www.domainedebrize.free.fr**
■ *Salade de crevettes au jus d'agrumes et au sésame.*

Moulin de Gassac « Eraus » 2006

VIN DE PAYS DE L'HÉRAULT, CAVE DE PAULHAN, FRANCE

16,30 $ SAQ **S** (10269468)   ★★☆ **$$**   Modéré+

Un sauvignon en mode fraîcheur, d'une certaine densité, long et expressif, sans être marqué par les trop souvent présentes notes exotiques des versions modernes de ce cépage. **Alc./**12 % **www.daumas-gassac.com**
■ *Pâtes au saumon fumé en sauce légèrement crémée et parfumée à l'aneth (C*).*

Le Perlé Château Les Hauts de Soulières 2005

GAILLAC, CAVE DE LABASTIDE DE LÉVIS, FRANCE

16,35 $ SAQ **S** (10674965)   ★☆ **$**   Léger+

Muga Blanco 2006

RIOJA, BODEGAS MUGA, ESPAGNE

16,60 $ SAQ **S** (860189)   ★★★ **$$**   Corsé

Muga propose un 2006 certes moins généreux et moins expressif que par les millésimes passés, mais ce qu'il perd en texture et en expression, il le gagne en verticalité et en définition. Donc, un blanc plus ramassé, plus longiligne, à l'acidité croquante, qui fouette les papilles, aux saveurs très fraîches et au boisé intégré avec maestria. **Alc./**13,5 % **www. bodegasmuga.com**

Pino & Toi Maculan 2006

VENETO, FAUSTO MACULAN, ITALIE

16,60 $ SAQ **S** (10218935)   ★★☆ **$$**   Modéré

Fausto Maculan présente un blanc sec d'une suavité caressante, à l'acidité discrète, laissant place à un satiné de texture au charme envoûtant. **Alc./**13 % **www.maculan.net** ■ *Apéritif ou escalopes de veau au citron (al'limone).*

Viognier Accademia del Sole 2005

SICILIA, CANTINE CALATRASI, ITALIE

16,60 $ SAQ **S** (10675731)   ★★★ **$$**   Modéré+

■ NOUVEAUTÉ! (Voir commentaire détaillé dans *La Sélection 2007*)

Château Saint-Roch Blanc 2005

CÔTES-DU-RHÔNE, BRUNO CLAIR, FRANCE

16,70 $ SAQ **S** (10678181)   ★★★ **$$**   Modéré+

Gentil Hugel 2005

ALSACE, HUGEL ET FILS, FRANCE

16,95 $ SAQ **C** (367284)   ★★★ **$$**   Modéré+

(Voir commentaire détaillé dans *La Sélection 2007*)

Sylvaner René Muré 2005

ALSACE, DOMAINE RENÉ MURÉ, FRANCE

17,10 $ SAQ **S** (10656556)   ★★★ **$$**   Modéré

Château Thieuley 2006

BORDEAUX, FRANCIS COURSELLE, FRANCE *(DISP. HIVER 08)*

17,40 $ SAQ **S** (10389208)   ★★ **$$**   Modéré

Un blanc sec, droit et épuré, sans boisé et au corps longiligne. **Alc./**12,5 % **www.thieuley.com** ■ *Apéritif ou salade de crevettes au jus d'agrumes.*

Riesling Réserve Léon Beyer 2005

ALSACE, LÉON BEYER, FRANCE

17,70 $ SAQ **C** (081471)   ★★☆ **$$**   Modéré+

Son raffinement aromatique et son charme gustatif sont toujours au rendez-vous, mais ses saveurs soutenues de jeunesse (citron), que l'on pouvait percevoir à l'automne 2006, ont évolué vers des tonalités plus mûres d'épinette. L'acidité est toujours aussi vibrante, mais escortée d'un corps plus ample. **Alc./**12,5 % **www.leonbeyer.fr** ■ *Trempette au saumon fumé ou fettucine aux crevettes et coriandre fraîche.*

Riesling Pierre Sparr « Prestige » 2002
ALSACE GRAND CRU, PIERRE SPARR & SES FILS, FRANCE
17,80 $ SAQ **S** (493072) ★★★ **$$** Corsé
Explosif au nez, voilà une remarquable aubaine chez les rieslings secs alsaciens offerts sous la barre des vingt-cinq dollars. La bouche suit avec ampleur et générosité, où l'acidité discrète laisse place à des courbes étonnamment sensuelles pour un aussi jeune riesling. **Alc./**13 % **www.alsace-wines.com** ■ *Saumon grillé et émulsion d'huile d'olive et de jus d'agrumes.*

Cosme Palacio y Hermanos 2005
RIOJA, BODEGAS PALACIOS, ESPAGNE
17,85 $** SAQ **S*** (502468) ★★★ **$$ Modéré+

Château Reynon 2004
BORDEAUX, PIERRE ET DENIS DUBOURDIEU, FRANCE
17,90 $ SAQ **S** (10425176) ★★★ **$$** Modéré+
Nez typique de sauvignon français. Bouche à la fois croquante et ample, expressive à souhait, fraîche, satinée et longue. **Alc./**12,5 % **www.denisdubourdieu.com** ■ *Escargots à la crème de persil, pétoncles poêlés au jus de persil simple (C*), risotto de crevettes au basilic, fettucine au saumon fumé et à l'aneth ou pasta au citron, asperges et basilic frais (sachez que le basilic pourrait aisément être remplacé par de l'aneth frais, de la menthe fraîche ou des branches de fenouil).*

Château la Tour de l'Évêque « Blanc de blancs » 2005
CÔTES-DE-PROVENCE, RÉGINE SUMEIRE, FRANCE
17,95 $ SAQ **S** (972604) ★★★ **$$** Modéré+

Colbaraca Masi 2005
SOAVE CLASSICO, MASI, ITALIE
17,95 $ SAQ **S** (10706681) ★★★ **$$** Modéré
Fraîcheur invitante, minéralité et droiture sont au rendez-vous de ce vin de soif, d'une belle verticalité européenne, sans boisé et sans surmaturité inutiles. **Alc./**13 % **www.masi.it**

Chardonnay Grand Ardèche Louis Latour 2004
BOURGOGNE, MAISON LOUIS LATOUR, FRANCE *(DISP. FÉVR. 08)*
18 $ SAQ **S** (10678211) ★★★ **$$** Corsé
Le retour d'un blanc qui a connu beaucoup de succès dans les années quatre-vingt-dix. Il se montre toujours aussi engageant, légèrement boisé, complexe et plein. L'acidité discrète laisse place à une belle patine et à un moelleux prenant. **Alc./**13,7 % **www.louislatour.com** ■ *Sauté de porc à l'asiatique au jus d'ananas (R*).*

Le Chardonnay de Chardonnay 2004
BOURGOGNE, BOUCHARD PÈRE & FILS, FRANCE
18,25 $** SAQ **S*** (861138) ★★★ **$$ Modéré

Ficiligno « Insolia-Viognier » 2005
SICILIA, BAGLIO DI PIANETTO, ITALIE
18,40 $ SAQ **S** (10675677) ★★★ **$$** Modéré
■ NOUVEAUTÉ! Une très invitante ixième nouveauté, qui vous changera des désormais trop communs chardonnays. Un vin sec, au nez subtil et très fin, à la bouche à la fois minéralisante et ample, d'une fraîcheur unique pour un blanc sicilien. **Alc./**13,5 % **www.bagliodipianetto.it**
■ *Fettucine au saumon fumé et à l'aneth, risotto de crevettes au basilic, vol-au-vent de crevettes au Pernod ou salade de crevettes à la mayo-wasabi.*

Furmint Royal Tokaji 2005
TOKAJI SEC, ROYAL TOKAJI COMPANY, HONGRIE
18,75 $ SAQ **S** (10790894) ★★☆?☆ **$$** Modéré
■ NOUVEAUTÉ! Un tokaji sec certes discret au nez, mais d'une saisissante fraîcheur en bouche, au fruité éclatant, pur et élancé, à l'acidité croquante, sans excès, et aux saveurs longues et précises. **Alc./**13 % **www.royal-tokaji.com** ■ *Rouleaux printaniers ou filet de truite fumée.*

Aligoté Goisot 2004
BOURGOGNE-ALIGOTÉ, DOMAINE GHISLAINE & JEAN-HUGUES GOISOT, FRANCE
19,40 $ SAQ S (10520835) ★★★☆ $$ Modéré

Pio Cesare « Gavi » 2006
GAVI, PIO CESARE, ITALIE
19,65 $ SAQ S (10387413) ★★ $$ Léger+

Chardonnay Georges Faiveley 2004
BOURGOGNE, DOMAINE FAIVELEY, FRANCE
19,80 $ SAQ S* (966697) ★★★ $$ Modéré+
Très beau et prenant 2004, au corps moelleux, mais tendu par une fraîche et minérale acidité. Amande grillée, pomme et poire participent au plaisir. **Alc./**13 % www.bourgognes-faiveley.com ■ *Rôti de saumon froid farci aux crevettes et aux légumes.*

Pinot Blanc Schneckenberg 2004
ALSACE, LES VIGNERONS DE PFAFFENHEIM, FRANCE
19,80 $ SAQ S (10789826) ★★☆?☆ $$ Modéré
■ NOUVEAUTÉ! Un pinot blanc anisé à souhait, sec, droit et tendu, mais aussi caressant et rafraîchissant comme il se doit. **Alc./**12,5 % www.pfaffenheim.com ■ *Apéritif, trempette crémeuse et légumes, raclette, fondue au fromage suisse, salade César, salade de pâtes à la grecque, blanquette de veau, poitrines de poulet farcies au fromage brie et au carvi ou frites de panais sauce au yogourt et au cari.*

Sauvignon Goisot 2004
SAINT-BRIS, DOMAINE GHISLAINE & JEAN-HUGUES GOISOT, FRANCE
19,85 $ SAQ S (10520819) ★★★ $$ Modéré

Gewürztraminer Hugel 2005
ALSACE, HUGEL ET FILS, FRANCE
19,95 $ SAQ C (329235) ★★★ $$ Corsé
(Voir commentaire détaillé dans *La Sélection 2007*)

Riesling Kabinet Jean-Baptiste Gunderloch 2005
RHEINHESSEN, CARL GUNDERLOCH, ALLEMAGNE
19,95 $ SAQ S (10763589) ★★★ $$ Corsé
■ NOUVEAUTÉ! Wow! Quel nez et quelle présence en bouche. Un riesling hyper aromatique, plus minéral et plus mûr que ses collègues. **Alc./**11,5 % (Capsule à vis) www.gunderloch.de ■ *Salade de fromage de chèvre macéré dans l'huile d'olive parfumée au romarin (ajoutez un trait de jus de lime avant de servir), avocats farcis à la chair de crabe et vinaigrette au jus d'agrumes, rosace de saumon mariné sur fenouil à la crème, saumon grillé et jus de carotte au gingembre ou rouleaux de printemps aux crevettes, pommes et menthe fraîche.*

Château Coupe-Roses 2005
MINERVOIS, FRANÇOISE FRISSANT-LE CALVEZ ET PASCAL FRISSANT, FRANCE
20,30 $ SAQ S (894519) ★★★ $$ Modéré+
Domaine phare de l'appellation, il ne déroge pas à sa réputation en offrant un blanc au nez subtilement aromatique, à la bouche ample mais aérienne, pleine mais longiligne, à l'acidité discrète et aux saveurs épurées. **Alc./**13 % www.coupe-roses.com ■ *Fromages : chabichou du Poitou (sec), comté (12 mois d'affinage) ou coulommiers.*

Morgado de Santa Catherina 2004
BUCELAS, QUINTA DA ROMEIRA, PORTUGAL
20,30 $ SAQ S (10274700) ★★★ $$ Modéré+
(Voir commentaire détaillé dans *La CYBER Sélection Internet*)

Chardonnay Blanc d'Azenay 2003
BOURGOGNE, GEORGES BLANC, FRANCE
20,35 $ SAQ S (857532) ★★☆ $$ Modéré+
À l'image du 2002, ce 2003 est à nouveau un vin travaillé et boisé, au profil plus Nouveau Monde que bourguignon. Le nez est engageant au possible, très vanillé, tout comme la bouche, gorgée de saveurs de noix de coco. **Alc./**12,5 % www.georgesblanc.com ■ *Curry de poulet à la noix de coco (C*).*

Chardonnay Cova Da Ursa 2005
VINHO REGIONAL TERRAS DO SADO, BACALHÔA VINHOS, PORTUGAL
20,55 $ SAQ S (10540043)   ★★★ $$$ Modéré+
■ NOUVEAUTÉ! (Voir commentaire détaillé dans *La Sélection 2007*)

Marc Brédif « Riche » 2005
VOUVRAY, MARC BRÉDIF, FRANCE
20,60 $ SAQ S (10254661)   ★★☆ $$ Modéré+
Un chenin blanc à l'attaque un brin sucrée, mais dont le sucre est rapidement bridé par une fraîche acidité. Belle présence en bouche, ampleur notable et persistance de bon niveau. **Alc./**12,8 % ■ *Poulet tandoori ou linguine aux crevettes au cari et à l'orange.*

Clos de la Chaise Dieu 2005
BOURGOGNE-HAUTES-CÔTES-DE-BEAUNE, PHILIPPE-LE-HARDI, FRANCE
21 $ SAQ S* (869784)   ★★★ $$ Corsé
Vous y dénicherez un chardonnay de type Nouveau Monde, au nez engageant, passablement riche et prenant, à la bouche ronde, caressante et texturée, au boisé présent. **Alc./**13 % **www.chateau-de-santenay.com**
■ *Brochettes de poulet sauce moutarde et miel.*

Clos de Nouys 2004
VOUVRAY « DEMI-SEC », CLOS DE NOUYS, FRANCE
21,10 $ SAQ S (10689745)   ★★★ $$ Modéré+
■ NOUVEAUTÉ!

Monte Fiorentine Ca' Rugate 2005
SOAVE CLASSICO, AZIENDA AGRICOLA CA' RUGATE, ITALIE
21,15 $ SAQ S (10775061)   ★★☆ $$ Modéré
■ NOUVEAUTÉ! Un soave minéral, presque perlant, au fruité ample et frais en bouche, à l'acidité discrète et au corps passablement nourri pour l'appellation. **Alc./**12,5 % **www.carugate.it** ■ *Bruschetta au pesto de roquette, fettucine aux crevettes et coriandre fraîche ou pizza au pesto.*

Château de Rochemorin 2004
PESSAC-LÉOGNAN, ANDRÉ LURTON, FRANCE
21,95 $ SAQ S (743013)   ★★☆ $$ Modéré

Rovereto Gavi di Gavi 2005
GAVI, MICHELE CHIARLO, ITALIE
21,95 $ SAQ S (10390575)   ★★★ $$ Modéré+

Gini 2006
SOAVE CLASSICO, AZIENDA AGRICOLA GINI, ITALIE *(DISP. HIVER 08)*
22 $ SAQ S (10858191)   ★★★ $$ Modéré
■ NOUVEAUTÉ! Un nouveau soave épuré et raffiné comme rares le sont les vins de cette appellation, à la texture satinée, à l'acidité plutôt discrète et au corps longiligne. Pas d'éclat, mais de la distinction. **Alc./**12,5 % **www.inamaaziendaagricola.it** ■ *Pâtes aux asperges sauce légèrement crémée.*

Chardonnay Marchesi di Gresy 2005
LANGHE, MARCHESI DI GRESY, ITALIE
22,40 $ SAQ S (905000)   ★★★ $$ Modéré
Un excellent chardonnay piémontais épuré et aérien, à la texture fine et satinée, à l'acidité fraîche et harmonieuse, au corps modéré et longiligne. **Alc./**13 % **www.marchesidigresy.com** ■ *Truite froide et mayonnaise.*

Les Grésigny 2004
RULLY 1er CRU, DOMAINE JEAN-FRANÇOIS PROTHEAU, FRANCE
22,55 $ SAQ S (10378373)   ★★ $$$ Modéré+

Propriété Marie-Antoinette Vincent 2004
POUILLY-FUISSÉ, J. J. VINCENT & FILS, CHÂTEAU DE FUISSÉ, FRANCE
22,60 $ SAQ S* (10540676)   ★★★ $$ Modéré+
Très agréable, épuré, rafraîchissant et expressif pouilly-fuissé, s'exprimant dans un mode aérien et minéralisant. Du chardonnay on ne peut plus bourguignon. **Alc./**13 % **www.chateau-fuisse.fr** ■ *Pétoncles poêlés et salade de champignons portabello sautés.*

Riesling Kabinett Selbach-Oster 2005

MOSEL-SAAR-RUWER, WEINGUT SELBACH-OSTER, ALLEMAGNE

22,60 $ SAQ S (10750841)   ★★★ $$ Modéré+

(Voir commentaire détaillé dans *La CYBER Sélection Internet*)

Capitel Foscarino 2006

VENETO, ROBERTO ANSELMI, ITALIE

22,80 $ SAQ S (928218)   ★★★ $$ Modéré+

Ce 2006 embaume comme à son habitude d'éclatants effluves, d'une précision rare chez les vins de cette région. En bouche, il étale une texture moelleuse, sans trop, un brin tendue par une invitante minéralité. **Alc./**12,5 % www.robertoanselmi.com ■ *Rouleaux de printemps au homard ou homard froid et mayonnaise.*

La Moynerie 2005

POUILLY-FUMÉ, MICHEL REDDE ET FILS, FRANCE

22,85 $ SAQ S* (962340)   ★★★?☆ $$ Modéré+

Un blanc sec hyper parfumé, à la bouche à la fois croquante et ample, tendue et pleine, aérienne et longiligne, égrainant de longues saveurs de buis et d'agrumes. **Alc./**12,5 % www.michel-redde.fr ■ *Poireaux rôtis à la menthe ou salade de fenouil et pommes.*

Riesling Kabinett Piesporter Goldtröpfchen St. Urbans-Hof 2005

MOSEL-SAAR-RUWER, WEINGUT ST. URBANS-HOF, ALLEMAGNE

22,85 $ SAQ S (10688152)   ★★★ $$ Modéré+

■ NOUVEAUTÉ! Un riesling très floral, aux saveurs aériennes, détaillées et précises, à l'acidité discrète et à la longue finale de pêche juteuse. **Alc./**9,5 % www.urbans-hof.de ■ *Apéritif, salade de crevettes vinaigrette au gingembre et à la lime, cuisine sichuanaise, cuisine thaï ou poulet tandoori.*

Cuvée « Le Charnay » 2005

MENETOU-SALON, JEAN-MAX ROGER, FRANCE

23,05 $ SAQ S (10690519)   ★★☆ $$ Modéré+

■ NOUVEAUTÉ!

Château Haute-Selve 2004

GRAVES, CHÂTEAU DE BRANDA, FRANCE

23,25 $ SAQ S (10752687)   ★★★ $$ Modéré+

■ NOUVEAUTÉ! Vibrant assemblage sémillon et sauvignon, au nez sur le miel et les fleurs blanches, à la bouche sur la fraîcheur et la droiture, aux accents de buis, de menthe et d'agrumes. **Alc./**12 % www.chateau-branda.com ■ *Filet de truite saumonée à l'huile de basilic.*

Aligoté A. et P. de Villaine 2005

BOUZERON, DOMAINE A. ET P. DE VILLAINE, FRANCE

23,85 $ SAQ S (10218783)   ★★★ $$ Modéré

(Voir commentaire détaillé dans *La CYBER Sélection Internet*)

Riesling Wehlener Sonnenuhr Kabinett Prüm 2005

MOSEL-SAAR-RUWER, WEINGUT S.A. PRÜM, ALLEMAGNE

23,85 $ SAQ S (898841)   ★★★ $$ Modéré

Grâce au cru d'exception qu'est le Wehlener Sonnenuhr, riche d'un sol d'ardoise qui fait vibrer le riesling comme pas un, vous dénicherez un très beau riesling au nez pur et élégant, à la bouche fraîche, satinée et aérienne, laissant deviner quelques grammes de sucres résiduels (25 g/l) qui sont rapidement « mangés » par l'acidité et la minéralité. **Alc./**9,5 % www.sapruem.com ■ *Cuisine sichuanaise, cuisine thaï, poulet tandoori ou dim sum.*

Michel Juillot Blanc 2004

MERCUREY, DOMAINE MICHEL JUILLOT, FRANCE

23,95 $ SAQ S (854950)   ★★★☆ $$ Modéré+

Château de Maligny « La Vigne de la Reine » 2006

CHABLIS, J. DURUP PÈRE ET FILS, FRANCE

24 $**   SAQ C (560763)   ★★☆ **$$ Modéré

Un brin moins minéral que ne l'était le 2005, mais demeure cristallin comme de l'eau de roche. Donc, un chablis de terroir, non maquillé, d'une certaine pureté aromatique, à la texture satinée et à l'acidité modérée. **Alc./**12,5 % www.durup-chablis.com ■ *Apéritif ou avocats farcis aux crevettes et aux asperges.*

Château de Rully 2005

RULLY, DOMAINE RODET, FRANCE

24,20 $ SAQ S* (10269724)   ★★★?☆ **$$**   Modéré+

Rodet présente en 2005 à nouveau un très beau chardonnay bourguignon, subtilement parfumé, texturé, rond, à l'acidité discrète, mais non dénué de fraîcheur. **Alc./**13 % www.rodet.com ■ *Filet de truite marinée aux herbes ou gravlax de saumon mariné (C*).*

Vermentino Antinori 2005

BOLGHERI, TENUTA GUADO AL TASSO, ITALIE

24,25 $**   SAQ S (10221309)   ★★?☆ **$$$ Léger+

Château Hostens-Picant « Cuvée des Demoiselles » 2004

SAINTE-FOY-BORDEAUX, N. & Y. PICANT, FRANCE

24,35 $**   SAQ S (10392298)   ★★★ **$$ Modéré+

■ **NOUVEAUTÉ!** Un blanc bordelais passablement nourri, à l'acidité discrète qui laisse place à une belle patine, au boisé présent mais bien dosé, et aux saveurs longues et expressives. **Alc./**13,5 % www.chateauhostens-picant.fr ■ *Saumon fumé sauce au miel.*

Riesling Brand 2002

ALSACE, CAVE DE TURCKHEIM, FRANCE

24,50 $**   SAQ S (960344)   ★★★ **$$$ Corsé

Inspirant grand cru, d'une prenante minéralité cosmique, résultant en ce plus que parfumé 2002, aux subtils effluves de romarin et d'épinette, à la bouche dense, aérienne et longiligne. **Alc./**13 % www.cave-turckheim.com ■ *Fromage à croûte lavée « jeune » parfumé au romarin (romarin finement haché et préalablement macéré quelques jours au centre du fromage).*

Château Montus Sec 2000

PACHERENC-DU-VIC-BILH, ALAIN BRUMONT, FRANCE

24,60 $**   SAQ S (882142)   ★★★☆ **$$$ Corsé+

Placet 2005

RIOJA, PALACIOS REMONDO, ESPAGNE

24,75 $**   SAQ S (10705987)   ★★★?★ **$$ Modéré+

(Voir commentaire détaillé dans *La Sélection 2007*)

Château De Fesles Chenin Sec « La Chapelle » 2004

ANJOU, BERNARD GERMAIN, FRANCE

25,55 $**   SAQ S (10689569)   ★★★☆ **$$ Corsé

(Voir commentaire détaillé dans *La CYBER Sélection Internet*)

Morogues « Clos des Blanchais » 2005

MENETOU-SALON, DOMAINE HENRY PELLÉ, FRANCE

25,70 $**   SAQ S (872572)   ★★★☆ **$$$ Modéré+

Ce 2005, vinifié avec brio, présente un nez discret, mais se révélant plus vivifiant et parfumé à l'oxygénation, une bouche longiligne, électrisante, droite et vibrante, on ne peut plus fraîche et minéralisante. **Alc./**13,5 % www.henry-pelle.com ■ *Nems à la menthe fraîche ou escalope de saumon au cerfeuil et citron.*

Domaine Langlois Château « Vieilles Vignes » 2003

SAUMUR, LANGLOIS-CHÂTEAU, FRANCE

25,80 $**   SAQ S (856674)   ★★★ **$$$ Modéré+

Un 2003 au nez très aromatique et riche, détaillant des notes de cire d'abeille, de miel et de poire chaude, à la bouche ample et texturée, non dénuée de fraîcheur. **Alc./**14 % www.langlois-chateau.fr ■ *Filet de saumon bénédictin (C*) ou fricassée de poulet au gingembre.*

Tamellini « Le Bine de Costiola » 2005
SOAVE CLASSICO, AZIENDA AGRICOLA TAMELLINI, ITALIE
25,95 $ SAQ S (10706509)   ★★☆?☆ $$ Modéré
Un soave d'un nez épuré et très fin, passablement riche, d'une bouche florale au possible, ample et vaporeuse, à l'acidité discrète et aux saveurs longues. **Alc./**13 % **www.marcdegrazia.com** ■ *Pâtes aux asperges sauce légèrement crémée.*

Château de Chantegrive 2003
GRAVES, H. & F. LÉVÊQUE, FRANCE
26 $ SAQ S (10272624)   ★★★ $$$ Modéré

Guigal Crozes-Hermitage 2005
CROZES-HERMITAGE, E. GUIGAL, FRANCE
26,10 $ SAQ S* (10520755)   ★★☆ $$$ Modéré

Riesling Oberhäuser Leistenberg Kabinett 2004
NAHE, WEINGUT HERMANN DÖNNHOFF, ALLEMAGNE
26,30 $ SAQ SS (10258793)   ★★★ $$$ Modéré+

Domaine Ogereau « Clos du Grand Beaupréau » 2004
SAVENNIÈRES, DOMAINE VINCENT OGEREAU, FRANCE
26,40 $ SAQ S (10524289)   ★★★ $$ Modéré+

Les Vins de Vienne « Saint-Péray » 2006
SAINT-PÉRAY, LES VINS DE VIENNE, FRANCE
26,80 $ SAQ S (10783387)   ★★☆?☆ $$$ Modéré+
■ NOUVEAUTÉ! Beau blanc rhodanien, subtilement parfumé, à la texture caressante et satinée, au corps modéré, à l'acidité discrète, juste dosée, et aux saveurs longues, sans être éclatantes. **Alc./**14 % **www.vins devienne.com**

Domaine Valette Vieilles Vignes 2004
MÂCON-CHAINTRÉ, DOMAINE VALETTE, FRANCE
26,85 $ SAQ S (10224526)   ★★★?☆ $$$ Modéré+   BIO
Les vins signés Valette sont à acheter les yeux fermés. À preuve, ce 2004 d'une profondeur unique pour son appellation, ainsi que d'une patine caressante et aux saveurs longues et intrigantes. **Alc./**13 % ■ *Poulet au miel et à la moutarde.*

Pascal Jolivet Pouilly-Fumé 2005
POUILLY-FUMÉ, PASCAL JOLIVET, FRANCE
26,95 $ SAQ S* (10272616)   ★★★?☆ $$$ Modéré

Vaulignot 2006
CHABLIS 1er CRU, DOMAINE LOUIS MOREAU, FRANCE
26,95 $ SAQ S (480285)   ★★★ $$$ Modéré
Ce premier cru se montre sur une certaine retenue en 2006, mais exprime une texture étonnamment souple et suave pour l'appellation, dont l'acidité discrète laisse place à un satiné de texture inspirant. **Alc./**12,5 % **www.louismoreau.com** ■ *Filet de truite saumonée grillée à l'huile de basilic ou fromage sainte-maure (mi-sec).*

Drouhin Rully 2004
RULLY, MAISON JOSEPH DROUHIN, FRANCE
27,30 $ SAQ S (880781)   ★★★ $$$ Modéré+
Un vin sec, parfumé et moelleux à souhait, à la texture encore plus caressante qu'à l'automne 2006. **Alc./**13 % **www.drouhin.com** ■ *Risotto aux champignons.*

Château Philippe-le-Hardi 2004
MERCUREY, CHÂTEAU PHILIPPE-LE-HARDI, FRANCE
27,60 $ SAQ S (10378031)   ★★★ $$$ Corsé
Ce 2004 se montre sous un jour quasi identique au 2002. Donc, un chardonnay presque gras et généreux, rond et boisé, à l'acidité discrète. **Alc./**13 % **www.chateau-de-santenay.com** ■ *Crabe à carapace molle en tempura.*

Gewürztraminer Les Princes Abbés 2004
ALSACE, DOMAINES SCHLUMBERGER, FRANCE
27,70 $ SAQ S (747568)   ★★★ $$$ Modéré+
Difficile d'être plus classique que ce 2004 aux parfums de litchi et de rose fanée, à la bouche ronde et caressante, sans être sucrée, à l'alcool fondu, à l'acidité discrète. **Alc./**13 % **www.domaines-schlumberger.com**
■ *Curry de poulet ou soupe thaï au poulet et au lait de coco (C*).*

Le Haut-Lieu 2005
VOUVRAY, DOMAINE HUET, FRANCE
27,80 $ SAQ S (871814)   ★★★★ $$$ Modéré+   BIO

Château de Chamirey 2002
MERCUREY, MARQUIS DE JOUENNES D'HERVILLE, FRANCE
28,25 $ SAQ S* (179556)   ★★★☆ $$$ Modéré+
Du bourgogne blanc à son meilleur et à prix doux, offrant ampleur, rondeur, fraîcheur et complexité de saveurs passablement riches. **Alc./**13,1 % **www.chamirey.com** ■ *Risotto aux champignons (C*).*

Arneis Bruno Giacosa 2005
ROERO ARNEIS, CASA VINICOLA BRUNO GIACOSA, ITALIE
28,30 $ SAQ SS (10556969) ★★★ $$ Modéré

Grand Élevage 2004
BOURGOGNE, VERGET, FRANCE
28,55 $ SAQ S (10537258)   ★★★☆ $$$ Modéré+

La Belle de Mai 2004
SAINT-PÉRAY, JEAN-LUC COLOMBO, FRANCE
28,65 $ SAQ S (10678190)   ★★★?☆ $$$ Corsé
■ NOUVEAUTÉ! Un saint-péray, composé de roussanne et de marsanne, aux allures de crozes-hermitage, c'est-à-dire ample, généreux et plein, à l'acidité discrète et aux saveurs nourries. **Alc./**13,5 % **http://vinsjl colombo.3it.com** ■ *Curry rouge de tofu et de haricots verts, crevettes aux épices et au gingembre, suprême de poulet au citron et parfum de gingembre, saumon sauce ponzu ou tilapia en croûte de gingembre et à la vinaigrette de miso et de sésame.*

Les Clous A. et P. de Villaine 2005
BOURGOGNE-CÔTE CHALONNAISE, DOMAINE A. ET P. DE VILLAINE, FRANCE
28,65 $ SAQ S (872168)   ★★★☆ $$$ Modéré
(Voir commentaire détaillé dans *La CYBER Sélection Internet*)

Cicinis Attems 2005
COLLIO, CONTI ATTEMS, ITALIE
29,40 $ SAQ S (10388459)   ★★★?☆ $$ Corsé
■ NOUVEAUTÉ! Nez prenant, d'une étonnante profondeur. Bouche éclatante, pleine et sphérique, à l'acidité discrète et aux saveurs extraverties de miel et d'ananas. Sérieux et original. **Alc./**13 % **www.fresco baldi.it** ■ *Salade de champignons portabello et parmesan.*

Pinot Gris « Barriques » Ostertag 2005
ALSACE, DOMAINE ANDRÉ OSTERTAG, FRANCE
29,40 $ SAQ S (866681)   ★★★ $$$ Modéré+   BIO
Avec cet épuré 2005, André Ostertag présente une cuvée « Barriques » plus élancée et plus aérienne que jamais. Texture cristalline, sans sucre résiduel et sans esbroufe. **Alc./**13 % ■ *Fromage : terrincho velho (portugais de plus ou moins 90 jours d'affinage).*

Tokay-Pinot Gris « Vorbourg » 2002
ALSACE GRAND CRU, MAISON DOPFF & IRION, FRANCE
29,45 $ SAQ S (10272131)   ★★★☆?☆ $$$ Puissant

Terroir 2004
POUILLY-FUISSÉ, DOMAINE ROGER LUQUET, FRANCE
29,60 $ SAQ S (893008)   ★★★?☆ $$$ Modéré+

Coudoulet de Beaucastel 2004
CÔTES-DU-RHÔNE, VIGNOBLES PIERRE PERRIN, FRANCE
29,70 $ SAQ S* (449983)   ★★★☆ $$$ Corsé

Colli di Lapio « Romano Clelia » 2005
FIANO DI AVELLINO, COLLI DI LAPIO, ITALIE
29,75 $ SAQ S (10675976)   ★★★?★ $$ Modéré+
Un excellent blanc, à base du noble cépage fiano, au nez d'une finesse
exquise, à la bouche satinée comme il se doit chez les vins de ce cépage,
à l'acidité discrète, à la texture soyeuse et aux saveurs longues.
Alc./13 % ■ *Fettucine au saumon fumé.*

Riesling Wehlener Sonnenuhr Spätlese Prüm 2005
MOSEL-SAAR-RUWER, WEINGUT S.A. PRÜM, ALLEMAGNE
30,25 $ SAQ S (898833)   ★★★★ $$$ Corsé
Nez enchanteur et passablement riche de fruits confits et de romarin,
suivi d'une bouche tout aussi invitante, à la minéralité revitalisante, au
corps aérien, d'une certaine densité et d'une émouvante harmonie, per-
mettant d'apprécier d'éclatantes saveurs. **Alc./**9 % www.sapruem.com
■ *Fromage à croûte lavée «jeune» parfumé au romarin (romarin finement haché
et préalablement macéré quelques jours au centre du fromage).*

Suavia Monte Carbonare 2005
SOAVE CLASSICO, SUAVIA, ITALIE
30,25 $ SAQ S (10706701)   ★★☆?☆ $$$ Modéré+
■ NOUVEAUTÉ! Un soave très frais, à la bouche suave, caressante et enve-
loppante, presque sucrée et un brin boisée. Pas très complexe, mais charmeur au possible. **Alc./**13,5 % www.suavia.it ■ *Calmars au mojo.*

Le Chêne Marchand 2004
SANCERRE, LUCIEN CROCHET, FRANCE
31,50 $ SAQ S (10271971)   ★★☆?☆ $$$ Modéré
Un sancerre très aromatique, sur les fleurs printanières et la citronnelle,
à la bouche vive, droite et élancée, minérale à souhait. **Alc./**13 %
www.bourgeois-sancerre.com ■ *Poireaux rôtis à la menthe ou salade de
fenouil et pommes.*

Domaine Vacheron 2006
SANCERRE, DOMAINE VACHERON & FILS, FRANCE
32,25 $ SAQ S (10523892)   ★★★☆?☆ $$$ Modéré   BIO
D'un domaine de référence pour l'appellation, élaborant aussi de remar-
quables sancerres rouges à base de pinot noir, ce 2006 se montre d'une
élégante subtilité aromatique et d'une vibrante minéralité de bouche.
Pratiquement de l'eau de roche tant la matière est exsangue de superflu
et d'esbroufe. **Alc./**13 % ■ *Filet de truite saumonée grillée à l'huile de basilic.*

Louis Jadot Beaune 2004
BEAUNE, LOUIS JADOT, FRANCE
33 $ SAQ S (10556803)   ★★★☆?☆ $$$ Modéré+
Très beau blanc sec de Beaune – d'un excellent rapport qualité-prix –,
vinifié avec retenue, donc à la fois expressif et compact, gourmand et
désaltérant. **Alc./**13,5 % www.louisjadot.com ■ *Homard à la vanille.*

Château de Maligny « L'Homme Mort » 2004
CHABLIS 1er CRU, J. DURUP PÈRE ET FILS, FRANCE
34,50 $ SAQ S (872986)   ★★★ $$$ Modéré
Ce 2004 se montre plus expressif que le 2005, avec un fruité mûr et pré-
cis, à la bouche presque texturée, tout en demeurant aérienne et minérale. **Alc./**12,5 % www.durup-chablis.com ■ *Fromage : selles-sur-cher.*

Chiarandà 2004
CONTESSA ENTELLINA, TENUTA DONNAFUGATA, ITALIE
35 $ SAQ S (897173)   ★★★☆ $$$ Corsé

Con Vento 2005
TOSCANA, CASTELLO DEL TERRICCIO, ITALIE
36,25 $ SAQ S (10660352)   ★★★☆ $$$ Corsé

Chardonnay Planeta 2004
SICILIA, PLANETA, ITALIE
36,50 $ SAQ S (855114)   ★★★☆ $$$ Corsé+

Chardonnay Planeta 2005
SICILIA, PLANETA, ITALIE
36,50 $ SAQ S (855114)   ★★★☆?☆ $$$ Puissant
Un explosif chardonnay, au nez riche, complexe et pénétrant, au boisé ambitieux, mais en harmonie avec l'imposante richesse, à la bouche généreuse et sphérique, dense et ramassée. **Alc./**14 % **www.planeta.it**
■ *Tajine d'agneau au curry.*

Riesling Heissenberg 2005
ALSACE, DOMAINE ANDRÉ OSTERTAG, FRANCE
37,50 $ SAQ S (739813)   ★★★☆?☆ $$$ Corsé   BIO
Un riesling sec, au nez subtil, qui requiert temps et oxygénation pour livrer ses effluves. Comme à chaque millésime de ce cru, il y règne une harmonie émouvante entre l'acidité minéralisante et la densité presque généreuse. **Alc./**13 % ■ *Brochettes de saumon et de lotte au beurre de pamplemousse (C*).*

Baccante 2005
SICILIA, ABBAZIA SANTA ANASTASIA, ITALIE
38,50 $ SAQ S (10540035)   ★★★☆ $$$$ Modéré+

Lidia 2004
PIEMONTE, LA SPINETTA, ITALIE
39 $ SAQ SS (736769)   ★★☆?★ $$$$ Modéré+
Nez déstabilisé par une présence dominante de soufre (SO_2). Dommage, car il mériterait sûrement trois étoiles et demie. **Alc./**13,5 % **www.la-spinetta.com**

Château La Louvière Blanc 2003
PESSAC-LÉOGNAN, ANDRÉ LURTON, FRANCE
39,50 $ SAQ S (974873)   ★★★☆ $$$$ Modéré+
Très beau blanc, à l'acidité discrète, millésime oblige, laissant place à une patine satinée et à des saveurs longues et précises. **Alc./**12,5 % **(Capsule à vis) www.andrelurton.com** ■ *Saumon confit.*

Chardonnay Löwengang 2003
SÜDTIROLER ALTO ADIGE, ALOIS LAGEDER, ITALIE
40,25 $ SAQ S (10264608)   ★★★☆?☆ $$$$ Corsé   BIO
Ce chardonnay Löwengang, vinifié avec maestria par l'allumé Alois Lageder, l'un des vignerons les plus éclairés du Haut Adige, se montre à nouveau au sommet de la production nordique de la péninsule. Le 2004 était attendu. **Alc./**13 % **www.lageder.com** ■ *Fromages : azeitào (portugais) ou migneron de Charlevoix.*

Riesling Schlossböckelheimer Kupfergrube Spätlese 2004
NAHE, WEINGUT HERMANN DÖNNHOFF, ALLEMAGNE
40,25 $ SAQ SS (10258751)   ★★★☆?☆ $$$$ Modéré+

Leroy Saint-Véran 2001
SAINT-VÉRAN, LEROY SA, FRANCE
41,50 $ SAQ S (10491907)   ★★★?☆ $$$$ Modéré+   BIO
Nez riche et assez profond, compact, un brin boisé. Bouche pleine et très fraîche, avec du corps et de la générosité, mais ramassée et élancée. **Alc./**13 % **www.domaineleroy.com**

Riesling Schlossböckelheimer Felsenberg Spätlese 2004
NAHE, WEINGUT HERMANN DÖNNHOFF, ALLEMAGNE
42,50 $ SAQ S (10350910)   ★★★★ $$$$ Modéré+

Leroy Montagny 1er Cru 2001
MONTAGNY 1er CRU, LEROY SA, FRANCE
51 $ SAQ S (10492053)   ★★★?☆ $$$$ Modéré   BIO

Château La Nerthe 2004
CHÂTEAUNEUF-DU-PAPE, CHÂTEAU LA NERTHE, FRANCE
54 $ SAQ S (10224471)   ★★★★ $$$$ Corsé
Nez à la fois riche et subtilement parfumé. Bouche ample, pleine, presque dense et dotée d'une fraîcheur digne de ce cru. Gagnera en texture dans le temps. **Alc./**13,5 % **www.chateaulanerthe.fr** ■ *Fromage : brie farci au cœur d'une poêlée de champignons.*

Pinot Gris Clos Windsbuhl 2004
ALSACE, DOMAINE ZIND HUMBRECHT, FRANCE
57 $ SAQ S (10265184)   ★★★★ $$$$ Corsé+
Un minéralisant, généreux et enveloppant pinot gris, vinifié par les maîtres alsaciens, Léonard et Olivier Humbrecht. **Alc./**14 % ■ *Fromage à croûte fleurie farci de noix grillées et un sirop de miel épicé aux sept épices.*

Morgeot-Clos Pitois 2003
CHASSAGNE-MONTRACHET 1er CRU, ROGER BELLAND, FRANCE
63 $ SAQ S (10377274)   ★★★★ $$$$ Modéré+
Un premier cru au nez d'une remarquable finesse, spécialement dans ce millésime caniculaire, à la bouche raffinée et satinée, d'une remarquable longueur. **Alc./**13,5 % **www.domaine-belland-roger.com** ■ *Ris de veau braisés aux amandes et au citron vert.*

Les Chevalières 2005
MEURSAULT, DOMAINE RÉMI JOBARD, FRANCE
64 $ SAQ S (10291121)   ★★★★ $$$$ Corsé
Contrairement au plus ouvert et texturé En Luraule 2004 (aussi commenté), ce 2005 se montre plus minéral, plus retenu, plus vivifiant, mais aussi plus nourri. Un bon gros coup de carafe ou quelques années de cellier lui permettront de prendre de l'ampleur. **Alc./**13 %

Leroy Auxey-Duresses 2001
AUXEY-DURESSES, LEROY SA, FRANCE
68 $ SAQ SS (10492133) ★★★☆?☆ $$$$ Corsé
Nez très ouvert, sur la noisette, et très minéral. Bouche pleine, vivifiante, droite et texturée, mais surtout saisissante et minéralisante. Mérite presque quatre étoiles. **Alc./**13 % **www.domaineleroy.com**

Leroy Saint-Aubin 1er Cru 1999
SAINT-AUBIN 1er CRU, LEROY SA, FRANCE
68 $ SAQ SS (10492088) ★★★★ $$$$ Corsé
Nez très mûr et évolué. Rajeunira à l'oxygène après un séjour en carafe. Bouche pleine, droite, minérale et unique, branchée sur le terroir et très longue. **Alc./**13 % **www.domaineleroy.com**

Château de Fieuzal 2003
PESSAC-LÉOGNAN, CHÂTEAU DE FIEUZAL, FRANCE *(DISP. FIN 07/DÉBUT 08)*
69 $ SAQ S (10239120)   ★★★☆?☆ $$$$ Modéré+
Nez riche et très frais (menthe et pamplemousse rose). Bouche d'une belle amplitude, expressive, vivifiante, longue et épurée. **Alc./**13 %

Château Smith Haut-Lafitte 2003
PESSAC-LÉOGNAN, FLORENCE ET DANIEL CATHIARD, FRANCE *(DISP. FIN 07/DÉBUT 08)*
70 $ SAQ S (10240340)   ★★★★?☆ $$$$ Corsé
Prise de bois neuf dominante au nez, mais parfums richement aromatiques et profondément fruités. Ample, plein, dense et complet. Acidité discrète, allonge intense. Une grande bouteille. **Alc./**13 % **www.smith-haut-lafitte.com**

Leroy Savigny-Les-Beaune Leroy 1999
SAVIGNY-LES-BEAUNE, LEROY SA, FRANCE
70 $ SAQ SS (10491974) ★★★☆?☆ $

Château de Blagny « Meursault-Blagny » 2001

MEURSAULT 1er CRU, LOUIS LATOUR, FRANCE

82 $ SAQ S (519884)   ★★★☆?☆ $$$$$ Modéré+

Un premier cru tout en fraîcheur et en subtilité, mais non dénué d'ampleur et de moelleux, comme tout bon vin de Meursault. **Alc./**13,3 % **www.louislatour.com** ■ *Ris de veau saisis aux champignons à la crème (C*).*

Champs Pimont 2002

BEAUNE 1er CRU, DOMAINE JACQUES PRIEUR, FRANCE

83 $ SAQ S (10294102)   ★★★★ $$$$ Corsé

Parfumé, riche et profond, à la bouche à la fois juteuse, pleine et très fraîche, formidablement harmonisée par une acidité vivifiante. Un vin presque vertical, mais qui gagnera en moelleux. **Alc./**13 % **www.rodet. com** ■ *Terrine de foie gras de canard au torchon (C*).*

Domaine de Chevalier 2003

PESSAC-LÉOGNAN, DOMAINE DE CHEVALIER, FRANCE

104 $ SAQ SS (10334670)   ★★★☆?☆ $$$$$ Modéré+

Nez mûr de noix de coco. Bouche à la fois fraîche et élancée, corps certes moins voluptueux que Fieuzal 2003, mais d'une grande définition, d'une sensuelle patine et d'une allonge plus que persistante. **Alc./**12,5 % **www.domainedechevalier.com**

Leroy Les Charmes 1999

MEURSAULT 1er CRU, LEROY SA, FRANCE

113 $ SAQ SS (10492002)   ★★★★☆?☆ $$$$$ Corsé+

Leroy Les Genevrières 1999

MEURSAULT 1er CRU, LEROY SA, FRANCE

113 $ SAQ SS (10492029)   ★★★★?☆ $$$$$ Corsé+

Leroy Les Poruzots 1999

MEURSAULT 1er CRU, LEROY SA, FRANCE

113 $ SAQ SS (10492037)   ★★★★?☆ $$$$ Corsé

Leroy Chassagne-Montrachet 1er Cru 1999

CHASSAGNE-MONTRACHET 1er CRU, LEROY SA, FRANCE

116 $ SAQ SS (10492256)   ★★★★?☆ $$$$$ Corsé

Réserve de l'Obédience 2000

CHABLIS GRAND CRU, DOMAINE LAROCHE, FRANCE

124 $ SAQ S (10322450)   ★★★★?☆ $$$$$ Corsé

Corton-charlemagne Michel Juillot 2002

CORTON-CHARLEMAGNE GRAND CRU, DOMAINE MICHEL JUILLOT, FRANCE

147 $ SAQ S (724310)   ★★★★?☆ $$$$$ Corsé+

Un nez hyper séveux, on ne peut plus corton-charlemagne, s'exprimant par des notes mellifères puissantes, à la bouche tout aussi dense et marquée par une imposante sève, ainsi que par une minéralité caractéristique des meilleurs crus de ce coteau. **Alc./**13,5 % **www.domaine-michel-juillot.fr**

ELABORADO Y EMBOTELLADO EN LA PROPIEDAD POR CONDADO DE HAZA, S.L. · ROA · BURGOS · ESPAÑA

RIBERA DEL DUERO
DENOMINACIÓN DE ORIGEN

CONDADO DE
HAZA

13%Vol
75cl

VINS

Candidato Tempranillo 2006

VINO DE LA TIERRA DE CASTILLA, COSECHEROS Y CRIADORES, ESPAGNE

8,25 $	SAQ C (608612)	★★ $	Modéré

Après un 2005 qui fut l'une des plus belles réussites des dernières années pour ce vin offert à un prix des plus avantageux, voilà que le 2006 récidive avec encore plus de chair et d'expression! Le fruit explose au nez, tandis que la bouche se montre ronde, pulpeuse et texturée comme rares le sont les vins sous la barre des dix dollars. Vraiment, il n'y a plus aucune raison de faire un arrêt au dépanneur. Exit les pseudo-vins en *Tetra Pak*! **Cépage :** tempranillo./13 % **www.vinosloscarmenes.com/bujanda/index.htm**

☛ *Servir entre 2007 et 2009, à 15 °C*

 Pâtes aux saucisses italiennes, lasagne au four, brochettes de poulet teriyaki, chili con carne ou pizza à l'américaine.

Bonal Tempranillo 2005

VALDEPEÑAS, BODEGAS REAL, ESPAGNE

8,60 $	SAQ C (548974)	★★ $	Modéré

Porté par l'excellent millésime 2005, ce tempranillo se montre plus que jamais comme l'une des références européennes chez les rouges de qualité offerts sous la barre des dix dollars. Donc, un espagnol débordant de fruits et de fraîcheur, aux tanins fins, qui ont du grain, et au corps modéré, terminant sur de longues saveurs de fraise, de grenadine et de fleurs. Comme je vous le communique depuis quelques millésimes, ce vin bat à plate couture tous les insipides vins d'épicerie vendus beaucoup trop cher... **Cépage :** tempranillo. **Alc./**13,5 % **www.bodegas-real.com**

☛ *Servir entre 2007 et 2009, à 15 °C*

 Pizza aux olives noires, spaghetti bolognaise épicé, sandwich au bœuf grillé et aux oignons caramélisés ou saucisses italiennes grillées.

Tocado 2006

CAMPO DE BORJA, BODEGAS BORSAO, ESPAGNE *(DISP. JANV. 08)*

8,80 $	SAQ C (10845701)	★☆?☆ $	Modéré

 ■ NOUVEAUTÉ! Nouveau produit courant – attendu vers la mi-janvier 2008 –, exclusif pour le Québec et l'Angleterre, des grandes *bodegas* Borsao, dont les vins connaissent un succès considérable, tant au Québec qu'en Espagne et à l'étranger. Il en résulte un sympathique rouge – dégusté en primeur en septembre 2007, d'un échantillon venant directement d'Espagne –, au fruité frais, aux tannins souples et au corps modéré, coulant à souhait, qui rivalisera avec brio dans la populaire catégorie des rouges espagnols de qualité, offerts sous la barre des dix dollars. À regoûter avec attention à son arrivée à la SAQ. **Cépage :** garnacha (grenache noir). **Alc./**13,5 % **www.bodegasborsao.com**

☛ *Servir entre 2007 et 2008, à 15 °C*

 Pâtes à la sauce tomate au prosciutto et à la sauge, frittata de pâtes (R*), poitrines de poulet farcies au fromage brie et à la sauge ou tatin de tomates aux herbes de Provence (R*).

Tempranillo Campobarro 2006

RIBERA DEL GUARDIANA, COOP. SAN MARCOS, ESPAGNE *(DISP. OCT./NOV. 07)*

9,35 $	SAQ C (10357994)	★☆?☆ $	Modéré

Ce 2006 est probablement la meilleure affaire à ce jour pour ce vin offert à la grandeur du réseau des succursales. Du fruit, de la fraîcheur, des tanins fins, de l'expression et du plaisir à boire pour un ballon de rouge quotidien à très bon prix. **Cépage :** tempranillo. **Alc./**13 % **www.campobarro.com**

☞*Servir entre 2007 et 2009, à 16 °C*

Pizza à l'américaine, spaghetti bolognaise épicé, lasagne aux saucisses italiennes épicées ou hamburgers au poulet et aux tomates séchées et fromage de chèvre.

Sangiovese Farneto Valley Farnese 2006

TERRE DI CHIETI, FARNESE VINI, ITALIE

9,60 $	SAQ C (10669331)	★★?☆ $	Modéré

■ **NOUVEAUTÉ!** Wow! Quel plaisir et quelle expression pour un vin offert sous la barre des dix dollars. Un rouge savoureux, coloré, aromatique, rond, enveloppant et texturé comme rarement le sont les vins de ce niveau. Le charme de l'Italie et le fruité engageant du Nouveau Monde. C'est le temps d'en faire bonne provision. **Cépage :** sangiovese. **Alc./**13 % **www.farnese-vini.com**

☞*Servir entre 2007 et 2008, à 16 °C*

Foie de veau à la vénitienne et polenta crémeuse au parmigiano (C*), hamburgers aux champignons et aux lardons, pain de viande, spaghetti bolognaise ou pâtes aux saucisses italiennes.

Duque de Medina
« Tempranillo & Garnacha » 2003

CARIÑENA, BODEGAS IGNACIO MARÍN, ESPAGNE

9,85 $	SAQ C (10325925)	★★?☆ $	Modéré+

Avec le tout récent millésime 2003, cet espagnol se montre à nouveau comme l'une des valeurs sûres de l'année chez les rouges européens vendus sous la barre des dix dollars. Quelle gourmandise! De la couleur, du fruit, des parfums de clou de girofle, de fraise et de fleurs, de l'expression, de la fraîcheur, des courbes sensuelles et de la persistance. Tout ça pour moins de dix dollars. Encore plus harmonieux que le précédent 2002, qui lui se montrait plus généreux et costaud. **Cépages :** tempranillo, grenache. **Alc./**12,5 % **www.ignaciomarin.com**

☞*Servir entre 2007 et 2009, à 16 °C*

Pizza au capicolle et poivrons rouges confits, hamburgers aux champignons et aux lardons, poulet rôti et ratatouille sur couscous, brochettes de porc glacées à l'orange et au miel, chipolatas grillées ou souvlakis.

Torrelongares Crianza 2004

CARIÑENA, COVINCA, ESPAGNE

9,90 $	SAQ C (585406)	★★ $	Modéré

À nouveau un *best-buy* espagnol que ce 2004 à la fois très frais et juteux, ample et élancé, au corps modéré et aux saveurs de fruits rouges d'une belle fraîcheur. Sa fraîche acidité fait de lui le compagnon sur mesure des plats rehaussés de sauce à la tomate de cuisson rapide. **Cépages :** garnacha, tempranillo. **Alc./**13,5 %

☞ *Servir entre 2007 et 2008, à 16 °C*

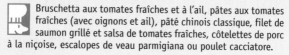

Bruschetta aux tomates fraîches et à l'ail, pâtes aux tomates fraîches (avec oignons et ail), pâté chinois classique, filet de saumon grillé et salsa de tomates fraîches, côtelettes de porc à la niçoise, escalopes de veau parmigiana ou poulet cacciatore.

I Monili 2005

PRIMITIVO DEL TARANTINO, PERVINI, ITALIE

10,10 $	SAQ C (577684)	★★ $	Modéré+

Comme toujours, ce primitivo se montre sous un profil « tout en fruit », avec du charme, des rondeurs, de la texture, du velouté, des tanins très souples, une acidité discrète et des saveurs expressives, jouant dans la sphère de la confiture, du café et du cacao. Le ballon rouge parfait pour rendre le quotidien plus festif! **Cépages :** 90 % primitivo, 10 % montepulciano. **Alc./**12,5 %

☞ *Servir entre 2007 et 2008, à 17 °C*

Brochettes de poulet aux champignons portobello, côtelettes de porc aux poivrons rouges confits épicés, foie de veau à la vénitienne et polenta crémeuse au parmigiano (C*).

Meia Encosta 2005 ♥

DÃO, SOCIEDADE DOS VINHOS BORGES, PORTUGAL

10,25 $	SAQ C (250548)	★★☆ $	Modéré+

■ NOUVEAUTÉ! Ce vin portugais n'est pas vraiment une nouveauté, mais la nouveauté est qu'il n'a jamais été aussi bon, grâce à une transformation des vinifications, et que le prix a été revu à la baisse de quatre dollars cinquante, sans oublier que l'habillage a été modernisé. Ce qui méritait d'être signalé. Donc, difficile de trouver mieux à ce prix chez les rouges de la péninsule portugaise. Beau fruité généreux, rappelant la fraise et le girofle, belle matière gourmande, aux tanins fins et dodus, à l'acidité juste fraîche et aux saveurs étonnamment expansives pour un vin de ce calibre. Plus que du bonbon pour à peine dix dollars. **Cépages :** touriga nacional, jaen, alfrocheiro, tinta roriz. **Alc./**12,5 % **www.borgeswines.com**

☞ *Servir entre 2007 et 2009, à 16 °C*

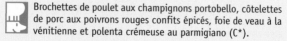

Saucisses italiennes, mix grill de légumes à l'huile et aux herbes, spaghetti primavera, pizza aux olives noires ou poulet rôti au sésame et aux cinq-épices. Fromage : camembert aux clous de girofle (préalablement macérés quelques jours au centre du fromage).

Château du Parc 2005 ♥

CÔTES-DU-ROUSSILLON, J.P. HENRIQUÈS, FRANCE

10,45 $	SAQ C (446195)	★★☆ $	Modéré+

Grâce aux largesses de dame Nature en 2005, spécialement dans le Roussillon pour ce qui est des réussites en Languedoc, ce vin se montre meilleur que jamais, offrant couleur, fruit, générosité, ampleur et texture, à un prix défiant toute concurrence. Cerise noire, prune et violette apportent un charme évident à l'ensemble fort détendu. **Cépages :** 60 % grenache, 30 % syrah, 10 % mourvèdre. **Alc./**13,5 %

☛ *Servir entre 2007 et 2009, à 16 °C*

Chili de Cincinnati (R*), tourtière au porc et veau au cheddar (R*), hamburgers d'agneau aux poivrons rouges confits et au curcuma, poitrines de poulet farcies au fromage brie et à la sauge ou côtes de porc gratinées.

Nero d'Avola Primula 2005   ♥

SICILIA, FIRRIATO, ITALIE

10,45 $	SAQ C (606368)	★★☆ $	Corsé

Littéralement une bombe! Cassis, menthe, eucalyptus et poivre, à la manière d'un rouge chilien, ce sicilien explose au nez. La bouche suit avec un aplomb comme je l'ai rarement constaté chez les vins à plus ou moins dix dollars. Plein, généreux et joufflu, doté de saveurs à revendre et d'une étonnante chair. Ce 2005 renversera vos amis de dégustation, si vous avez la bonne idée de le servir à l'aveugle. Le nero d'avola est le cépage le plus noble de la Sicile et, lorsqu'il est vinifié avec soin et attention, il en résulte des vins originaux, adaptés au goût des consommateurs de l'ère moderne, sans toutefois se départir de son originalité qui lui donne une longueur d'avance sur nombre de trop communs cabernets et merlots de ce monde. Pour preuve, ce 2005 qui est assurément l'une des meilleures aubaines jusqu'ici en 2007. **Cépage :** nero d'avola. **Alc./**13,5 % www.firriato.it

☛ *Servir entre 2007 et 2009, à 17 °C*

Focaccia au pesto de tomates séchées, terrine de campagne au poivre, chili de Cincinnati (R*), pâtes aux saucisses italiennes épicées, spaghetti bolognaise épicé ou ragoût de bœuf et polenta crémeuse au parmigiano.

Casaleiro Reserva 2003

VINHO REGIONAL RIBATEJANO, CAVES DOM TEODÓSIO, PORTUGAL

10,75 $	SAQ C (610162)	★★ $	Modéré

Un portugais à la fois classique et moderne, donc au nez boisé à la portugaise et aux saveurs pulpeuses et gourmandes à la sauce Nouveau Monde. Du fruit, des épices et de la torréfaction, dans un ensemble modéré, aux tanins enrobés et à l'acidité discrète. Plaisir garanti! **Cépages :** castelão (periquita), tricadeira trincadeira. **Alc./**13 % www.domteodosio.com

☛ *Servir entre 2007 et 2009, à 16 °C*

Pizza au capicolle et poivrons rouges confits, poulet chasseur, côtes levées à la sauce barbecue, brochettes souvlakis ou spaghetti bolognaise épicé.

Château de Valcombe 2006

COSTIÈRES-DE-NÎMES, J. PELLERIN, FRANCE *(DISP. DÉC. 07)*

10,95 $	SAQ C (279463)	★★?★ $	Modéré

Bonne coloration, nez enjôleur et passablement riche pour le niveau, suivi d'une bouche gourmande, aux tanins fins et aux saveurs expressives, rappelant les fruits noirs et le cacao. La part de la syrah dans son assemblage étant augmentée depuis 2005, cette cuvée, attendue à la SAQ en fin d'année 2007, est en 2006 plus que jamais une belle gourmandise à prix doux. **Cépages :** syrah, grenache. **Alc./**13,5 % www.chateaudevalcombe.com

☛ *Servir entre 2007 et 2009, à 16 °C*

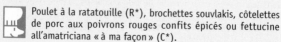

Sauté de veau à la tomate et au romarin, pâtes aux olives noires (C*), spaghetti gratiné aux saucisses italiennes, hamburgers d'agneau aux poivrons rouges confits et au curcuma ou tourtière au porc et veau au cheddar (R*).

La Réserve de Bubas 2006

CORBIÈRES, PELLERIN DOMAINES ET CHÂTEAUX, FRANCE

11,25 $	SAQ C (913434)	★★☆ $	Modéré+

L'un des tout premiers rouges français de 2006 à nous être parvenus dès juin 2007. Toute une réussite, comme d'ailleurs la grande majorité des rouges du Roussillon en 2006, l'une des régions où la qualité a été la plus homogène dans ce millésime. Il en résulte un vin très coloré et violacé, comme le sont les très jeunes vins du Midi, au nez très fin, sur les fruits noirs, à la bouche passablement ample et généreuse, aux tanins enrobés, qui ont du grain, marquée par une texture presque veloutée – qui le sera assurément dans quelques mois –, aux longues saveurs de fruits noirs et rouges, ainsi que de réglisse et de café, un brin vanillées. **Cépages :** syrah, grenache, cinsault, carignan. **Alc./**13 %

☛ *Servir entre 2007 et 2010, à 17 °C*

Poulet à la ratatouille (R*), brochettes souvlakis, côtelettes de porc aux poivrons rouges confits épicés ou fettucine all'amatriciana « à ma façon » (C*).

Quinta de Bons-Ventos 2005

VINHO REGIONAL ESTREMADURA, CASA SANTOS LIMA, PORTUGAL

11,35 $	SAQ S* (10269388)	★★☆ $	Modéré+

Comme pour le précédent 2004 (commenté dans *La Sélection 2007*), ce 2005 est à ranger parmi les meilleurs achats de l'année chez les rouges portugais offerts sous la barre des quinze dollars. Plutôt difficile de dénicher, à ce prix, un vin aussi engageant, débordant de fruits rouges et d'épices, juteux, ample et doté de tanins aussi fins. **Cépages :** castelão, camarate, tinta miuda, touriga nacional. **Alc./**13 % **www.casasantoslima.com**

☛ *Servir entre 2007 et 2009, à 16 °C*

Casserole de poulet à la pancetta, spaghetti gratiné aux saucisses italiennes ou pasta à la caponata.

Merlot Domaine de Moulines 2006

VIN DE PAYS DE L'HÉRAULT, SAUMADE ET FILS, FRANCE *(DISP. APRÈS LE 2005)*

11,45 $	SAQ C (620617)	★★ $	Modéré

Un 2006 tout aussi agréable et engageant que les millésimes qui l'ont précédé, et non sans rappeler les bordeaux classiques, mais à un prix plus que doux. Du fruit à profusion, sans infusion (…), de la fraîcheur et de la souplesse, pour du plaisir à boire jusqu'à plus soif. Il faut savoir qu'il provient en grande partie de vieilles vignes de plus de trente ans. **Cépage :** merlot. **Alc./**13 % **www.domaines-moulines-figueirasse.fr**

☛ *Servir entre 2007 et 2008, à 16 °C*

Brochettes de poulet aux champignons portobello, quesadillas (*wraps*) au bifteck et aux champignons, côtelettes de porc aux poivrons rouges confits épicés ou rôti de veau à la dijonnaise.

Saint-Saturnin « Le Clocher » 2006

COTEAUX-DU-LANGUEDOC SAINT-SATURNIN, CAVE DES VIGNERONS
DE SAINT-SATURNIN, FRANCE

11,70 $	SAQ C (545756)	★★ $	Modéré

Très beau rouge languedocien, dont la jeunesse actuelle lui procure
un charme invitant et un fruité tout en fraîcheur. Rien de compliqué
mais drôlement plaisant. **Cépages :** 40 % grenache, 40 % carignan,
20 % syrah. **Alc./**13 % **www.vins-saint-saturnin.com**

☛ *Servir entre 2007 et 2008, à 16 °C*

Poulet rôti et ratatouille sur couscous, côtelettes de porc
à la niçoise, quesadillas (*wraps*) au poulet grillé teriyaki,
pizza au capicolle et poivrons rouges confits ou spaghetti
bolognaise.

Château Cazal Viel « Vieilles Vignes » 2004

SAINT-CHINIAN, HENRI MIQUEL, FRANCE

12,05 $	SAQ C (202499)	★★?☆ $	Modéré

À nouveau un vin d'une belle élégance et d'une certaine définition,
fait plutôt rare chez les vins de ce prix. Donc, de la fraîcheur,
du velouté, des tanins fins et des saveurs expressives, dans un
ensemble digeste et rafraîchissant. Il faut dire qu'au fil des douze
ans de *La Sélection Chartier*, les vins de cet excellent domaine de
Saint-Chinian sont devenus des *musts* languedociens. **Cépages :**
60 % syrah, 30 % grenache, 5 % mourvèdre, 5 % carignan. **Alc./**13 %
www.cazal-viel.com

☛ *Servir entre 2007 et 2008, à 16 °C*

Hamburgers à la pommade d'olives noires (olives noires
dénoyautées et huile d'olive passées au robot), pizza aux
olives noires et aux tomates séchées, sauté de porc aux
poivrons rouges confits et au paprika, côtes levées à l'ail et au
romarin, cuisses de poulet grillées au pesto de tomates séchées ou
pâtes aux olives noires (C*).

Taja Monastrell 2006

JUMILLA, MÄHLER-BESSE, ESPAGNE

12,30 $	SAQ C (243329)	★★☆ $	Modéré+

Une réussite, provenant de Jumilla, l'appellation espagnole mon-
tante, fort colorée, richement aromatique, à la fois débordante de
fruits noirs et d'épices (poivre, girofle), à la bouche juteuse, pleine
et texturée, aux tanins tendres, à l'acidité discrète et aux saveurs
pleines et persistantes. Difficile de faire mieux à un prix aussi doux.
La troisième étoile n'était pas loin... Il faut dire que les vins de cette
zone, riche de vieilles vignes, sont devenus LA référence espagnole
chez les crus à bas prix. **Cépage :** monastrell. **Alc./**14 %
www.mahler-besse.com

☛ *Servir entre 2007 et 2010, à 17 °C*

Côtelettes d'agneau grillées à la sauce teriyaki, hamburgers
aux champignons et aux lardons, pâtes aux saucisses italiennes épicées ou chili de Cincinatti (R*).

Altano 2005

DOURO, SYMINGTON FAMILY ESTATES, PORTUGAL

12,35 $	SAQ C (579862)	★★?☆ $	Modéré+

Tout comme l'était l'Altano 2004, coup de cœur de *La Sélection 2007*,
ce 2005, né sous un grand millésime européen, se montre à nouveau

réussi. Vous y dénicherez un étonnant rouge portugais, d'une couleur soutenue, d'un nez passablement riche et détaillé pour son prix, exhalant des notes de fruits noirs mûrs, d'une bouche à la fois fraîche et ample, expressive et élégante, aux tanins fins et tendres, à l'acidité discrète et aux courbes presque sensuelles. **Cépages :** 55 % tinta roriz, 45 % touriga franca. **Alc./**13 %
www.symington.com

 Servir entre 2007 et 2009, à 17 °C

 Moussaka au bœuf, carbonade à la flamande ou brochettes de bœuf sauce au poivre vert.

Cabernet Sauvignon Baron Philippe de Rothschild 2005

VIN DE PAYS D'OC, BARON PHILIPPE DE ROTHSCHILD, FRANCE

12,35 $	SAQ C (407551)	★★☆ $	Modéré+

Belle coloration, nez ultra-fin, on ne peut plus caractéristique du cabernet, mûr à point, sans note végétale, sur le fruit rouge, à la bouche ample, expressive, aux tanins fins mais bel et bien présents, comme tout bon vin de cabernet qui se respecte, aux saveurs longues et fraîches. Vraiment beau pour le prix. Il y avait longtemps d'ailleurs que ce rouge n'avait été aussi engageant. **Cépage :** cabernet sauvignon. **Alc./**13 % **www.bpdr.com**

 Servir entre 2007 et 2010, à 17 °C

Tranches d'épaule d'agneau grillées et poivrons grillés, brochettes de bœuf et de foie de veau aux poivrons rouges confits ou rôti de bœuf à la moutarde de Meaux.

Syrah Baron Philippe de Rothschild 2006

VIN DE PAYS D'OC, BARON PHILIPPE DE ROTHSCHILD, FRANCE

12,35 $	SAQ C (608554)	★★ $$	Modéré

Un 2006 sur le fruit, coloré, aromatique, frais et d'un corps modéré, aux tanins élégants et aux saveurs de fruits rouges et de réglisse. Beau, bon et abordable. Il provient d'une société appartenant au Baron Philippe de Rothschild, filiale languedocienne de la réputée société bordelaise, propriétaire, entre autres, du Château Mouton Rothschild. **Cépage :** syrah. **Alc./**13 % **www.bpdr.com**

 Servir entre 2007 et 2009, à 16 °C

 Pâtes aux olives noires (C*), carré de porc aux tomates confites et aux herbes de Provence ou lasagne aux saucisses italiennes épicées.

Pedras do Monte 2005

VINHO REGIONAL TERRAS DO SADO, DFV VINHOS, PORTUGAL

12,40 $	SAQ S* (902486)	★★☆?☆ $	Modéré+

Coup de cœur dans le millésime 2004, ce portugais récidive en 2005 avec un rouge d'un prix encore plus qu'imbattable pour le charme, la fraîcheur et l'ampleur qu'il offre, ce qui lui permet d'atteindre la troisième étoile. Il faut dire que le millésime 2005 a été plus que réussi en Europe – d'ailleurs, soyez vigilant, car multiples sont les remarquables aubaines européennes en 2005. Tout y est. Du fruit (framboise et cerise noire), des épices (cannelle et muscade), de la présence, des tanins fins, des saveurs expressives et de la persistance. Vraiment, le Portugal poursuit son chemin sur sa montée qualitative. À vous d'en profiter! **Cépage :** castelão. **Alc./**13 %
www.dfjvinhos.com

☛ *Servir entre 2007 et 2012, à 16 °C*

Quesadillas (*wraps*) au poulet grillé teriyaki, pain de viande, spaghetti bolognaise épicé, brochettes souvlakis, cuisses de poulet aux olives noires et aux tomates confites ou poulet basquaise (version basque du poulet chasseur italien avec ajout de lanières de poivrons verts en fin de cuisson).

Nero d'Avola Lamura 2006

SICILIA, CASA GIRELLI, ITALIE

12,45 $	SAQ S* (10304041) ★★☆ $	Modéré+

Une réussite que ce 2006 sicilien, coloré, aromatique, enchanteur, assez riche, aux tanins tendres et à l'acidité discrète, qui laissent place aux saveurs débordantes (bleuet et cassis) et au corps ample. Une belle originalité, à prix très doux, qui permet d'oublier un peu les cabernets et merlots de ce monde. **Cépage :** nero d'avola. **Alc./**13,5 % **(Capsule à vis)** www.casagirelli.com

☛ *Servir entre 2007 et 2009, à 16 °C*

Hamburgers au poulet et aux tomates séchées et cheddars extra-forts, pâtes aux olives noires (C*), cuisses de poulet grillées au pesto de tomates séchées ou côtes levées à l'ail et au romarin.

Nero d'Avola-Shiraz Settesoli 2005

SICILIA, CANTINE SETTESOLI, ITALIE

12,45 $	SAQ C (10544731) ★★☆ $	Modéré+

Un assemblage « italiano-australien », qui devait être suivi du 2006 au courant de l'automne 2007, au profil plus australien qu'italien, c'est-à-dire au fruité mûr et engageant, rappelant les fruits confits, aux tanins fins et presque soyeux, à l'acidité fraîche, au corps généreux et aux saveurs expressives, laissant des traces de grenadine et de cerise au marasquin. Tout à fait emballant! **Cépages :** nero d'avola, shiraz (syrah). **Alc./**13 % www.cantinesettesoli.it

☛ *Servir entre 2007 et 2009, à 17 °C*

Pâtes aux olives noires (C*), spaghetti gratiné aux saucisses italiennes, bavette de bœuf en sauce teriyaki, côtes levées de bœuf glacées aigres-douces ou bœuf braisé au jus de carotte (R*).

Château La Lieue 2006

COTEAUX-VAROIS-EN-PROVENCE, FAMILLE VIAL, FRANCE

12,55 $	SAQ C (605287) ★★☆ $	Modéré BIO

Assurément l'une des plus belles réussites des dernières années pour ce vin provençal issu de raisins de l'agriculture biologique. Il a tout pour vous charmer. De la couleur, de l'éclat, de la fraîcheur, du fruit à revendre (framboise, cerise noire), des tanins fins et soyeux, ainsi que de la présence et de la persistance. Et ce, à un prix défiant toute concurrence. **Cépages :** 50 % grenache, 20 % carignan, 20 % mourvèdre, 10 % cabernet sauvignon. **Alc./**13,5 %

☛ *Servir entre 2007 et 2010, à 16 °C*

Bruschetta à la romaine (pain de campagne, huile d'olive, ail et tomates fraîches), caponata à la sicilienne (version italienne de la ratatouille niçoise), lasagne au four, cuisses de poulet aux olives noires et aux tomates confites ou escalopes de veau à la niçoise.

Laguna de la Nava Reserva 2001

VALDEPEÑAS, BODEGAS NAVARRO LÓPEZ, ESPAGNE *(DISP. APRÈS LE 2000)*

12,75 $	SAQ S* (902973)	★★☆ $	Modéré

Beau rouge espagnol coloré, aromatique, au fruité mûr, sans trop, à la bouche ronde, passablement pleine pour son rang, aux tanins tendres, à l'acidité discrète et aux saveurs longues, laissant deviner des notes de cerise noire, de café et de vanille. Difficile de ne pas succomber au charme velouté. **Cépage :** tempranillo. **Alc./**12,5 % **www.bodegas-navarro-lopez.com**

☛ *Servir entre 2007 et 2009, à 16 °C*

Bruschetta à la tapenade de tomates séchées, spaghetti gratiné aux saucisses italiennes, pâtes aux champignons, sandwich de poulet grillé au pesto de tomates séchées ou poulet cacciatore.

VF « Lasira » 2006

COSTIÈRES-DE-NÎMES, LA VIEILLE FERME, FRANCE

12,85 $	SAQ C (10540684)	★★?☆ $	Modéré

Cette nouveauté, qui a connu un certain succès lors de son introduction, l'année dernière, avec sa version 2005, est de retour avec un 2006 tout aussi réussi pour son prix. Donc, un beau rouge plaisir, coloré, aromatique, même si moins engageant que ne l'était son prédécesseur, sur les fruits noirs, à la bouche gourmande, et assez soutenu pour son rang. Il faut dire qu'il est élaboré sous la houlette de la famille Perrin, à l'origine des grandissimes rouges et blancs du Château de Beaucastel. **Cépages :** 75 % syrah, 25 % grenache. **Alc./**13 % **(Capsule à vis) www.perrin-et-fils.com**

☛ *Servir entre 2007 et 2009, à 16 °C*

Poulet à la ratatouille (R*), sauté de veau à la tomate et au romarin, chili con carne, pâtes aux olives noires (C*), spaghetti gratiné aux saucisses italiennes ou hamburgers d'agneau aux poivrons rouges confits et au curcuma.

Laderas de El Sequé 2006

ALICANTE, BODEGAS Y VINEDOS EL SEQUÉ, ESPAGNE *(DISP. AUTOMNE 07)*

13,05 $	SAQ S (10359201)	★★★ $	Corsé

Depuis que ce cru d'Alicante a été commenté en primeur dans *La Sélection Chartier 2007*, avec le 2004, chaque arrivage fait l'objet, chez les nouveaux *aficionados*, d'une course contre la montre. Lors de la dernière commande de 1 500 caisses du précédent 2005, les caisses sont disparues à la vitesse grand V. Donc, soyez vigilant pour ne pas laisser passer votre chance avec ce 2006 attendu cet automne, avec des arrivages subséquents en fin d'année et en début 2008. Couleur profonde et violacée. Nez concentré, sans trop, exhalant une certaine fraîcheur dans sa richesse, aux tonalités de fruits noirs, de cacao et de violette, ayant besoin d'un bon coup de carafe pour se livrer pleinement. Bouche généreuse, presque dense, aux tanins fermes mais mûrs, un brin réglissés, voguant doucement vers une certaine tendresse, tout en demeurant soutenus. L'acidité discrète laisse place à un certain moelleux et aux saveurs longues et éclatantes. Du sérieux, légèrement supérieur au 2005. Il résulte d'un assemblage de très vieilles vignes de monastrell quasi centenaires, ainsi que d'une faible proportion de syrah et de cabernet. Le domaine Laderas de Pinoso, appartenant à la célébrissime maison Artadi, a été fondé en 1999 par les réputés Agapito Rico, spécialiste du monastrell dans la zone de Jumilla, et de Juan Carlos López de Lacalle, de la Rioja. **Cépages :** 70 % monastrell, 30 % syrah et cabernet sauvignon. **Alc./**14 % www.artadi.com

☞ *Servir entre 2007 et 2011, à 17 °C et oxygéné (fortement) en carafe 15 minutes*

 Carré d'agneau au poivre vert et à la cannelle ou filets de bœuf marinés aux parfums de mûres et de réglisse (voir Osso buco de cerf aux parfums de mûres et de réglisse) (C*).

Castel Montplaisir 2004

CAHORS, ALAIN-DOMINIQUE PERRIN, FRANCE *(DISP. OCT./NOV. 07)*

13,10 $	SAQ C (606426)	★★☆ $	Corsé

Alain-Dominique Perrin, propriétaire du célèbre cahors Lagrezette, présente en 2004 à nouveau un Montplaisir d'une étonnante richesse pour le prix demandé. Difficile de dénicher à Cahors un aussi haut niveau de fruit, de texture, de matière et de plaisir à un tarif aussi bas. **Cépages :** malbec, merlot. **Alc./**13,5 % www.chateau-lagrezette.tm.fr

☞ *Servir entre 2007 et 2011, à 17 °C et oxygéné en carafe 15 minutes*

 Filet de porc au café noir (voir Filets de bœuf au café noir) (C*), rôti de porc aux épices à steak ou brochettes de bœuf sauce au poivre vert.

La Truffière « De Conti » 2005 *(DISP. JANV. 08)*

BERGERAC, CHÂTEAU TOUR DES GENDRES, FAMILLE DE CONTI, FRANCE

13,10 $	SAQ C (10846000)	★★☆?☆ $	Modéré+	BIO

■ NOUVEAUTÉ! Une nouveauté de style bordelais qui fera un malheur lors de sa mise en marché, prévue à partir de janvier 2008. La bonne nouvelle, c'est qu'elle sera chez les produits courants, et donc disponible à la grandeur du réseau, durant toute l'année! Vous y dénicherez un rouge coloré, aromatique, à la fois fin et riche, aux tonalités de cerise noire et de torréfaction, à la bouche presque pulpeuse, ample et expressive à souhait, aux tanins tendres et aux saveurs longues. **Cépages :** 90 % merlot, 10 % malbec. **Alc./**13 %

☞ *Servir entre 2008 et 2010, à 17 °C*

Brochettes de poulet aux champignons portobello, veau marengo (de longue cuisson), poulet basquaise (version basque du poulet chasseur italien avec ajout de lanières de poivrons verts en fin de cuisson) ou filet de saumon grillé sauce au vin rouge (voir Filet de saumon au pinot noir) (C*).

Majolica 2006

MONTEPULCIANO D'ABRUZZO, PODERE CASTORANI, ITALIE

13,20 $	SAQ C (10754252)	★★☆ $$	Modéré

■ NOUVEAUTÉ! Le deuxième millésime à nous parvenir en 2007 de ce nouveau rouge « plaisir ». Il provient d'une propriété appartenant au réputé pilote de F1, Jarno Trulli, dont les autres vins ont été commentés en primeur dans une chronique spéciale que j'ai signée, dans le cahier des sports de *La Presse* ainsi que dans *La Sélection Chartier 2006*, après notre rencontre en privé, en juin 2005, lors de la première introduction de ses vins au Québec. Voici donc son petit dernier, qui complète une gamme de vins d'excellente qualité. Celui-ci est idéal pour le ballon de rouge quotidien. Donc, le rouge gourmand, juteux et tout en fraîcheur, exhalant des notes joyeuses

de fruits rouges et de fleurs, un brin fumées, taillé sur mesure pour s'unir aux plats tomatés de la cuisine italienne, et à ceux un brin épicés, spécialement si vous avez la bonne idée de le servir légèrement rafraîchi. **Cépage :** montepulciano. **Alc./**13 %
www.poderecastorani.it

☞*Servir entre 2007 et 2009, à 15 °C*

 Mix grill de légumes sauce balsamique, lasagne aux saucisses italiennes, pennine all'arrabbiata, saucisses italiennes épicées et salsa de tomates, pizza au capicolle et poivrons rouges confits ou veau marengo et pâtes aux œufs.

Château Montauriol « Tradition » 2004
FRONTON, NICOLAS GELIS, FRANCE

13,25 $	SAQ C (914127)	★★☆ $$	Corsé

Autrefois appelée Les Hauts de Montauriol, cette cuvée Tradition, née du grand millésime 2004 – du moins pour cette appellation –, se montre étonnamment soutenue et nourrie pour un rouge offert à ce prix. En peaufinant son travail dans les vignes, ainsi que l'élevage en barriques ou en cuves inox (ce qui est le cas de ce dernier), sur lies avec micro-oxygénation, cette propriété a atteint un sommet depuis 2000 quant à la finesse de grain des tanins ainsi qu'au velouté de texture de ses vins. Ce que confirme à nouveau celui-ci, passablement coloré, aromatique, jouant dans la sphère du poivre, de la réglisse et des fruits noirs, à la bouche fraîche, d'une présence qui étonne, aux tanins qui ont du grain et aux saveurs explosives. **Cépages :** 60 % négrette, 15 % cabernet sauvignon, 15 % cabernet franc, 10 % syrah. **Alc./**12,5 % **www.chateau-montauriol.com**

☞*Servir entre 2007 et 2009, à 16 °C*

Bifteck à la pommade d'olives noires (olives noires dénoyautées et huile d'olive passées au robot), brochettes de bœuf teriyaki ou boudin noir et poivrons rouges confits.

Canforrales 2005
LA MANCHA, BODEGAS CAMPOS REALES, ESPAGNE

13,30 $	SAQ S* (10327373)	★★☆?☆ $$	Modéré+

Le retour d'un nouveau millésime de cet étonnant rouge espagnol, que j'ai qualifié il y a deux ans de *bomba* (!), tant son 2003 était engageant. Vous y dénicherez à nouveau un vin coloré et violacé, au nez pulpeux et invitant au possible pour son prix, à la bouche juteuse, ronde et charnue, à l'australienne, avec fraîcheur et persistance, égrainant des saveurs de cerise au marasquin, de fraise, de poivre et de torréfaction. Pour l'apprécier pleinement, passez-le rapidement en carafe (et n'hésitez pas à agiter la carafe), juste avant le service. **Cépage :** tempranillo. **Alc./**13,5 %
www.bodegascamposreales.com

☞*Servir entre 2007 et 2009, à 17 °C et oxygéné (fortement) en carafe 5 minutes*

Filet de porc au café noir (voir Filets de bœuf au café noir) (C*), quesadillas (*wraps*) au bifteck et aux champignons, boudin noir grillé aux oignons et aux lardons ou bœuf bourguignon.

Nero d'Avola Inycon 2005

SICILIA, CANTINE SETTESOLI, ITALIE *(DISP. APRÈS LE 2004)*

13,35 $	SAQ C (10253677)	★★☆ $$		Modéré+

Rares sont les vins de nero d'avola à être aussi ronds, soyeux et frais que cette aubaine sicilienne. Vous y dénicherez du fruit et du plaisir à déguster, à un prix plus que compétitif. **Cépage :** nero d'avola. **Alc./**13 % **www.cantinesettesoli.it**

☛ *Servir entre 2007 et 2009, à 16 °C*

 Pâtes aux olives noires (C*), spaghetti gratiné aux saucisses italiennes ou bavette de bœuf en sauce teriyaki.

Château Labrande 2005

CAHORS, JEAN-LUC BALDÈS, FRANCE

13,40 $	SAQ C (517698)	★★☆ $$		Corsé

Profitant de la bonté de dame Nature en 2005, cet abordable cahors se montre fort engageant, coloré, aromatique, plein, tannique et savoureux, égrainant des notes de bleuet et de réglisse. Il détrône presque, ne serait-ce que d'un cheveu (...), le déjà très beau Castel Montplaisir 2004 (aussi commenté). **Cépages :** malbec, merlot. **Alc./**12,5 % **www.jlbaldes.com**

☛ *Servir entre 2007 et 2012, à 17 °C*

 Bifteck de côte sauce béarnaise ou brochettes de bœuf et de foie de veau aux poivrons rouges.

Fontanário de Pegões 2003

PALMELA, COOP. AG. DE SANTO ISIDRO DE PEGÕES, PORTUGAL

13,40 $	SAQ S* (10432376)	★★☆ $$		Modéré+

Ce 2003 est beaucoup mieux que l'an passé (voir commentaire dans le Répertoire additionnel de *La Sélection 2007*). Il a gagné en « plaisir à boire », voyant ses tanins s'assouplir, son fruité s'ouvrir et sa texture devenir veloutée à souhait. Comme quoi une deuxième « lecture », quelques mois plus tard, réserve parfois de bien belles surprises. **Cépage :** castelão (periquita). **Alc./**13,5 % **www.cooppegoes.pt**

☛ *Servir entre 2007 et 2010, à 16 °C*

 Brochettes souvlakis, côtelettes de porc à la niçoise ou hamburgers au fromage et champignons (avec bacon, poivrons rouges confits et romarin frais).

Dominio del Arenal
« Cerrado del Espino » 2005

UTIEL-REQUENA, CASA DE CALDERON, ESPAGNE

13,45 $	SAQ S* (10457602)	★★☆?☆ $$	Modéré+	BIO

Malgré une légère hausse de plus ou moins 1 $ sur l'an passé, ce très bon 2005, d'un cru souvent salué dans ce guide, atteint à nouveau un sommet difficile à égaler chez les vins offerts à ce prix. Quel fruit! Un vin très coloré, au nez riche et concentré, comme on n'en voit que très rarement chez les rouges à moins de 16 $, exprimant des notes de fruits confits et de torréfaction, à la bouche pleine, généreuse, aux courbes sensuelles et aux tanins enveloppés, tout en étant bien présents. Juteux comme pas un, sans tomber dans le sucré sans sucre du Nouveau Monde. **Cépage :** tempranillo. **Alc./**13 % **www.dominiodelarenal.com**

☞ *Servir entre 2007 et 2010, à 17 °C*

 Pâtes aux tomates séchées et au basilic, foie de veau à la vénitienne et polenta crémeuse au parmigiano (C*), quesadillas (*wraps*) au bifteck et au fromage bleu, fricassée de porc aux poivrons rouges confits et au paprika ou boudin noir grillé aux oignons et aux lardons.

La Vieille Ferme 2005
CÔTES-DU-LUBERON, LA VIEILLE FERME, FRANCE

13,70 $	SAQ C (263640)	★★☆ $	Modéré+

Le très réussi millésime 2005 marque un retour qualitatif pour la Vieille Ferme. Non pas que ce vin n'était plus de niveau, bien au contraire, mais il me semble plus expressif, plus fin et plus nourri que par les années passées. Belle matière fraîche, tanins ramassés et réglissés, saveurs longues de fruits rouges et de fleurs. Sachez que la famille Perrin, propriétaire du grandissime château de Beaucastel, élabore les vins de La Vieille Ferme avec une attention rarement notée chez les vins de ce prix. **Cépages :** 50 % grenache, 20 % syrah, 15 % mourvèdre, 15 % cinsault. **Alc./**13,5 % (**Capsule à vis**) www.perrin-et-fils.com

☞ *Servir entre 2007 et 2009, à 17 °C*

 Burrito au bœuf haché, lasagne au four, pâté de campagne au poivre vert ou pizza au capicollo fort et aux poivrons rouges rôtis.

Nebbiolo Malgrà 2005
COSTE DELLA SESTA, MALGRÀ, ITALIE *(DISP. FIN OCT. 07)*

13,80 $	SAQ C (10803018)	★★☆?☆ $$	Modéré+

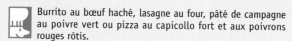 ■ NOUVEAUTÉ! Un nouveau nebbiolo – attendu, au moment d'aller sous presse, à la fin d'octobre 2007 – engageant, exhalant des notes d'herbes aromatiques, de prune et de fleurs séchées, à la bouche prenante, ample et enveloppante, mais dotée d'une fraîcheur et d'une droiture à l'européenne, ainsi que d'un certain grain de tanins, mais sans la fermeté habituelle notée chez les vins de ce cépage piémontais. Comme les nebbiolos de ce prix sont plutôt rares, c'est l'occasion de faire ses gammes avec ce noble cépage. **Cépage :** nebbiolo. **Alc./**13 % www.malgra.it

☞ *Servir entre 2007 et 2010, à 17 °C*

Braisé de bœuf à l'anis étoilé, ragoût de bœuf à la bière aux oignons caramélisés ou filets de bœuf aux champignons.

Lapaccio 2005 ♥
PRIMITIVO SALENTO, AGRICOLA SURANI, ITALIE

13,90 $	SAQ C (610204)	★★☆?☆ $$	Corsé

Avec ce ragoûtant 2005, Lapaccio devient l'aubaine à ne pas manquer chez les vins de primitivo actuellement offerts sous la barre des quinze dollars. Un très beau rouge du sud de l'Italie, plus précisément de la province des Pouilles (Puglia), d'une belle coloration, d'un nez engageant au possible, aux parfums expressifs de cerise noire, de framboise et de prune, dotés d'une touche balsamique, à la bouche généreuse et pleine, aux tanins présents mais bien arrondis par un fruité débonnaire. **Cépages :** 95 % primitivo, 5 % negroamaro. **Alc./**13,5 % www.calatrasi.it

☛ *Servir entre 2007 et 2009, à 17 °C*

Chili de Cincinnati (R*), brochettes de bœuf et de foie de veau aux poivrons rouges confits, daube de bœuf au vin et à l'orange, hamburgers d'agneau aux poivrons rouges confits et au fromage bleu, terrine de gibier, bœuf bourguignon et polenta crémeuse au parmigiano ou fettucine all'amatriciana « à ma façon » (C*).

Higueruela 2005

ALMANSA, COOPERATIVA STA. QUITERIA, ESPAGNE

13,95 $	SAQ S (10758843)	★★☆?☆ $	Modéré+

■ NOUVEAUTÉ! Excellente nouveauté du centre de l'Espagne, élaborée avec de très vieilles vignes de grenache, offrant le meilleur possible sous ce climat aride et solaire. Vous y dénicherez un rouge ultra-coloré, richement aromatique, étonnamment riche pour son rang, exhalant des effluves de fruits rouges et noirs, sans boisé inutile, à la bouche à la fois pleine, ample et tendre, à l'acidité discrète laissant place à une texture veloutée mais non dénuée de grain. Vraiment bon. **Cépages :** garnacha, tintorera (vieilles vignes). **Alc./**13 % www.tintoralba.com

☛ *Servir entre 2007 et 2010, à 17 °C*

Tartinade de pommade d'olives noires (olives noires dénoyautées et huile d'olive passées au robot), fettucine all'amatriciana « à ma façon » (C*), foie de veau en sauce à l'estragon ou poulet à la ratatouille (R*).

Riparosso 2005

MONTEPULCIANO D'ABRUZZO, AZIENDA AGRICOLA DINO ILLUMINATI, ITALIE

13,95 $	SAQ C (10669787)	★★☆ $$	Modéré+

■ NOUVEAUTÉ! Nouveau produit des Abruzze, à base de montepulciano, au nez modérément aromatique, laissant deviner des notes de torréfaction, jouant dans la sphère du café expresso, à la bouche presque ronde mais passablement fraîche, aux tanins souples, doté d'un certain grain, aux saveurs élégantes et persistantes, sans être éclatantes. Tout à fait agréable. **Cépage :** montepulciano. **Alc./**13 % www.illuminativini.it

☛ *Servir entre 2007 et 2008, à 16 °C*

Pizza sicilienne aux saucisses épicées et aux olives noires, côtelettes de porc braisées aux poivrons rouges confits épicés ou fettucine all'amatriciana « à ma façon » (C*).

Syrah La Baume 2006

VIN DE PAYS D'OC, DOMAINE DE LA BAUME, FRANCE

13,95 $	SAQ C (535112)	★★☆?☆ $$	Corsé

Une réussite à un prix plus que doux. Tout y est. De la couleur. Du fruit. De la profondeur pour son prix. De l'ampleur, des tanins tendres mais présents, de la fraîcheur et une certaine et même étonnante densité. **Cépage :** 100 % syrah. **Alc./**14 % www.labaume.nl

☛ *Servir entre 2007 et 2010, à 17 °C et oxygéné en carafe 5 minutes*

Bœuf braisé au jus de carotte (R*), lasagne aux saucisses italiennes épicées ou médaillons de porc à la pommade d'olives noires (olives noires dénoyautées et huile d'olive passées au robot).

Moulin de Gassac « Élise » 2005

VIN DE PAYS DE L'HÉRAULT, LES VIGNERONS DE VILLEVEYRAC, FRANCE

14,15 $	SAQ S* (602839)	★★☆ $$	Modéré

Comme toujours, un bel assemblage de merlot et de syrah, vinifié avec les préceptes des anciens, c'est-à-dire sans poudre de perlim-pinpin, sans enzyme et sans ajout de copeaux de chêne ou autres succédanés. Il en résulte un rouge à la texture tendre, doté d'une fraîcheur naturelle invitante, à la bouche presque ronde mais avec tenue, aux tanins dodus, aux saveurs aromatiques et persistantes à souhait, laissant des traces de prune, de violette et de café. Digeste et vivifiant, comme tous les vins du Midi et du Nouveau Monde devraient l'être plus souvent. **Cépages :** merlot, syrah. **Alc./**13 % www.daumas-gassac.com

☛ *Servir entre 2007 et 2009, à 16 °C*

 Poulet aux olives noires et aux tomates séchées, veau marengo (de longue cuisson) et pâtes aux œufs ou rôti de veau à la dijonnaise.

Pont Neuf 2006

VIN DE PAYS DU GARD, GFA DU PETIT MILORD, FRANCE

14,20 $	SAQ S* (896233)	★★☆?☆ $$	Modéré+ BIO

La cuvée 2006 de ce rouge du Midi est plus gourmande et plus juteuse que jamais! Son nez est aussi affriolant que par le passé, mais avec plus de profondeur et d'expression. Sa bouche est engageante, pleine et dodue, retenue par une belle trame tannique serrée, aux tanins fins. On ne peut plus méridional, tout en étant frais et épuré de tout artifice. **Cépages :** 30 % merlot, 20 % cabernet, 20 % syrah, 15 % marselan, 15 % caladoc. **Alc./**13,5 %

☛ *Servir entre 2007 et 2010, à 16 °C*

 Bœuf braisé au jus de carotte (R*), pâtes à la ratatouille, chili de Cincinnati (R*), brochettes de poulet teriyaki, pâtes aux saucisses italiennes épicées ou cuisses de poulet aux olives noires et aux tomates confites.

Malbec Pigmentum 2004

CAHORS, GEORGES VIGOUROUX, FRANCE

14,25 $	SAQ C (10754412)	★★?☆ $$	Corsé

■ NOUVEAUTÉ! Un nouveau cahors, élaboré par la famille Vigouroux, propriétaire des châteaux Mercuès et de Haute-Serre, qui se veut moderne, par son nom et son habillage, et qui l'est presque autant par son élaboration, mais son profil demeure tout de même passablement proche de ses racines cadurciennes. Donc, un vin coloré, au nez discret, requérant un bon coup de carafe pour se découvrir, à la bouche à la fois fraîche, ramassée, presque pleine et expressive, sans être dodue et volumineuse comme le sont les malbecs de l'ère moderne, tout comme ceux du Nouveau Monde. **Cépage :** malbec. **Alc./**12,5 % www.pigmentum.fr

☛ *Servir entre 2007 et 2010, à 17 °C et oxygéné (fortement) en carafe 5 minutes*

 Filet de porc au café noir (voir Filets de bœuf au café noir) (C*).

Château Eugénie « Étiquette Noire » 2004

CAHORS, CHÂTEAU EUGÉNIE, FRANCE

14,35 $	SAQ S* (721282)	★★☆?☆ $$	Corsé

Belle coloration. Nez aromatique, fin et sur le fruit, avec des touches de poivron et de réglisse. Bouche tannique, ferme, classique, droite et élancée, mais avec passablement de fruits. Pour amateurs de cahors classiques. **Cépages :** 90 % auxerrois (malbec), 5 % tannat, 5 % merlot. **Alc./**12,5 % **www.chateaueugenie.com**

☛ *Servir entre 2007 et 2013, à 17 °C et oxygéné en carafe 15 minutes*

 Bœuf à la bière brune et polenta crémeuse au parmesan ou filets de bœuf au café noir (C*).

Lo Sang del Païs 2005

MARCILLAC, PHILIPPE TEULIER, DOMAINE DU CROS, FRANCE

14,35 $	SAQ S* (743377)	★★☆☆ $$	Modéré+

Très beau et original rouge typiquement français, à base du cépage fer servadou, appelé mansois dans ce coin de pays, sans esbroufe ni surmaturité inutile. Il vogue plutôt du côté de la fraîcheur, de la pureté et de la précision, exhalant des notes passablement soutenues de poivron, de cerise et de réglisse. En bouche, il se montre à la fois très frais, éclatant et tannique. Les tanins ont certes de la prise, mais sans être dénués de finesse. Digeste, saisissant et singulier. La troisième étoile n'était pas loin. **Cépage :** mansois (fer servadou). **Alc./**12 % **www.domaine-du-cros.com**

☛ *Servir entre 2007 et 2010, à 16 °C*

 Sauté de porc au brocoli et poivrons rouges sur pâtes aux œufs, hamburgers d'agneau aux poivrons rouges confits et au paprika ou brochettes de bœuf et de foie de veau aux poivrons rouges confits.

Château de Gaudou « Tradition » 2004

CAHORS, DUROU & FILS, FRANCE

14,65 $	SAQ S* (919324)	★★☆?☆ $$	Modéré+

Le millésime 2004 de cette nouvelle étoile filante de Cahors, dont plusieurs arrivages sont attendus tout au long de l'automne 2007, se montre certes moins concentré que ne l'était le 2003 (commenté en primeur dans *La Sélection 2007*). En revanche, il exprime une fraîcheur et une digestibilité qui lui procurent une certaine élégance rarissime à Cahors, spécialement chez les vins de ce prix. Violette, réglisse et fraise participent au succès. **Cépages :** 80 % auxerrois (malbec), 20 % tannat + merlot. **Alc./**13 % **www.chateaudegaudou.com**

☛ *Servir entre 2007 et 2012, à 17 °C et oxygéné (fortement) en carafe 5 minutes*

 Filet de porc au café noir (voir Filets de bœuf au café noir) (C*), foie de veau en sauce à l'estragon ou bœuf à la bière brune et polenta crémeuse au parmesan.

Torrelongares Reserva 2002

CARIÑENA, COVINCA, ESPAGNE

14,70 $	SAQ S* (904615)	★★☆?☆ $$	Corsé

Expressif à souhait, ce rouge espagnol est à la fois marqué par les classiques notes boisées des barriques américaines utilisées en

Espagne, ainsi que par le fruité débordant des vins du Nouveau Monde, dont l'Espagne a réussi à doter ses vins, tout en leur conservant une fraîcheur bien européenne. Les tanins sont serrés et l'ensemble est bien nourri, pour un vin de plaisir à très bon prix – on se rapproche d'une troisième étoile. **Cépages :** garnacha (grenache noir), tempranillo. **Alc./**13,5 % www.axialvinos.com

☛*Servir entre 2007 et 2011, à 16 °C et oxygéné en carafe 5 minutes*

 Tajine d'agneau sauce harissa, curry de bœuf à la noix de coco, filets de bœuf au café noir (C*) ou fettucine all'amatriciana « à ma façon » (C*).

Clos La Coutale 2005

CAHORS, V. BERNÈDE ET FILS, FRANCE

14,75 $	SAQ S* (857177)	★★☆?☆ $$	Corsé

Dans l'édition 2007 de ce guide, je reconnaissais avoir un faible pour ce cahors qui, millésime après millésime, se montre d'une régularité sans faille et offre un rapport qualité-prix difficile à battre chez les cahors ayant un certain potentiel de vieillissement en bouteille. Avec l'aide de dame Nature, ce 2005 se montre meilleur que jamais, avec une profondeur unique et un toucher presque velouté qui le rend déjà agréable, mais doté aussi d'une assise tannique mûre et ramassée qui lui permettra de se bonifier dans le temps. Réglisse, mûre et prune donnent le ton, tant au nez qu'en fin de bouche. Du bel ouvrage, assuré de trois étoiles dans trois à cinq ans. **Cépages :** 80 % malbec, 20 % merlot. **Alc./**13,1 %

☛*Servir entre 2007 et 2015, à 17 °C*

 Brochettes de bœuf au café noir (voir Filets de bœuf au café noir) (C*), carbonade à la flamande, tranches d'épaule d'agneau grillées sauce au poivre ou rôti de bœuf aux champignons.

Nótios 2006

PELOPONNISOS, GAIA ESTATE, GRÈCE

14,75 $	SAQ S (10700967)	★★★ $$	Modéré+

■ **NOUVEAUTÉ!** Ce rouge grec, provenant de l'un des meilleurs domaines de l'ère moderne de la Grèce, vient compléter la paire avec le tout aussi nouveau et invitant blanc Nótios (aussi commenté). Il se montre très engageant, à la fois sur les fruits rouges et les épices douces, à la bouche gourmande, ample et fraîche, aux tanins fins tout en étant bien présents, et aux saveurs éclatantes. Du sérieux. **Cépage :** agiorgitiko. **Alc./**13 % www.gaia-wines.gr

☛*Servir entre 2007 et 2010, à 16 °C*

 Cailles laquées au miel et aux cinq-épices (accompagnées de risotto au jus de betterave parfumé au girofle) (R*) ou filet de saumon grillé recouvert d'un concassé grossier des quatre-épices chinoises (poivre, muscade, gingembre en poudre et clou de girofle).

Quinta das Caldas 2005

DOURO, DOMINGOS ALVES DE SOUSA, PORTUGAL

14,75 $	SAQ S* (902304)	★★★ $	Modéré+

Cette cuvée de référence, vinifiée par l'un des vinificateurs les plus attentionnés du Douro, ne s'est jamais montrée aussi généreuse et aussi débordante de saveurs. Quel remarquable rapport qualité-prix-plaisir! De la couleur, du fruit à revendre (framboise, bleuet), de l'ampleur, du charme, des tanins tendres, mais avec du grain, de la fraîcheur, de la volupté et, surtout, du plaisir à boire. Vraiment, il est grand temps d'adopter le Portugal dans vos habitudes de consommation. **Cépages :** 40 % tinta roriz, 40 % tinta barroca, 10 % touriga nacional, 10 % autres cépages autochtones mélangés. **Alc./**14 % www.alvesdesousa.com

☞ *Servir entre 2007 et 2010, à 16 °C*

Veau marengo (de longue cuisson) et pâtes aux œufs, côtelettes d'agneau grillées sauce teriyaki à l'orange ou bavette de bœuf grillée et ratatouille épicée de longue cuisson.

Gabbiano 2006

CHIANTI, BERINGER BLASS, ITALIE

14,90 $	SAQ C (10754279)	★★☆ $$	Modéré

Festif et invitant chianti, au profil moderne, presque Nouveau Monde, élaboré sous la houlette du groupe américain Beringer, tout en fruits (cerise et framboise) et en souplesse (tanins tendres). Parfait pour le ballon de rouge quotidien. **Cépages :** sangiovese (majoritaire), canaiolo, colorino, trebbaiano. **Alc./**12,5 % www.gabbiano.com

☞ *Servir entre 2007 et 2009, à 15 °C*

Panini au poulet et aux poivrons rouges grillés, poulet chasseur, pâté chinois aux lentilles et ketchup maison, souvlakis ou pâtes en sauce méditerranéenne aux aubergines et à l'ail (avec poivrons, olives noires, câpres, tomates, origan).

Borsao Crianza 2004

CAMPO DE BORJA, BODEGAS BORSAO, ESPAGNE

14,95 $	SAQ S* (10463631)	★★☆?☆ $$	Modéré+

Ce *crianza* – l'un des grands frères du festif et très abordable Borsao –, dont le millésime 2003, une nouveauté lors de son arrivée à l'automne 2006, avait été commenté et salué en primeur dans *La Sélection Chartier 2007*, se montre moins débordant de saveurs et moins pulpeux en 2004, contrairement au plus tonique et réussi 2003. Avec deux étoiles et demie (contre trois en 2003), il n'en demeure pas moins très agréable, aromatique à souhait, passablement torréfié, présentant une bouche en mode fraîcheur, au corps ample, mais sans être dodu et plein, aux saveurs fraîches et aux tanins présents, même un brin asséchants. Il trouvera de toute façon sa place à table, une fois que les sauces ou les viandes auront laissé place à son fruité. **Cépages :** grenache, tempranillo, cabernet sauvignon. **Alc./**13,5 % www.bodegasborsao.com

☞ *Servir entre 2007 et 2009, à 17 °C*

Braisé de bœuf à l'anis étoilé ou ragoût de bœuf à la bière aux oignons caramélisés.

Sartori « Ripasso » 2005

VALPOLICELLA « SUPERIORE », GIACOMO MONTRESOR, ITALIE

15,05 $ SAQ S* (10669242)   ★★☆?☆ **$$**   Modéré+

Beau *ripasso*, en mode charme, texture et courbes sensuelles, sans être riche, mais tout à fait dans le ton du style établi par cette méthode de complexification des simples valpolicella en des vins plus nourris et plus généreux. Sa texture veloutée et son fruité évolué (cerise à l'eau-de-vie et cacao) devraient en charmer plus d'un. **Cépages :** corvina, rondinella, molinara. **Alc./**13,5 % **www.sartorinet.com**

☛ *Servir entre 2007 et 2011, à 17 °C et oxygéné en carafe 15 minutes*

 Foie de veau aux betteraves confites, médaillons de porc sauce aux canneberges et au porto LBV ou pâtes aux champignons et fond de veau.

Château Puy-Landry 2005

CÔTES-DE-CASTILLON, RÉGIS ET SÉBASTIEN MORO, FRANCE

15,30 $ SAQ S* (852129)   ★★★ **$$**   Corsé

Si vous avez un seul bordeaux à acheter à plus ou moins quinze dollars, c'est celui-ci qu'il vous faut dénicher. Car c'est assurément l'une des plus belles réussites des derniers millésimes pour ce cru de la famille Moro – qui élabore aussi les très bons Vieux Château Champs de Mars et Château Pelan Bellevue (aussi commentés). De la couleur, du fruit à revendre, de la fraîcheur, de l'ampleur, du tonus, des tannins fins et des saveurs longues et expressives, laissant des traces de fraise, de violette, de prune et de muscade. **Cépages :** 80 % merlot, 10 % cabernet franc, 10 % cabernet sauvignon. **Alc./**13 %

☛ *Servir entre 2007 et 2012, à 17 °C et oxygéné en carafe 30 minutes*

 Côtelettes de porc aux poivrons rouges confits épicés, hachis Parmentier au canard ou ragoût d'agneau aux quatre-épices (poivre, muscade, gingembre en poudre et clou de girofle).

Ortas Tradition « Rasteau » 2005

CÔTES-DU-RHÔNE VILLAGES, CAVE DE RASTEAU, FRANCE

15,35 $**   SAQ C (113407)   ★★★ **$$ Corsé

Un rasteau 2005, à base de vieilles vignes de quarante ans, qui se montre fort coloré, aromatique, fin et poivré, à la bouche presque juteuse mais retenue par une belle trame tannique, aux tanins qui ont du grain, ainsi que par une belle fraîcheur naturelle, au corps presque plein, mais actuellement de profil longiligne. Il gagnera en volume et en velouté d'ici la fin 2008. Belle matière et étonnante définition pour son rang. Sera suivi du 2006 (aussi commenté), en début d'année 2008. **Cépages :** 70 % grenache, 20 % syrah, 10 % mourvèdre. **Alc./**14 % **www.rasteau.com**

☛ *Servir entre 2008 et 2011, à 17 °C et oxygéné en carafe 30 minutes*

Poulet aux olives noires et aux tomates, médaillons de porc à la pommade d'olives noires (olives noires dénoyautées et huile d'olive passées au robot), daube de bœuf aux olives noires ou carré de porc aux tomates séchées.

Prado Rey « Roble » 2005

RIBERA DEL DUERO, REAL SITIO DE VENTOSILLA, ESPAGNE

15,35 $	SAQ C (585596)	★★☆?☆ $$	Corsé

Un 2005 fort coloré, engageant, mûr, boisé, plein, sans trop, savoureux et persistant. Café, cacao et fruits noirs participent au cocktail de saveurs. Les tanins sont certes présents, mais bien travaillés par des vinifications soignées et un élevage adapté à cette matière gourmande. Il faut savoir que cette cuvée est devenue, bon an mal an, au fil des douze ans de *La Sélection*, un incontournable chez les rouges hispaniques offerts sous la barre des vingt dollars. **Cépages :** 95 % tempranillo, 3 % cabernet sauvignon, 2 % merlot. **Alc./**14,5 % www.pradorey.com

☛ *Servir entre 2007 et 2010, à 17 °C et oxygéné en carafe 30 minutes*

 Filets de bœuf au café noir (C*), hamburgers d'agneau aux poivrons rouges confits et au fromage bleu ou brochettes de bœuf sauce au fromage bleu (C*).

Vitiano 2005

ROSSO UMBRIA, FALESCO MONTEFIASCONE, ITALIE

15,35 $	SAQ C (466029)	★★★ $$	Corsé

Que dire de plus de ce vin, réussi coup sur coup, millésime après millésime, par le célèbre œnologue Riccardo Cotarella, à l'origine des plus grands vins d'Italie? Incontestablement l'un des coups de cœur les plus réguliers des douze ans de *La Sélection Chartier*. En 2005, il se montre toujours aussi coloré, aromatique, concentré, frais, presque juteux, plein, généreux, sans trop, aux tanins mûrs mais bien serrés, et aux saveurs de fruits noirs d'une allonge plus que  satisfaisante. Du solide pour un vin de ce prix – surtout qu'il a été revu à la baisse de deux dollars sur l'an passé... **Cépages :** 34 % sangiovese, 33 % cabernet sauvignon, 33 % merlot. **Alc./**13 % www.falesco.it

☛ *Servir entre 2007 et 2011, à 17 °C et oxygéné en carafe 15 minutes*

 Brochettes de bœuf sauce au fromage bleu (C*), fettucine all'amatriciana « à ma façon » (C*) ou osso buco au fenouil et gremolata.

Merlot Christian Moueix 2005

BORDEAUX, ETS JEAN-PIERRE MOUEIX, FRANCE *(DISP. NOV./DÉC. 07)*

15,40 $	SAQ C (369405)	★★★ $$	Modéré+

Assurément le plus réussi des merlots de Moueix depuis le millésime 2000. C'est le moment de se mettre une caisse ou deux de côté! Tout y est. De la couleur. Du fruit, du détail, de la complexité, du raffinement, ainsi que des notes expressives de fruits noirs, de café et de graphite. De l'ampleur, des tanins tendres, mais au grain serré, de l'éclat et des courbes sensuelles. Fera un malheur lors de son arrivée prévue pour novembre 2007. Bonne nouvelle, comme c'est un produit courant, il sera disponible à la grandeur du réseau, et ce, pendant quelques mois avant de changer de millésime. **Cépage :** merlot. **Alc./**13 % www.moueix.com

☛ *Servir entre 2007 et 2010, à 17 °C*

Filet de porc au café noir (voir Filets de bœuf au café noir) (C*), filet de saumon grillé sauce au vin rouge (voir Filet de saumon au pinot noir) (C*), foie de veau à la vénitienne et polenta crémeuse au parmigiano (C*) ou hachis Parmentier au canard.

Primitivo A Mano 2005

PUGLIA, EMPSON & CO., ITALIE *(DISP. OCT./NOV. 07)*

15,40 $	SAQ S (908079)	★★★ $$	Modéré+

Un très beau rouge du sud de l'Italie, plus précisément de la province des Pouilles, d'une belle coloration, d'un nez très aromatique, passablement riche, sur les herbes séchées et les épices, d'une bouche au velouté et au fruit plus que charmeurs, ample et texturée à souhait, aux tanins tendres et aux saveurs longues, rappelant les fruits à noyau comme la prune et la cerise. **Cépage :** primitivo. **Alc./**13,5 % **(Capsule à vis)** www.empson.com

☛ *Servir entre 2007 et 2009, à 17 °C*

Terrine de gibier, bifteck à la pommade d'olives noires (olives noires dénoyautées et huile d'olive passées au robot), bœuf bourguignon et polenta ou hamburgers d'agneau aux poivrons rouges confits et au fromage bleu.

Syrah Domaine des Salices 2005

VIN DE PAYS D'OC, DOMAINE FRANÇOIS LURTON, FRANCE *(DISP. AUTOMNE 07)*

15,40 $	SAQ S* (10265125)	★★☆ $$	Modéré+

Un 2005 d'une étonnante finesse aromatique, sans aucun boisé apparent, aux tanins tout aussi fins et tissés avec retenue, ainsi qu'aux saveurs élégantes et très fraîches, s'exprimant par la cerise et la pivoine. Un beau vin de soif. **Cépage :** syrah. **Alc./**13 % www.jflurton.com

☛ *Servir entre 2007 et 2009, à 16 °C*

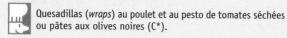

Quesadillas (*wraps*) au poulet et au pesto de tomates séchées ou pâtes aux olives noires (C*).

Château Pesquié « Les Hauts de Parandier » 2004

CÔTES-DU-VENTOUX, CHÂTEAU PESQUIÉ, FRANCE

15,45 $	SAQ S* (10255939)	★★★ $$	Modéré+

Toujours aussi pulpeux et charmeur, au nez explosif, mais avec finesse et détail, à la bouche tout aussi invitante, aux tanins mûrs et enrobés, au corps velouté et aux saveurs qui persistent longuement en fin de bouche, laissant ainsi des traces d'olive noire, de framboise et de girofle. **Cépages :** 70 % grenache, 30 % syrah. **Alc./**14 % www.chateaupesquie.com

☛ *Servir entre 2007 et 2009, à 16 °C*

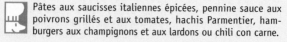

Pâtes aux saucisses italiennes épicées, pennine sauce aux poivrons grillés et aux tomates, hachis Parmentier, hamburgers aux champignons et aux lardons ou chili con carne.

Pater 2006

TOSCANA, MARCHESI DE' FRESCOBALDI, ITALIE

15,45 $	SAQ C (409896)	★★☆ $$	Modéré+

Contrairement au Col di Sasso, l'un de ses compétiteurs qui a perdu des plumes côté matière, ce sangiovese a, quant à lui, retrouvé son lustre d'antan, qui avait fait de lui un excellent rapport qualité-prix chez les produits courants de la SAQ. Donc, un rouge gorgé de couleur, de fruits et de saveurs pulpeuses, aux tanins tendres, d'une belle fraîcheur et d'un corps passablement enveloppant. **Cépage :** sangiovese. **Alc./**13 % **www.frescobaldi.it**

☞ *Servir entre 2007 et 2009, à 17 °C*

 Fettucine all'amatriciana « à ma façon » (C*), veau marengo (de longue cuisson) ou carré de porc aux tomates séchées.

Taurino Riserva 2003

SALICE SALENTINO, COSIMO TAURINO, ITALIE

15,55 $	SAQ S* (411892)	★★★ $$	Modéré+

Après un 2001 hors norme, qui allait à l'encontre du style actuellement en vogue, ce 2003 se montre plus en lien avec son époque, sans toutefois renier ses origines. Il en résulte un rouge modérément coloré, richement aromatique, aux effluves de fruits rouges macérés à l'eau-de-vie ainsi que d'herbes de Provence, à la bouche juteuse, fraîche et éclatante, aux tanins fins et à l'acidité fraîche. Un vin de plaisir immédiat, on ne peut plus méditerranéen d'approche. **Cépages :** 85 % negroamaro, 15 % malvasia nera. **Alc./**13,5 % **www.taurinovini.it**

☞ *Servir entre 2007 et 2010, à 17 °C*

 Focaccia au pesto de tomates séchées, risotto aux tomates séchées et aux olives noires ou côte de veau marinée aux herbes (R*).

Château St-Jean de la Gineste « Carte Blanche » 2005

CORBIÈRES, M. H. & D. BACAVE, FRANCE

15,60 $	SAQ S* (875252)	★★★ $$	Corsé

Coup de cœur des éditions précédentes de *La Sélection*, avec les millésimes d'avant 2005, ce cru des Corbières récidive avec un 2005 à la hauteur des attentes, tant pour ce domaine que pour le millésime. Il en résulte un rouge très coloré, aromatique et passablement riche, ayant besoin d'un bon gros coup de carafe pour se révéler pleinement, à la bouche à la fois pleine et ramassée, dense et fraîche, expressive et compacte, plus nourrie que par le passé, aux tanins tissés serrés et réglissés à souhait, aux saveurs longues, sans boisé inutile, laissant des traces de framboise et de garrigue. Du sérieux à prix plus que compétitif. **Cépages :** 50 % carignan, 30 % mourvèdre, 20 % syrah. **Alc./**14 %

☞ *Servir entre 2007 et 2015, à 17 °C et oxygéné (fortement) en carafe 15 minutes*

 Hamburgers de bœuf à la pommade d'olives noires (olives noires dénoyautées et huile d'olive passées au robot), braisé de bœuf à l'anis étoilé ou gigot d'agneau à l'ail et au romarin.

Quinta dos Roques 2004

DÃO, QUINTA DOS ROQUES, PORTUGAL

| 15,65 $ | SAQ S* (744805) | ★★★ $$ | Modéré+ |

Le vin idéal pour permettre aux amateurs de rouges du Nouveau Monde de découvrir et d'apprécier les crus ensoleillés du Portugal. Domaine phare de la zone d'appellation Dão, Quinta dos Roques (voir les autres excellents vins d'appellation Dão de cette *quinta*, commentés dans ce guide) présente plus que jamais un remarquable rapport qualité-prix dans le millésime 2004, qui se place ainsi dans le *Top 5* des innombrables perles à bon prix de ce pays actuellement à l'avant-scène de la viticulture européenne. Il faut dire qu'en 2004 la Quinta dos Roques a décidé de ne pas mettre en bouteilles de cuvées *Reserva* et Touriga Nacional, jugeant leur profil trop Nouveau Monde, donc trop juteux et gorgé de fruits, sans l'assise et la minéralité qui font la signature de leurs terroirs et de leur vision du vin. Le jus des deux grandes cuvées du domaine a donc été déclassé pour être mis en partie dans ce vin à prix plus que doux. Il en résulte un rouge coloré, au nez très aromatique, marqué par un fruité abondant et invitant à souhait, aux notes de framboise, de mûre et de prune, à la bouche ronde, généreuse et joufflue, d'un irrésistible touché de bouche et d'un charme fou. Pas de boisé à l'horizon, que du fruit à revendre et des tanins tendres. Une dernière commande de 300 caisses du millésime 2004 était attendue au début de l'automne 2007. Après, le grandissime millésime 2005 prendra la relève. **Cépages :** 60 % touriga nacional, 25 % jaen, 10 % alfrocheiro preto, 5 % tinta roriz. **Alc./**13,8 %

☛ *Servir entre 2007 et 2012, à 16 °C*

Hamburgers d'agneau aux poivrons rouges confits et au paprika, bavette de bœuf en sauce teriyaki, brochettes de bœuf aux épices à steak, pâtes aux saucisses italiennes épicées, côtes levées à l'ail et au romarin ou chipolatas grillées.

Barco Negro 2005

DOURO, J. & F. LURTON, PORTUGAL *(DISP. JUIN 08)*

| 15,70 $ | SAQ S (10841188) | ★★☆?☆ $$ | Modéré+ |

■ **NOUVEAUTÉ!** Un douro moderne – qui sera disponible via le numéro de juin 2008 du magazine de la SAQ *Cellier* –, tout en couleur, en fruit et en chair, marqué par des tanins passablement tendres pour l'appellation, à l'acidité discrète et au volume modéré, tout en étant très expressif et texturé. Les amateurs québécois étant de plus en plus ouverts aux très beaux vins du Portugal, spécialement du Douro, ce nouveau venu, à moins de seize dollars, devrait être l'un des gros succès de 2008. **Cépages :** 40 % touriga nacional, 30 % tinta roriz, 30 % touriga franca. **Alc./**12,5 % www.jflurton.com

☛ *Servir entre 2007 et 2010, à 17 °C et oxygéné en carafe 15 minutes*

Osso buco, bœuf à la bière brune et polenta crémeuse au parmesan ou médaillons de porc à la pommade d'olives noires (olives noires dénoyautées et huile d'olive passées au robot).

Domaine Labranche Laffont 2004

MADIRAN, CHRISTINE DUPUY, FRANCE *(DISP. DÉC. 07/JANV. 08)*

15,75 $	SAQ S (919100)	★★★ $$	Corsé

Après la ixième réussite que représentait le 2002, coup de cœur de *La Sélection 2007*, Christine Dupuy nous présente, en primeur – grâce à *La Sélection Chartier 2008* –, un 2004, dégusté en août 2007, tout aussi engageant, coloré, prenant, harmonieux, plein, généreusement fruité, aux tanins presque tendres pour l'appellation et aux saveurs percutantes. Assurément au sommet des meilleurs rapports qualité-prix des madirans disponibles à la SAQ. **Cépages :** 60 % tannat, 20 % cabernet franc, 20 % cabernet sauvignon. **Alc./**13,5 %

☛ *Servir entre 2007 et 2012, à 17 °C et oxygéné en carafe 15 minutes*

 Carré d'agneau et jus de cuisson réduit ou filets de bœuf au café noir (C*).

Chaminé 2006

VINHO REGIONAL ALENTEJANO, CASA AGRICOLA CORTES DE CIMA, PORTUGAL

15,80 $	SAQ S* (10403410)	★★★ $$	Modéré+

Après un raffiné et épuré 2005, ce gourmand et extraverti 2006 rappelle le pulpeux 2004. Quoi qu'il en soit, plusieurs millésimes de ce vin ont été salués dans les éditions précédentes de ce guide, tant la qualité pour le prix est à tout coup au rendez-vous. Ce que le 2006 réussit avec brio. Quel nez! Floral et fruité, passablement riche, presque confit, mais tout en fraîcheur, à la bouche ample, ronde et fraîche, aux tanins tendres et aux saveurs longues et invitantes, laissant des traces de confiture de fraises, de muscade et de giroflée. **Cépages :** 51 % aragonez (tempranillo), 37 % syrah, 4 % trincadeira, 4 % touriga nacional, 4 % cabernet sauvignon. **Alc./**14 % **www.cortesdecima.pt**

☛ *Servir entre 2007 et 2010, à 16 °C*

 Bœuf braisé au jus de carotte (R*), tranches d'épaule d'agneau grillées sauce au poivre, daube de bœuf niçoise ou brochettes de bœuf teriyaki.

Perrin Réserve 2005

CÔTES-DU-RHÔNE, PERRIN & FILS, FRANCE

15,80 $	SAQ S* (363457)	★★☆?☆ $$	Modéré+

Belle matière ramassée, ample et sur le fruit, aux tanins souples et à l'acidité discrète, laissant place à des saveurs expansives de cacao, de framboise et de prune. Du très beau côtes-du-rhône à prix doux. **Cépages :** 60 % grenache, 20 % syrah, 20 % mourvèdre. **Alc./**13,5 % **www.perrin-et-fils.com**

☛ *Servir entre 2007 et 2010, à 16 °C*

 Carré de porc aux tomates confites ou cuisses de poulet grillées au pesto de tomates séchées.

Pinot Noir Mezzacorona 2005

VIGNETI DELLE DOLOMITI, MEZZACORONA, ITALIE

15,80 $	SAQ S (10780311)	★★☆?☆ $$	Modéré

■ NOUVEAUTÉ! Un nouveau pinot italien au charme aromatique évident, drôlement entreprenant, à la bouche éclatante de fraîcheur et de saveurs, laissant deviner des notes de grenadine et de canneberge, aux tanins fins et soyeux, ainsi qu'au corps vaporeux. Les amateurs de pinot noir bourguignon y retrouveront une certaine parenté. **Cépage :** pinot noir. **Alc./**13 % **www.mezzacorona.it**

☛ *Servir entre 2007 et 2010, à 16 °C*

 Pennine aux tomates fraîches et au basilic frais, filets de porc à la cannelle et aux canneberges (R*), rôti de bœuf et persillade à la canneberge séchée (demi-glace aux canneberges) (R*), saumon teriyaki ou quesadillas (*wraps*) au bifteck et aux champignons.

Tempranillo Hermanos Lurton 2006
VINO DE LA TIERRA DE CASTILLA, BODEGAS J. & F. LURTON, ESPAGNE

15,80 $	SAQ S* (10359261) ★★★ $$	Modéré+

■ NOUVEAUTÉ! Lors du précédent arrivage, ce rouge portait l'appellation Rueda, mais le consortium de l'appellation Rueda a gagné en arbitrage, afin que les vins de cette appellation soit uniquement blancs. En attendant les développements de ce feuilleton à saveur « politique », ne manquez pas le nouveau millésime de cette belle nouveauté, au profil ramassé et compact, plus français qu'hispanique. La robe est d'un rouge grenat foncé, mi-orangé. Le nez, après oxygénation en carafe, est assez riche et porté sur les fruits à point (fraise, grenadine). La bouche est à la fois vivifiante et tannique, aux tanins très frais, aux saveurs relevées et très longues. **Cépage :** tempranillo. **Alc./**13 % **www.jflurton.com**

☛ *Servir entre 2007 et 2009, à 17 °C et oxygéné en carafe 15 minutes*

 Cari d'agneau, gigot d'agneau à l'ail et au romarin, bœuf épicé à l'indienne ou filets de bœuf grillés et sauté de poivrons rouges au curcuma.

L'Esprit du Château Capendu 2005
CORBIÈRES, CHÂTEAU CAPENDU, FRANCE

15,85 $	SAQ C (706218) ★★☆ $$	Corsé

À nouveau un très beau Capendu, coloré et parfumé, aux notes de garrigue (romarin et thym séchés), à la bouche presque juteuse mais avec fraîcheur, aux tanins fins mais tissés serrés, permettant d'apprécier des notes de fruits rouges, de cacao et de poivre. **Cépages :** carignan (vieilles vignes), syrah, grenache. **Alc./**13 % **www.chateau-capendu.com**

☛ *Servir entre 2007 et 2009, à 16 °C*

Côtes levées à l'ail et au romarin, rôti de porc aux épices à steak ou poulet grillé sur une canette de bière (frotté aux épices barbecue et cuit sur un feu de copeaux d'hickory).

Merlot Lurton 2005
BORDEAUX, J. & F. LURTON, FRANCE *(DISP. FÉVR. 08)*

15,95 $	SAQ S (10862763) ★★☆ $$	Modéré+

■ NOUVEAUTÉ! Un merlot bordelais coloré, parfumé, marqué par des notes très fraîches de poivron, de fleurs et de cassis, à la bouche d'une bonne ampleur pour son prix, charnue, aux tanins présents mais presque enrobés, aux saveurs longues et étonnamment expressives. François Lurton réussit à nouveau à prouver qu'il est possible de réussir de très bons vins à prix doux, aux quatre coins du monde, et même à Bordeaux! Une nouveauté, dégustée en primeur en août

2007, qui fera un malheur à son arrivée à la SAQ en début d'année 2008. **Cépage :** merlot. **Alc./**13,5 % **(Capsule à vis)** www.jflurton.com

☛*Servir entre 2008 et 2010, à 17 °C*

 Côtelettes de porc aux poivrons rouges confits épicés, foie de veau à la vénitienne et polenta crémeuse au parmigiano (C*) ou quesadillas (*wraps*) au bifteck et aux champignons.

Primitivo Itynera 2005
SALENTO, QWINE, ITALIE

16,05 $	SAQ S (10675845)	★★☆ $$		Corsé

■ NOUVEAUTÉ! Un nouveau rouge des Pouilles, coloré et parfumé à souhait, passablement riche et débordant de saveurs, sur les fruits noirs un brin confits, aux tanins tendres et au corps voluptueux. Longtemps les ampélographes ont cru que le zinfandel avait pour origine des ceps de primitivo apportés en Californie par les immigrants italiens lors de la ruée vers l'or. Grâce à des méthodes d'identification par ADN, les chercheurs ont découvert, il y a trois ans, que le primitivo n'est pas le géniteur du zinfandel, mais plutôt l'un de ses « frères ». Tous les deux seraient des clones d'un autre cépage. Leur paternité revient au crljenak kastelanski, un ancestral cépage d'origine croate, encore cultivé sur une île de Croatie. **Cépage :** primitivo. **Alc./**14 % www.qwine.com

☛*Servir entre 2007 et 2008, à 17 °C*

Hamburgers d'agneau aux poivrons rouges confits et au fromage bleu, terrine de gibier, bifteck à la pommade d'olives noires (olives noires dénoyautées et huile d'olive passées au robot) ou bœuf bourguignon et polenta crémeuse au parmigiano et aux oignons caramélisés.

Cabernet-Syrah « Vignes de Nicole » 2006
VIN DE PAYS D'OC, LES DOMAINES PAUL MAS, FRANCE

16,10 $	SAQ S* (10273416)	★★☆?☆ $$		Corsé

Nicole est actuellement sur sa réserve, si je peux me permettre... Mais d'ici la fin 2007 début 2008, elle devrait s'émanciper pour ainsi offrir un parfum plus aromatique, passablement riche pour le prix demandé, des tanins plus enveloppés et des saveurs d'une belle allonge. Bleuet, fraise et cacao participent déjà au cocktail. **Cépages :** 50 % syrah, 50 % cabernet sauvignon. **Alc./**13,5 % www.paulmas.com

☛*Servir entre 2008 et 2012, à 17 °C et oxygéné (fortement) en carafe 5 minutes*

Lasagne aux saucisses italiennes épicées, carré de porc aux tomates séchées et aux herbes de Provence ou tranches d'épaule d'agneau grillées et pommade d'olives noires (olives noires dénoyautées et huile d'olive passées au robot).

Gamay Marionnet 2006
TOURAINE, DOMAINE DE LA CHARMOISE, HENRY MARIONNET, FRANCE

16,10 $	SAQ S* (329532)	★★★ $$		Modéré	BIO

La famille Marionnet, au sommet de son art en matière de culture de la vigne et de vinification des différents cépages qui en sont issus, présente un 2006 plus pur, plus fin et plus charmeur que jamais. Ici, pas de poudre de perlimpinpin, que du fruit. Et quel fruité! Cerise, framboise et pivoine participent au plaisir, dans un

ensemble aux tanins satinés et au corps velouté. Difficile d'être plus digeste et festif. Il faut dire qu'il est issu de vieilles vignes plantées entre 1967 et 1979. **Cépage :** gamay. **Alc./**12 %
www.henry-marionnet.com

☛*Servir entre 2007 et 2009, à 15 °C*

 Salade de pâtes à la méditerranéenne (tomates cerises, olives noires, feta, aneth), sauté de porc au brocoli et poivrons rouges sur pâtes aux œufs, espadon grillé à la sauce tomate et courge spaghetti (R*), risotto au jus de betterave parfumé au girofle et flocons de poissons (R*) ou poulet à la ratatouille (R*).

Château Couronneau 2005
BORDEAUX-SUPÉRIEUR, CHÂTEAU COURONNEAU, FRANCE

16,20 $	SAQ S* (10667301) ★★★ $$	Corsé	BIO

Faisant suite au tendre et savoureux 2004, ce 2005 se montre plus nourri et plus substantiel, millésime bordelais de très grande qua|lité oblige. Vous y dénicherez un rouge très coloré et violacé, richement aromatique, peu boisé et un brin réglissé, à la bouche pleine, juteuse et généreuse, presque sphérique et passablement complexe pour un bordeaux de ce prix. Fruits noirs, café et violette participent au bouquet, tandis que les tanins se montrent fermes mais mûrs à point, ce qui leur permettra de s'assouplir rapidement d'ici l'automne 2008 ou l'hiver 2009. **Cépage :** merlot. **Alc./**14,5 %
www.chateau-couronneau.fr

☛*Servir entre 2007 et 2011, à 17 °C et oxygéné en carafe 15 minutes*

 Filets de bœuf grillés et sauté de poivrons rouges au curcuma ou carré d'agneau au poivre vert et à la cannelle.

Donnadieu « Cuvée Mathieu et Marie » 2005
SAINT-CHINIAN, CLOS BAGATELLE, FRANCE

16,20 $	SAQ C (642652) ★★☆ $$	Corsé

Élaborée avec brio par la famille Simon, propriétaire du célèbre Clos Bagatelle à Saint-Chinian (aussi commenté), dont les vins sont, bon an mal an, des *must* de ce guide, cette cuvée se montre plus méditerranéenne que la Cuvée Tradition du Clos Bagatelle. Donc, un rouge expressif, au nez passablement soutenu, exhalant des parfums de garrigues, de poivre et de fruits rouges, à la bouche presque généreuse, mais non dénuée de fraîcheur, aux tanins plus marqués que chez son frangin. Pour amateurs de vins ensoleillés qui sentent bon le Languedoc. **Cépages :** syrah, grenache noir, mourvèdre. **Alc./**13 %

☛*Servir entre 2007 et 2010, à 17 °C*

Cuisses de poulet aux olives noires et aux tomates confites, lasagne à la bolognaise épicée ou veau marengo (de longue cuisson) et pâtes aux œufs.

Aglianico Inycon 2005
SICILIA, C.S. MENFI, ITALIE

16,25 $	SAQ S (10675503) ★★★ $$	Corsé

■ NOUVEAUTÉ! Le vin sur mesure pour faire ses gammes avec le noble cépage aglianico, à la base des vins d'appellation Taurasi, de Campanie, offrant des rouges structurés. Habituellement plus corsé et même carré, façon nebbiolo de Barolo, l'aglianico se montre ici fort engageant, tant au nez qu'en bouche. Fruits noirs et herbes de

Provence donnent le ton, tandis que la bouche se montre charnue, pleine et fraîche, aux tanins enrobés et mûrs. Du bel ouvrage. **Cépage :** aglianico. **Alc./**13 % **www.cantinesettesoli.it**

☛ *Servir entre 2007 et 2010, à 17 °C*

 Filets de bœuf à la fourme d'Ambert et au romarin (C*) ou tranches d'épaule d'agneau grillées aux herbes de Provence.

Massaya Classic 2004
BEKAA VALLEY, TANAÏL, LIBAN

16,30 $	SAQ S (10700764)	★★☆?☆ $$	Modéré+

■ **NOUVEAUTÉ!** Après un bon coup de carafe, vous dégusterez un rouge au charme évident, aux courbes sensuelles, à l'acidité en retrait, laissant place à une texture veloutée, à des tanins tendres et à des saveurs de cacao, de muscade et de confiture de fraises. Il faut savoir que ce vin est élaboré avec les conseils de Dominique Hébrard, ex-copropriétaire et administrateur du Château Cheval-Blanc, célèbre grand cru classé de Saint-Émilion. Ceci explique cela. **Cépages :** 60 % cinsault, 20 % cabernet sauvignon, 20 % syrah. **Alc./**14 % (**Capsule à vis**) **www.massaya.com**

☛ *Servir entre 2007 et 2009, à 16 °C et oxygéné (fortement) en carafe 15 minutes*

 Ragoût d'agneau aux quatre-épices (poivre, muscade, gingembre en poudre et clou de girofle) ou brochettes de bœuf au café noir (voir Filets de bœuf au café noir) (C*).

Mas Collet 2004
MONTSANT, CELLER DE CAPÇANES, ESPAGNE

16,40 $	SAQ C (642538)	★★★ $$	Corsé+

Un 2004 certes moins parfumé que ne l'était le 2003, et surtout moins sphérique et pulpeux que le 2002. Déjà le 2003 se montrait plus ramassé et compact. Ce 2004 va dans la même direction, mais avec plus de tonus, de droiture, de fermeté et d'harmonie, sans oublier le fruit qui est d'une étonnante fraîcheur. Pas de bois ni de rondeurs sulfureuses à la sauce Nouveau Monde. Il faut dire que le millésime 2004 est grandissime dans le Priorat, même supérieur à 2005, tout comme à Montsant, appellation qui ceinture celle du Priorat. **Cépages :** grenache (vieilles vignes), tempranillo, cabernet, carignan. **Alc./**14 % **www.cellercapcanes.com**

☛ *Servir entre 2007 et 2012, à 17 °C et oxygéné en carafe 30 minutes*

 Tranches d'épaule d'agneau grillées sauce au poivre ou filets de bœuf au concassé de poivre et patates douces rôties au romarin.

Moulin Lagrezette 2004
CAHORS, ALAIN-DOMINIQUE PERRIN, FRANCE *(DISP. OCT. 07)*

16,45 $	SAQ S* (972620)	★★★ $$	Corsé+

Comme elle nous y a habitués, cette cuvée « Vieilli en fût de chêne » se montre fort engageante et boisée à souhait. Vous y dénicherez un cahors coloré et violacé, au nez percutant, exhalant de riches effluves de fruits noirs, de vanille et de café noir, à la bouche charnue et généreuse, aux tanins jeunes et marqués par l'élevage en barriques. Style presque Nouveau Monde, dans une assise ferme. **Cépages :** 77 % malbec, 21 % merlot, 2 % tannat. **Alc./**13,5 % **www.chateau-lagrezette.tm.fr**

☛ *Servir entre 2007 et 2011, à 17 °C*

Côtes d'agneau sauce au vin et polenta.

Campolieti « Classico Superiore » 2005
VALPOLICELLA, LUIGI RIGHETTI, ITALIE

16,50 $	SAQ S* (964569)	★★☆?☆ $$	Modéré+

Déjà le 2004 était un beau « valpo », mais ce 2005 hausse la qualité d'un cran, millésime européen de grande qualité oblige, résultant en un rouge au charme immédiat, aromatique à souhait (griotte, pivoine), fin et soyeux, au fruité ample et aux tanins dodus. Il faut savoir qu'il est né par la méthode *ripasso* et qu'il a séjourné quatorze mois en partie en cuves de chêne de 2 000 litres, et en partie en petites barriques. **Cépages :** corvina, rondinella, molinara. **Alc./**12,5 % **www.smallwinemakers.ca/righetti.html**

☛ *Servir entre 2007 et 2010, à 16 °C*

Poulet à la ratatouille (R*), foie de veau aux betteraves confites, pizza sicilienne aux saucisses épicées et aux olives noires, focaccia au pesto de tomates séchées, pâtes à la caponata à la sicilienne (version italienne de la ratatouille niçoise) ou poulet cacciatore.

Merlot Tudernum 2005
UMBRIA, CATINA TUDERNUM, ITALIE *(DISP. OCT. 07)*

16,60 $	SAQ S (10781963)	★★★ $$	Corsé

■ NOUVEAUTÉ! Nouveauté d'un charme fou et d'une étonnante profondeur pour le prix demandé. Bonne coloration, nez sur les fruits noirs et le café, bouche presque dense et compacte, aux tanins ramassés, sans la lourdeur « molle » de nombreux merlots à la *Sideways*, aux saveurs longues et expansives. Du sérieux à prix doux. **Cépage :** merlot. **Alc./**14 % **www.tudernum.it**

☛ *Servir entre 2007 et 2012, à 17 °C et oxygéné en carafe 15 minutes*

Bœuf bourguignon et polenta crémeuse au parmigiano et aux oignons caramélisés ou côtelettes de porc sauce aux champignons.

Negro Amaro Sangue Blu 2004
PUGLIA, TORRE QUARTO CANTINE, ITALIE

16,65 $	SAQ S (10675933)	★★★ $$	Modéré+

■ NOUVEAUTÉ! Très bel ajout du sud de la péninsule italienne, à base du noble cépage negroamaro, offrant un vin expressif, épicé et un brin balsamique, et même marqué par des parfums de garrigue, au corps enveloppant, aux tanins presque fondus et aux saveurs longues et précises, laissant des traces de torréfaction, de cerise à l'eau-de-vie et d'épices. On ne peut plus italien et charmeur au possible, à un prix plus qu'avantageux. **Cépage :** negroamaro. **Alc./**13 % **www.torrequartocantine.it**

☛ *Servir entre 2007 et 2010, à 17 °C*

Pâtes au pesto de tomates séchées, poitrines de poulet aux pruneaux et aux olives noires, brochettes d'agneau grillées à l'ajowan, gigot d'agneau aux herbes séchées (thym, romarin et origan) ou brochettes de bœuf à la pommade de menthe fraîche, poivre concassé et vinaigre balsamique.

Canet Valette « Anthonyme » 2006

SAINT-CHINIAN, VALETTE, FRANCE

16,80 $	SAQ S (10783117)	★★★ $$	Modéré

■ **NOUVEAUTÉ!** Une invitante nouveauté, mise en marché via le maga-zine SAQ *Cellier*, le 27 septembre 2007, débordante de fruits rouges et de fleurs, aux tanins fins, à l'acidité fraîche et au corps modéré, mais engageant. Un autre vin dans la mouvance des crus digestes, au degré d'alcool discret, qui gagne en popularité actuellement en France. Tout un exploit, quand on sait que ce vin contient 50 % de mourvèdre, cépage offrant des vins habituellement plus costauds. Un vin de soif certes, mais qui a de l'esprit et du bagou. Et dire que ce n'est que la cuvée de base de ce domaine de pointe du Languedoc! Vivement la venue à la SAQ de ses autres cuvées « Une et mille nuits » et « Maghani ». Enfin, osez ce genre de vin aérien, servi frais, avec une viande blanche accompagnée d'ananas, un fruit qui partage exactement les mêmes principes actifs que la fraise, qui elle va à mer-veille avec le profil soyeux de ce rouge. **Cépages :** 50 % mourvèdre, 50 % cinsault. **Alc./**12,5 % **www.canetvalette.com**

☛ *Servir entre 2007 et 2010, à 16 °C*

 Focaccia au pesto de tomates séchées, sauté de porc au bro-coli et poivrons rouges sur pâtes aux œufs, pasta à la caponata ou sauté de porc à l'ananas (R*).

Domaine Lerys Cuvée Prestige 2004

FITOU, MAGUY & ALAIN IZARD, FRANCE

16,80 $	SAQ S* (976852)	★★★ $$	Corsé+

S'il y a deux parfums qui reviennent souvent au fil du journal olfac-tif que représente le roman *Le Parfum*, ce sont bien l'odeur animale de l'époque qu'était le musc – aujourd'hui à la base des parfums les plus virils, soit dit en passant –, et celle de la garrigue provençale qu'est le romarin. Faites d'une pierre deux coups et découvrez-les réunis dans cet idiosyncrasique et percutant fitou. Un assemblage méditerranéen, sauvage au possible, complexe et pénétrant, lais-sant échapper des notes d'olive noire, de poivre long, de musc et de garrigue. Pour être dompté, étant passablement plein, presque dense et tannique, il aura besoin d'une sauce épicée ou au romarin frais. **Cépages :** 40 % carignan, 40 % grenache, 20 % syrah. **Alc./**13 %

☛ *Servir entre 2007 et 2014, à 17 °C et oxygéné en carafe 30 minutes*

 Entrecôte sauce au poivre vert ou côtelettes d'agneau marinées au porto et au romarin frais.

Château des Matards « Cuvée Spéciale » 2005

PREMIÈRES-CÔTES-DE-BLAYE, TERRIGEOL ET FILS, FRANCE

16,85 $	SAQ C (640276)	★★☆ $$	Modéré+

Supportée par l'excellence du climat bordelais qui a prévalu en 2005, cette cuvée se montre meilleure que jamais. De la couleur, du fruit, de la complexité, de la chair, de l'ampleur et de la persistance, auxquels s'ajoutent des notes de poivron, de cendre et de fumée. **Cépages :** merlot, cabernet sauvignon. **Alc./**13 % **www.chateau-des-matards.com**

☛ *Servir entre 2007 et 2010, à 17 °C*

 Filets de bœuf grillés et coulis de poivrons verts (C*) ou filet de porc au café noir (voir Filets de bœuf au café noir) (C*).

Domaine du Ministre 2005

SAINT-CHINIAN, DOMAINE FRANÇOIS LURTON, FRANCE *(DISP. OCT. 07)*

16,85 $	SAQ S* (913178)	★★★ $$	Corsé

De la couleur, du nez et de la présence en bouche, voilà ce que les frères Lurton – qui ont mis fin à leur partenariat commercial en 2007, mais Jacques demeure tout de même un des nombreux œnologues consultants pour la maison maintenant dirigée par François – ont à offrir avec ce très bon saint-chinian, présenté dans une nouvelle bouteille à l'habillage plus moderne. Son raffinement aromatique étonne, tout comme sa bouche dense et ramassée, aux tanins civilisés, tissés serrés, sa fraîcheur naturelle et sa persistance étonnante. Du bel ouvrage, qui évoluera en beauté. **Cépages :** syrah, grenache. **Alc./**13,5 % **www.jflurton.com**

☛ *Servir entre 2007 et 2013, à 17 °C et oxygéné en carafe 30 minutes*

 Lapin à la toscane (C*) ou pâtes aux tomates séchées.

Dourthe N° 1 2005

BORDEAUX, VINS ET VIGNOBLES DOURTHE, FRANCE

16,85 $	SAQ C (409912)	★★☆?☆ $$	Corsé

Excellence du millésime oblige, cette cuvée renommée se montre meilleure que jamais, offrant couleur, expression aromatique, ampleur et texture, dans un ensemble passablement nourri pour le prix demandé. Fruits noirs et café participent au plaisir. Du bien beau bordeaux. **Cépages :** 65 % merlot, 35 % cabernet sauvignon. **Alc./**13 % **www.dourthe.com**

☛ *Servir entre 2007 et 2011, à 17 °C et oxygéné en carafe 15 minutes*

 Côtelettes de porc aux poivrons rouges confits, bœuf à la Stroganov, filets de bœuf au café noir (C*) ou rôti de bœuf aux champignons.

Brentino Maculan 2005

VENETO, FAUSTO MACULAN, ITALIE

16,90 $	SAQ S (10705021)	★★★ $$	Corsé

■ NOUVEAUTÉ! Retour tant attendu de ce cru, élaboré avec maestria par de Fausto Maculan, disponible chez les produits courants pendant quelques années, avant une malheureuse rupture depuis deux ans. Vous y dénicherez un assemblage à la bordelaise d'une bonne coloration, d'un nez à la fois très fin et aromatique, frais et mûr, exhalant des tonalités de fruits rouges et de café, à la bouche gorgée de saveurs, aux tanins civilisés et travaillés avec doigté, au corps modéré mais expressif, et aux saveurs longues et précises. Grande harmonie pour un italien à prix doux. **Cépages :** 55 % merlot, 45 % cabernet sauvignon. **Alc./**13,5 % **www.maculan.net**

☛ *Servir entre 2007 et 2010, à 17 °C et oxygéné en carafe 5 minutes*

 Poulet forestier (R*), rôti de bœuf et persillade à la canne-berge séchée (demi-glace aux canneberges) (R*) ou carré de porc aux tomates séchées.

La Vendimia 2006

RIOJA, BODEGAS PALACIOS REMONDO, ESPAGNE *(DISP. OCT. 07)*

16,90 $	SAQ **S** (10360317)	★★★ $$	Modéré+

Plus de 2000 caisses de ce nouveau chouchou espagnol, dont le prix est passé de 18,35 $ à 16,90 $, ont été mises en marché au début de l'automne 2007 et, bonne nouvelle, il devrait faire l'objet d'un nouvel arrivage fin 2007, début 2008. Ce Vendimia 2006 se montre encore plus engageant et expressif que ne l'était le déjà très attrayant 2005, et ce, sans avoir séjourné en barriques. De la couleur, du fruit à revendre, de la fraîcheur, de la pureté, de la précision, des tanins extra-fins et de la persistance, dans un ensemble d'une grande digestibilité. Pas de bois à l'horizon, que du fruit, aux tonalités de grenadine, de fraise et de pivoine. Les vins de Palacios Remondo, faut-il le rappeler, sont élaborés sous l'œil attentif de l'étoile hispanique Álvaro Palacios, qui élabore aussi de grandissimes vins sur les coteaux schisteux du Priorat, dont l'Ermita, ainsi que d'originaux et raffinés rouges dans la zone d'appellation Bierzo. **Cépage :** 100 % tempranillo. **Alc./**13,5 %

☛ *Servir entre 2007 et 2010, à 16 °C*

 Couscous aux merguez, veau marengo, poulet rôti et ratatouille sur couscous, quesadillas (*wraps*) au poulet grillé teriyaki, pizza au capicolle et poivrons rouges confits ou côtelettes de porc à la niçoise.

Belleruche 2005

CÔTES-DU-RHÔNE, M. CHAPOUTIER, FRANCE

16,95 $	SAQ **C** (476846)	★★★ $$	Corsé

Assurément l'une des belles réussites des derniers millésimes pour cette marque élaborée sous la houlette de la grande maison Chapoutier. Tout y est. De la couleur, de la richesse aromatique, de l'ampleur, de la générosité non dénuée de fraîcheur, des tanins qui ont du grain, ainsi que de la persistance. Des notes expressives

d'olive noire, de cacao et de confiture de framboises ajoutent au plaisir. **Cépages :** 80 % grenache, 20 % syrah. **Alc./**13,5 % www.chapoutier.com

☛ *Servir entre 2007 et 2010, à 17 °C et oxygéné en carafe 5 minutes*

 Pâtes aux olives noires (C*), brochettes de bœuf sauce au fromage bleu (C*) ou gigot d'agneau bardé de branches de romarin frais.

Château Cailleteau Bergeron « Tradition » 2004

PREMIÈRES-CÔTES-DE-BLAYE, DARTIER ET FILS, FRANCE *(DISP. OCT. 07)*

16,95 $	SAQ **S*** (10388601)	★★☆ $$	Modéré+

Découvrez la cuvée Tradition, dans sa version 2004 – la cuvée « Tradition » 2005, dégustée en mai 2007, qui sera disponible au cours de l'hiver 2008, se montre plus dense, plus généreuse et plus complète que cette déjà très invitante 2004, donc une autre réussite à surveiller –, de cette nouvelle étoile bordelaise, qui fait un malheur au Québec. Vous y dénicherez un rouge subtilement parfumé, aux notes de violette et de bleuet, à la bouche à la fois fraîche et ample, à la texture presque soyeuse, aux tanins fins et aux saveurs engageantes. Elle se démarque par son profil on ne peut plus bordelais, contrairement à la cuvée « Élevé en fûts de chêne » du même domaine, au style moderne plus proche des vins du Nouveau Monde. **Cépages :** 90 % merlot, 10 % cabernet sauvignon. **Alc./**13,5 % www.cailleteau-bergeron.com

 Servir entre 2007 et 2010, à 17 °C et oxygéné en carafe 5 minutes

Brochettes de bœuf et de foie de veau aux poivrons rouges confits, rôti de bœuf aux champignons ou tranches d'épaule d'agneau grillées.

Château Cailleteau Bergeron « Tradition » 2005

PREMIÈRES-CÔTES-DE-BLAYE, DARTIER ET FILS, FRANCE *(DISP. HIVER 08)*

16,95 $	SAQ S* (10388601)	★★☆?☆ $$	Corsé

Dans sa version 2005 – disponible au cours de l'hiver 2008, après l'épuisement des stocks du 2004 –, la cuvée Tradition se montre plus dense, plus généreuse et plus complète que la déjà très invitante 2004 (aussi commentée). Les tanins sont d'une remarquable maturité, leur procurant un poli unique, l'acidité est discrète et les saveurs sont expansives, laissant des traces de fruits rouges et noirs. **Cépages :** 90 % merlot, 10 % cabernet sauvignon. **Alc./**13,5 % www.cailleteau-bergeron.com

 Servir entre 2008 et 2012, à 17 °C et oxygéné en carafe 30 minutes

Carré d'agneau et jus au café expresso (C*) ou filet de bœuf et lanières de poivrons verts et rouges légèrement confits.

Le Petit Clos 2005

CAHORS, BALDÈS ET FILS, FRANCE

17,05 $	SAQ S (10778967)	★★☆ $$	Modéré+

■ NOUVEAUTÉ! Un « petit » cahors gourmand, tout en fruits, aux tanins presque souples, mais avec du grain, ainsi qu'une acidité très fraîche, aux saveurs amples et persistantes, exprimant des notes de fruits noirs et de réglisse. **Cépages :** 80 % malbec, 20 % merlot. **Alc./**13 %

 Servir entre 2007 et 2011, à 17 °C et oxygéné en carafe 5 minutes

Foie de veau en sauce à l'estragon.

Château Peyros « Vieilles Vignes » 2001

MADIRAN, CHÂTEAU PEYROS, FRANCE

17,25 $	SAQ S* (488742)	★★★ $$	Corsé+

Un ixième millésime qui positionne à nouveau Peyros parmi les références absolues chez les madirans offerts sous la barre des vingt dollars. La robe est ultra-colorée. Le nez est étonnamment concentré et très aromatique, exprimant de riches effluves de bleuet, de cassis, de cacao et de graphite. La bouche est tannique, ramassée, mais tout aussi juteuse que dans le millésime 2000, avec juste un brin de fermeté juvénile supplémentaire. Ceux qui aiment être en présence de rouges qui ont de la prise seront servis. **Cépages :** 55 % tannat, 25 % cabernet sauvignon, 20 % cabernet franc. **Alc./**13,5 % www.chateau-branda.com

☛ *Servir entre 2007 et 2013, à 17 °C*

 Carré d'agneau et jus de cuisson réduit ou filets de bœuf au café noir (C*).

Poggio Alla Badiola 2005

TOSCANA, MAZZEI IN FONTERUTOLI, ITALIE

17,25 $	SAQ S* (897553)	★★★ $$	Corsé

Assurément le plus beau Badiola depuis 2002. Il faut dire que millésime après millésime, ou presque, Fonterutoli présente un Badiola des plus irrésistibles et offert à un prix avantageux. Pour preuve, ce 2005 qui devrait installer plus que jamais ce cru toscan sur les devants de la scène, ayant été une grosse nouveauté très recherchée il y a quelques années. Il a tout pour plaire. De la couleur. Du nez. Du fruit (prune et cerise noire). De la texture. De la persistance, laissant des notes de café, et du velouté dans le toucher. **Cépage :** sangiovese. **Alc./**13 % www.fonterutoli.it

☛ *Servir entre 2007 et 2009, à 17 °C*

 Risotto aux tomates séchées et aux olives noires, osso buco, fettucine all'amatriciana ou sauté de veau aux tomates séchées servi sur des nouilles aux œufs.

Baron d'Ardeuil 2003

BUZET, LES VIGNERONS DE BUZET, FRANCE

17,30 $	SAQ S* (446187)	★★☆?☆ $$	Modéré+

Cette performante cave coopérative du sud-ouest propose un 2003 au profil différent des vins auxquels elle nous avait habitués jusqu'ici. Ce buzet se montre plus moderne, au fruité pulpeux, ample et plein, aux tanins tendres, mûrs et bien travaillés par l'élevage, qui se fait discret. Belle matière, égrainant des saveurs de fruits noirs et de graphite. Malgré sa modernité, les amateurs de bordeaux devraient apprécier cet assemblage. **Cépages :** merlot, cabernet sauvignon, cabernet franc. **Alc./**14 % **www.vignerons-buzet.fr**

☛ *Servir entre 2007 et 2011, à 17 °C et oxygéné en carafe 15 minutes*

 Brochettes de bœuf aux poivrons verts et rouges ou *T-bone* à l'huile de persil.

La Cuvée dell'Abate 2005

MONTEPULCIANO D'ABRUZZO, CANTINA ZACCAGNINI, ITALIE *(DISP. NOV./DÉC. 07)*

17,30 $	SAQ S (908954)	★★★?☆ $$	Corsé

Salué dans *La Sélection 2006* pour son remarquable 2003, ce domaine phare des Abruzzes récidive à nouveau avec une réussite pour ce cru qui se montre à la fois généreux et frais dans cet excellent millésime européen qu'a été 2005. Il en résulte un vin certes concentré, mais sachant être digeste, élégant et consistant, ce qui est rarissime. De la couleur, du fruit et de la densité, dans un ensemble velouté et presque joufflu. Bravissimo! **Cépage :** montepulciano. **Alc./**12,5 % www.zaccagnini.it

☛ *Servir entre 2007 et 2013, à 17 °C et oxygéné en carafe 15 minutes*

 Osso buco, carré de porc aux tomates séchées ou médaillons de porc à la pommade d'olives noires (olives noires dénoyautées et huile d'olive passées au robot).

Château Paul Blanc 2005

COSTIÈRES-DE-NÎMES, MAS CARLOT, JEANJEAN, FRANCE

17,40 $	SAQ S* (881680)	★★★ $$	Corsé

Juteux, expressif, prenant et persistant à souhait, ce vin de Nîmes vous éclabousse les papilles comme pas un. Quel plaisir! Parfait pour saisir les notes de garrigue, si chères aux vins du Midi de la France. Romarin, thym, lavande et fraise chaude s'entremêlent dans une bouche généreuse et débordante, aux tanins enrobés et au corps voluptueux. **Cépage :** syrah. **Alc./**13,5 % www.jeanjean.fr

☛ Servir entre 2007 et 2010, à 17 °C

 Brochettes d'agneau grillées à l'ajowan, gigot d'agneau aux herbes séchées (thym, romarin et origan) ou carré d'agneau marocain et provençal (avec feuilles de menthe, poivre de Cayenne, piment doux, paprika, cumin, romarin frais, thym, ail et moutarde de Dijon).

Villa Cerna Chianti Classico 2005

CHIANTI CLASSICO, CASA VINICOLA LUIGI CECCHI & FIGLI, ITALIE

17,45 $	SAQ C (573519)	★★★ $$	Corsé

Un 2005 très coloré et violacé, au nez actuellement retenu, mais à la bouche juteuse, pleine, fraîche, savoureuse, persistante et ramassée. Vraiment beau pour son prix, millésime oblige. Courez donc sans hésiter après les 2005 européens! **Cépages :** 90 % sangiovese, 10 % autres cépages toscans. **Alc./**13 % www.cecchi.net

☛ Servir entre 2007 et 2013, à 17 °C et oxygéné en carafe 15 minutes

Osso buco au fenouil et gremolata ou ragoût de bœuf et de champignons.

Corona de Aragón Reserva 2000

CARIÑENA, GRANDES VINOS Y VIÑEDOS, ESPAGNE

17,75 $	SAQ S* (10462778)	★★★ $$	Corsé+

Une nouvelle étoile, déjà coup de cœur de La Sélection 2007, à la robe toujours aussi foncée et violacée, au nez plus que jamais concentré de fruits noirs, à la bouche on ne peut plus charnue, pleine et tannique, aux tanins enrobés et aux saveurs pulpeuses et explosives de mûre, de bleuet, de café et de cacao. Je vous le redis, rares sont les vins de ce prix qui offrent autant à boire et à manger! Surveillez bien le marché : 300 caisses étaient à nouveau attendues à la fin novembre début décembre 2007, après quoi ce sera le tour du millésime 2002 (aussi commenté). **Cépages :** 40 % garnacha, 30 % tempranillo, 20 % carignan, 10 % cabernet sauvignon. **Alc./**13 % www.grandesvinos.com

☛ Servir entre 2007 et 2012, à 17 °C et oxygéné en carafe 15 minutes

Hamburgers d'agneau aux poivrons rouges confits et au curcuma, tranches d'épaule d'agneau grillées sauce au porto LBV, braisé de bœuf à l'anis étoilé, entrecôte sauce au fromage bleu (C*) ou osso buco au fenouil et gremolata.

Corona de Aragón Reserva 2002

CARIÑENA, GRANDES VINOS Y VIÑEDOS, ESPAGNE *(DISP. DÉBUT 08)*

17,75 $	SAQ S* (10462778) ★★★ $$	Corsé

Deuxième millésime à nous parvenir de cette nouveauté, dont le 2000, qui avait été signalé en primeur dans *La Sélection 2007*, est aussi commenté dans cette édition 2008. En 2002 – que j'ai dégusté en primeur en juillet 2007 –, on y retrouve le même style qui a fait son succès, c'est-à-dire un vin très coloré, richement aromatique, au fruité pulpeux, au boisé certes présent, mais modéré et intégré, aux courbes larges, aux tanins déjà plus enveloppés et plus souples que dans le 2000, à la texture veloutée et aux saveurs prenantes de bleuet, de mûre, d'épices et de fleurs. Ce qui établira solidement son statut de nouvelle vedette espagnole. **Cépages :** 40 % garnacha, 30 % tempranillo, 20 % carignan, 10 % cabernet sauvignon. **Alc./**13 % www.grandesvinos.com

☛ *Servir entre 2008 et 2012, à 17 ºC et oxygéné en carafe 30 minutes*

 Pizza aux olives noires et aux tomates séchées, filet de porc grillé et pommade d'olives noires (olives noires dénoyautées et huile d'olive passées au robot) ou rosbif de côtes farci au chorizo et au fromage.

Gotim Bru 2004

COSTERS DEL SEGRE, CASTELL DEL REMEI, ESPAGNE

17,75 $	SAQ S* (643858) ★★☆?☆ $$	Corsé

Après une bonne oxygénation en carafe, vous serez en mesure d'apprécier ce rouge catalan au nez discret aux premiers abords, mais à la fois fin, aromatique et détaillé après coup, à la bouche fraîche, élancée et ramassée, aux tanins serrés, sans dureté, au corps longiligne et aux saveurs de fruits et de fleurs rouges. Pas de bois à l'horizon. Que du fruit! Depuis le millésime 2003 (commenté dans *La Sélection Chartier 2007*), ce cru n'est plus sous l'emprise des effluves de torréfaction venant de la barrique américaine trop chauffée. Et c'est tant mieux! **Cépages :** tempranillo, merlot, grenache, cabernet sauvignon. **Alc./**14 % www.castelldelremei.com

☛ *Servir entre 2007 et 2012, à 17 °C et oxygéné (fortement) en carafe 45 minutes*

Hamburgers d'agneau aux poivrons rouges confits et au curcuma, côte de veau marinée aux herbes (R*) ou brochettes de bœuf et de foie de veau aux poivrons rouges confits.

La Madura Classic 2004 *(DISP. OCT. 07)*

SAINT-CHINIAN, DOMAINE LA MADURA, NADIA ET CYRIL BOURGNE, FRANCE

17,75 $	SAQ S (10682615) ★★★ $$	Modéré+

Un 2004 au charme aromatique évident, donc dans le ton du précédent 2003. Violette et prune se donnent la réplique au nez, dans un ensemble d'une belle définition et d'une élégance singulière. La bouche suit avec des tanins ultra-fins, une acidité discrète, mais bel et bien présente, une texture soyeuse, et des saveurs longues et d'une fraîcheur unique sous le soleil du Midi. **Cépages :** carignan, grenache, mourvèdre, syrah. **Alc./**13,5 % www.lamadura.com

☛ *Servir entre 2007 et 2011, à 17 °C*

 Hamburgers de bœuf à la pommade d'olives noires (olives noires dénoyautées et huile d'olive passées au robot) ou canard du Lac Brome massé au scotch et rôti.

Folonari Superiore « Ripasso » 2005

VALPOLICELLA CLASSICO, FOLONARI, ITALIE

17,85 $	SAQ S (10669189)	★★★ $$	Modéré+

■ **NOUVEAUTÉ!** Les vins italiens nés de la méthode *ripasso* étant actuellement très en vogue, spécialement au Québec, plusieurs nouveaux venus ont élargi l'offre, cette année. Celui de Folonari, sans être riche, se montre fort engageant, rond et texturé, sans fermeté, aux tanins tendres et aux saveurs amples et persistantes, jouant dans la sphère du cacao, de la prune et de la cerise macérée à l'eau-de-vie. Donc, un régal! **Cépages :** corvina, rondinella, molinara. **Alc./**13,5 %

☛ *Servir entre 2007 et 2011, à 17 °C*

Pâtes aux champignons et fond de veau, pizza sicilienne aux saucisses épicées et aux olives noires, poulet aux pruneaux et aux olives ou quesadillas (*wraps*) d'agneau confit et d'oignons caramélisés.

Castelinho Reserva 2004

DOURO, CASTELINHO VINHOS, PORTUGAL

17,90 $	SAQ S* (897819)	★★★ $$	Corsé

Une cuvée *Reserva* 2004 un brin moins pulpeuse que la précédente 2003, saluée dans *La Sélection 2007*, mais demeurant un très bon achat étant donné sa complexité, son détail, sa maturité de fruits et sa richesse de saveurs. Sans oublier ses tanins bien présents, mais enveloppés par une gangue presque veloutée. Prune, confiture de framboises, café et fumée signent son profil aromatique. **Cépages :** touriga franca, tinta roriz, touriga nacional, tinta barroca et autres variétés portugaises. **Alc./**13,5 % **www.castelinho-vinhos.pt**

☛ *Servir entre 2007 et 2012, à 17 °C*

Lapin aux pruneaux, osso buco ou ragoût de bœuf à la bière.

Château Roland La Garde « Tradition » 2003

PREMIÈRES-CÔTES-DE-BLAYE, BRUNO MARTIN, FRANCE

17,90 $	SAQ S (10388344)	★★★ $$	Modéré+

Assurément l'un des bons achats chez les bordeaux offerts sous la barre des vingt dollars. La bonne nouvelle, c'est qu'il était de retour en septembre 2007. Du fruit, de la chair, de l'ampleur, de la fraîcheur et de la persistance, dans un ensemble richement savoureux, sans boisé apparent. **Cépages :** merlot, cabernet sauvignon. **Alc./**14 % **www.chateau-roland-la-garde.com**

☛ *Servir entre 2007 et 2010 et oxygéné en carafe 5 minutes*

Pétoncles en civet (C*), côtelettes de porc aux poivrons rouges confits, filet de bœuf et lanières de poivrons verts et rouges légèrement confits ou dindon de Noël sauce au porto LBV.

Les Garrigues 2006

COTEAUX-DU-LANGUEDOC, DOMAINE CLAVEL, FRANCE *(DISP. OCT./NOV. 07)*

17,95 $	SAQ S* (874941)	★★★?☆ $$	Modéré+ BIO

Faisant suite au très réussi 2005, aussi commenté et qui était encore disponible au moment d'aller sous presse, ce 2006, dégusté en primeur en septembre 2007, se montre tout aussi engageant et incontournable. Couleur profonde. Nez minéral et retenu, mais profondément fruité (fruits rouges, cacao). Bouche à la fois fraîche et pleine, ample et ramassée, aux tanins fins, mais tissés serrés, aux saveurs longues et pures, sans aucun boisé apparent. Du sérieux. Pour en connaître plus sur cette cuvée et ce domaine, lire le commentaire détaillé du 2005. **Cépages :** 52 % syrah, 26 % mourvèdre, 22 % grenache. **Alc./**14 % **www.vins-clavel.fr**

☛ *Servir entre 2007 et 2014, à 17 °C et oxygéné en carafe 30 minutes*

 Pâtes aux olives noires (C*) ou médaillons de porc à la pommade d'olives noires (olives noires dénoyautées et huile d'olive passées au robot).

Pinot Noir Rodet 2006

BOURGOGNE, A. RODET, FRANCE

17,95 $	SAQ C (358606)	★★☆?☆ $$	Modéré+

Après un 2005 qui a su profiter des largesses de dame Nature, Nadine Gublin, la grande œnologue de cette maison, démontre son savoir-faire en 2006 en y allant d'une réussite, dans un millésime plus difficile que le précédent, qui situe ainsi plus que jamais ce pinot noir parmi les valeurs sûres des pinots offerts sous la barre des vingt dollars. Donc, un 2006 certes moins nourri que le 2005, mais tout y est. Du fruit (cerise et muscade), de la fraîcheur, de l'élan, des tanins fins, au grain élégant, au corps longiligne et aux saveurs éclatantes. Pour le plaisir de boire du pinot sans se poser de question. **Cépage :** pinot noir. **Alc./**12,5 % **www.rodet.com**

☛ *Servir entre 2007 et 2010, à 16 °C*

 Risotto au jus de betterave parfumé au girofle et flocons de poisson (R*), poulet rôti au sésame et aux cinq-épices, lapin chasseur, pâtes aux tomates séchées et au basilic, escalopes de dindon sauce aux canneberges ou dindon de Noël accompagné de risotto au jus de betterave parfumé au girofle (R*).

Château Revelette 2005

COTEAUX D'AIX-EN-PROVENCE, PETER FISCHER, FRANCE

18 $	SAQ S* (10259737)	★★★ $$	Modéré+	BIO

Dans un millésime qui s'est avéré plus difficile pour la Provence, contrairement à la majeure partie de la France qui a été bénie des dieux en 2005, Peter Fischer, dont le travail respecte les grands principes de la biodynamie, a réussi à faire parler ses vignes avec éclat. Vous y dénicherez un rouge d'une grande fraîcheur et d'une pureté unique, au fruité expressif et long, aux tanins extra-fins et au corps modelé et ciselé avec un rare poli. Mérite un coup de chapeau! **Cépages :** 50 % grenache, 30 % syrah, 20 % cabernet sauvignon. **Alc./**13 % **www.revelette.fr**

☛ *Servir entre 2007 et 2011, à 17 °C*

 Fricassée de porc aux poivrons rouges confits et au paprika, poulet aux olives noires et aux tomates ou pot-au-feu de *L'Express* (C*).

Château de Gourgazaud Réserve 2004

MINERVOIS LA LIVINIÈRE, CHÂTEAU DE GOURGAZAUD, FRANCE

18,25 $	SAQ S* (972646)	★★★ $$	Modéré+

D'un velouté de texture sensuel en 2003, cette Réserve fait place en 2004 à une texture satinée et fraîche au possible, comme le sont d'ailleurs de nombreux rouges languedociens de ce millésime. Donc, un 2004 au nez méditerranéen, s'exprimant en mode fraîcheur, exhalant ainsi des notes de lavande, de romarin et de fraise des champs, à la bouche à la fois ample et suave, aux tanins d'une extrême finesse, aux saveurs longues et subtiles, sans esbroufe. Une retenue française signe cette belle réussite. **Cépages :** syrah, mourvèdre. **Alc./**13,5 % www.gourgazaud.com

☛ *Servir entre 2007 et 2012, à 17 °C et oxygéné en carafe 15 minutes*

 Médaillons de porc à la pommade d'olives noires (olives noires dénoyautées et huile d'olive passées au robot), brochettes d'agneau grillées à l'ajowan ou gigot d'agneau aux herbes séchées (thym, romarin et origan).

Château Cailleteau Bergeron 2005
PREMIÈRES-CÔTES-DE-BLAYE, DARTIER ET FILS, FRANCE

18,30 $	SAQ S* (919373)	★★★ $$	Corsé

À chaque arrivage, ce vin disparaît des tablettes à la vitesse de l'éclair. Il faut dire que le profil moderne aux accents « nouveaux-mondistes » créé une grande attraction chez les nouveaux consommateurs. Quoi qu'il en soit, ce 2005 se montre toujours aussi percutant, avec une certaine réserve de jeunesse qu'un bon gros coup de carafe délie avec justesse. De la couleur, du fruit, des épices douces, un boisé fin, des tanins charnus et serrés, une acidité fraîche et des saveurs longues et précises, laissant des traces de cassis, de mûre et d'épices douces. Voilà à quoi vous convie cette excellente aubaine bordelaise. **Cépages :** 80 % merlot, 15 % cabernet sauvignon, 5 % malbec. **Alc./**13,5 %
www.cailleteau-bergeron.com

☛ *Servir entre 2007 et 2012, à 17 °C et oxygéné (fortement) en carafe 45 minutes*

 Carré d'agneau au poivre vert et à la cannelle ou hamburgers d'agneau aux poivrons rouges confits et au paprika.

Bergerie de l'Hortus 2005

COTEAUX-DU-LANGUEDOC PIC SAINT-LOUP, JEAN ORLIAC, FRANCE

18,35 $	SAQ C (427518)	★★★ $$	Modéré+

 Cette cuvée renommée se montre meilleure que jamais. De la couleur, du fruit à revendre, de la fraîcheur, de l'élégance, des tanins fins, des saveurs fraîches et persistantes à souhait (lavande, olive noire, fraise et violette). Mérite amplement d'être saluée à nouveau. Il faut savoir que les différents vins du Domaine de l'Hortus (voir commentaire de la Grande Cuvée) ont connu d'excellentes réussites au fil des douze éditions de *La Sélection Chartier*, ce qui a fait de ce domaine l'un des languedociens les plus appréciés sur le marché québécois. **Cépages :** 60 % syrah, 30 % grenache, 10 % mourvèdre. **Alc./**13,5 %
www.vignobles-orliac.com

☛ *Servir entre 2007 et 2011, à 16 °C*

 Tartinades d'olives noires (olives noires dénoyautées, graines de fenouil, zestes d'orange et huile d'olive passées au robot), pâtes aux olives noires (C*), côte de veau marinée aux herbes (R*), poulet à la ratatouille (R*), cuisses de poulet aux olives noires et aux tomates confites ou foie de veau à l'estragon.

Monasterio de Las Viñas Gran Reserva 2001

CARIÑENA, GRANDES VINOS Y VIÑEDOS, ESPAGNE *(DISP. OCT. 07)*

18,45 $ SAQ S* (10359156)   ★★★?☆ $$ Corsé

Ce 2001 a pris la relève de l'excellent 1996 (salué dans *La Sélection 2007*) qui l'a précédé avec le succès que l'on sait. Il en résulte un 2001 plus compact et plus ramassé que le 1996. La robe est passablement colorée. Le nez, discret au premier abord, se montre plus complexe et détaillé après oxygénation en carafe, dévoilant des effluves de havane, de cerise noire et de muscade, très légèrement boisés. La bouche, telle qu'annoncée, est d'une certaine densité, aux tanins enveloppés dans une gangue moelleuse, qui exposera son velouté de texture dans une année ou deux. Du fruit, du cacao, de la vanille et des épices douces, dans un ensemble nourri, offert à un prix plus que doux. **Cépages :** 50 % garnacha, 30 % tempranillo, 20 % mazuelo. **Alc./**13 % www.grandesvinos.com

☞ *Servir entre 2007 et 2014, à 17 °C et oxygéné en carafe 45 minutes*

 Ragoût de bœuf à la bière et polenta crémeuse aux oignons caramélisés ou tajine de ragoût d'agneau aux cinq-épices et aux oignons cipollini caramélisés.

Monte Ducay Grand Reserva 2000

CARIÑENA, BODEGAS SAN VALERO, ESPAGNE

18,50 $ SAQ S* (10472888)   ★★★ $$ Corsé

Un 2000 plus ramassé et plus compact que ne l'était le précédent 1998, salué en primeur parmi les nouveautés de *La Sélection 2007*. Donc, un espagnol sur le fruit, un brin torréfié, aux tanins fins, au corps ample et charnu, à l'acidité discrète et aux saveurs longues et expressives. Il devrait donner sa pleine mesure dans deux à trois ans. Ce vin provient des mêmes *bodegas* qui élaborent le réputé et très abordable Castillo de Monseran (aussi commenté). **Cépages :** tempranillo, cabernet sauvignon, garnacha. **Alc./**13 % www.sanvalero.com

☞ *Servir entre 2008 et 2013, à 17 °C et oxygéné en carafe 30 minutes*

 Osso buco au fenouil et gremolata ou steak de saumon au café noir et aux cinq-épices chinoises (C*).

Château Coupe-Roses « Les Plots » 2005

MINERVOIS, FRANÇOISE FRISSANT-LE CALVEZ ET PASCAL FRISSANT, FRANCE

18,55 $ SAQ S* (914275)   ★★★ $$ Corsé

Domaine phare de l'appellation, Coupe-Roses s'est taillé une belle réputation au Québec au fil des douze ans de *La Sélection Chartier*. En 2005, millésime de qualité s'il en est un, grâce à une constante dynamisation du sol, les différents ceps ont donné le meilleur d'eux-mêmes. Pour preuve, cette cuvée à la fois extravertie et marquée par une certaine retenue française, lui procurant ainsi fraîcheur et harmonie d'ensemble. Du fruit, de l'ampleur, des tanins tissés serrés, une acidité naturellement fraîche, et des saveurs longues et expressives, laissant des traces de fraise et de macis. **Cépages :** 60 % syrah, 25 % grenache, 15 % carignan. **Alc./**13 % www.coupe-roses.com

☞ *Servir entre 2007 et 2012, à 17 °C et oxygéné en carafe 30 minutes*

 Magret de canard grillé parfumé de baies roses.

Nero d'Avola/Syrah Benuara Cusumano 2005

SICILIA, CUSUMANO, ITALIE

18,55 $	SAQ S (10539915)	★★★ $$	Corsé

■ **NOUVEAUTÉ!** Robe soutenue. Nez confit et très engageant. Bouche généreuse, joufflue et gourmande, aux tanins présents, mais bien enveloppés par une chair dodue. Véritable aubaine sicilienne, découverte via le magazine *Cellier* de l'automne 2006, qui était de retour en septembre 2007. **Cépages :** nero d'avola, syrah. **Alc./**14 %

☞ *Servir entre 2007 et 2010 et oxygéné en carafe 5 minutes*

Bifteck à la pommade d'olives noires (olives noires dénoyautées et huile d'olive passées au robot), bœuf bourguignon et polenta ou hamburgers d'agneau aux poivrons rouges confits et au paprika.

Gran Feudo Reserva 2001

NAVARRA, BODEGAS JULIAN CHIVITE, ESPAGNE

18,60 $	SAQ S (10532502)	★★★?☆ $$	Modéré+

■ **NOUVEAUTÉ!** Le retour d'un classique espagnol, réussi avec brio dans ce millésime 2001. Vous y dénicherez un rouge aromatique à souhait, détaillé et passablement riche, exhalant des notes de café, de cacao, de confiture de framboises et d'épices douces, jouant dans la sphère du girofle. La bouche suit avec fraîcheur et ampleur, dévoilant des tanins très tendres, ainsi que des saveurs persistantes. Un régal dès maintenant. **Cépages :** 80 % tempranillo, 20 % cabernet sauvignon, merlot. **Alc./**12,5 % **www.bodegaschivite.com**

☞ *Servir entre 2007 et 2011, à 17 °C*

Steak de saumon au café noir et aux cinq-épices chinoises (C*), cailles laquées au miel et aux cinq-épices (R*) ou poulet rôti au sésame et aux cinq-épices. Fromage : camembert aux clous de girofle (préalablement macérés quelques jours au centre du fromage).

Merlot Principi di Butera 2004

SICILIA, FEUDO PRINCIPI DI BUTERA, ITALIE

18,80 $	SAQ S* (10675554)	★★★ $$	Corsé

Un merlot typiquement sicilien, très peu végétal, aromatique, frais, tout en étant marqué par des notes de fruits confits, de cacao et de torréfaction, à la bouche à la fois ronde et fraîche, ample et texturée, sans être pleine, mais tout à fait expressive et longue, laissant apprécier des saveurs de café, de griotte et de noisette. Un régal à bon prix. **Cépage :** merlot. **Alc./**13 % **www.feudobutera.it**

☞ *Servir entre 2007 et 2010, à 17 °C*

Brochettes de poulet aux champignons portobello, côtelettes de porc aux poivrons rouges confits épicés, filet de porc au café noir (voir Filets de bœuf au café noir) (C*), foie de veau à la vénitienne et polenta crémeuse au parmigiano (C*) ou hachis Parmentier au canard.

Château Montauriol « Mons Auréolus » 2004

FRONTON, NICOLAS GELIS, FRANCE

18,85 $	SAQ S* (851295)	★★★?☆ $$	Corsé

En peaufinant son travail dans les vignes, ainsi que l'élevage en cuves inox, sur lies avec micro-oxygénation, ou en barriques (ce qui est le cas de celui-ci qui a séjourné douze mois en fûts neufs),

Nicolas Gélis a atteint un sommet depuis 2000 quant à la finesse de grain des tanins ainsi qu'au velouté de texture de ses vins. Pour preuve, cette superbe cuvée de Fronton, née du grand millésime 2004 – du moins pour cette appellation –, richement colorée, très aromatique, aux notes riches et fraîches de fruits noirs et de torréfaction, à la bouche pleine, dense et sphérique, mais avec une belle fraîcheur et une certaine retenue française qui tendent l'ensemble. Les tanins ont du grain et les saveurs, de l'allonge. Surclasse bien des bordeaux vendus beaucoup plus cher. **Cépages :** 50 % cabernet sauvignon, 25 % négrette, 25 % syrah. **Alc./**13,5 % **www.chateau-montauriol.com**

☞ *Servir entre 2007 et 2014, à 17 °C et oxygéné en carafe 15 minutes*

 Méchoui d'agneau aux épices ou filets de bœuf au concassé de poivre et patates douces rôties au romarin.

Marcarini « Fontanazza » 2005

DOLCETTO D'ALBA, PODERI MARCARINI, ITALIE *(DISP. OCT./NOV. 07)*

19,05 $	SAQ **S** (898387)	★★★ **$$**	Modéré+

Un dolcetto 2005, charmeur comme il se doit, sur le fruit, en mode jeunesse et fraîcheur, aux tanins fins, qui ont du grain, à l'acidité soutenue, sans trop, et au corps longiligne. Un vin de plaisir immédiat, non dénué de profondeur. Les plats en sauce à la tomate n'ont qu'à bien se tenir! **Cépage :** dolcetto. **Alc./**12,5 % **www.marcarini.it**

☞ *Servir entre 2007 et 2011, à 16 °C*

 Focaccia au pesto de tomates séchées, salade de pâtes à la méditerranéenne (tomates cerises, olives noires, feta, aneth), pizza au poulet et au pesto de tomates séchées, pâtes aux saucisses italiennes et à la tomate, chili con carne ou bœuf braisé au jus de carotte (R*).

Château du Grand Caumont « Impatience » 2004

CORBIÈRES, FAMILLE RIGAL, FRANCE

19,20 $	SAQ S* (978189)	★★★ **$$**	Corsé

Le rouge sur mesure pour saisir les parfums de garrigue des vins du Midi, ainsi que le potentiel élevé des terroirs de la zone d'appellation Corbières. Couleur, richesse aromatique, détail, complexité, charme, ampleur, texture et profondeur, voilà un vin à la fois sérieux et on ne peut plus plaisant à boire actuellement. Thym, romarin, lavande, confiture de fraises et poivre participent à l'enchantement. **Cépages :** 45 % carignan (vieilles vignes), 45 % syrah, 10 % grenache. **Alc./**13 % **www.grandcaumont.com**

☞ *Servir entre 2007 et 2010, à 17 °C*

 Brochettes d'agneau grillées à l'ajowan, carré d'agneau marocain et provençal (avec feuilles de menthe, poivre de Cayenne, piment doux, paprika, cumin, romarin frais, thym, ail et moutarde de Dijon) ou brochettes de bœuf à la pommade de menthe fraîche, poivre concassé et vinaigre balsamique.

Le Roc « Cuvée Don Quichotte » 2004

FRONTON, FAMILLE RIBES, FRANCE

19,35 $	SAQ S (10675327)	★★★ **$$**	Corsé+

■ NOUVEAUTÉ! Originale et décoiffante référence de Fronton, zone d'appellation située juste au nord de Toulouse, d'une couleur soutenue, d'un nez époustouflant et passablement riche de fruits noirs, de poivre, d'olive noire et de garrigue, d'une bouche à la fois très fraîche et tannique, ferme et élancée, au corps longiligne et aux saveurs très fraîches. Les amateurs de vins à l'accent méditerranéen marqué seront comblés. **Cépages :** 60 % négrette, 40 % syrah. **Alc./**13 %

☛ *Servir entre 2007 et 2012, à 17 °C*

 Brochettes de bœuf marinées aux herbes de Provence ou filets de bœuf à la pommade d'olives noires (olives noires dénoyautées et huile d'olive passées au robot).

Château Signac « Cuvée Combe d'Enfer »
2004

CÔTES-DU-RHÔNE VILLAGES CHUSCLAN, CHÂTEAU SIGNAC, FRANCE

19,45 $	SAQ S (917823)	★★★?☆ $$	Corsé	BIO

Incroyable aubaine, ultra-colorée, parfumée à souhait, avec pureté et précision, sans esbroufe, à la bouche compacte, serrée et persistante, aux saveurs expressives de fruits rouges et noirs, ainsi que de café. Évoluera en beauté. Élaborée par Alain Dugas, l'homme derrière le succès des grands châteauneuf-du-pape du Château La Nerthe, cette cuvée est issue de raisins provenant de la culture biologique, pratiquée sur un terroir d'exception composé de sols caillouteux, rappelant ceux de la prestigieuse appellation papale. **Cépages :** 45 % syrah, 30 % grenache, 15 % cinsault, 10 % mourvèdre + carignan + counoise. **Alc./**13,5 % www.chateau-signac.com

☛ *Servir entre 2007 et 2013, à 17 °C et oxygéné en carafe 30 minutes*

 Filets de bœuf au café noir (C*) ou gigot d'agneau à l'ail et au romarin.

Tuffeau 2005

BOURGUEIL, CHRISTOPHE CHASLE ET HERVÉ MÉNARD, FRANCE

19,45 $	SAQ S* (872481)	★★☆?☆ $$	Modéré+	BIO

Un nième 2005 européen des plus réussis et on ne peut plus avantageux pour son prix. Vous y dénicherez un cabernet franc coloré et violacé, fin et passablement riche, requérant un bon coup de carafe pour détailler sa complexité aromatique, qui va du cassis à la violette, en passant par le poivre blanc, frais et tendu, expressif et savoureux, aux tanins qui ont du grain, mais avec retenue. Déjà agréable, il évoluera avec panache. L'une des belles réussites des derniers millésimes de cette désormais recherchée cuvée. **Cépage :** cabernet franc. **Alc./**13 %

☛ *Servir entre 2007 et 2013, à 16 °C et oxygéné en carafe 15 minutes*

 Hamburgers d'agneau aux poivrons rouges confits et au curcuma, steak de saumon au café noir et aux cinq-épices chinoises (C*) ou rôti de porc aux graines de coriandre.

Campofiorin Masi « Ripasso » 2004

ROSSO DEL VERONESE, MASI, ITALIE

19,55 $	SAQ C (155051)	★★★ $$	Modéré+

Présent au Québec depuis plus de 25 ans, le Campofiorin de Masi – élaboré, faut-il le rappeler, avec une refermentation de jeune vin dans lequel on a ajouté des raisins semi-séchés, de même origine –

représente aujourd'hui des ventes annuelles de 40 000 caisses, ce qui est tout un exploit au Québec pour un vin à ce prix. Et avec la qualité du 2004, qui marque la quarantième vendange de ce cru, les ventes ne seront sûrement pas en recul... Très beau, avec du fruit, de l'ampleur, du moelleux, des tanins soyeux et de la persistance, laissant apprécier des saveurs de prune, de confiture de fruits rouges et de café. **Cépages :** 70 % corvina, 25 % rondinella, 5 % molinara. **Alc./**13 % **www.masi.it**

☛ *Servir entre 2007 et 2014, à 17 °C*

Pâtes aux champignons et fond de veau, escalopes de veau au vin et à la sauge (saltimboca alla romagna), médaillons de veau aux bleuets ou foie de veau aux betteraves confites (avec oignons rouges et vinaigre balsamique).

Graciano Ijalba « Crianza » 2004

RIOJA, VIÑA IJALBA, ESPAGNE

19,65 $	SAQ S (10360261)	★★★ $$	Corsé	BIO

Coup de cœur de l'édition précédente, avec son 2003 – une erreur de mise en page finale m'avait d'ailleurs fait dire que ce vin était à base de tempranillo, et pourtant sa singularité qui m'avait happé était justement exprimée par le graciano, cépage unique dans sa composition...–, le Graciano Ijalba récidive avec un 2004, né d'un grand millésime espagnol, peut-être même plus harmonieux que le 2005. Vous y dénicherez à nouveau un rouge qui offre le meilleur des deux mondes, c'est-à-dire la richesse solaire du Nouveau Monde et la fraîcheur du vieux continent. De la couleur, de l'expression, marquée par des fleurs, du bleuet et de la grenadine, des tanins fins mais serrés, du fruit à revendre, mais de la fraîcheur et de l'élan. Un régal! Après la dernière commande de 650 caisses, prévue pour la fin novembre 2007, nous passerons, en début d'année 2008, au 2005 (aussi commenté « en primeur »). **Cépage :** 100 % graciano. **Alc./**13 % **www.ijalba.com**

☛ *Servir entre 2007 et 2013, à 17 °C et oxygéné en carafe 5 minutes*

Carré d'agneau à la gremolata, filets de bœuf grillés et sauté de poivrons rouges au curcuma ou rôti de bœuf au vin rouge.

Nerola 2004

CATALUNYA, MIGUEL TORRES, ESPAGNE

19,75 $	SAQ S (10359252)	★★★?☆ $$	Corsé

■ NOUVEAUTÉ! Une ixième réussite catalane à ne pas manquer. Forte coloration. Riches effluves de fruits noirs, de graphite et de torréfaction, d'une belle définition. Bonne amplitude en bouche, aux tanins mûrs et presque tendres, à l'acidité discrète et à la texture enveloppante, quasi épaisse. Du coffre, dans un ensemble nourri et prenant, élaboré avec doigté. **Cépages :** syrah, monastrell. **Alc./**13,5 % **www.torreswines.com**

☛ *Servir entre 2007 et 2012, à 17 °C*

Carré d'agneau au poivre vert et à la cannelle, braisé de bœuf à l'anis étoilé ou filets de bœuf au concassé de poivre et patates douces rôties au romarin.

Benjamin Brunel « Rasteau » 2005

CÔTES-DU-RHÔNE VILLAGES, CHÂTEAU DE LA GARDINE, FRANCE

19,80 $	SAQ C (123778)	★★★ $$	Corsé

Comme toujours, les Brunel ont réussi un rhône « villages » coloré, aromatique, détaillé, aux notes de fruits noirs et de lard fumé, à la bouche à la fois ferme et ample, juteuse et compacte, presque longiligne, mais avec éclat et persistance, ce qui est rare chez les rouges de Rasteau offerts sous la barre des vingt dollars. **Cépages :** 75 % grenache, 20 % syrah, 5 % cinsaut. **Alc./**13,5 % **www.benjaminbrunel.com**

☛ *Servir entre 2007 et 2012, à 17 °C et oxygéné en carafe 15 minutes*

 Filets de bœuf grillés et sauté de poivrons rouges au curcuma ou médaillons de porc à la pommade d'olives noires (olives noires dénoyautées et huile d'olive passées au robot).

Château de Pierreux 2006

BROUILLY, DOMAINES BOISSET, FRANCE

19,85 $	SAQ S (10754421)	★★☆?☆ $$	Corsé

Un grand cru du Beaujolais coloré, au fruité mûr et passablement riche, à la bouche généreuse, charnue et tannique, étonnamment soutenue et ferme, aux saveurs longues et précises de fruits rouges et de pivoine. Évoluera en beauté, en offrant un plus grand moelleux. **Cépage :** gamay. **Alc./**13 % **www.boisset.fr**

☛ *Servir entre 2007 et 2012, à 16 °C et oxygéné en carafe 15 minutes*

 Pizza aux tomates séchées et fromage de chèvre, brochettes de poulet teriyaki, poitrines de poulet farcies au chèvre et aux poivrons rouges ou saumon grillé beurré de pesto de tomates séchées.

Bendicò Mandrarossa 2003

ROSSO DI SICILIA, CANTINE SETTESOLI, ITALIE *(DISP. OCT./NOV. 07)*

19,95 $	SAQ S (10542575)	★★★ $$	Corsé

■ NOUVEAUTÉ! Ce nouveau cru – qui avait fait une première apparition éclair en novembre 2006 via le magazine *Cellier* – est l'un des vins haut de gamme de la grande et excellente cave Settesoli, dont les vins de l'avantageuse série Inycon (voir les commentaires Nero d'Avola, Merlot et Fiano) connaissent un succès important tant au Québec qu'en Grande-Bretagne et en Asie. Il en résulte un assemblage, élevé en barriques françaises, d'une belle profondeur et d'une certaine richesse et densité de matière, tout en demeurant frais et presque moelleux. De longues saveurs de fruits confits, d'épices, de cuir et de torréfaction font de lui un sérieux concurrent chez les meilleurs rapports qualité-prix italiens offerts à ce prix – on n'est pas loin de trois étoiles et demie... **Cépages :** 50 % nero d'avola, 40 % merlot, 10 % syrah. **Alc./**14,5 % **www.cantinesettesoli.it**

☛ *Servir entre 2007 et 2011, à 17 °C*

 Brochettes de bœuf au café noir (voir Filets de bœuf au café noir) (C*) ou osso buco.

Gran Coronas Reserva 2003

PENEDÈS, MIGUEL TORRES, ESPAGNE

19,95 $	SAQ C (036483)	★★★ $$		Corsé

Dans la fournaise climatique qu'a été 2003, ce grand classique espagnol se montre étonnamment harmonieux et fort réussi. Vous y trouverez un rouge coloré, au nez profondément fruité, tout en étant frais, sans boisé apparent, à la bouche charnue, dense et compacte, offrant une belle matière, des tanins serrés, qui ont du grain, et des saveurs longues et précises, rappelant la prune, le café et le poivre blanc. **Cépages :** 85 % cabernet sauvignon, 15 % tempranillo. **Alc./**13,5 %
www.torreswines.com

☞ *Servir entre 2007 et 2014, à 17 °C et oxygéné en carafe 15 minutes*

 Filet de porc au café noir (voir Filets de bœuf au café noir) (C*) ou carré d'agneau marocain et provençal (avec feuilles de menthe, poivre de Cayenne, piment doux, paprika, cumin, romarin frais, thym, ail et moutarde de Dijon).

Château Bujan 2005

CÔTES-DE-BOURG, PASCAL MELI, FRANCE *(DISP. AUTOMNE 07)*

20,05 $	SAQ S (862086)	★★★?☆ $$	Corsé	BIO

Plus de 1 000 caisses étaient attendues, en deux arrivages, au courant de l'automne 2007 et de l'hiver 2008. Ce qui devrait sustenter les amateurs québécois de bordeaux d'un excellent rapport qualité-prix. Ils y trouveront un 2005 riche, parfumé et élégant, aux notes complexes de violette, de cassis et de graphite, à la bouche charnue, pleine, au grain serré, mais aux tanins mûrs à point, enveloppés par des saveurs amples et persistantes à souhait. Du très beau bordeaux qui pourrait détrôner quelques crus offerts à prix beaucoup plus fort... **Cépages :** 65 % merlot, 20 % cabernet sauvignon, 10 % malbec, 5 % cabernet franc. **Alc./**13,5 %
www.chateau-bujan.com

☞ *Servir entre 2007 et 2015, à 17 °C et oxygéné en carafe 30 minutes*

Côtelettes d'agneau grillées à la nigelle ou filets de bœuf au café noir (C*).

Château de Roquefort « Les Mûres » 2005

CÔTES-DE-PROVENCE, RAYMOND DE VILLENEUVE, FRANCE *(DISP. NOV./DÉC. 07)*

20,35 $	SAQ S* (868687)	★★★ $$	Modéré+	BIO

Après un bon gros coup de carafe, vous retrouverez l'esprit de cette cuvée devenue l'une des références absolues chez les rouges provençaux offerts sous la barre des trente dollars. Sans oublier qu'elle fera mentir ceux qui ont écrit qu'il fallait éviter les rouges de Provence en 2005... Pureté, expression, verticalité, détail, subtilité, fraîcheur, voilà des synonymes qui dessinent assez bien cette réussite, auxquels s'ajoutent des saveurs de poivre blanc, d'olive noire et de lavande. Certes pas la grande concentration des années solaires, mais à nouveau un modèle unique chez les vins nés sous le soleil du Midi. **Cépages :** 40 % grenache, 20 % carignan, 20 % syrah, 10 % cinsault, 5 % mourvèdre, 5 % cabernet sauvignon et cabernet franc. **Alc./**13 %

☛ *Servir entre 2007 et 2011, à 17 °C et oxygéné (fortement) en carafe 15 minutes*

 Tartinades d'olives noires (olives noires dénoyautées, graines de fenouil, zestes d'orange et huile d'olive passées au robot), médaillons de porc à la pommade d'olives noires (olives noires dénoyautées et huile d'olive passées au robot) ou poulet aux olives noires et aux tomates.

Le Régal du Loup 2005 ♥

MINERVOIS, VIGNOBLE DU LOUP BLANC, FRANCE

20,50 $	SAQ S (10405010)	★★★?☆ $$		Corsé	BIO

 Après un sphérique et gourmand 2003, ainsi qu'un plus fin et moins généreux 2004, les propriétaires du bistro montréalais *Le Continental* – qui, malgré l'incendie de juillet, a rouvert ses portes, temporairement, dans un autre lieu (**www.lecontinental.ca**) –, aussi fondateurs de ce domaine, nous présentent le troisième millésime de l'une de leurs trois cuvées de rouge. Il en résulte un Régal 2005 plus racé et plus vertical, projetant ainsi sa fraîcheur et ses saveurs de fruits rouges et noirs vers le futur. Donc, un vin pur et précis, plus défini que les précédents, et plus longiligne et ramassé. Du fruit, de la fraîcheur et de l'élan, des tanins très serrés et réglissés, mais avec finesse, pour un vin qui se donnera pleinement dans deux ou trois ans. Comme tous les vins élaborés par ce domaine franco-québécois, le SO_2 n'est utilisé qu'en infime quantité. Rares sont les aussi jeunes domaines à réussir à capter l'esprit des lieux avec autant de brio. **Cépages :** 50 % carignan, 30 % grenache, 20 % syrah. **Alc./**13,5 % **www.vignobleduloupblanc.com**

☛ *Servir entre 2009 et 2015, à 17 °C et oxygéné (fortement) en carafe 15 minutes*

 Magret de canard rôti à la nigelle ou brochettes d'agneau à l'ajowan.

Quinta de la Rosa 2004

DOURO, QUINTA DE LA ROSA VINHOS, PORTUGAL

20,55 $	SAQ S (928473)	★★★ $$	Corsé

Cette *quinta* de référence récidive avec un 2004 d'une finesse exquise, au nez certes discret, mais qui se révèle après un passage en carafe, ainsi qu'aux tanins tissés serrés, élégants, tout en étant présents, au corps modéré, presque riche, et aux saveurs fraîches, égrainant des notes de poivre, de suie et de fruits rouges. Un modèle d'harmonie qui plaira plus que jamais aux amateurs de vins français. **Cépages :** tinta roriz, touriga nacional, touriga franca et tinta barroca. **Alc./**14,5 % **www.quintadelarosa.com**

☛ *Servir entre 2007 et 2012, à 17 °C et oxygéné (fortement) en carafe 15 minutes*

Brochettes d'agneau grillées à l'ajowan ou gigot d'agneau aux herbes séchées (thym, romarin et origan).

Ijalba Reserva 2001

RIOJA, VIÑA IJALBA, ESPAGNE

20,60 $	SAQ S* (478743)	★★★ $$		Corsé	BIO

Belle réussite que ce *Reserva* 2001 – dont une dernière commande était attendue fin novembre 2007 –, qui sera suivi du 2003 (commenté en primeur dans le Répertoire). Un vin ramassé, sur le fruit, sans fard, aux tanins présents mais bien ciselés, au corps plein mais frais, et aux saveurs persistantes de fraise, de cassis et de poivre blanc. Pas de bois à l'horizon. Évoluera admirablement bien. **Cépages :** 80 % tempranillo, 20 % graciano. **Alc./**13 % www.ijalba.com

☛ *Servir entre 2007 et 2013, à 17 °C et oxygéné en carafe 15 minutes*

 Côtelettes et tranches d'épaule d'agneau grillées au poivre noir, accompagnées de poivrons verts et rouges sautés à l'huile d'olive et au paprika, brochettes de bœuf et de foie de veau aux poivrons rouges confits ou boudin noir et poivrons rouges confits.

Syrah Viñas del Vero « Las Tanteras » 2005

SOMONTANO, VIÑAS DEL VERO, ESPAGNE

20,70 $	SAQ S (10468539)	★★★ $$	Corsé

■ NOUVEAUTÉ! Une syrah du nord de l'Espagne, provenant du domaine Las Tanteras, qui se montre fort attrayante, colorée à souhait, aromatique, passablement riche et fraîche, aux tanins mûrs, qui ont du grain, au corps généreux, sans trop, bien équilibré par une fraîche acidité, laissant apprécier de longues saveurs de fruits rouges et d'épices douces. **Cépage :** syrah. **Alc./**13 % www.vinasdelvero.es

☛ *Servir entre 2007 et 2012, à 17 °C et oxygéné en carafe 15 minutes*

 Filets de bœuf au concassé de poivre et patates douces rôties au romarin ou gigot d'agneau au vin rouge et aux herbes.

Cabernet Fazio 2002

SICILIA, CASA VINICOLA FAZIO WINES, ITALIE

20,75 $	SAQ S (741561)	★★★ $$	Puissant

Si vous appréciez les cabernets australiens, fortement colorés, richement aromatiques, pleins, denses et juteux, vous serez en terrain connu avec ce sicilien qui est presque une copie conforme des « cabs » australs. Par contre, attendez-vous à ressentir des tanins plus virils, d'une fermeté bien européenne. Fruits noirs confits et réglisse participent au cocktail. **Cépage :** cabernet sauvignon. **Alc./**14 % www.faziowines.it

☛ *Servir entre 2007 et 2010, à 17 °C*

Filets de bœuf au concassé de poivre et patates douces rôties au romarin ou carré d'agneau au poivre vert et à la cannelle.

Ortas Tradition « Prestige » 2004

CÔTES-DU-RHÔNE VILLAGES, CAVE DE RASTEAU, FRANCE

20,75 $	SAQ S* (952705)	★★★?☆ $$	Corsé

Un rasteau réussi en 2004, à la robe très colorée, au nez concentré mais non dénué d'élégance, sans boisé apparent, à la bouche à la fois pleine, ample et ramassée, aux tanins serrés, d'une étonnante finesse, et aux saveurs expansives, s'exprimant par des tonalités de bleuet, de mûre, de violette et de café. Du beau rhône, à bon prix, et qui évoluera en beauté. **Cépages :** 70 % grenache, 20 % syrah, 10 % mourvèdre. **Alc./**14 % www.rasteau.com

☞ *Servir entre 2007 et 2012, à 17 °C et oxygéné en carafe 15 minutes*

 Médaillons de porc à la pommade d'olives noires (olives noires dénoyautées et huile d'olive passées au robot), daube de bœuf aux olives noires ou carré de porc aux tomates séchées.

Domaine d'Aupilhac 2004

COTEAUX-DU-LANGUEDOC MONTPEYROUX, DOMAINE SYLVAIN FADAT, FRANCE

20,85 $	SAQ S (856070)	★★★☆ $$	Corsé	BIO

Le 2004, qui a fait l'objet d'un second arrivage à la fin de l'été 2007, du Montpeyroux de d'Aupilhac est une grande réussite. Meilleur que jamais, c'est un vin complet, à la fois fin et séveux, plein et raffiné, au fruité d'une maturité parfaite. Difficile de trouver à ce prix un vin aussi profond et aussi marqué par son origine. À ranger parmi le Top 10 des meilleurs rapports qualité-prix de l'heure à nous provenir du Languedoc. **Cépages :** 30 % mourvèdre, 25 % carignan, 25 % syrah, 16 % grenache et 4 % cinsaut. **Alc./**13,5 % www.aupilhac.com

☞ *Servir entre 2007 et 2016, à 17 °C et oxygéné en carafe 1 heure*

 Filets de bœuf marinés et poêlée de champignons sauvages ou jarret d'agneau confit et lentilles du Puy au jus d'agneau.

Quinta do Infantado 2004

DOURO, QUINTA DO INFANTADO, PORTUGAL

20,90 $	SAQ S (10371761)	★★★☆ $$	Corsé

Cette *quinta*, qui élabore de remarquables portos (aussi commentés), propose plus que jamais un vin rouge de style moderne, très coloré, au nez puissant et boisé, presque australien d'approche, surmaturité de fruit en moins, et c'est tant mieux (!), à la bouche à la fois juteuse et tannique, ample et ramassée, aux tanins fermes mais sans excès, et aux saveurs longues et prenantes. **Cépages :** 70 % touriga nacional, touriga franca et tinta roriz + 30 % d'un assemblage d'une quinzaine de cépages, de vieilles vignes, plantés en foule. **Alc./**13 % www.quintadoinfantado.pt

☞ *Servir entre 2007 et 2014, à 17 °C*

 Carré d'agneau au poivre vert et à la cannelle, ragoût d'agneau aux quatre-épices (poivre, muscade, gingembre en poudre et clou de girofle) ou braisé de bœuf à l'anis étoilé.

Celeste 2004

RIBERA DEL DUERO, MIGUEL TORRES, ESPAGNE

20,95 $	SAQ S* (10461679)	★★★?☆ $$	Corsé+

■ NOUVEAUTÉ! Deuxième millésime – le 2003 a été commenté en primeur dans *La Sélection 2007* – à nous parvenir de cette nouvelle aventure de la famille Torres dans la zone de production Ribera del Duero. Dégusté en primeur lors d'une visite au domaine familial, en avril 2007, puis à nouveau goûté lors de son arrivée au Québec en août de la même année, Celeste 2004 se montre très coloré et violacé, richement aromatique et profondément fruité, aux notes très gourmandes de fumée et de lardon, à la bouche pleine, généreuse et concentrée, aux tanins mûrs et enveloppés, et au corps texturé, tout en étant tendu par une trame tannique serrée. On ne peut plus dans la mouvance du Pesquera (aussi commenté), figure emblématique de la même appellation. **Cépage :** tempranillo. **Alc./**14,5 % www.torreswines.com

☛ *Servir entre 2007 et 2014, à 17 °C*

 Filets de bœuf marinés sauce balsamique et poêlée de champignons sauvages, magret de canard rôti à la nigelle ou jarret d'agneau confit.

Viña Pedrosa 2004

RIBERA DEL DUERO, BODEGAS HNOS. PÉREZ PASCUAS, ESPAGNE

21,05 $	SAQ S* (10459843) ★★★ $$	Corsé

■ NOUVEAUTÉ! De la couleur, du nez, une certaine richesse, du fruit et de la torréfaction, ainsi que de l'ampleur, sans trop, de la fermeté et de la fraîcheur, voilà un ribera del duero on ne peut plus classique des vins de cette appellation qui a le vent dans les voiles. Fruits noirs, épices douces, café et vanille donnent le ton tant au niveau aromatique qu'en bouche. Dans la mouvance du Pesquera. **Cépage :** tempranillo. **Alc./**14 % www.perezpascuas.com

☛ *Servir entre 2007 et 2013, à 17 °C et oxygéné en carafe 15 minutes*

 Carré d'agneau à la gremolata ou bifteck à la pommade d'olives noires (olives noires dénoyautées et huile d'olive passées au robot).

Château Lamargue « Cuvée Aegidiane » ♥ 2003

COSTIÈRES-DE-NÎMES, DOMAINE DE LAMARQUE, FRANCE *(DE RETOUR NOV. 07)*

21,10 $	SAQ S* (10678923) ★★★☆ $$	Corsé

■ NOUVEAUTÉ! Chaque nouvel arrivage de cette vedette de l'heure des vignobles de Nîmes fait l'objet d'une vente à la vitesse grand V. Donc, soyez vigilant, car il devrait y avoir quelques arrivages de ce 2003 d'ici avril 2008. Vous y dénicherez un rouge au nez engageant au possible, passablement riche et profond, aux tonalités de girofle, de poivre et de fruits noirs, au boisé modéré, à la bouche à la fois ample et compacte, pleine et dense, aux tanins mûrs à point, au grain serré mais presque velouté, et aux saveurs d'une grande allonge. Du beau travail, offert à bon prix. **Cépages :** 80 % syrah, 20 % grenache. **Alc./**14 % www.chateaudelamarque.com

☛ *Servir entre 2007 et 2015, à 17 °C et oxygéné en carafe 30 minutes*

 Braisé de bœuf à l'anis étoilé, tajine de ragoût d'agneau aux cinq-épices et aux oignons cipollini caramélisés ou pot-au-feu d'agneau au thé et aux épices (anis étoilé, réglisse, cannelle, grains de cardamome, girofle et feuilles de thé noir).

Château de Pic 2003 ♥

PREMIÈRES-CÔTES-DE-BORDEAUX, DOMAINE MASSON-REGNAULT, FRANCE

21,15 $	SAQ S* (746826) ★★★ $$	Modéré+

Un 2003 coloré, presque classique tant les arômes expriment bien le terroir et l'encépagement bordelais, et ce, malgré le millésime hors normes qu'a été 2003. De la fraîcheur, de l'ampleur et de l'expression, ainsi que des tanins tissés très fins et des saveurs longues, égrainant des notes fraîches de poivron, d'eucalyptus, de poivre et de prune. Une belle réussite qui a le mérite de ne pas s'être laissé gonfler par l'alcool, comme c'est souvent le cas en 2003. **Cépages :** 45 % merlot, 50 % cabernet sauvignon, 5 % cabernet franc. **Alc./**12,5 %

☛ *Servir entre 2007 et 2011, à 17 °C*

 Carré d'agneau et jus au café expresso (C*), côtelettes d'agneau au vin rouge et polenta grillée à l'anis ou *T-bone* grillé aux épices à steak.

Granaxa 2005

MINERVOIS, CHÂTEAU COUPE ROSES, FRANÇOISE FRISSANT-LE CALVEZ ET PASCAL FRISSANT, FRANCE *(DISP. OCT. 07)*

| 21,20 $ | SAQ **S** (862326) | ★★★☆ **$$** | Corsé | BIO |

Magnifique nez aux tonalités aromatiques complexes, rappelant la violette, la prune et la lavande, d'une race et d'une profondeur étonnantes. La bouche suit avec texture, ampleur et fraîcheur, et ce, même malgré les 14 degrés d'alcool. Harmonie d'ensemble, corps étonnamment vaporeux pour le style, finesse des tanins et persistance des saveurs signent cette ixième réussite de ce cru languedocien de haut calibre. Pour de plus amples détails sur cette propriété, voir le commentaire détaillé du 2004 dans *La Sélection 2007*. **Cépages :** 90 % grenache, 10 % syrah. **Alc./**14 % www.coupe-roses.com

☛ *Servir entre 2007 et 2015, à 17 °C*

 Gigot d'agneau aux fleurs de lavande sèches ou médaillons de porc à la pommade d'olives noires (olives noires dénoyautées et huile d'olive passées au robot).

Sierra Cantabria « Crianza » 2003

RIOJA, SIERRA CANTABRIA, ESPAGNE

| 21,20 $ | SAQ S* (741330) | ★★★ **$$** | Corsé |

Un rioja au charme immédiat, un brin boisé, sans trop, au fruité mûr, rappelant les pinots noirs californiens, à la bouche tendre, enveloppante et texturée à souhait. Certes d'approche moderne à la Nouveau Monde, mais drôlement efficace! **Cépage :** tempranillo. **Alc./**13,5 % www.eguren.com

☛ *Servir entre 2007 et 2010, à 17 °C*

 Hamburgers d'agneau aux poivrons rouges confits et au fromage bleu, brochettes de bœuf sauce au fromage bleu (C*) ou mignons de porc sauce au porto LBV.

Conde de Valdemar Reserva 2001

RIOJA, BODEGAS VALDEMAR-MARTINEZ BUJANDA, ESPAGNE

| 21,55 $ | SAQ S* (882761) | ★★★ **$$** | Corsé |

Un *Reserva* 2001 à la bouche tout aussi ramassée et fraîche que dans le précédent millésime, salué dans *La Sélection 2007*, mais au boisé moins présent. Donc, un rouge compact, aux tanins tissés très serrés, dotés d'une fermeté juvénile, qui s'assoupliront dans le temps, à l'acidité vivifiante et aux saveurs éclatantes de cerise au marasquin, de fraise chaude et de fumée. La finale se montre assez ferme. Attendre deux ou trois ans pour saisir la volupté à laquelle il est convié. **Cépages :** 85 % tempranillo, 15 % mazuelo. **Alc./**13,5 % www.condedevaldemar.com

☛ *Servir entre 2009 et 2013, à 17 °C et oxygéné en carafe 15 minutes*

 Filets de bœuf et lanières de poivrons verts et rouges légèrement confits ou filets de bœuf au café noir (C*).

La Montesa 2004 ♥

RIOJA, BODEGAS PALACIOS REMONDO, ESPAGNE *(DISP. NOV./DÉC. 07)*

21,65 $	SAQ S (10556993)	★★★?☆ $$	Corsé

Un 2004 qui, par son profil très frais, serré et un brin épicé et floral, signe le style de ce domaine de pointe, à l'image de l'excellent Propiedad 2005 (aussi commenté dans ce guide), son grand frère. Donc, un rioja sur le fruit, ramassé, élancé, avec ampleur et persistance, sans aucune lourdeur, aux tanins tissés serrés et aux saveurs généreuses. Difficile de ne pas succomber au charme immédiat de ce *crianza* vinifié avec maestria par Álvaro Palacios, l'homme qui a mis les rouges d'appellation Priorat sur la mappemonde des grands vins européens, avec ses vibrants et enivrants priorats L'Ermita, Finca Dofi et Les Terrasses (aussi commentés dans ce guide), ainsi que, depuis peu, les remarquables vins de Bierzo (voir Pétalos dans ce guide), tout comme ceux de ce domaine. Du sérieux, bien ancré dans le terroir. **Cépages :** 45 % grenache, 40 % tempranillo, 15 % graciano et mazuelo. **Alc./**13,5 %

☛ *Servir entre 2008 et 2014 à 17 °C et oxygéné en carafe 30 minutes*

 Osso buco au fenouil et gremolata ou pot-au-feu d'agneau au thé et aux épices (anis étoilé, réglisse, cannelle, grains de cardamome, girofle et feuilles de thé noir).

Les Coteaux des Moines 2005

BOURGOGNE, BOUCHARD PÈRE & FILS, FRANCE

21,70 $	SAQ S (10796516)	★★★ $$	Modéré+

■ NOUVEAUTÉ! Bouchard Père & Fils, qui, si vous ne le savez pas encore, est à ranger au sommet de la hiérarchie des meilleurs domaines, tout comme des meilleurs négoces de Bourgogne, propose une nouvelle cuvée, en rouge comme en blanc (aussi commenté). Elle se montre à la fois gourmande et sapide, d'une fraîcheur bourguignonne, mais avec le soleil des grandes années, comme l'a été 2005. Tanins fins et soyeux, acidité juste dosée, saveurs de fruits rouges et de muscade invitantes, et corps élancé, pour un pinot plaisir. **Cépage :** pinot noir. **Alc./**13 % www.bouchard-pereetfils.com

☛ *Servir entre 2007 et 2011, à 17 °C*

 Pâtes à la sauce tomate au prosciutto et à la sauge, poulet chasseur, salade de bœuf grillé à l'orientale ou risotto à la tomate et au basilic sur aubergines grillées.

Château de Targé 2005

SAUMUR-CHAMPIGNY, CHÂTEAU DE TARGÉ, FRANCE

21,75 $	SAQ S* (967224)	★★★ $$	Corsé

Contrairement au 2003, qui se montrait un brin asséchant, ce 2005 est une réussite à ne pas laisser filer si vous êtes amateur de cabernet franc de la Loire. Tout y est. Couleur soutenue. Nez expressif et détaillé, d'une belle pureté, tout en étant riche, exhalant des notes de fraise, de craie, de champignon de Paris et de fraise. Bouche pleine, presque sphérique pour le style, aux tanins mûrs à point, enrobés par une matière généreuse, au corps étonnamment plein et aux saveurs longues. Je vous le redis, courez après les 2005 européens! **Cépage :** cabernet franc. **Alc./**14,5 % **www.chateaudetarge.fr**

☛ *Servir entre 2007 et 2013, à 17 °C et oxygéné en carafe 5 minutes*

 Brochettes de foie de veau et de poivrons rouges, poulet basquaise (version basque du poulet chasseur italien avec ajout de lanières de poivrons verts en fin de cuisson), rôti de porc ou saumon grillé beurré de pesto de tomates séchées.

Château Pey La Tour Réserve du Château 2005

BORDEAUX-SUPÉRIEUR, VINS ET VIGNOBLES DOURTHE, FRANCE

21,85 $	SAQ C (442392)	★★★ $$	Corsé

Tout comme le Dourthe N° 1 2005 (aussi commenté), Pey La Tour a profité des largesses de dame Nature en 2005, résultant en un très bon bordeaux, richement coloré, aromatique à souhait, au fruité engageant, aux tanins tendres mais avec du grain, au corps moelleux et aux saveurs pulpeuses et persistantes, laissant des traces de cacao, de bleuet et de cassis. Du bien bel ouvrage qui se laisse boire, tout en possédant la structure pour une belle évolution sur quelques années. **Cépages :** 75 % merlot, 15 % cabernet sauvignon, 9 % cabernet franc, 1 % petit verdot. **Alc./**14 % **www.dourthe.com**

☛ *Servir entre 2007 et 2013, à 17 °C et oxygéné en carafe 15 minutes*

 Carré d'agneau et jus au café expresso (C*), brochettes de bœuf et de foie de veau aux poivrons rouges confits ou filets de bœuf aux champignons et au vin rouge.

Sagramoso « Ripasso » 2004

VALPOLICELLA « SUPERIORE », PASQUA, ITALIE

21,85 $	SAQ S* (602342)	★★☆?☆ $$	Modéré+

Bonne coloration, nez enchanteur, ayant besoin d'un coup de carafe pour s'exprimer, bouche ample et texturée, aux tanins tendres et à l'acidité discrète, d'une certaine expansion, et tout à fait charmeur et emballant pour le prix demandé. **Cépages :** corvina, rondinella, molinara. **Alc./**13,5 % **www.pasqua.it**

☛ *Servir entre 2007 et 2012, à 16 °C et oxygéné en carafe 30 minutes*

Filets de bœuf sauce au porto LBV, mignons de porc sauce aux canneberges et au porto LBV ou ragoût de bœuf et polenta crémeuse au parmigiano.

Tres Picos 2005

CAMPO DE BORJA, BODEGAS BORSAO, ESPAGNE

| **21,90 $** | SAQ S* (10362380) | ★★★☆ $$ | Corsé |

Né d'un très grand millésime espagnol, spécialement pour les vins du nord, ce Tres Picos, composé de vieilles vignes de garnacha, se montre plus compact, plus profond, plus retenu et plus complexe que par le passé, tout en s'exprimant par un style très mûr rappelant celui des grenaches australiens. Une trame tannique passablement ferme et bien ciselée lui procure l'élan voulu pour le ramener les deux pieds dans le terroir de Campo de Borja, zone d'appellation non loin de Barcelone. Du sérieux à bon prix. **Cépage :** garnacha (grenache). **Alc./**14,5 % **www.bodegasborsao.com**

☞ *Servir entre 2007 et 2013, à 17 °C et oxygéné en carafe 30 minutes*

 Braisé de bœuf à l'anis étoilé ou ragoût de bœuf à la bière et polenta crémeuse aux oignons caramélisés.

Château de Haute-Serre 2002

CAHORS, GEORGES VIGOUROUX, FRANCE

| **21,95 $** | SAQ S (947184) | ★★★☆ $$ | Corsé |

Élaboré par Bertrand Vigouroux, ce 2002 est une éclatante réussite, portant ce terroir à un niveau supérieur. Offrant autrefois des vins plus tendus et rigides, le travail accompli dans le vignoble porte ses fruits en offrant un vin ultra-coloré, richement aromatique, d'une race évidente, exhalant des notes de violette, de bleuet et de chêne neuf, au boisé intégré avec brio, à la bouche marquée par des tanins presque tendres, mais dotés d'un grain serré, d'une fraîcheur unique, aux saveurs pulpeuses, d'une très grande allonge. Du sérieux. **Cépages :** 86 % auxerrois (malbec), 7 % tannat, 7 % merlot. **Alc./**13,5 % **www.atrium-online.fr**

☞ *Servir entre 2007 et 2014, à 17 °C et oxygéné en carafe 30 minutes*

 Magret de canard grillé parfumé de baies roses.

Château Treytins 2004

LALANDE-DE-POMEROL, VIGNOBLES LÉON NONY, FRANCE *(DISP. NOV. 07)*

| **22,05 $** | SAQ S* (892406) | ★★★ $$ | Modéré+ |

Au prix demandé, cet incontournable lalande-de-pomerol est l'un des bons achats de la région chez les vins sous la barre des trente dollars, et ce, même avec ce 2004. Contrairement au millésime 2003, où le merlot dominait l'assemblage, ce 2004 fait la part belle au cabernet franc, ce qui change légèrement son profil, qui joue maintenant du côté de la fraîcheur et de l'élégance classique de ce grand cépage. Il en résulte un rouge toujours aussi parfumé et fin, qui se montre à la fois détendu et très frais en bouche, aux tanins élégants mais tissés serrés, à l'accent réglissé, au corps modéré et aux saveurs longues, laissant des traces de fraise et de café. **Cépages :** 49 % cabernet franc, 39 % merlot, 12 % cabernet sauvignon. **Alc./**13 % **www.chateautreytins.fr**

☛ *Servir entre 2007 et 2010, à 17 °C et oxygéné en carafe 15 minutes*

 Filet de porc au café noir (voir Filets de bœuf au café noir) (C*), rôti de porc farci aux champignons ou côtes de veau et purée de pois à la menthe (C*).

Dehesa La Granja 2002

VINO DE LA TIERRA DE CASTILLA Y LEÓN, ALEJANDRO FERNÁNDEZ, ESPAGNE

22,10 $	SAQ S* (928036)	★★★ $$	Corsé+

Comme tous les vins signés Alejandro Fernández (Tinto Pesquera, Condado de Haza et El Vinculo), la Dehesa La Granja compte désormais, comme je vous le dis depuis quelques éditions, parmi les *musts* d'Espagne. Ce cru de la zone d'appellation Toro, vendu jusqu'à il y a peu en vin de table, porte maintenant la dénomination de vin de pays. Acheté au printemps 1998, cet ancien ranch d'élevage de taureaux a été transformé en un domaine viticole de plus de 210 hectares d'anciens clones de tempranillo provenant de Pesquera. Ce 2002 – son millésime peut enfin être inscrit sur l'étiquette, étant maintenant un vin de pays, la loi provinciale interdisant l'identification du millésime chez les vins de table –, se montre coloré, très aromatique, au bouquet classique des vins de Fernández, c'est-à-dire marqué par des tonalités de torréfaction, d'épices et de fruits noirs, passablement riche, à la bouche presque dense, pleine, joufflue, aux tanins serrés mais enveloppés par un fruité débordant, sans trop. **Cépage :** tempranillo. **Alc./**14 % www.grupopesquera.com

☛ *Servir entre 2007 et 2013, à 17 °C*

 Bavette de bœuf déglacée au vinaigre balsamique et porto LBV ou tranches d'épaule d'agneau grillées sauce au poivre.

Pinot Noir « Maison Dieu » 2005

BOURGOGNE, NICOLAS POTEL, FRANCE *(DISP. NOV./DÉC. 07)*

22,15 $	SAQ S (719104)	★★★?☆ $$	Corsé

Nicolas Potel récidive en 2005 avec une autre réussite, colorée, aromatique, subtilement épicée, au fruité passablement soutenu, aux tanins mûrs, mais aussi avec du grain, à l'acidité d'une fraîcheur unique dans ce millésime, et aux saveurs éclatantes de cerise, de framboise et de grenadine. Difficile de trouver mieux en matière de vin d'appellation Bourgogne régionale. Il faut dire que ce jeune et talentueux vinificateur propose une large gamme de bourgognes de haute qualité et n'est plus vraiment à présenter. Bonne nouvelle, après les 300 caisses qui étaient attendues en novembre, 300 autres devaient débarquer en février 2008. **Cépage :** pinot noir. **Alc./**13 % www.nicolas-potel.fr

☛ *Servir entre 2007 et 2013, à 17 °C*

 Poulet au soja et à l'anis étoilé ou steak de saumon au café noir et aux cinq-épices chinoises (C*).

Château Montaiguillon 2004

MONTAGNE-SAINT-ÉMILION, CHANTAL AMART, FRANCE

22,30 $	SAQ S* (864249)	★★★?☆ $$	Corsé

Toute une réussite pour ce 2004, né d'un millésime qui ne passera pourtant pas à l'histoire. Il a tout pour plaire autant à l'amateur de Bordeaux modernes que de vins du Nouveau Monde. De la couleur, sans excès, du nez, avec élégance et expression, de la mâche, de l'élan et du corps, sans être ni lourd ni mou. Les tanins sont à la fois mûrs et tissés très serrés. Les saveurs expressives à souhait, jouant dans la sphère des fraises des champs, des poivrons rouges et verts, et de la violette. Pas de boisé dominant à l'horizon. Bravo! **Cépages :** 70 % merlot, 20 % cabernet franc, 10 % cabernet sauvignon. **Alc./**13 % www.montaiguillon.com

☛ *Servir entre 2007 et 2014, à 17 °C et oxygéné en carafe 30 minutes*

 Brochettes de bœuf au café noir (voir Filets de bœuf au café noir) (C*) ou filet d'agneau et coulis de poivrons rouges.

Dupéré Barrera « Côtes-du-Rhône Villages » 2004

CÔTES-DU-RHÔNE VILLAGES, DUPÉRÉ BARRERA, FRANCE

22,40 $	SAQ S (10783088)	★★★ $$		Corsé

■ NOUVEAUTÉ! Un rhône « villages » provenant de l'activité de négoce du désormais réputé couple Dupéré Barrera, est élaboré à partir d'achats de raisins et de vins chez les meilleurs viticulteurs et vignerons rhodaniens. Ici, pas de fûts neufs, que des barriques de deux vins, ainsi qu'un égrappage total et une mise en bouteilles par gravité, manuelle, sans collage ni filtration. Comme tous les vins élaborés et élevés par cette maison, le SO₂ n'est utilisé qu'en infime quantité, laissant place aux fruits et au terroir. Il en résulte un rouge coloré, aromatique à souhait, d'une belle profondeur, pur et détaillé, sans aucune note boisée, aux tanins réglissés, avec du grain, à l'acidité certes discrète mais d'une belle fraîcheur, et aux saveurs longues et précises, jouant dans la sphère des fruits noirs et du cacao. Il y a un naturel dans ce vin, comme chez tous les crus de Dupéré Barrera, qui lui procure une fraîcheur et une définition singulières. **Cépages :** 60 à 80 % syrah + grenache (vieilles vignes) et mourvèdre (une pincée seulement). **Alc./**14,5 % www.duperebarrera.com

☛ *Servir entre 2007 et 2015, à 17 °C et oxygéné en carafe 30 minutes*

 Jarret d'agneau confit et bulbe de fenouil braisé.

Château Fougas « Cuvée Prestige » 2005

CÔTES-DE-BOURG, JEAN-YVES BÉCHET, FRANCE

22,55 $	SAQ S (10392896)	★★★☆ $$		Corsé+

■ NOUVEAUTÉ! Coloré. Très aromatique et passablement riche et détaillé. Plein, dense et structuré, comme tout bon côtes-de-bourg se doit d'être, mais aussi doté d'une distinction et d'une harmonie rappelant les vins du Médoc, vendus beaucoup plus cher. Du sérieux, né de vieilles vignes de trente-six ans d'âge en moyenne, aux tanins tissés serrés mais fins, aux saveurs très longues, égrainant des notes de graphite, de suie, de cassis et de café. Et tout ça à seulement 12,5 % d'alcool, ce qui le rend digeste – sans avoir eu recours à une dose d'alcool élevée comme pour le gonfler « aux hormones »! **Cépages :** 75 % merlot, 25 % cabernet sauvignon. **Alc./**12,5 % www.vignoblesbechet.com

☛ *Servir entre 2007 et 2015, à 17 °C et oxygéné en carafe 30 minutes*

 Côtelettes d'agneau grillées à la nigelle ou filets de bœuf au café noir (C*).

Coste delle Plaie Rosso 2005

MONTEPULCIANO D'ABRUZZO, PODERE CASTORANI, ITALIE

22,60 $	SAQ S (10383105) ★★★ $$	Corsé

Un 2005 aussi pulpeux et engageant que ne l'était le 2003, commenté dans *La Sélection 2006* – ainsi qu'en primeur dans *La Presse*, en juin 2005, lors du passage à Montréal de Jarno Trulli, pilote de F1, de l'écurie Toyota, propriétaire de ce domaine qu'il a repris, il y a quelques années, avec son père Enzo et deux autres associés, dont un œnologue de renom. Le 2004 s'était montré moins profond, tout en demeurant intéressant. Mais là, en 2005, quel fruit et quel velouté de texture! La couleur est presque noire. Le nez aromatique au possible. La bouche pleine, sphérique et texturée, sans être molle, avec fraîcheur, aux tanins arrondis mais avec du grain. Fruits noirs, violette et cacao signent le profil aromatique. À la suite d'une dégustation privée, effectuée en juin 2005, que j'ai eu le plaisir d'effectuer avec le réputé pilote, je peux vous affirmer que les Abruzzes ont en Trulli un véritable ambassadeur, aussi amoureux du vin et de sa région que de la F1. Rien à voir avec les pseudo-vins des Rolling Stones, Marylin, Bob Dylan et Elvis de ce monde... **Cépage :** montepulciano. **Alc./**14 % www.poderecastorani.it

☛ *Servir entre 2007 et 2012, à 17 °C*

 Hamburgers d'agneau aux poivrons rouges confits et au *pimentón*, osso buco au fenouil et gremolata ou côtelettes d'agneau marinées au porto et au romarin.

El Albar 2003

TORO, J. & F. LURTON, ESPAGNE

22,70 $	SAQ S (10358006) ★★★?☆ $$	Puissant

Contrairement au 2002, salué en primeur dans l'édition précédente, ce El Albar 2003 se montre profondément coloré, puissamment aromatique, aux pénétrants effluves balsamiques de cacao, de vanille, de café, de fruits noirs et de pruneaux, rappelant l'*amarone*. Capiteuse, au coffre imposant et aux tanins fermes, la bouche est un véritable oxymoron, réunissant une certaine fraîcheur et une imposante générosité solaire! Chose certaine, il y a à boire et à manger. À surveiller; l'arrivée en début d'année 2008 de son grand frère, la cuvée prestige El Albar Excellencia. **Cépage :** tinto de Toro (tempranillo). **Alc./**14,5 % www.jflurton.com

☛ *Servir entre 2007 et 2013, à 17 °C et oxygéné en carafe 1 heure*

 Filets de bœuf au fromage bleu et sauce au porto LBV, rognons de veau aux champignons et aux baies de genévrier, côtes de cerf sauce aux griottes et au chocolat noir Valrhona Guanaja (C*) ou tajine de ragoût d'agneau aux cinq-épices et aux oignons cipollini caramélisés.

Ciliegiolo 2005

MAREMMA TOSCANA, IL GRILLESINO, ITALIE *(DISP. AUTOMNE 07/HIVER 08)*

22,75 $	SAQ S (10845146) ★★★ $$	Modéré

■ NOUVEAUTÉ! Original rouge toscan, à base du rarissime cépage ciliegiolo, à la couleur presque soutenue, au nez très fin et frais, à la bouche souple et coulante, aux tanins tendres, à l'acidité fraîche et au corps modéré, égrainant des notes de fruits rouges et de fleurs. Pur, aérien et d'une grande digestibilité, pour un nouveau cru vinifié avec doigté et retenue. **Cépage :** 100 % ciliegiolo. **Alc./**12,5 %

☛ *Servir entre 2007 et 2010, à 15 °C*

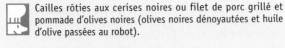
Caponata à la sicilienne (version italienne de la ratatouille niçoise), bruschetta à la romaine (pain de campagne, huile d'olive, ail et tomates fraîches), foie de veau à la vénitienne et polenta crémeuse au parmigiano (C*), cuisses de poulet aux olives noires et aux tomates confites ou pennine aux tomates fraîches et au basilic frais.

Antonin Rodet « Brouilly » 2006

BROUILLY, ANTONIN RODET, FRANCE *(DISP. MARS 08)*

22,85 $	SAQ S (10368010) ★★★ $$	Corsé

■ NOUVEAUTÉ! Un grand cru du Beaujolais 2006 – qui prendra la relève du 2005, une fois les stocks de ce dernier épuisés – hyper parfumé, engageant au possible, aux tanins serrés, à l'acidité modérée et aux saveurs amples et généreuses pour l'appellation. Fraise, pivoine et terre humide donnent le ton à cette éclatante réussite. **Cépage :** gamay. **Alc./**13 % **www.rodet.com**

☛ *Servir entre 2007 et 2012, à 17 °C et oxygéné en carafe 5 minutes*

Salade de betteraves rouges parfumées aux quatre-épices (poivre, muscade, gingembre en poudre et clou de girofle), risotto au jus de betterave parfumé au girofle et flocons de poisson (R*) ou poulet rôti au sésame et aux cinq-épices.

Les Sorcières du Clos des Fées 2006

CÔTES-DU-ROUSSILLON, HERVÉ BIZEUL & ASSOCIÉS, FRANCE *(DISP. NOV./DÉC. 07)*

23 $	SAQ S (10516406) ★★★?☆ $$	Modéré+

Un bon gros coup de carafe est nécessaire pour apprécier pleinement la pureté, la fraîcheur et le détail du nez de cette cuvée élaborée avec maestria par Hervé Bizeul, ex-sommelier devenu l'une des figures de proue de cette appellation. La bouche suit avec texture et expression, dévoilant des tanins d'une finesse exquise, mais avec du grain, et des saveurs épurées de tout artifice, éclatantes au possible. Un vin à la fois digeste et nourrissant. Un tour de force dans ce millésime plus difficile que le précédent (commenté dans *La Sélection 2007*). **Cépages :** 35 % grenache, 35 % carignan (vieilles vignes de 40 à 80 ans), 30 % syrah (jeunes vignes). **Alc./**13 % **www.closdesfees.com**

☛ *Servir entre 2007 et 2013, à 17 °C et oxygéné (fortement) en carafe 15 minutes*

Cailles rôties aux cerises noires ou filet de porc grillé et pommade d'olives noires (olives noires dénoyautées et huile d'olive passées au robot).

Château La Croix Canon 2001

CANON-FRONSAC, DOMAINES JEAN HALLEY, FRANCE

23,20 $	SAQ S (10517716) ★★★ $$	Corsé

■ NOUVEAUTÉ! Tout comme l'excellent fronsac La Dauphine 2001 (aussi commenté), ce vin est élaboré avec brio par le nouveau propriétaire libournais Jean Halley, qui a racheté en 2000 trois propriétés de renom à la famille Moueix (les châteaux Canon de Brem, La Croix Canon et La Dauphine). Il en résulte un rouge passablement coloré, au nez envoûtant et riche de fruits compotés, presque viandé, à la bouche tout aussi pulpeuse, ample, ronde et texturée, non dénuée d'un très beau grain de tanins réglissés. Un régal à bon prix. **Cépages :** 80 % merlot, 20 % cabernet franc. **Alc./**13 % **www.chateau-dauphine.com**

☛ *Servir entre 2007 et 2012, à 17 °C*

 Filets de bœuf au poivre vert et à la cannelle ou côtelettes d'agneau sauce au porto LBV et polenta crémeuse aux champignons.

Domaine du Clos de la Procure 2005

CÔTES-DE-PROVENCE, DUPÉRÉ BARRERA, FRANCE

23,25 $	SAQ **S** (10783109)	★★★☆ **$$**		Corsé	BIO

Côtes de Provence

■ NOUVEAUTÉ! Une nouveauté mise en marché le 13 septembre 2007, via le spécial Midi de la France du magazine *Cellier*, provenant du domaine de 7 hectares acquis en 2000 par le couple que forment la Québécoise Emmanuelle Dupéré et le Français Laurent Barrera. Le terroir y est à dominante argilo-calcaire, sur plus ou moins 5 hectares, et pour le reste en parcelles schisteuses. Les vignes y ont entre trente et cinquante ans d'âge. Les vinifications à l'ancienne, adaptées avec doigté, sans utilisation de barriques neuves, offrent un vin à la fois digeste et nourri, certes sur le fruit, mais doté d'une belle assise tannique, aux tanins fins et tissés très serrés, en harmonie avec une fraîche acidité naturelle qui tend l'ensemble et lui procure un profil étonnamment aérien malgré ses 14,5 % d'alcool. Violette, cerise noire et cacao signent l'identité aromatique de cette très belle réussite, qui fait mentir ceux qui ont annoncé que la Provence était passée à côté du millésime en 2005... Il gagnera en volupté d'ici une année ou deux. **Cépages :** grenache (vieilles vignes), mourvèdre (vieilles vignes). **Alc./**14,5 % www.duperebarrera.com

☛ *Servir entre 2008 et 2015, à 16 °C et oxygéné en carafe 15 minutes*

 Braisé de bœuf à l'anis étoilé ou carré de porc à la sauce chocolat épicée (*mole poblano*).

Cedro do Noval 2004

DOURO, QUINTA DO NOVAL, PORTUGAL

23,45 $	SAQ **S** (10758288)	★★★☆ **$$**	Puissant

■ NOUVEAUTÉ! Le premier vin rouge de la légendaire maison de porto Noval, qui effectuait des essais depuis 1996, mais qui n'a vraiment été emballée qu'avec ce 2004. Il se montre coloré, résineux, confit et concentré, mais sans être dénué d'élégance et de fraîcheur, exhalant des notes de violette et d'eucalyptus, à la bouche généreuse, presque capiteuse, aux tanins très serrés et enveloppés par une gaine dense et compacte, aux saveurs longilignes et persistantes. Fruits noirs, bois neuf et fleurs rouges signent le profil aromatique de bouche. Un solide gaillard, mais très européen de style. **Cépages :** 40 % touriga nacional, 40 % tinta roriz, 20 % touriga franca. **Alc./**13 % www.quintadonoval.com

☛ *Servir entre 2007 et 2015, à 17 °C et oxygéné en carafe 30 minutes*

 Jarrets de veau braisés dans le porto avec polenta et champignons (R*), filets de bœuf marinés sauce balsamique et poêlée de champignons sauvages ou épaule d'agneau aux épices orientales.

Mortiès 2004

COTEAUX-DU-LANGUEDOC PIC SAINT-LOUP, MAS DE MORTIÈS, FRANCE

23,45 $	SAQ S (10507251)	★★★?☆ $$	Corsé

■ NOUVEAUTÉ! D'une propriété phare du village au charmant nom de Saint-Jean-de-Cuculles, cette nouveauté a fait une entrée remarquée à la SAQ en 2007 avec un 2004 fort réussi. De la couleur, de l'expression méditerranéenne, exhalant des notes riches de garrigue, de poivre et de pomme grenade, une bouche ample, presque généreuse, aux tanins enrobés mais bien présents, à l'acidité discrète et aux saveurs longues et expansives, laissant des traces de cacao, de café, de romarin et de thym, sans boisé apparent. On se rapproche beaucoup de la grande réussite que représente la Grande Cuvée du Domaine de l'Hortus, vendue cependant beaucoup plus cher. **Cépages :** 60 % syrah, 30 % mourvèdre, 10 % grenache. **Alc./**14,5 % **www.morties.com**

☛ *Servir entre 2007 et 2013, à 17 °C et oxygéné en carafe 30 minutes*

 Gigot d'agneau aux herbes séchées (thym, romarin et origan) ou brochettes de bœuf à la pommade de menthe fraîche, poivre concassé et vinaigre balsamique.

Toar Masi 2004

ROSSO DEL VERONESE, MASI AGRICOLA, ITALIE *(DISP. OCT./NOV. 07)*

23,45 $	SAQ S* (10749736)	★★★☆ $$	Corsé

Cet excellent et original vin vénitien, que l'on pourrait qualifier de valpolicella moderne, se montre en 2004 d'une grande harmonie et formidablement réussi. Robe noire et violine. Nez concentré, au riche fruité très jeune. Bouche pleine et explosive, d'une fraîcheur et d'une précision uniques pour ce cru. Les tanins sont tissés très serrés, mais avec élégance. Grande persistance, laissant des traces de bleuet et de violette. **Cépages :** corvina, rondinella, oseleta. **Alc./**13 % **www.masi.it**

☛ *Servir entre 2007 et 2017, à 17 °C et oxygéné en carafe 15 minutes*

 Carré d'agneau et jus au café expresso (C*) ou filet d'agneau et jus de poivrons rouges.

Château Roland La Garde « Prestige » 2003

PREMIÈRES-CÔTES-DE-BLAYE, CHÂTEAU ROLAND LA GARDE, FRANCE

23,50 $	SAQ S (10388336)	★★★ $$$	Corsé

Le retour de l'une des belles aubaines bordelaises. Un vin d'une bonne coloration, au nez assez riche mais un brin retenu, requérant une généreuse oxygénation pour livrer ses parfums de fruits noirs, d'épices et de chêne, à la bouche à la fois juteuse et tannique, charnue et ferme, au boisé très présent. Sera plus dodu et enveloppant d'ici 2008, une fois le boisé digéré. **Cépages :** 70 % merlot, 30 % cabernet sauvignon. **Alc./**14 % **www.chateau-roland-la-garde.com**

☛ *Servir entre 2007 et 2011 et oxygéné en carafe 2 heures*

 Filets de bœuf au café noir (C*), côtelettes d'agneau grillées à la nigelle ou tranches d'épaule d'agneau grillées sauce au poivre.

La Mère Grand 2004

MINERVOIS, VIGNOBLE DU LOUP BLANC, FRANCE *(DE RETOUR NOV. 07)*

23,50 $	SAQ S (10528221)	★★★?☆ $$	Corsé

Grand-mère des sympathiques cuvées Le Régal du Loup et Les trois p'tits C (aussi commentées), du même domaine, ce minervois – dont un second arrivage était attendu en novembre 2007 – se montre sous un profil jouant dans la cour des vins joufflus et généreux du Nouveau Monde, tout en conservant une assise tannique bien française, avec grain et droiture. Un vin coloré, richement aromatique, aux notes presque confites, avec des relents de torréfaction, venant de l'élevage en barriques d'une durée de vingt mois, à la bouche pleine, presque dense, aux tanins serrés, au corps généreux et aux saveurs longues, laissant des traces de fruits noirs, de réglisse et d'olive noire. **Cépages :** 40 % grenache, 40 % carignan (vieilles vignes), 20 % syrah. **Alc./**14,5 % www.vignobleduloupblanc.com

 Servir entre 2007 et 2015, à 17 °C et oxygéné en carafe 30 minutes

 Jarret d'agneau confit et lentilles du Puy au jus d'agneau parfumé à la réglisse ou filets de bœuf à la pommade d'olives noires (olives noires dénoyautées et huile d'olive passées au robot).

Mas Cal Demoura « L'Infidèle » 2004 *(DISP. OCT./NOV. 07)*

COTEAUX-DU-LANGUEDOC, ISABELLE ET VINCENT GOUMARD, FRANCE

23,55 $	SAQ S (973255)	★★★?☆ $$	Modéré+	BIO

Cette propriété de référence pour l'appellation appartenait jusqu'à récemment à la famille Julien qui l'avait hissée avec brio au sommet. Depuis 2004, les nouveaux propriétaires, Isabelle et Vincent Goumard, poursuivent avec attention le travail mis en place par Jean-Pierre Julien, père du talentueux et inspiré Olivier Julien. Après des 2001 et 2003 salués dans *La Sélection 2006* et 2007, voici un 2004 un brin moins sauvage mais tout aussi infidèle! Belle profondeur aromatique, détaillée au possible, exprimant la garrigue comme il se doit. Bouche certes plus tendre, mais tout aussi invitante et expressive que par les deux millésimes passés, aux tanins serrés, à l'acidité fraîche et aux saveurs persistantes, et bel et bien méditerranéennes. Thym, lavande et cerise signent le profil aromatique. **Cépages :** 28 % syrah, 24 % grenache, 18 % mourvèdre, 16 % carignan, 14 % cinsault. **Alc./**13 % www.caldemoura.com

 Servir entre 2007 et 2012, à 17 °C et oxygéné en carafe 30 minutes

Gigot d'agneau aux herbes de Provence ou filets de bœuf à la fourme d'Ambert et au romarin (C*).

Transhumance 2005

FAUGÈRES, LES VINS DE VIENNE, FRANCE

23,60 $	SAQ S (10507307)	★★★?☆ $$	Corsé

Avec ce parfumé et charnu 2005, le désormais réputé quatuor de vignerons rhodaniens qui forme la société *Les Vins de Vienne* – Cuilleron, Villard, Gaillard et Villa – présente à nouveau une très belle référence. Elle provient, cette fois, non pas du Rhône mais des terroirs de schistes de Faugères, appellation du Languedoc. Il en résulte un rouge coloré, aromatique et passablement riche, cacaoté à souhait, au fruité mûr rappelant le bleuet, à la bouche à la fois pleine et tendre, enveloppante, non dénuée de fraîcheur et de minéralité, aux tanins serrés mais mûrs à point, et au boisé discret. Du plaisir à saisir dès maintenant. **Cépages :** 50 % grenache, 35 % syrah, 15 % mourvèdre. **Alc./**14 % www.vinsdevienne.com

☞ *Servir entre 2007 et 2011, à 17 °C et oxygéné en carafe 5 minutes*

 Filets de bœuf grillés et sauté de poivrons rouges au curcuma ou carré de porc aux tomates séchées.

Berardenga 2005
CHIANTI CLASSICO, FATTORIA DI FELSINA, ITALIE

23,70 $	SAQ S* (898122)	★★★?☆ $$	Modéré+

Reconnue, entre autres, pour son superbe *vino da tavola* Fontalloro, la Fattoria di Felsina se démarque en Toscane par la profondeur et la précision de ses différents vins. Elle nous présente un 2005 à mi-chemin entre le classicisme et le modernisme que l'on trouve aujourd'hui dans cette appellation qui a grandement évolué depuis la fin des années soixante-dix. Il en résulte un vin passablement coloré, un brin orangé, aromatique, détaillé et fin, marqué par des notes vanillées et boisées mais sans excès, étant supporté par un très beau fruité, à la bouche ample, pleine et presque dodue, aux tanins assez tendres, mais avec du grain, et aux saveurs persistantes, enveloppant le palais. **Cépage :** sangiovese. **Alc./**13 % www.felsina.it

☞ *Servir entre 2007 et 2012, à 17 °C*

 Osso buco au fenouil et gremolata, côtes d'agneau sauce au vin et polenta ou filets de bœuf aux champignons et au vin rouge.

Pétalos 2006
BIERZO, DESCENDIENTES DE J. PALACIOS, ESPAGNE *(DISP. OCT./NOV. 07)*

23,70 $	SAQ S (10551471)	★★★ $$	Modéré+ BIO

Ricardo Palacios, avec l'aide de son oncle Álvaro Palacios, célèbre viticulteur du Priorat et de la Rioja, a réussi un 2006 tout en chair, en rondeur et en tendreté, contrairement au 2005 qui était plus carré et plus dense (voir commentaire dans *La Sélection 2007*). La robe est noire et violine. Le nez est enchanteur à souhait, d'une belle intensité mais avec élégance. La bouche suit avec des courbes sensuelles, des tanins enrobés, qui ont malgré tout un très beau grain, une acidité fraîche mais discrète, ainsi que des saveurs pulpeuses de bleuet, de framboise, de violette et de café. Cette cuvée est le petit frère du Corullón, l'une des grandes cuvées de ce domaine phare qui a participé à la renaissance de cette appellation de Galice. Il faut savoir que les vins de Bierzo, à base de l'autochtone et noble cépage mencia, sont d'une race évidente, rappelant quelquefois le profil des grands saumur-champigny des frères Foucault du Clos Rougeard. À cause de sa filiation avec le cabernet franc, le cépage mencia engendre des rouges d'un satiné de texture hors norme, surtout lorsque cultivé en biodynamie par les Palacios : un duo-choc. **Cépage :** mencia. **Alc./**14 %

☞ *Servir entre 2007 et 2012, à 17 °C et oxygéné en carafe 15 minutes*

Hachis Parmentier au canard, steak de saumon au café noir et aux cinq-épices chinoises (C*) ou ragoût d'agneau aux quatre-épices (poivre, muscade, gingembre en poudre et clou de girofle).

Domaine de la Ferté 2005

GIVRY, DOMAINES ANTONIN RODET, FRANCE *(DISP. FÉVR. 08)*

23,75 $	SAQ S (575613)	★★★?☆ $$	Corsé

Ce 2005 se montre passablement coloré, sans excès, au nez riche mais retenu, s'ouvrant après un bon gros coup de carafe, à la bouche gourmande, fraîche et presque moelleuse, aux tanins tendres et aux saveurs généreuses, rappelant la framboise, la grenadine et la pivoine. Ce givry, du Domaine de la Ferté, est vinifié avec précision et passion par Nadine Gublin, l'une des grandes œnologues de France. N'oubliez pas que la maison Antonin Rodet – tout comme l'ont fait Bouchard Père et Fils et William Fèvre – a littéralement transcendé son style, au cours des deux dernières décennies, pour ainsi élaborer certains des plus grands vins bourguignons. **Cépage :** pinot noir. **Alc./**13 % **www.rodet.com**

☛ *Servir entre 2008 et 2012, à 17 °C et oxygéné (fortement) en carafe 15 minutes*

Bœuf à la Stroganov, poulet chasseur ou saumon grillé beurré de pesto de tomates séchées.

La Fage 2005

CAHORS, COSSE MAISONNEUVE, FRANCE

23,80 $	SAQ S (10783491)	★★★?☆ $$	Corsé+

■ NOUVEAUTÉ! Un cahors certes moderne, mais prenant et pénétrant à souhait, spécialement pour son prix. La couleur est presque noire. Le nez est très aromatique, presque explosif, et passablement mûr et concentré, exhalant des notes de fruits noirs. La bouche suit avec aplomb, densité et plénitude. Les tanins sont imposants, comme il se doit à ce niveau. L'une des belles bouteilles chez les vins proposés dans le magazine *Cellier* de la rentrée 2007. **Cépage :** malbec. **Alc./**13,5 %

☛ *Servir entre 2007 et 2015, à 17 °C et oxygéné en carafe 15 minutes*

Jarrets de veau braisés dans le porto (R*).

Syrah L'Appel des Sereines 2006

VIN DE PAYS DES COLLINES RHODANIENNES, FRANÇOIS VILLARD, FRANCE

24,05 $	SAQ S (10780717)	★★★ $$	Modéré BIO

■ NOUVEAUTÉ! De l'éclat, de la fraîcheur, du fruit, de la pureté et du plaisir à boire comme pas un! Grande digestibilité pour un cru aux tanins extra-fins et au pourcentage d'alcool civilisé... **Alc./**12,5 %

☛ *Servir entre 2007 et 2012, à 16 °C*

Poulet grillé sur une canette de bière (frotté aux épices barbecue et cuit sur un feu de copeaux d'hickory) ou pâtes aux olives noires (C*).

Château La Gorce 2005

MÉDOC, RAOUL FABRE & FILS, FRANCE

24,15 $	SAQ S (737866)	★★★?☆ $$	Corsé

Un 2005 très coloré et violacé, au nez on ne peut plus médocain, marqué par de riches effluves de fruits noirs, de graphite et de cèdre, à la bouche pleine, presque juteuse et fraîche, aux tanins harmonieux et aux saveurs expansives, laissant des traces de cassis et de cuir neuf. Bonne nouvelle, une deuxième commande était attendue au moment d'aller sous presse. **Cépages :** 50 % merlot, 45 % cabernet sauvignon, 5 % cabernet franc. **Alc./**13,5 %
www.chateaulagorce.com

☞ *Servir entre 2007 et 2015, à 17 °C et oxygéné en carafe 30 minutes*

 Côtelettes d'agneau et coulis de poivrons verts (voir Filets de bœuf grillés et coulis de poivrons verts) (C*) ou filets de bœuf grillés en croûte de fines herbes.

Domaine Gallety 2004

CÔTES-DU-VIVARAIS, ALAIN GALLETY, FRANCE

24,20 $	SAQ S (918615)	★★★?☆ $$	Corsé	BIO

Gallety, nouvelle étoile du Rhône, commenté à quelques reprises dans les précédentes *Sélection*, propose un 2004 cacaoté à souhait, au nez expressif au possible, à la bouche pleine, dodue, tout en étant tendue et élancée, aux tanins fins mais serrés, à l'acidité fraîche et aux saveurs d'une très grande allonge, laissant deviner des touches de cerise, de framboise et de torréfaction. Grâce à une dynamisation de la vie du sol, ainsi que de vieilles vignes, Alain Gallety signe des vins riches de parfums, à l'identité singulière, propre à l'encépagement, composés de syrah et de grenache, et au terroir argilo-calcaire des Côtes-du-Vivarais. **Cépages :** 50 % grenache, 50 % syrah. **Alc./**14 %

☞ *Servir entre 2007 et 2013, à 17 °C*

 Braisé de bœuf à l'anis étoilé ou ragoût d'agneau aux quatre-épices (poivre, muscade, gingembre en poudre et clou de girofle).

Condado de Haza « Crianza » 2004

RIBERA DEL DUERO, ALEJANDRO FERNÁNDEZ, ESPAGNE

24,30 $	SAQ S* (978866)	★★★☆?☆ $$	Puissant

Avec ce 2004, né d'un millésime espagnol d'exception, Alejandro Fernández, à l'origine des incontournables Tinto Pesquera, Dehesa La Granja et El Vinculo, présente ce qui me semble l'un des plus grands Condado à ce jour et ce qui deviendra une référence dans le temps, grâce à son style ensoleillé d'une grande plénitude. La robe est noire, le nez est  d'une grande richesse, réglissé et subtilement torréfié, avec une grande concentration. La bouche est presque capiteuse, intense et musclée, avec densité et profondeur, égrainant de très longues saveurs de fruits noirs, de café, de cacao et de viande fumée. Quel volume et quelle structure! Sachez que le Condado 1996, aussi dégusté avec monsieur Fernández en juin 2006, étonne par sa grande fraîcheur et sa jeunesse vivifiante. Osez donc laisser quelques flacons du 2004 en cave pour plus d'une décennie. **Cépage :** tempranillo. **Alc./**14 % **www.grupopesquera.com**

☞ *Servir entre 2007 et 2019, à 17 °C et oxygéné en carafe 30 minutes*

Agneau aux pruneaux et aux amandes (à base de morceaux d'épaule d'agneau, parfumés à la cannelle, au curcuma, au poivre et au miel), brochettes de bœuf sauce au fromage bleu (C*) ou magret de canard au poivre vert.

Pinot Noir Côte de Rouffach 2006
ALSACE, RENÉ MURÉ, FRANCE

24,30 $	SAQ S (10789885)	★★★ $$	Modéré+

■ NOUVEAUTÉ! Un pinot alsacien au charme bourguignon, exhalant d'élégants et passablement riches effluves de muscade, de café et de cerise noire, à la bouche à la fois fraîche et ample, élancée et dodue, aux tanins fins, au corps modéré et aux saveurs longues et précises, laissant deviner des notes de cannelle et de girofle. Sera plus velouté d'ici la fin 2008 début 2009. **Cépage :** pinot noir. **Alc./**12,5 % www.mure.com

☞ *Servir entre 2007 et 2011, à 16 °C*

Filet de saumon au pinot noir (C*), risotto au jus de betterave parfumé au girofle et flocons de poisson (R*), poulet rôti au sésame et aux cinq-épices, lapin chasseur, pâtes aux tomates séchées et au basilic ou dindon de Noël accompagné de risotto au jus de betterave parfumé au girofle (R*).

Mondeuse « Arbin » 2005
VIN DE SAVOIE, DOMAINE LOUIS MAGNIN, FRANCE

24,35 $	SAQ S (10783272)	★★★ $$	Modéré+

■ NOUVEAUTÉ! Enfin une mondeuse de référence à la SAQ – mise en marché via le magazine SAQ *Cellier*, le 27 septembre 2007. Il était temps! Les amateurs de syrah rhodanienne se retrouveront dans cette mondeuse colorée et violacée, aromatique à souhait, d'un charme envoûtant, au fruité mûr, pur et très frais, à la bouche tout aussi élégante et engageante, aux tanins soyeux, à l'acidité juste dosée et aux saveurs longues et aériennes. Plaisir et digestibilité, dans la mouvance de la nouvelle vague à degré d'alcool plus discret. **Cépage :** mondeuse. **Alc./**12 %

☞ *Servir entre 2007 et 2011, à 17 °C et oxygéné en carafe 5 minutes*

Salade de bœuf aux fines herbes et vinaigrette au vinaigre de framboise, poulet grillé sur une canette de bière (frotté aux épices barbecue et cuit sur un feu de copeaux d'hickory) ou saumon teriyaki.

Castell de Falset « Old Vines Selection » 2003
MONTSANT, AGRICOLA FALSET-MARÇÀ, ESPAGNE

24,40 $	SAQ S* (10358364)	★★★☆ $$	Corsé+

Coup de cœur exclusif de *La Sélection 2007*, où il fut commenté en primeur dans son millésime 2000, ce cru de la région du Priorat récidive avec un tout aussi réussi 2003. Et quelle réussite! On serait tenté de lui donner quatre étoiles tant la complexité et l'harmonie dans la richesse sont déstabilisantes. Le nez est explosif, mais avec une race rarissime chez les vins de ce prix. La bouche se montre tout aussi généreuse que ne l'était celle du 2000, mais avec une trame de fond plus fraîche et plus ramassée, dans un équilibre de haut niveau. Du sérieux, jouant du coude avec certains vins de l'appellation Priorat – zone plus prestigieuse que Montsant ceinture –, vendus beaucoup plus cher. **Cépages :** 45 % garnacha, 35 % carignan, 20 % cabernet sauvignon. **Alc./**14 % www.falsetmarca.com

☛ *Servir entre 2007 et 2017, à 17 °C*

 Carré d'agneau farci aux olives noires et au romarin ou tajine de ragoût d'agneau aux cinq-épices.

Brancaia « Tre » 2004
TOSCANA, PODERE LA BRANCAIA, ITALIE

24,45 $	SAQ S (10503963)	★★★ $$$	Modéré+

Le retour d'un 2004 provenant de l'un des domaines les plus en vue actuellement en Toscane. Passablement coloré, au nez actuellement discret mais riche de promesses, à la bouche plus bavarde, charnue et généreuse, tout en étant fraîche et ramassée, compacte et élancée. Le fruit est d'une jeunesse et d'une précision remarquables. Les tanins sont tissés serrés. L'ensemble est invitant et persistant. Cette cuvée est née d'un assemblage de trois parcelles du domaine : deux vignobles sont situés à Castellina et à Radda, réputés villages de la zone du Chianti Classico, et un troisième provenant de l'appellation Morellino di Scansano. Élevé à 50 % en barriques neuves, le reste en barriques d'un an d'âge. **Cépages :** sangiovese (dominant), merlot, cabernet sauvignon. **Alc./**13,5 % www.brancaia.com

☛ *Servir entre 2007 et 2011, à 17 °C et oxygéné en carafe 30 minutes*

 Osso buco au fenouil et gremolata ou magret de canard grillé parfumé de baies roses accompagné d'une purée de patates douces aux olives noires.

Château Ramafort 2003
MÉDOC, CHÂTEAU RAMAFORT, FRANCE *(DISP. NOV./DÉC. 07)*

24,45 $	SAQ S* (608596)	★★★? ☆ $$	Corsé

Ce désormais réputé cru médocain présente un 2003, dégusté en primeur en août 2007, fort raffiné, au nez floral d'une belle intensité, mais avec retenue et détail. En bouche, on y trouve un vin classique de l'appellation, c'est-à-dire à la fois nourri et tannique, aux saveurs expressives et fraîches. Une aubaine bordelaise, réussie avec brio dans ce millésime marqué par le sceau du réchauffement planétaire. **Cépages :** 50 % merlot, 50 % cabernet sauvignon. **Alc./**13 % www.chateau-ramafort.com

☛ *Servir entre 2007 et 2013 et oxygéné en carafe 30 minutes*

 Filet d'agneau en croûte et jus de cuisson naturel ou rôti de bœuf aux champignons.

Secondo 2004
SOVANNA, POGGIO FOCO, ITALIE

24,45 $	SAQ S (10538736)	★★★☆ $$	Corsé+

■ NOUVEAUTÉ! Un toscan, d'une appellation située dans le prolongement méridional de la réputée Morellino di Scansano, d'une profondeur et d'une densité étonnantes pour son rang, aux tanins certes serrés mais enveloppés d'une gangue presque veloutée, aux saveurs percutantes de bleuet, de mûre, de café et de réglisse. Du jus, de la prestance et de la race à bon prix. **Cépages :** 85 % cabernet sauvignon, 10 % sangiovese, 5 % autres cépages. **Alc./**14 % www.poggiofoco.com

Servir entre 2007 et 2014, à 17 °C et oxygéné en carafe 30 minutes

 Carré d'agneau au poivre vert et à la cannelle.

Château Lagrezette 2004

CAHORS, ALAIN-DOMINIQUE PERRIN, FRANCE *(DISP. NOV./DÉC. 07)*

24,50 $	SAQ S* (972612)	★★★?☆ $$$	Corsé+

Dégusté en primeur en août 2007, d'un échantillon provenant directement du domaine, ce 2004 se montre évidemment moins voluptueux que ne l'était le 2003 (commenté dans le Répertoire), millésime qui signalait le 500e anniversaire de ce château, devenu l'une des références préférées des amateurs de vin de Cahors du Québec. Donc, un 2004 tout aussi coloré, au nez plus raffiné et distingué, actuellement fermé, mais passablement riche de promesses et surtout plus classiquement cahors que ne l'était le 2003, marqué par le soleil et la chaleur du réchauffement planétaire. En bouche, il se montre plus strict et vertical, exhalant des tanins très serrés mais aussi très racés, au fruité pur, très frais et au corps plein et longiligne. Les cahors *aficionados* apprécieront sa droiture; les autres, ceux qui sont plus de goût Nouveau Monde, attendront probablement le 2005. **Cépages :** 77 % malbec, 21 % merlot, 2 % tannat. **Alc./**14 % www.chateau-lagrezette.tm.fr

 Servir entre 2009 et 2016, à 17 °C et oxygéné en carafe 45 minutes

Carré d'agneau et jus au café expresso (C*).

La Braccesca 2003

VINO NOBILE DI MONTEPULCIANO, ANTINORI AGRICOLA, ITALIE *(DISP. OCT. 07)*

24,50 $	SAQ S (868570)	★★★?☆ $$	Corsé

 Un nobile, provenant de l'un des nombreux domaines de la grande famille Antinori, typique du millésime 2003, soit coloré, aromatique, très mûr, torréfié et engageant à souhait, à la bouche charnue, pleine, et enveloppante, aux tanins certes gras, mais bien présents, aux saveurs expressives et persistantes, d'un bon volume. Une aubaine et un régal! **Cépage :** sangiovese. **Alc./**13,5 % www.antinori.it

 Servir entre 2007 et 2015, à 17 °C et oxygéné en carafe 15 minutes

Osso buco ou ragoût de bœuf au vin rouge et polenta crémeuse au parmesan.

Poggerino 2004

CHIANTI CLASSICO, FATTORIA POGGERINO, ITALIE

24,55 $	SAQ S (878777)	★★★☆ $$	Corsé

La quintessence du chianti moderne, c'est-à-dire du rouge toscan ultra-coloré, richement aromatique, au fruité à la fois mûr, concentré et très frais, à la bouche débordante de saveurs, aux tanins mûrs mais ramassés et serrés, à l'acidité discrète, au boisé présent mais intégré, et aux saveurs très longues, laissant des traces de bleuet, de cerise noire et de violette. Du maigre et dilué chianti des années soixante-dix, voilà le résultat plus que probant de plus de trente ans de sélections des meilleurs clones de sangiovese et de peaufinage des méthodes de fermentation et d'élevage. Tant de chemin parcouru, pour le plus grand bonheur des consommateurs. Chapeau! **Cépage :** sangiovese. **Alc./**14 % www.poggerino.com

☞ *Servir entre 2007 et 2013, à 17 °C et oxygéné en carafe 15 minutes*

 Osso buco, côtes de veau grillées et champignons portabello grillés ou carré d'agneau à la gremolata.

Optimum 2004
FRONTON, CHÂTEAU BELLEVUE LA FORÊT, FRANCE

24,70 $	SAQ S (10781605)	★★★☆ $$	Corsé

■ NOUVEAUTÉ! Cuvée haute couture du Château Bellevue La Forêt, dominée par la syrah, se montre au sommet des vins du domaine, offrant couleur profonde, nez dense et racé, avec élégance, tout en étant passablement riche, bouche à la fois pleine, fraîche, élancée, compacte et presque veloutée tant les tanins sont mûrs et travaillés avec doigté par un boisé intégré et plutôt discret. Fruits noirs, violette et épices douces signent le cocktail de saveurs. Une nouveauté mise en marché le 13 septembre 2007, via le spécial Sud de la France du magazine SAQ *Cellier*. **Cépages :** 46 % syrah, 37 % négrette, 17 % cabernet sauvignon. **Alc./**13 % **www.chateaubellevuelaforet.com**

☞ *Servir entre 2007 et 2014, à 17 °C et oxygéné en carafe 30 minutes*

 Brochettes d'agneau à l'ajowan ou entrecôte grillée à la pommade d'olives noires (olives noires dénoyautées et huile d'olive passées au robot).

Château de Barbe Blanche 2005
LUSSAC-SAINT-ÉMILION, ANDRÉ MAGNON ET ANDRÉ LURTON, FRANCE *(DISP. FÉVR. 08)*

24,75 $	SAQ S (858704)	★★★☆ $$	Corsé+

Torréfié et fumé au possible, sans excès, ce satellite de Saint-Émilion se montre fort engageant et prenant, millésime oblige, et vraiment plus réussi que ne l'était le 2003 (commenté dans le Répertoire de *La Sélection 2007*). Bonne coloration. Étonnante richesse aromatique pour son rang. Surprenante générosité solaire en bouche, tanins extraits, mais mûrs à point et bien enveloppés, acidité discrète et saveurs pulpeuses, laissant des traces de fruits noirs, de café et de poivre. D'un réputé château situé sur l'une des quatre appellations satellites de Saint-Émilion, élaboré sous la houlette d'André Lurton, dont le nom n'est plus à faire dans le Bordelais. **Cépages :** 65 % merlot, 25 % cabernet franc, 10 % cabernet sauvignon. **Alc./**14 % www.andrelurton.com

2005
CHÂTEAU DE
BARBE BLANCHE
LUSSAC-SAINT-ÉMILION
MIS EN BOUTEILLE AU CHÂTEAU
ANDRÉ LURTON

☞ *Servir entre 2008 et 2015, à 17 °C*

 Brochettes d'agneau grillées à l'ajowan ou gigot d'agneau aux herbes séchées (thym, romarin et origan).

Altano Reserva 2004

DOURO, SYMINGTON FAMILY ESTATES, PORTUGAL *(DE RETOUR OCT. 07)*

24,95 $	SAQ S (10370814)	★★★☆ $$$	Puissant

Fruits noirs, menthe chocolatée et eucalyptus donnent le ton à ce très riche et puissant rouge du Douro, élaboré par la famille Symington, propriétaire des grandes maisons de porto que sont, entre autres, les Warre's, Graham's, Dow's et Quinta do Vesuvio. Ce 2004 se montre plus extrait et plus puissant que le précédent 2003 (commenté dans *La Sélection 2007*), qui lui se montrait plus nourri que le généreux 2001. Donc, un 2004 ultra-coloré, richement aromatique, au boisé présent, dense, très serré, ferme et puissant en bouche, ne donnant pas dans la finesse ni dans l'élégance, mais non dénué de race, aux saveurs longues et expansives. Ira loin et plaira à ceux qui apprécient les rouges bâtis sur une solide assise tannique. **Cépages :** touriga franca, touriga nacional. **Alc./**14 % **www.symington.com**

☛ *Servir entre 2007 et 2017, à 17 °C et oxygéné en carafe 30 minutes*

 Gigot d'agneau aux herbes séchées (thym, romarin et origan) ou carré d'agneau marocain et provençal (avec feuilles de menthe, poivre de Cayenne, piment doux, paprika, cumin, romarin frais, thym, ail et moutarde de Dijon).

Ciacci Piccolomini d'Aragona « Fabius »  2004

SANT'ANTIMO, CIACCI PICCOLOMINI D'ARAGONA, ITALIE *(DISP. JANV. 08)*

25 $	SAQ S (10845162)	★★★☆ $$	Corsé

■ NOUVEAUTÉ! Dégustée en primeur, en septembre 2007, d'un échantillon provenant du domaine, voilà une syrah toscane étonnamment riche et dense pour son prix. Couleur presque noire. Nez très aromatique, riche et concentré. Bouche pleine, presque sphérique, mais avec fraîcheur et élan, aux saveurs expansives, jouant dans la sphère des fruits noirs, de cacao et de la fumée. Tanins très tendres, tout en exprimant un certain grain. Du sérieux. **Cépage :** syrah. **Alc./**14 % **www.ciaccipiccolomini.com**

☛ *Servir entre 2007 et 2013, à 17 °C et oxygéné en carafe 15 minutes*

Thon rouge mi-cuit au poivre concassé et purée de pommes de terre aux olives noires ou côtelettes d'agneau grillées sauce teriyaki à l'orange.

Piazzano Rio Camerata Riserva 2003

CHIANTI, FATTORIA DI PIAZZANO, ITALIE *(DISP. FIN JANV. 08)*

25 $	SAQ S (10844354)	★★★ $$	Modéré+

■ NOUVEAUTÉ! Très beau chianti moderne, fort coloré, au nez racé et profond, exhalant des tonalités minérales et fruitées, à la bouche au corps modéré, aux tanins fins et aux saveurs élégantes et fraîches, ce qui étonne dans ce millésime de feu. Belle matière et expressivité engageante. Dégusté en primeur, en septembre 2007, d'un échantillon provenant directement du domaine. **Cépage :** sangiovese. **Alc./**13,5 % **www.fattoriadipiazzano.it**

☛ *Servir entre 2007 et 2011, à 17 °C*

 Lapin à la toscane (C*), fettucine all'amatriciana « à ma façon » (C*) ou veau marengo (de longue cuisson).

Michel Juillot Mercurey 2004

MERCUREY, DOMAINE MICHEL JUILLOT, FRANCE

25,15 $	SAQ S* (573402)	★★★ $$	Modéré+

Laurent Juillot, qui dirige ce domaine avec doigté, a réussi à nouveau un très beau pinot en 2004, au nez d'une certaine maturité de fruits, laissant deviner des notes de griotte et d'épices douces, à la bouche à la fois ample et fraîche, aux tanins fins, mais au grain présent, et aux saveurs longues et aériennes. Donc, un mercurey plaisir. **Cépage :** pinot noir. **Alc./**13 % www.domaine-michel-juillot.fr

☛ *Servir entre 2007 et 2011, à 17 °C*

Bruschetta à la romaine (pain de campagne, huile d'olive, ail et tomates fraîches), saumon grillé beurré de pesto de tomates séchées, casserole de poulet à la pancetta ou blanquette de veau.

Monte Real Reserva 2000

RIOJA, BODEGAS RIOJANAS, ESPAGNE

25,15 $	SAQ S* (856005)	★★★☆ $$$	Modéré+

Vous êtes fanas des pinots noirs californiens? Alors, laissez-vous prendre par ce rouge espagnol, de la Rioja, au profil rappelant les vins de la côte Ouest, tout en exprimant sa singularité par des notes torréfiées typiques des vins de cette zone d'appellation du nord de l'Espagne. Vous y dénicherez un vin passablement foncé, au disque un brin orangé, au nez aromatique, presque riche et détaillé à souhait, exhalant ainsi des notes de cerise noire, d'épices douces, de girofle, de café, de cacao et de vanille, toasté à souhait, à la bouche d'une certaine épaisseur veloutée, aux tanins tendres, à l'acidité discrète et aux saveurs persistantes, laissant des traces de lard fumé. Très pinot, je vous le dis! Un profil qui exprime très bien les vins de cette célèbre maison de Cenicero, ville située au cœur de la Rioja. **Cépages :** tempranillo (majoritaire), mazuelo et graciano. **Alc./**13 % **www.bodegasriojanas.com**

☛ *Servir entre 2007 et 2012, à 17 °C*

Pâtes aux tomates séchées, thon poêlé aux tomates confites et à l'huile d'olive épicée ou magret de canard et crevettes à la saveur du Nouveau Monde (C*). Fromage : camembert aux clous de girofle (préalablement macérés quelques jours au centre du fromage).

La Pinède 2005

COLLIOURE, DOMAINE LA TOUR VIEILLE, FRANCE *(DE RETOUR OCT./NOV. 07)*

25,25 $	SAQ S (914267)	★★★ $$	Corsé

Le 2005 de ce cru vedette de Collioure, dégusté en primeur en septembre 2007, était attendu au moment même de la parution de ce guide. Contrairement au précédent 2004 (aussi commenté), marqué par une bouche pleine et généreuse, ce 2005 se montre actuellement plus retenu, plus ferme et plus longiligne. Le temps ou un bon gros coup de carafe sera nécessaire pour lui permettre de délier les cordons de sa bourse aromatique... Car la trame est belle, tissée serrée, dotée de tanins extra-fins et de saveurs fraîches et subtiles. Donc, à suivre. Il faut savoir que cette cuvée, qui provient de l'appellation Collioure, située dans l'arrière-pays du charmant petit village du même nom, est élaborée par le couple de passionnés, Christine Campadieu et Vincent Cantie, qui magnifie aussi de très beaux vins doux naturels de Banyuls (aussi commentés).

Cépages : 75 % grenache noir, 25 % carignan (vieilles vignes de 50 ans). **Alc./**14 %

☛ *Servir entre 2009 et 2014, à 17 °C et oxygéné en carafe 2 heures*

 Ragoût de bœuf épicé à l'indienne ou tajine de ragoût d'agneau aux cinq-épices.

Château Greysac 2003
MÉDOC, CHÂTEAU GREYSAC, FRANCE

25,35 $	SAQ S (896274)	★★★☆ $$	Corsé

Nez invitant, médocain à souhait, fumé, mine de crayon et poivre. Plein, texturé, sur le fruit, et quel fruit (bleuet, crème cassis)! Savoureux, harmonieux, tanins enveloppés et mûrs, bon volume et long. Une réussite dont les vins représentent depuis quelques millésimes l'un des meilleurs rapports qualité-prix du Médoc. La propriété étant dirigée par la même personne que le Château Cantemerle, ceci explique cela. **Cépages :** 50 % merlot, 40 % cabernet sauvignon, 8 % cabernet franc, 2 % petit verdot. **Alc./**13 % **www.greysac.com**

☛ *Servir entre 2007 et 2014, à 17 °C et oxygéné en carafe 15 minutes*

 Carré d'agneau grillé ou rôti de bœuf aux champignons.

Fonterutoli 2005
 CHIANTI CLASSICO, MAZZEI IN FONTERUTOLI, ITALIE

25,60 $	SAQ S* (856484)	★★★☆ $$	Corsé

Ce 2005 démontre à nouveau un Fonterutoli à l'image du chianti du XXIe siècle. Donc, un sangiovese très coloré et violacé, au nez presque confit de fruits noirs, de torréfaction et de chêne neuf, à la bouche joufflue, éclatante et sphérique, aux tanins mûrs et enveloppés, à l'acidité fraîche mais discrète, et aux saveurs pulpeuses et très longues. Il faut dire que cette grande maison toscane, appartenant à la famille Mazzei depuis 1435, profite de superbes terroirs et de la grande dextérité du réputé œnologue Carlo Ferrini, ce qui lui permet d'engendrer parmi les meilleurs vins de la zone « *classico* » du Chianti. **Cépage :** sangiovese. **Alc./**13,5 % **www.fonterutoli.it**

☛ *Servir entre 2007 et 2014, à 17 °C*

 Filets de bœuf à la fourme d'Ambert et au romarin (C*), magret de canard grillé parfumé de baies roses ou carré d'agneau farci aux olives noires et au romarin, sauce au porto LBV.

Les Vins de Vienne 2005
CROZES-HERMITAGE, LES VINS DE VIENNE, FRANCE *(DE RETOUR OCT./NOV. 07)*

25,65 $	SAQ S (10678229)	★★★ $$	Modéré+

Enfin un rouge rhodanien à un pourcentage d'alcool décent (12,5 %), ce qui le rend digeste et invitant au possible. Tout y est pour le prix : Couleur. Parfums d'une fraîcheur exemplaire, aux relents de cerise au marasquin et de poivre blanc. Bouche ample et texturée, aux tanins fins et à l'acidité juste dosée pour donner de l'élan aux saveurs et rendre l'ensemble sapide. Rien à voir avec les crozes modernes et extraits aux parfums souvent violents. **Cépage :** syrah. **Alc./**12,5 % **www.vinsdevienne.com**

☛ *Servir entre 2007 et 2010, à 17 °C et oxygéné en carafe 15 minutes*

 Tartinades d'olives noires (olives noires dénoyautées, graines de fenouil, zestes d'orange et huile d'olive passées au robot), lasagne aux saucisses italiennes épicées ou carré de porc aux tomates confites et aux herbes de Provence.

Réserve du Domaine de Champ de Cour 2005

MOULIN-À-VENT, MOMMESSIN, FRANCE

25,70 $	SAQ S (557421)	★★★?☆ $$$	Corsé

Grâce à la générosité du climat qui a prévalu en Bourgogne en 2005, ainsi qu'à un singulier terroir de granite rose friable, planté de vieilles vignes de trente ans d'âge, cette réserve beaujolaise est plus invitante et plus harmonieuse que jamais. D'une couleur foncée. D'un nez très aromatique et complexe, égrainant des notes de violette, de giroflée et de framboise. D'une bouche ramassée et élancée, à la fois tendue et pleine, tannique et vive, aux saveurs longues et précises. Un cru qui se donnera à son mieux dans deux à quatre ans. Pour preuve, le joufflu et éclatant 2001, dégusté en février 2007, lors de la venue à Montréal de Sylvain Pithiot, qui y présentait une remarquable et historique verticale du grand cru Clos de Tart, précédée de quelques millésimes de la Réserve du Champ de Cour, survolée par le 2001 et le 2005 que voici. **Cépage :** gamay. **Alc./**13 % www.boisset.fr

☛ *Servir entre 2009 et 2013, à 16 °C et oxygéné en carafe 30 minutes*

 Filet de saumon au pinot noir (C*), pâtes aux tomates séchées ou veau marengo (de longue cuisson) et pâtes aux œufs.

Pilheiros 2004

DOURO, J. & F. LURTON, PORTUGAL *(DISP. JUIN 08)*

25,90 $	SAQ S (10841196)	★★★?☆ $$$	Corsé+

■ NOUVEAUTÉ! À l'image du délectable Barco Negro 2005 (aussi commenté dans ce guide), ce cru du Douro connaîtra beaucoup d'adeptes dès son arrivée – qui sera disponible via le numéro de juin 2008 du magazine de la SAQ *Cellier*. Il a tout pour plaire à l'amateur de vins portugais de l'ère moderne, tout comme des amoureux des vins de soleil provenant du Languedoc, avec lesquels il partage une certaine affinité. La couleur est profonde. Le nez est marqué par un fruité mûr, presque confit mais tendu par cette fraîcheur unique aux terroirs schisteux du Douro. La bouche est pleine et joufflue, mais à nouveau avec cette trame serrée typique des rouges nés sur les majestueux coteaux qui siéent aussi magnifiquement à l'élaboration des grands portos vintages. Fruits noirs, café et cacao complètent le tableau. **Cépages :** tinta roriz, touriga franca, touriga nacional. **Alc./**14,5 % www.jflurton.com

☛ *Servir entre 2007 et 2013, à 17 °C et oxygéné en carafe 30 minutes*

Carré d'agneau au poivre vert et à la cannelle ou brochettes de bœuf au café noir (voir Filets de bœuf au café noir) (C*).

Rocca Guicciarda Riserva 2004

CHIANTI CLASSICO, BARONE RICASOLI, ITALIE

25,95 $ SAQ S* (10253440) ★★★☆ $$$ Corsé

Toujours aussi aromatique et engageant, doté d'un fruité riche et détaillé, aux tonalités de prune, de violette et d'épices douces, ce cru est à nouveau un incontournable. La bouche suit avec une chair dodue, presque pulpeuse, d'une bonne ampleur pour le millésime, aux tanins enveloppés, qui ont du grain, et aux saveurs d'une grande allonge. Boisé moderne, mais harmonieux. Il faut dire que cette maison s'est littéralement transformée depuis l'arrivée aux commandes, en 1990, du *barone* Francesco Ricasoli – le 32e depuis la création de ce domaine au XIIe siècle –, qui a magnifié cette maison historique, riche de 1 200 hectares de vignes. **Cépage :** sangiovese. **Alc./**13,5 % **www.ricasoli.it**

☞ *Servir entre 2007 et 2012, à 17 °C*

 Osso buco au fenouil et gremolata ou filets de bœuf grillés et sauté de poivrons rouges au curcuma.

Amarcord d'un *Ross* Riserva 2003 ♥

SANGIOVESE DI ROMAGNA, AZIENDA AGRICOLA TRERE, ITALIE

26,05 $ SAQ S (10780485) ★★★☆ $$ Corsé+

 ■ NOUVEAUTÉ! Excellent assemblage sangiovese et cabernet, d'une couleur profonde, d'un nez riche et mûr, au fruité intense, d'une bouche dense, pleine et ramassée, sans dureté, aux tanins mûrs et presque enveloppés par une chair imposante, aux longues et puissantes saveurs de fruits noirs, de café et de réglisse. Gagnera en volupté et en complexité d'ici 2009-2010. **Cépages :** 85 % sangiovese, 15 % cabernet sauvignon. **Alc./**13,5 % **www.trere.com**

☞ *Servir entre 2007 et 2014, à 17 °C et oxygéné en carafe 30 minutes*

 Filets de bœuf aux champignons et au vin rouge, rôti de bœuf aux champignons café ou côtes d'agneau sauce au vin et polenta.

Copa Santa 2005 *(DISP. NOV./DÉC. 07)*

COTEAUX-DU-LANGUEDOC « TERROIR DE LA MÉJANELLE », DOMAINE CLAVEL, FRANCE

26,35 $ SAQ S (10282857) ★★★☆?☆ $$$ Corsé

Après une Copa Santa 2003 (commentée dans *La Sélection 2007*) puissante et généreuse, millésime oblige, cette 2005, dégustée en primeur en septembre 2007, se montre plus ramassée et plus fraîche, donc plus classique et plus en lien avec le terroir. Couleur profonde, nez dense et retenu, mais d'une grande signature minérale, au fruité pur et précis, suivi d'une bouche d'une remarquable harmonie, aux tanins noblement extraits, avec du grain, à l'acidité juste dosée et aux saveurs longilignes et prenantes. L'ouvrage d'un orfèvre. Il faut savoir que la Copa Santa, provenant du terroir de la Méjanelle, tout comme son alter ego Les Garrigues (aussi commenté avec ses 2005 et 2006), est la grande cuvée de Pierre Clavel, vigneron inspiré à la recherche du Graal languedocien. **Cépages :** syrah (majoritaire), grenache, mourvèdre. **Alc./**14 % **www.vins-clavel.fr**

☞ *Servir entre 2007 et 2019, à 17 °C et oxygéné en carafe 30 minutes*

Tranches d'épaule d'agneau grillées et pommade d'olives noires (olives noires dénoyautées et huile d'olive passées au robot) ou carré d'agneau marocain et provençal (avec feuilles de menthe, poivre de Cayenne, piment doux, paprika, cumin, romarin frais, thym, ail et moutarde de Dijon).

Serego Alighieri « Valpolicella dell'650 Anniversario » 2003 *(DISP. OCT./NOV. 07)*

VALPOLICELLA CLASSICO « SUPERIORE », SEREGO ALIGHIERI, ITALIE

26,50 $	SAQ S (10543404)	★★★☆ $$$	Corsé

Un « valpo » anniversaire fort coloré, richement aromatique, passablement concentré, plein, presque dense pour l'appellation, aux tanins tissés serrés mais mûrs, au corps ample et aux saveurs persistantes, laissant des traces de cerise noire, de prune et de torré-faction. Belle attaque sur le fruit et tanins noblement extraits. Évoluera en beauté. **Cépages :** 70 % corvina, 20 % rondinella, 10 % molinara (clone Serego Alighieri). **Alc./**14 % www.masi.it

☛ *Servir entre 2008 et 2017, à 17 °C et oxygéné en carafe 30 minutes*

Foie de veau et jus au café expresso (voir Carré d'agneau et jus au café expresso) (C*) ou pâtes aux champignons et fond de veau.

Brolo di Campofiorin Masi 2004

ROSSO DEL VERONESE, MASI AGRICOLA, ITALIE

26,75 $	SAQ S* (583369)	★★★?☆ $$$	Corsé

Un 2004 très coloré, au nez richement fruité, pur, sans boisé apparent, à la bouche pleine, ramassée et fraîche, avec du grain, aux saveurs de fruits noirs. Pour une plus grande expression de bouche, il faudra l'attendre 2 ou 3 ans, moment où il atteindra ses trois étoiles et demie. Son prix ayant été abaissé de 5 $ au cours des dernières années, ce *Brolo* représente plus que jamais un excellent rapport qualité-prix. Donc, un *ripasso* de haut vol, produit avec une sélection sévère des meilleurs raisins provenant d'un *brolo* (clos), situé en plein cœur de la Valpolicella. **Cépages :** 75 % corvina, 25 % rondinella. **Alc./**14 % www.masi.it

☛ *Servir entre 2008 et 2016, à 17 °C et oxygéné en carafe 1 heure*

Jarret d'agneau confit accompagné d'une poêlée de champignons sauvages ou filets de bœuf sauce balsamique et poêlée de champignons.

Liano 2004

RUBICONE, UMBERTO CESARI, ITALIE

26,80 $	SAQ S* (927707)	★★★ $$$	Corsé

Après avoir présenté une série de millésimes réussis avec brio coup sur coup jusqu'en 2002, le Liano 2003 venait casser le rythme en présentant un vin moins en chair, aux tanins un brin asséchants. Par contre, ce 2004 revient à la charge avec le style ayant fait son succès, soit un vin gourmand et plein, qui tend plus vers le profil des vins du Nouveau Monde que vers celui des crus plus élancés d'Italie. Bonne nouvelle, le boisé est plus discret, laissant ainsi place au fruit. Les tanins sont bien travaillés, tout en conservant une trame serrée, l'acidité est fraîche et les saveurs expansives, sans excès. **Cépages :** sangiovese, cabernet sauvignon. **Alc./**13,5 % www.umbertocesari.it

Servir entre 2007 et 2012, à 17 °C et oxygéné en carafe 15 minutes

 Hamburgers à la pommade d'olives noires (olives noires dénoyautées et huile d'olive passées au robot) ou brochettes de bœuf sauce au fromage bleu (C*).

Château de Rochemorin 2003

PESSAC-LÉOGNAN, ANDRÉ LURTON, FRANCE

26,85 $	SAQ S (743005)	★★★ $$$	Modéré+

Rubis moyen. Nez retenu. Bouche à la fois ronde, généreuse, fraîche et tannique, un brin serrée, longue et confite. Finale sur le poivron, la suie et le bois. Très beau, texturé, persistant et doté comme toujours d'un charme immédiat et d'un beau touché de bouche. **Cépages :** 60 % cabernet sauvignon, 40 % merlot. **Alc./**12,5 % **ww.andrelurton.com**

Servir entre 2007 et 2011, à 17 °C et oxygéné en carafe 15 minutes

Côtelettes et tranches d'épaule d'agneau grillées au poivre noir, accompagnées de poivrons verts et rouges sautés à l'huile d'olive et au paprika ou filets de bœuf au concassé de poivre et patates douces rôties au thym.

La Massa 2005

TOSCANA, GIAMPAOLO MOTTA, FATTORIA LA MASSA, ITALIE *(DISP. OCT. 07)*

27,25 $	SAQ S (10517759)	★★★☆ $$$	Corsé

Contrairement au 2003 (commenté dans *La Sélection 2007*), où le merlot dominait l'assemblage, ce 2005 redevient toscan en faisant la part belle au sangiovese. Ce qui lui procure un profil plus frais et raffiné, tout en demeurant gourmand, ainsi que des tanins qui ont plus de grain, tout en étant fins. Le fruité est d'une pureté rarissime chez les crus offerts à ce prix. Le travail se poursuit chez ce cru qui est, en fait, le deuxième vin de cette remarquable *fattoria* toscane, contiguë au célèbre Castello di Rampolla et installée dans la Conca d'Oro, le meilleur secteur de la zone du Chianti Classico – appellation que Giampaolo Motta a longtemps défendue avec ardeur, mais à laquelle il ne souscrit plus pour son grand vin, le Giorgio Primo (voir commentaires dans le chapitre *Livre de cave* de *La Sélection 2007*) depuis le millésime 2003. Enfin, sachez que La Massa est élaborée à partir de jeunes vignes plantées entre 1997 et 1998. **Cépages :** 65 % sangiovese, 30 % merlot, 5 % cabernet sauvignon. **Alc./**13,5 %

Servir entre 2007 et 2013, à 17 °C et oxygéné en carafe 5 minutes

 Veau marengo (de longue cuisson) et pâtes aux œufs ou filet de porc au café noir (voir Filets de bœuf au café noir) (C*).

Castello di Pomino 2004

POMINO ROSSO, MARCHESI DE' FRESCOBALDI, ITALIE

27,40 $	SAQ S* (729608)	★★★?☆ $$$	Corsé

Wow! Il y a longtemps que ce cru m'a touché autant. Donc, surveillez le prochain arrivage. De la couleur, du fruit à revendre, de la maturité, mais dans la fraîcheur du fruit, s'exprimant par des notes riches de violette et de prune, de l'ampleur, de la chaire, de l'expansion, mais avec la retenue que seul le cépage pinot noir en connaît le secret, des tanins tissés serrés, au grain fin, et une acidité discrète,

mais bel et bien présente. J'ai l'impression que la maison a finalement compris l'attitude à adopter avec ce grand cépage bourguignon. **Cépages :** pinot noir (majoritaire), sangiovese, merlot.
Alc./13 % **www.frescobaldi.it**

☛*Servir entre 2007 et 2015, à 17 °C*

 Joues de veau braisées aux tomates confites, cailles sautées
à la poêle et riz sauvage aux champignons (C*) ou magret de
canard grillé parfumé de baies roses.

Merlot Vistorta 2004
FRIULI, VISTORTA BRANDINO BRANDOLINI D'ADDA, ITALIE

27,40 $	SAQ S (712018)	★★★☆ $$$	Corsé

Robe rubis foncé. Nez engageant on ne peut plus merlot européen,
exhalant ainsi des notes fraîches de poivron, de persil, de poivre et
de cerise noire. Bouche à la fois pleine et serrée, compacte et ample,
de haut niveau pour 2004, aux saveurs passablement soutenues
et au coffre imposant, mais avec la fraîcheur et la distinction
habituelles chez ce cru. Du fruit, de l'éclat et de la présence, pour
une réussite à ne pas manquer. Ne ratez pas le 2005 (aussi commenté en primeur), qui le suivra en février 2008. **Cépages :** 93 %
merlot, 5 % cabernet franc, 2 % syrah. **Alc./**13 % **www.vistorta.it**

☛*Servir entre 2007 et 2015, à 17 °C et oxygéné en carafe
30 minutes*

 Filet d'agneau et coulis de poivrons rouges ou filets de bœuf
grillés en croûte de fines herbes.

Merlot Vistorta 2005
FRIULI, BRANDINO BRANDOLINI D'ADDA, ITALIE *(DISP. FÉVR. 08)*

27,40 $	SAQ S (10272763)	★★★☆ $$$	Corsé

Comme à son habitude, le Conte Brandolini d'Adda nous présente un
2005 d'une remarquable finesse aromatique, détaillé au possible,
aux tanins racés et soyeux, un brin réglissés, aux saveurs longilignes
et à l'acidité juste fraîche, sans excès, lui procurant un profil on ne
peut plus saint-émilion. Violette, fraise et grenadine participent à
l'harmonie aromatique. Plus longiligne que le plus musclé 2004
(aussi commenté). **Cépages :** 93 % merlot, 5 % cabernet franc, 2 %
syrah. **Alc./**13 % **www.vistorta.it**

☛*Servir entre 2007 et 2015, à 17 °C et oxygéné en carafe
30 minutes*

Cailles rôties aux cerises noires ou poitrines de volaille à la
crème d'estragon (C*).

Luigi Righetti « Amarone Classico » 2003
AMARONE DELLA VALPOLICELLA, LUIGI RIGHETTI, ITALIE

27,55 $	SAQ S* (976183)	★★★☆ $$	Corsé

Un *amarone* moderne, boisé, généreux et engageant au possible,
d'un excellent rapport qualité-prix. Certes pas du niveau des
meilleurs, mais à ce prix deux à trois fois moindre, vous dénicherez
un rouge parfumé, intense, mûr, aux notes de fruits rouges, de bois
neuf et d'épices douces, à la bouche pleine, sphérique et texturée,
juteuse et on ne peut plus agréable grâce à ses tanins fondus et
enrobés par une chair prenante. **Cépages :** corvina, rondinella, molinara. **Alc./**15 % **www.smallwinemakers.ca/righetti.html**

☛ *Servir entre 2007 et 2012, à 15 °C*

 Foie de veau aux betteraves confites, médaillons de veau aux bleuets, pâtes aux champignons et fond de veau ou côtes levées sauce barbecue épicée. Fromage : gavoi di Montagna (lait de brebis, fumé durant son affinage d'une durée de douze mois).

Château de Mercey 2005
MERCUREY, A. RODET, FRANCE *(DISP. FÉVR. 08)*

27,90 $	SAQ S (10865083)	★★★?☆ $$$	Modéré+

■ NOUVEAUTÉ! Un 2005, dégusté en primeur en août 2007, actuellement fermé au nez, mais qui se donne à fond en bouche, offrant une matière tendue et longiligne, aux tanins tissés serrés, très fins, à l'acidité croquante et aux saveurs longues, laissant des traces de cerise et de fleurs. Sera plus bavard dans une année ou deux. **Cépage :** pinot noir. **Alc./**13 % www.rodet.com

☛ *Servir entre 2008 et 2013, à 16 °C et oxygéné en carafe 30 minutes*

Cailles sautées à la poêle et riz sauvage aux champignons (C*) ou pétoncles en civet (C*).

Château Villa Bel-Air 2003
GRAVES, A. CAZES, FRANCE

27,95 $	SAQ S (10752716)	★★★ $$$	Modéré+

■ NOUVEAUTÉ! Commenté dans *La Sélection Chartier 1999*, pour son millésime 1996, ce château – appartenant depuis 1990 à Jean-Michel Cazes, aussi propriétaire du célèbre Château Lynch-Bages –, a refait son apparition à la SAQ avec ce 2003. Il en résulte un graves classique, et ce, même malgré les frasques caniculaires de dame Nature en 2003. D'une couleur foncée. D'un nez très fin et passablement mûr, sans excès, aux notes typiques de graphite, de fumée et de prune, à la bouche ronde et veloutée, d'une bonne ampleur, aux tanins presque tendres et aux saveurs longues et précises, aux tonalités de torréfaction. Du beau bordeaux, à boire dès maintenant. **Cépages :** 50 % merlot, 40 % cabernet sauvignon, 10 % cabernet franc. **Alc./**13 % www.villabelair.com

☛ *Servir entre 2007 et 2010, à 17 °C*

 Carré d'agneau et jus au café expresso (C*) ou hachis Parmentier au canard.

Château Mazeris 2001
CANON-FRONSAC, DE COURNUAUD, FRANCE

28,05 $	SAQ S* (10203944)	★★★☆ $$$	Corsé

Charme, volupté, ampleur, expression aromatique et plaisir à boire, voilà un rouge du Libournais fort réussi dans ce millésime, grâce, en partie, au patrimoine de vieilles vignes de ce domaine. Du fruit, des fleurs et du velouté, ainsi que de la complexité, à un très bon prix pour son niveau de qualité. On n'est pas loin de Pomerol en matière de profil et de profondeur. **Cépages :** merlot (majoritaire), cabernet franc (petite proportion). **Alc./**13 % www.chateau-mazeris.com

☛ *Servir entre 2007 et 2015, à 17 °C et oxygéné en carafe 5 minutes*

Jarret d'agneau confit accompagné d'une poêlée de champignons sauvages, magret de canard caramélisé aux épices (C*) ou côte de veau rôtie aux morilles.

Château de Rully 2005

RULLY, A. RODET, FRANCE *(DISP. OCT./NOV. 07)*

28,15 $	SAQ **S** (703892)	★★★?☆ $$$	Modéré+

Charmeur au possible, exhalant de riches et très frais effluves de cannelle, de muscade, de giroflée et de cerise. Bouche expressive, aux tanins très fins, à l'acidité juste dosée et aux saveurs longues et précises, dominées par le clou de girofle. Un régal qui se laisse boire avec une grande digestibilité. *Aficionados* du pinot noir, il ne faut pas le manquer! **Cépage :** pinot noir. **Alc./**13 % **www.rodet.com**

☛ *Servir entre 2007 et 2012, à 16 °C*

 Filet de saumon grillé recouvert d'un concassé grossier des quatre-épices chinoises (poivre, muscade, gingembre en poudre et clou de girofle), cailles laquées au miel et aux cinq-épices (R*) ou poulet rôti au sésame et aux cinq-épices. Fromage : camembert aux clous de girofle (préalablement macérés quelques jours au centre du fromage).

Jean-Pierre Moueix 2005

POMEROL, ETS JEAN-PIERRE MOUEIX, FRANCE *(DISP. NOV./DÉC. 07)*

28,20 $	SAQ S* (739623)	★★★☆ $$$	Corsé

Après un bon coup de carafe, vous découvrirez toute la richesse, le corps et les saveurs engendrées par l'éclatant millésime 2005 que dame Nature a su offrir aux bordelais. Un pomerol plus nourri et plus dense que dans le déjà très bon millésime précédent. Prune, cerise noire et truffe participent au bouquet, tandis que les tanins, certes présents, se montrent d'une belle maturité. Évoluera en beauté. Difficile de ne pas succomber à nouveau, surtout au prix demandé pour un pomerol. **Cépages :** 90 % merlot, 10 % cabernet franc. **Alc./**13,5 % **www.moueix.com**

☛ *Servir entre 2007 et 2017 et oxygéné (fortement) en carafe 30 minutes*

 Jarret d'agneau confit parfumé à l'huile de truffes ou veau marengo (de très longue cuisson) et pâtes aux œufs à l'huile de truffes italiennes.

Marqués de Murrieta Reserva 2002

RIOJA, BODEGAS MARQUÉS DE MURRIETA, ESPAGNE

28,20 $	SAQ **S** (903906)	★★★?☆ $$	Corsé

Comme à son habitude, ce *Reserva* exhale de riches effluves de torréfaction, jouant sur des tonalités de café, de créosote et de vanille, boisé à la manière classiquement espagnole oblige. La bouche suit avec une texture au velouté épais, aux tanins enrobés et au corps enveloppant, laissant deviner d'intenses saveurs chocolatées et confites. On ne peut plus signé Marqués de Murrieta. Si vous aimez les vins boisés, vous serez conquis. **Cépages :** 88 % tempranillo, 9 % garnacha, 3 % mazuelo. **Alc./**14 % **www.marquesdemurrieta.com**

☛ *Servir entre 2007 et 2013, à 17 °C*

 Osso buco de jarret de veau à la vanille de Tahiti et au chocolat ou magret de canard fumé aux feuilles de thé Lapsang Souchong.

Château de Chamirey 2005

MERCURY, MARQUIS DE JOUENNES D'HERVILLE, FRANCE

28,25 $ SAQ S* (962589)   ★★★☆ $$$ Corsé

Avec l'aide de dame Nature, offrant un millésime d'exception en 2005, ainsi qu'avec une baisse de quatre dollars sur l'an passé, cet incontournable devient un *must* à engranger dans son *Cellier* plus que jamais. Quel nez! Du charme à profusion, des notes aromatiques et élégantes de cannelle, de muscade, de girofle et de cerise, une bouche éclatante comme pas une, expressive, fraîche, soyeuse, persistante et prenante, laissant deviner le même cocktail d'effluves perçu au nez. Une véritable bombe de plaisir immédiat, jouissive comme on aime que le bourgogne se montre. Sachez que ce bourgogne est aussi disponible en demi-bouteille (15,05 $; 962571). **Cépage :** pinot noir. **Alc./**13,5 % www.rodet.com

☛ *Servir entre 2007 et 2011, à 17 °C*

 Filets de porc à la cannelle et aux canneberges (R*), risotto au jus de betterave parfumé au girofle et flocons de poissons (R*), magret de canard grillé parfumé de baies roses, steak de saumon au café noir et aux cinq-épices chinoises (C*) ou dinde rôtie à l'ananas (R*).

Tabarrini « Colle Grimaldesco » 2003

MONTEFALCO, TABARRINI, ITALIE *(DISP. OCT./NOV. 07)*

28,50 $ SAQ S (10782296)   ★★★☆ $$$ Corsé

■ **NOUVEAUTÉ!** Très belle pointure de l'Ombrie, de la zone d'appellation Montefalco, réputée pour le fameux cépage sagrantino, mais qui ici laisse la place au sangiovese dans un ensemble profondément coloré, richement aromatique, sans boisé apparent, au fruité dominant, aux tanins presque tendres mais dotés d'un grain réglissé, d'une belle fraîcheur et aux saveurs d'une grande allonge, laissant des traces de fruits noirs, de tabac et de réglisse. Une autre nouveauté de haut niveau à se mettre sous la dent. **Cépages :** sangiovese (majoritaire), cabernet sauvignon, merlot, sagrantino. **Alc./**14 % www.tabarrini.com

☛ *Servir entre 2007 et 2013, à 17 °C et oxygéné en carafe 15 minutes*

 Carré de porc aux tomates séchées ou osso buco au fenouil et gremolata.

Castello d'Albola Riserva 2003

CHIANTI CLASSICO, GIANNI ZONIN VINAYARDS, ITALIE

28,55 $ SAQ S* (10254717)   ★★★ $$$ Corsé

D'un domaine situé à Radda, dans la zone originelle du chianti classico, ce 2003 est une autre réussite dans ce millésime de feu qu'a été 2003, marqué par la canicule européenne. Couleur soutenue. Nez passablement riche, sans boisé apparent. Bouche ample, presque dodue, mais avec tenue et générosité, non dénuée de fraîcheur. Saveurs subtiles et longues de violette, d'épices douces et de prune. Sera encore plus invitant dans deux ou trois ans. **Cépages :** sangiovese, canaiolo. **Alc./**13 % www.albola.it

☛ *Servir entre 2009 et 2013, à 17 °C et oxygéné en carafe 45 minutes*

Filets de bœuf aux champignons et au vin rouge ou ragoût de bœuf au sangiovese.

Grándárellá Masi 2004

ROSSO DEL VERONESE, MASI, ITALIE *(DISP. OCT. 07)*

28,75 $	SAQ S* (10431306)	★★★?☆ $$$	Corsé

Coloré. Nez aromatique, très riche, du fruit. Bouche pleine, généreuse, presque chaude, ample et dodue, avec de la chair et de la prestance. Tanins arrondis, tout en étant présents. Il s'en dégage une fraîcheur rarissime pour ce type de vin élaboré à partir de la même méthode de séchage des raisins, après vendange, sur une période de cinquante jours, comme pour l'*amarone*. D'ailleurs, son nom vient de ce procédé (grains = *grano*; palette de séchage = *arella*). **Cépages :** 75 % refosco, 25 % carmenère. **Alc./**14,7 % **www.masi.it**

☛ *Servir entre 2007 et 2017, à 17 °C et oxygéné en carafe 15 minutes*

 Pâtes aux champignons et fond de veau ou médaillons de veau aux bleuets.

Savigny Rodet 2005

SAVIGNY-LES-BEAUNE, ANTONIN RODET, FRANCE *(DISP. FÉVR. 08)*

28,90 $	SAQ S (10376386)	★★★☆ $$$	Corsé

Superbe 2005, comme la grande majorité des bourgognes rouges de ce millésime béni des dieux, qui fait suite au tout aussi réussi Savigny 2004 (commenté dans le Répertoire). Couleur profonde, nez riche et dense, bouche pleine, ramassée et généreuse à la fois, très fraîche, expansive et très longue, aux saveurs de fruits noirs et d'épices douces. Superbe acidité vibrante en fin de bouche, ce qui lui permettra d'évoluer en beauté. On n'est pas loin de la quatrième étoile. **Cépage :** pinot noir. **Alc./**13,1 % **www.rodet.com**

☛ *Servir entre 2008 et 2017, à 17 °C et oxygéné en carafe 15 minutes*

 Ragoût d'agneau aux quatre-épices (poivre, muscade, gingembre en poudre et clou de girofle) ou steak de saumon au café noir et aux cinq-épices chinoises (C*).

Argile Rouge 2004

MADIRAN, ALAIN BRUMONT, MONTUS-BOUSCASSÉ, FRANCE

28,95 $	SAQ S (10779679)	★★★☆?☆ $$$	Corsé+

■ NOUVEAUTÉ! Robe presque noire et violine. Nez à la fois profond et frais, intense et minéral, sans aucun boisé apparent et sans surextraction inutile. Bouche à la fois pulpeuse et dense, pleine et ample, aux tanins mûrs à souhait et enveloppés comme rarement le sont les aussi jeunes crus de Madiran. Du fruit à profusion, aux notes de mûre et de bleuet, de l'expansion et un boisé intégré avec maestria. **Cépage :** tannat. **Alc./**14 %

☛ *Servir entre 2007 et 2017, à 17 °C et oxygéné en carafe 5 minutes*

 Jarret d'agneau confit et lentilles du Puy au jus d'agneau parfumé à l'anis étoilé.

Syrah Piazzano 2004

COLLI DELLA TOSCANA CENTRALE, FATTORIA DI PIAZZANO, ITALIE *(DISP. JANV. 08)*

29 $	SAQ **S** (10845171)	★★★☆ **$$$**	Corsé+

Dégustée en primeur, en septembre 2007, d'un échantillon provenant directement du domaine, cette syrah toscane se montre très colorée, profondément fruitée, au boisé modéré mais présent, dense, fraîche, tannique et charnue. Les saveurs sont très longues et laissent deviner des notes de mûre, de framboise et de café. La finale est plus serrée, annonçant ainsi une belle évolution. **Cépage :** syrah. **Alc./**14 % **www.fattoriadipiazzano.it**

☞ *Servir entre 2007 et 2015, à 17 °C et oxygéné en carafe 45 minutes*

 Carré d'agneau et jus au café expresso (C*).

Banfi Rosso di Montalcino 2005

ROSSO DI MONTALCINO, CASTELLO BANFI, ITALIE

29,10 $	SAQ **S*** (864900)	★★★ **$$**	Corsé

Du fruit, de l'éclat, de la précision, de la fraîcheur, des tanins tissés serrés et du plaisir. Dame Nature ayant été au rendez-vous, voilà l'un des multiples 2005 européens réussis avec brio. **Cépage :** sangiovese. **Alc./**13 % **www.castellobanfi.com**

☞ *Servir entre 2007 et 2013, à 17 °C et oxygéné en carafe 30 minutes*

 Fettucine all'amatriciana « à ma façon » (C*) ou lapin à la toscane (C*).

Les Vins de Vienne « Saint-Joseph » 2005

SAINT-JOSEPH, LES VINS DE VIENNE, FRANCE

29,40 $	SAQ **S** (10783310)	★★★ **$$**$	Modéré+

■ NOUVEAUTÉ! Un autre cru digeste au possible, dans la mouvance des vins moins chargés qui s'installent en France, doucement mais sûrement. Grande fraîcheur, tanins fins, saveurs expressives, jouant dans la sphère des fruits rouges. Très beaux grains de tanins en finale. **Cépage :** syrah. **Alc./**12,5 %

☞ *Servir entre 2007 et 2012, à 16 °C et oxygéné en carafe 30 minutes*

 Thon rouge mi-cuit au poivre concassé et purée de pommes de terre aux olives noires.

Coudoulet de Beaucastel 2004

CÔTES-DU-RHÔNE, VIGNOBLES PIERRE PERRIN, FRANCE

29,70 $	SAQ **S*** (973222)	★★★☆ **$$$**	Corsé	BIO

Ce 2004 démontre une robe passablement soutenue, un nez résineux, plein et assez riche, aux notes balsamiques, et une bouche harmonieuse à souhait, à la fois généreuse et très fraîche, aux tanins charnus, qui ont du grain, sans être fermes, à l'acidité fraîche et aux saveurs longues, éclatantes et précises. S'y ajoutent, en fin de bouche, des notes de fruits noirs, de réglisse et de torréfaction. Faut-il le rappeler, ce vin est élaboré avec doigté par la famille Perrin, propriétaire du remarquable Château de Beaucastel, dont le vignoble, qui possède une grande similitude morphologique avec celui du Coudoulet, est situé juste à l'est de ce dernier, en dehors des limites de l'appellation Châteauneuf-du-Pape. **Cépages :** 30 % mourvèdre, 30 % grenache, 20 % syrah, 20 % cinsault. **Alc./**13,5 % **www.perrin-et-fils.com**

☛ *Servir entre 2007 et 2014, à 17 °C et oxygéné en carafe 30 minutes*

 Carré d'agneau au poivre vert et à la cannelle ou canard rôti et badigeonné au scotch single malt « tourbé ».

Nowat 2004
CÔTES-DE-PROVENCE, DUPÉRÉ BARRERA, FRANCE

29,85 $	SAQ S (10783096)	★★★☆ $$$	Corsé+	BIO

■ **NOUVEAUTÉ!** « Nowat » comme dans pas d'électricité! Donc, un vin, comme tous les autres signés Dupéré Barrera, né avec une philosophie non interventionniste, question de laisser parler le terroir, laissant place aux méthodes ancestrales, qui ont fait leur preuve, tout en ayant l'ouverture de prendre ce que l'œnologie moderne a de mieux à offrir. Une nouveauté mise en marché le 13 septembre 2007, via le spécial Sud de la France du magazine *Cellier*. Ici, contrairement à la cuvée La Procure (aussi commentée), 50 % du vin provient des parcelles schisteuses du domaine, spécialement pour ce qui est de la syrah et du cabernet. Le résultat est un rouge passablement coloré, richement aromatique, à la fois complexe et compact, à la bouche pleine et presque sphérique, mais formidablement retenue par une fraîcheur naturelle et une trame tannique serrée, aux tanins extra-fins. Bleuet, mûre, prune et violette signent le cocktail de saveurs d'une grande allonge. Du bel ouvrage. **Cépages :** syrah, cabernet sauvignon, carignan, mourvèdre (vieilles vignes). **Alc./**14,5 % **www.duperebarrera.com**

☛ *Servir entre 2009 et 2017, à 17 °C et oxygéné en carafe 5 minutes*

 Tranches d'épaule d'agneau grillées et pommade d'olives noires (olives noires dénoyautées et huile d'olive passées au robot).

Fontanafredda Barolo 2003
BAROLO, FONTANAFREDDA, ITALIE

30,75 $	SAQ C (020214)	★★★☆ $$$	Corsé

Grâce au vent de renouveau qui souffle sur cette légendaire maison piémontaise de Serralunga d'Alba depuis 1999, ce 2003 a été mené à terme avec maîtrise et retenue, et ce, malgré le millésime caniculaire qu'a été 2003. Il en résulte un vin un brin plus coloré que par le passé, tout en ayant un disque orangé, au nez très aromatique, aux tonalités de fruits rouges mûrs, presque confits, ainsi que de café, à la bouche pleine, juteuse et expressive comme rarement l'a été ce vin. Les tanins sont plus tendres, millésime chaud oblige, la texture est plus détendue et l'ensemble est d'un régal qui mérite votre attention. Comme je vous le dis depuis le millésime 2000, une relecture de leurs vins s'impose plus que jamais. Un travail de fond a été effectué : nouveau vinificateur, reconnaissance du potentiel de chaque terroir, travail plus pointu dans les vignes et collaboration plus étroite avec leurs fournisseurs

de raisins (les viticulteurs), chez qui cette maison achète une forte proportion de sa production. Les résultats payent. Aux consommateurs d'en profiter. **Cépage :** nebbiolo. **Alc./**13,5 %
www.fontanafredda.it

☞ *Servir entre 2007 et 2013, à 17 °C et oxygéné en carafe 15 minutes*

 Carré d'agneau au poivre vert et à la cannelle, magret de canard fumé aux feuilles de thé ou filets de bœuf aux champignons et au vin rouge. Fromage : parmigiano reggiano (plus de 24 mois d'affinage).

Edizione « Cinque Autoctoni »
VINO DA TAVOLA, FARNESE VINI, ITALIE

31 $	SAQ SS (10681882)	★★★★ $$$$	Corsé+

■ NOUVEAUTÉ! La sixième édition de cet assemblage unique de cinq cépages autochtones – d'où le nom *Cinque Autoctoni* – n'est pas millésimée, car la loi européenne interdit le millésime pour les vins de table, mais sachez que cet arrivage provient à 100 % de l'excellent millésime 2005. Vinifié par les œnologues Filippo Baccalaro et Jean-Marc Saboua, il en résulte un *vino da tavola* presque noir et fortement violacé, au nez concentré et profond, avec race, distinction et fraîcheur, n'ayant rien à voir avec le style en vogue de certains vins du Nouveau Monde extraits et pulpeux. Du sérieux, au fruité engageant et complexe, laissant deviner des notes de bleuet, de mûre, de café, de cacao et de graphite, d'un charme irrésistible, aux tanins tissés serrés, mais d'une finesse rarissime dans cette région, au corps compact et aux saveurs fraîches d'une grande allonge. Déjà beau et bon tant le fruit est invitant et saisissant, mais gagnera beaucoup à l'évolution en bouteille. **Cépages :** primitivo, sangiovese, montepulciano, negroamaro, malvasia nera. **Alc./**14,5 %
www.farnese-vini.com

☞ *Servir entre 2007 et 2017, à 17 °C et oxygéné en carafe 30 minutes*

 Carré d'agneau au poivre vert et à la cannelle.

Quinta dos Roques Reserva 2003
DÃO, QUINTA DOS ROQUES, PORTUGAL

32,25 $	SAQ S (894121)	★★★☆ $$$	Corsé

Au sommet de la production de la zone d'appellation Dão, la Quinta dos Roques, dont les sols sont d'origine argilo-granitique, est LA *quinta* de l'heure. Sa cuvée *Reserva* est en fait le vin d'une seule et unique parcelle, d'une superficie de trois hectares, où les vendanges vertes et *La Sélection* de la récolte sont très rigoureuses. Il y a fait plus de 47 degrés Celcius le 17 juillet 2003, été de la fameuse canicule européenne, qui a donné du sérieux aux théories du réchauffement climatique. Il en résulte donc, en 2003, un *Reserva* toujours aussi coloré, sans excès, doté d'un nez d'une remarquable fraîcheur, malgré la ménopause de dame Nature, et d'une grande pureté de fruits, aux parfums de petits fruits des champs et de violette, à la bouche à la fois dense, serrée et élancée, d'une étonnante vitalité naturelle – un îlot de fraîcheur que lui a procuré le sol argilo-granitique –, aux tanins tissés serrés et aux saveurs d'une grande précision, tout comme d'une allonge qui n'en finit plus. **Cépages :** 55 % touriga nacional, 15 % alfrocheiro preto, 15 % jaen, 10 % tinta roriz, 5 % tinto cão. **Alc./**14 %

☞ *Servir entre 2007 et 2016, à 17 °C et oxygéné en carafe 1 heure*

Gigot d'agneau bardé de branches de romarin frais, filets de bœuf sauce au cabernet sauvignon ou magret de canard grillé parfumé de baies roses.

Quinta dos Roques Touriga Nacional 2003
DÃO, QUINTA DOS ROQUES, PORTUGAL *(DISP. OCT./NOV. 07)*

32,25 $	SAQ S (865469)	★★★☆?☆ $$$	Corsé+

Grâce à d'excellents sols d'origine granitique, le Dão est l'une des régions phares quant à l'élaboration de grands vins rouges de garde. Lorsque les vins proviennent de la Quinta dos Roques, aux terroirs argilo-granitiques, on peut espérer atteindre des sommets. Encore plus lorsque le vin est à base du grand cépage touriga nacional, qui entre

aussi dans la composition des plus grands portos vintages! Grâce à des recherches sur l'ADN de ce cépage, les chercheurs ont noté une plus grande variabilité de l'ADN chez le touriga nacional cultivé dans le Dão, contrairement à celui que l'on trouve dans le Douro. Ce qui confirme qu'il aurait été introduit dans le Dão bien avant le Douro. On y a aussi mis à jour son profil plus floral et plus élégant dans le Dão (profil auquel participent les sols granitiques), et plus carré, plus ferme et plus robuste dans le Douro (dû aussi aux sols schisteux). Quoi qu'il en soit, ne manquez pas ce superbe 2003, d'une forte coloration, d'un nez explosif, racé et profond, floral au possible, à la bouche d'une très grande harmonie d'ensemble, pleine et tannique, aux tanins extra-fins, aux saveurs pures et expansives, laissant de longues traces de cerise noire, de prune et de violette, sans aucun boisé apparent. Du sérieux. **Cépage :** touriga nacional. **Alc./**13,2 %

☛ *Servir entre 2007 et 2018, à 17 °C et oxygéné en carafe 30 minutes*

Filets de bœuf au concassé de poivre et patates douces rôties au romarin ou jarret d'agneau confit et lentilles du Puy au jus d'agneau.

Podere Castorani 2003
MONTEPULCIANO D'ABRUZZO, PODERE CASTORANI, ITALIE

33 $	SAQ S (10383113)	★★★☆?☆ $$$	Corsé+

Après un excellent 2001, vendu à 40,75 $ – et commenté dans *La Sélection 2006*, ainsi qu'en primeur dans *La Presse*, en juin 2005 –, Jarno Trulli présente un 2003 fort réussi, à un prix encore plus avantageux que ne l'était le 2001. Il en résulte un rouge coloré, aromatique, passablement concentré, raffiné, sans esbroufe et sans boisé inutile, à la bouche à la fois fraîche, pleine, ramassée et longiligne, marquée par une fraîcheur qui tire le vin dans le temps. Les tanins, très serrés, sont mûrs à point, et les saveurs, expressives, sont tout aussi fraîches. Du bel ouvrage. **Cépage :** montepulciano. **Alc./**13,5 % www.poderecastorani.it

☛ *Servir entre 2007 et 2017, à 17 °C et oxygéné en carafe 30 minutes*

Carré d'agneau et jus au café expresso (C*).

Tancredi 2004

CONTESSA ENTELLINA, TENUTA DONNAFUGATA, ITALIE

33 $	SAQ S (10542129)	★★★★ $$$	Corsé+

■ **NOUVEAUTÉ!** Découverts lors d'un séjour sur la côte Amalfitaine, en 1999, les vins de Donnafugata, qui figuraient sur la carte de la grande majorité des restaurants visités durant ces vacances, sont malheureusement depuis devenus des étoiles filantes sur le marché québécois. Et ce tout nouveau Tancredi ajoutera beaucoup de lumière à cette constellation de réussites siciliennes. C'est assurément l'un des meilleurs rapports qualité-prix chez les grands italiens vendus entre 25 $ et 75 $. Vérifiez par vous-même en découvrant sa couleur profonde, son nez intense et racé, au fruité certes concentré mais pur et précis, même frais, sans trop de boisé dominant, à la bouche généreuse et très fraîche, dense et ramassée, tannique et enveloppante, d'une harmonie parfaite, bien que passablement extraite et richissime. Les amateurs de grands vins toscans, tout comme ceux qui ont une dévotion pour le cabernet sauvignon, seront comblés. Et si vous êtes amateurs de jazz, ne manquez pas de visiter le site Internet www.donnafugata.it, où vous pourrez télécharger de superbes pièces musicales sélectionnées en accord avec les vins. Musique composée et interprétée par de grands noms du jazz, dont le remarquable trompettiste Enrico Rava et l'agile et inspiré pianiste Salvatore Bonafede, sans oublier le géant de la guitare acoustique, Ralph Towner, qui ont tous trois participé à l'enregistrement de l'excellent CD *Journey to Donnafugata*. C'est que les propriétaires de ce domaine sont aussi des musiciens passionnés de jazz, organisant des sessions de jazz chaque année en Sicile, à Donnafugata. **Cépages :** 70 % nero d'avola, 30 % cabernet sauvignon. **Alc./**14 % **www.donnafugata.it**

Servir entre 2008 et 2017, à 17 °C et oxygéné en carafe 30 minutes

 Carré d'agneau et jus au café expresso (C*) ou filets de bœuf Angus aux champignons sauvages.

Les Coteaux 2004

SAINT-JOSEPH, ERIC ET JOËL DURAND, FRANCE

33,75 $	SAQ S (10273379)	★★★☆ $$$	Modéré+

Voilà une syrah rhodanienne on ne peut plus typique, au nez extraverti et prenant, rappelant la fumée, l'olive noire et le cassis, à la bouche tout aussi classique, juteuse, fraîche, ample, aux tanins fins et enrobés, à l'acidité juste dosée et aux saveurs percutantes, ajoutant des traces de café et de cacao. De la souplesse et du plaisir. Le vin sur mesure pour comprendre comment l'olive noire est l'ingrédient de liaison sur mesure pour la syrah rhodanienne. **Cépage :** syrah. **Alc./**13 %

Servir entre 2007 et 2012, à 17 °C

Pâtes aux olives noires (C*) ou filets de bœuf à la pommade d'olives noires (olives noires dénoyautées et huile d'olive passées au robot).

Château de La Dauphine 2001

FRONSAC, DOMAINES JEAN HALLEY, FRANCE

35,75 $	SAQ S (10517741)	★★★☆ $$$	Corsé

■ **NOUVEAUTÉ!** Un 2001 d'un charme fou, doté d'un velouté de texture à la pomerol, aux tanins enveloppés dans une gangue moelleuse et aux saveurs expansives laissant deviner des notes de cerise noire, de prune, de café et de sous-bois. Ancienne propriété des Établissements Jean-Pierre Moueix, La Dauphine est depuis 2000 la propriété de Jean Halley. Ce nouveau propriétaire libournais élabore aussi l'excellent Château La Croix Canon 2001 (aussi commenté). **Cépages :** 90 % merlot, 10 % cabernet franc. **Alc./**13 % **www.chateau-dauphine.com**

☛ *Servir entre 2007 et 2013, à 17 °C et oxygéné en carafe 15 minutes*

 Cailles sautées à la poêle et riz sauvage aux champignons (C*), ou filet de saumon au pinot noir (C*).

Marqués de Cáceres Gran Reserva 2000

RIOJA, BODEGAS MARQUÉS DE CÁCERES, ESPAGNE

36 $	SAQ S* (865535)	★★★☆ $$$	Corsé

Contrairement aux vins des maisons plus traditionnelles, élevés en barriques américaines, comme chez le Marqués de Murrieta, les vins de cette réputée *bodega* de la Rioja Alta séjournent en fûts de chêne d'origine française, ce qui marque moins le vin de l'empreinte richement épicée et torréfiée du chêne d'Amérique. Il en résulte un *gran reserva* passablement ramassé, compact et profond, certes moins engageant que ceux élevés à « l'américaine », mais franchement plus racé et distingué – quoi qu'à ce jeu le goût de tous et chacun est le critère premier de décision... Du fruit, de la fraîcheur, de la persistance. Ceux qui l'attendront trois à cinq ans seront grandement récompensés. **Cépages :** 85 % tempranillo, 15 % garnacha tinta et graciano. **Alc./**13,5 % **www.marquesdecaceres.com**

☛ *Servir entre 2010 et 2017, à 17 °C et oxygéné en carafe 90 minutes*

 Carré d'agneau et jus de cuisson réduit ou filets de bœuf marinés au poivre ou côte de veau marinée aux herbes (R*).

Château St-Georges 2002

SAINT-GEORGES-SAINT-ÉMILION, PÉTRUS DESBOIS, FRANCE

36,25 $	SAQ S* (960872)	★★★☆ $$$	Corsé

Un 2002 d'un charme juvénile, franchement réussi, qui mérite votre attention. Tout y est : couleur soutenue; nez aromatique, riche et raffiné; bouche pleine, presque sphérique et juteuse, sans excès, aux tanins charnus et aux saveurs longues. **Cépages :** 60 % merlot, 20 % cabernet franc, 20 % cabernet sauvignon. **Alc./**13,5 % **www.chateau-saint-georges.com**

☛ *Servir entre 2007 et 2012, à 17 °C et oxygéné en carafe 15 minutes*

 Côtelettes d'agneau au vin rouge et polenta grillée à l'anis.

Emilio Moro 2004

RIBERA DEL DUERO, BODEGAS EMILIO MORO, ESPAGNE

36,25 $	SAQ S (10510021)	★★★☆?☆ $$$	Corsé+

Emilio Moro, à ranger parmi l'élite des grands vignerons d'Europe (voir commentaire de son remarquable Malleolus dans *La Sélection 2007*), présente un 2004, né d'un très grand millésime, résultant en un vin à la fois profond et raffiné, très riche et élégant, d'une harmonie suprême, aux tanins racés et enveloppés avec doigté, aux saveurs longues et précises, sans boisé dominant. Du sérieux à bon prix pour le rang. **Cépage :** tempranillo. **Alc./**14,5 % **www.emiliomoro.com**

☛ *Servir entre 2007 et 2014, à 17 °C et oxygéné en carafe 45 minutes*

Carré d'agneau et jus au café expresso (C*).

Clos Cuminaille Pierre Gaillard 2005

SAINT-JOSEPH, DOMAINE PIERRE GAILLARD, FRANCE *(DISP. OCT./NOV. 07)*

36,75 $	SAQ S (860353)	★★★☆?☆ $$$	Corsé

Assurément l'un des meilleurs Clos Cuminaille des dernières années, même si cette cuvée est au sommet, bon an mal an. De la couleur, du fruit, de l'élégance, du détail, de la syrah en pleine expression, laissant dégager des notes d'olive noire, de violette et de fumée, à la bouche éclatante, fraîche, pleine et d'une grande allonge, comme rares le sont les vins de cette appellation. Il faut savoir que les vins de Pierre Gaillard sont devenus des incontournables, donc, dans une grande année comme 2005, ils deviennent des *must*! **Cépage :** syrah. **Alc./**13 % **www.domainespierregaillard.com**

☛ *Servir entre 2007 et 2015, à 17 °C*

 Bifteck à la pommade d'olives noires (olives noires dénoyautées et huile d'olive passées au robot) ou gigot d'agneau bardé de branches de romarin frais.

Château Grand Renouil 2003

CANON-FRONSAC, MICHEL PONTY, FRANCE

37,25 $	SAQ S (851071)	★★★☆ $$$	Corsé

Assurément l'un des plus beaux rouges du Fronsadais actuellement disponible à la SAQ. Robe presque noire. Nez exubérant et d'une grande maturité, exhalant de riches parfums de fruits noirs compotés, sur un arrière-plan de poivron, de graphite et de cacao amer. Bouche généreuse, ample, charnelle et dodue, mais avec distinction et fraîcheur, malgré le millésime de feu d'où provient cette belle réussite. **Cépage :** 100 % merlot. **Alc./**13,5 %

☛ *Servir entre 2007 et 2011, à 17 °C*

 Terrine de foie gras de canard au naturel (C*), magret de canard grillé parfumé de baies roses ou jarret d'agneau confit parfumé à l'huile de truffes.

Les Terrasses 2004   ♥

PRIORAT, ÁLVARO PALACIOS, ESPAGNE

37,50 $	SAQ S (10253618)	★★★★ $$$	Corsé+

Au moment d'aller sous presse, il restait plus ou moins 200 caisses de ce 2004. Un priorat 2004, né d'un très grand millésime pour l'appellation, à 60 % de très vieux ceps de carignan, signé Álvaro Palacios, viticulteur et vinificateur doué et inspiré (voir commentaires de ses autres vins d'appellations Priorat, Bierzo et Rioja). Il en résulte un rouge intensément coloré, au nez très épicé et richement fruité, au boisé fin, à la bouche pleine, dense et fraîche, aux tanins tricotés serrés. Une cuvée qui sera encore plus suave et crémeuse d'ici deux ans. Plus que jamais LE meilleur rapport qualité-prix du Priorat. Ne manquez surtout pas son grandissime Finca Dofi 2004 (aussi commenté), l'un des meilleurs rapports qualité-prix chez les très grands vins européens. **Cépages :** 60 % carignan, 40 % cabernet sauvignon. **Alc./**14 %

☞ *Servir entre 2008 et 2014, à 17 °C et oxygéné en carafe 1 heure*

 Ragoût d'agneau aux quatre-épices (poivre, muscade, gingembre en poudre et clou de girofle).

Les Terrasses 2005
PRIORAT, ÁLVARO PALACIOS, ESPAGNE *(DISP. JANV./FÉVR. 08)*

37,50 $	SAQ S (10253618)	★★★☆?☆ $$$	Corsé+

Un priorat 2005 – 300 caisses, dont des magnums à 79 $ (10852936), sont attendues en début d'année 2008 –, né certes d'un grand millésime européen, mais plus particulier dans le Priorat qui a reçu 40 % moins de pluie que d'habitude, enregistrant ainsi l'année la plus sèche depuis 1947. Il en résulte des priorats plus compacts et plus fermes, dû au pH plus bas, donc aux acidités plus tendues, résultant du stress hydrique dont la vigne a souffert. Signé Álvaro Palacios (voir commentaires de ses autres vins d'appellations Priorat, Bierzo et Rioja), ce Terrasses 2005 est composé à 40 % de très vieux ceps de grenache et 40 % d'aussi vieux carignan, contrairement au 2004 qui fait place au carignan à hauteur de 60 %. J'ai eu le privilège de déguster ce vin en primeur à deux reprises, comme tous les autres de ce grand vigneron, lors de deux séjours consécutifs en Espagne au printemps 2006 et 2007. Vous y dénicherez un 2005 ultra-coloré, richement aromatique, d'une étonnante minéralité, tout en étant débordant de fruits, à la bouche à la fois très fraîche, élancée, ramassée et généreuse. Le boisé, actuellement présent, est remarquablement intégré, les tanins sont tissés avec doigté, tout en étant très fermes. Ne génère pas l'épaisseur veloutée du remarquable 2004 (aussi commenté), mais se montre d'une race et d'une virilité plus terriennes. Question de style. Les amateurs patients seront récompensés dans le temps, lorsqu'il gagnera en texture et en définition. **Cépages :** 40 % grenache (vieilles vignes), 40 % carignan (vieilles vignes), 20 % cabernet sauvignon. **Alc./**14 %

☞ *Servir entre 2010 et 2017, à 17 °C et oxygéné en carafe 2 heures*

 Jarret d'agneau confit et lentilles du Puy au jus d'agneau parfumé à l'anis étoilé.

Château Clarke 2003
LISTRAC-MÉDOC, BARONS EDMOND & BENJAMIN DE ROSTHCHILD, FRANCE

37,75 $	SAQ S (10346005)	★★★☆ $$$	Corsé+

Depuis 1998, les réussites s'accumulent bon an mal an pour ce château, que l'on doit désormais ranger parmi les valeurs sûres du Médoc. L'arrivée, la même année, de l'œnologue libournais Michel Rolland, aura donné le coup de barre qui manquait à cette propriété pour enfin atteindre les sommets qu'avait envisagés le défunt baron Edmond. Donc, un 2003 certes coloré et concentré, comme le sont les vins de ce millésime de feu, mais aussi doté d'une belle trame serrée, d'une retenue bien médocaine et d'une harmonie d'ensemble rarissime en 2003. Du fruit, de l'élan, des tanins tissés serrés, sans être secs, et de la prestance, pour une réussite au sommet de l'appellation. **Cépages :** 60 % cabernet sauvignon, 40 % merlot. **Alc./**14 % **www.vinicole-ederothschild.com**

☞*Servir entre 2007 et 2015, à 17 °C et oxygéné en carafe 45 minutes*

 Carré d'agneau et jus de cuisson réduit ou filets de bœuf grillés et coulis de poivrons verts (C*).

Château Bertineau St-Vincent 2004

LALANDE-DE-POMEROL, MICHEL ROLLAND, FRANCE

38 $	SAQ **S** (10445185)	★★★☆ $$$	Modéré+

Rubis foncé modéré. Nez bordelais, sur la fraîcheur et les notes de poivron et de fraise. Pointe de sous-bois et de champignon de Paris. Très fin et invitant. Bouche étonnamment pulpeuse pour le millésime, aux tanins mûrs et tendres, tout en possédant du grain, de la fraîcheur et de la persistance. Belle matière et déjà agréable. Un vin de restauration. D'ailleurs, lors d'un repas qui a suivi une dégustation en présence de Michel Rolland, en septembre 2007, tenue *Chez l'Épicier* à Montréal, j'ai choisi ce vin avec une délicieuse et délicate entrée de tartare de bœuf, servi avec une pipette d'huile de truffes, et surtout cuisiné avec retenue, sans notes piquantes ou acides habituelles dans un tartare. La fraîcheur et les notes de champignon du Bertineau se fondaient à la perfection dans cette remarquable composition – seul l'oignon frit qui accompagnait ce plat était hors contexte. **Cépages :** 75 % merlot, 25 % cabernet franc. **Alc./**12,5 % **www.rollandcollection.com**

☞*Servir entre 2007 et 2012, à 17 °C et oxygéné en carafe 15 minutes*

 Tartare de bœuf à l'huile de truffes (restaurant *Chez l'Épicier*).

Château Rolland-Maillet 2004

SAINT-ÉMILION GRAND CRU, DOMAINES ROLLAND, FRANCE

38 $	SAQ **S** (10445222)	★★★☆?☆ $$$	Corsé

Voilà un cru, signé Michel Rolland, avec lequel j'ai beaucoup flirté dans mes premières années de sommellerie et qui me permettait d'exprimer aux clients la révolution qualitative qui était en cours à Saint-Émilion, fait notoire de nos jours. Dégusté à quelques reprises en septembre 2007, entre autres lors d'une dégustation avec Michel Rolland qui était de passage à Montréal, ce 2004 – provenant de la propriété familiale qui réunissait à l'origine, dans un seul vin, les domaines du Bon Pasteur, à Pomerol, et de Bertineau-Saint-Vincent, à Lalande-de-Pomerol – se montre passablement coloré et violacé, au nez raffiné, d'une bonne profondeur et d'une fraîcheur invitante, sans boisé dominant et sans surmaturité inutile, à la bouche vaporeuse, aux tanins étonnamment tendres, même si dotés d'un grain serré, au corps voluptueux et aux saveurs racées, s'exprimant dans des notes de graphite, de cerise noire, d'épices douces et de café noir. Un vin sensuel, qui gagnera en velouté de texture d'ici 2010-2012. Sa sensualité et son élégance lui viennent de la situation de son terroir, argilo-silicieux et gravelo-silicieux, du côté ouest de l'appellation, voisin des «Corbin». **Cépages :** 75 % merlot, 25 % cabernet franc. **Alc./**13,5 % **www.rollandcollection.com**

☞*Servir entre 2007 et 2015, à 17 °C et oxygéné en carafe 45 minutes*

Médaillons de veau sauce café-cognac (R*).

Propiedad 2005

RIOJA, BODEGAS PALACIOS REMONDO, ESPAGNE *(DISP. NOV./DÉC. 07)*

| 38,25 $ | SAQ **S** (10256131) | ★★★☆?☆ **$$$** | Corsé | BIO |

Un 2005 qu'il ne faudra pas laisser filer, mil-lésime oblige. Álvaro Palacios y a extrait la quintessence que ce grand millésime lui a mise entre les mains, sans trop chercher la concentration inutile et superflue. Donc, de la couleur, du fruit, de la pureté, de la pré-cision, de la fraîcheur, des tanins extra-fins, tout en étant tissés très serrés, de la pro-fondeur, de l'élan et des saveurs invitantes comme pas un. Le boisé, encore présent vu sa jeunesse, est parfaite-ment intégré, les saveurs sont expressives à souhait, laissant deviner aisément des tonalités de violette, de cerise au marasquin, de cassis et de chêne neuf. Il faut dire que, depuis le retour au domaine familial, en 2000, d'Álvaro Palacios, qui élabore aussi et surtout de grandissimes vins dans le Bierzo et le Priorat, dont l'Ermita, les vins de Palacios Remondo se positionnent de plus en plus au sommet de la Rioja. Avec un vignoble d'exception de plus de 100 hectares, situé dans la partie orientale de la Rioja, profitant de la fraîcheur du climat grâce à sa situation montagneuse, il y engendre des vins aux parfums frais et raffinés, tout en étant passablement généreux. **Cépages :** 45 % grenache, 40 % tempranillo, 15 % graciano et mazuelo. **Alc./**13,5 %

☞ *Servir entre 2009 et 2017, à 17 °C, et oxygéné en carafe 45 minutes*

 Filets de bœuf au concassé de poivre et patates douces rôties au romarin ou tajine de ragoût d'agneau aux cinq-épices et aux oignons cipollini caramélisés.

Costasera « Classico » Masi 2004

AMARONE DELLA VALPOLICELLA, MASI, ITALIE

| 39,75 $ | SAQ **C** (317057) | ★★★☆ **$$$** | Corsé |

Nez entreprenant, au fruité expressif et frais, bouche pulpeuse, ronde et caressante dans sa richesse et sa générosité. Bleuet, mûre et cacao. D'un charme rarissime pour cet *amarone* devenu un incon-tournable du Répertoire courant de la SAQ. Contrairement aux autres crus d'*amarone* de Masi (aussi commentés dans ce guide), dont les raisins sont passerillés dans des séchoirs ventilés naturellement, le Costasera – né d'un assemblage de différentes parcelles – dont les excellentes parcelles qui entraient dans l'élaboration des *amaroni* de la maison Boscaini, fermée en 2004 –, est élaboré avec une méthode de séchage moderne, dans un séchoir électronique. Il provient de vignobles situés dans différentes communes de la zone *classico*, tous des coteaux exposés au couchant, à l'ouest et au sud-ouest, profitant de la lumière du lac de Garde. Les sols y sont rouges, calcaires et marneux. L'élevage de vingt-quatre mois a été effectué pour 80 % en foudres de chêne de Slavonie de 4 000 à 8 000 litres, et pour 20 % en petites barriques de chêne de Slavonie et de France, à 40 % neuves. **Cépages :** 70 % corvina (seule la corvina a été atteinte par le *botrytis*), 25 % rondinella, 5 % molinara. **Alc./**14,5 % **www.masi.it**

☞ *Servir entre 2007 et 2024, à 17 °C et oxygéné en carafe 15 minutes*

Osso buco de jarret de veau à la vanille de Tahiti et au chocolat, ragoût de bœuf épicé à l'indienne ou médaillons de porc sauce aux canneberges et au porto LBV. Fromage : parmigiano reggiano (plus de 24 mois d'affinage).

'Inu Riserva 2003
CANNONAU DI SARDEGNA, AZIENDA VINICOLA CONTINI, ITALIE

41,50 $	SAQ S (10675191)	★★★☆?☆ $$$$	Corsé+

■ NOUVEAUTÉ! Une nouveauté sarde de haut niveau, offrant un vin coloré, richement aromatique, au fruité pur, racé et concentré, sans note boisée superflue, laissant deviner des touches de truffe et de viande rouge, à la bouche pleine, sphérique et texturée, sans lourdeur, d'une belle tenue, aux tanins mûrs et enveloppés dans une gangue veloutée, aux saveurs percutantes de café, de fruits noirs et de réglisse. Une référence pour saisir le grand potentiel de ce cépage sous le soleil de Sardaigne. **Cépage :** cannonau (grenache). **Alc./**14 % www.vinicontini.it

☞ *Servir entre 2007 et 2015, à 17 °C et oxygéné en carafe 30 minutes*

Braisé de bœuf à l'anis étoilé, lièvre (ou lapin) à l'aigre-doux (C*) ou osso buco de cerf aux parfums de mûres et de réglisse (C*).

Clos des Fées « Vieilles Vignes » 2005
CÔTES-DU-ROUSSILLON VILLAGES, HERVÉ BIZEUL & ASSOCIÉS, FRANCE
(DISP. OCT./NOV. 07)

43 $	SAQ S (10516393)	★★★★ $$$$	Corsé

■ NOUVEAUTÉ! Un 2005, né d'un grand millésime pour le Roussillon, résultant en un rouge fort coloré, au nez d'une grande race, mais actuellement fermé, laissant tout de même apparaître des notes minérales de graphite, ainsi que des notes fruitées de fruits noirs, sans aucune référence boisée, à la bouche certes explosive, mais d'une présence raffinée, au fruité abondant, mais défini et pur, aux tanins mûrs à point et à l'acidité dosée avec brio. Grande harmonie au rendez-vous. Déjà le précédent 2004 étonnait par son équilibre, mais ce 2005 renverse par son naturel, sa profondeur et son élan, qui le propulse parmi les plus grandes réussites de l'année. À l'image de l'élégante, digeste et délicieuse cuvée Les Sorcières 2006 (aussi commentée), ce 2005, né de vieilles vignes âgées entre 50 et 100 ans, a su conserver une fraîcheur et développer une race unique. Et c'est sans parler de l'équilibre naturel qu'Hervé Bizeul a su donner, à nouveau, à ce rouge à 15 % d'alcool. Plus que jamais un modèle à suivre. **Cépages :** 35 % grenache, 35 % carignan, 15 % lladoner pelut, 15 % syrah (tous de vieilles vignes de 50 à 100 ans). **Alc./**15 % www.closdesfees.com

☞ *Servir entre 2007 et 2017, à 17 °C et oxygéné en carafe 30 minutes*

Pot-au-feu d'agneau de cuisson saignante au thé et aux épices (anis étoilé, réglisse, cannelle, grains de cardamome, girofle et feuilles de thé noir).

Dominio de Atauta 2004
RIBERA DEL DUERO, BODEGAS DOMINO DE ATAUTA, ESPAGNE

43,50 $	SAQ S (701805)	★★★★ $$$$	Corsé	BIO

Noble vin de la Ribera, sans boisé apparent, ce qui est rarissime de nos jours chez les crus très « barriqués » de cette appellation étoile

de l'Espagne. Du fruit, une matière ramassée, des tannins nobles et tissés très
serrés, tout en étant très fins, de la densité, mais beaucoup de fraîcheur et de
précision dans le touché, avec une finale
minérale. Une grande pointure, au profil
presque français, née d'un très grand

millésime, probablement même supérieur
au très médiatisé 2005. Il faut dire qu'il est élaboré à base de très
vieilles vignes de soixante à cent cinquante ans d'âge, dont 80 %
des ceps sont francs de pied, donc non greffés, cultivées sur plus de
300 micro-parcelles, à une altitude de 1000 mètres, ce qui explique
la fraîcheur et la minéralité de ce rouge. Il faut aussi ajouter que le
vinificateur a fait ses classes chez la famille Foucault du Clos
Rougeard, à Saumur-Champigny. Ceci explique cela... **Cépage :** tinto
fino (tempranillo). **Alc./**14,8 % www.dominiodeatauta.com

☛ *Servir entre 2009 et 2017, à 17 °C et oxygéné en carafe 1 heure*

 Magret de canard rôti à la nigelle.

Mas La Plana 2001
PENEDÈS, MIGUEL TORRES, ESPAGNE *(DISP. OCT. 07)*

44,75 $	SAQ S (10796364) ★★★☆ $$$$	Corsé

Un 2001 en mode certes expressif, très bordelais d'approche, tout
en exprimant les notes torréfiées classiques des rouges espagnols,
mais sans être aussi profond que le sont les 1997 et 2003 (aussi
commentés). Donc, un rouge coloré, aux reflets grenat, au nez
aromatique, dévoilant des notes passablement riches de violette, de
graphite, de tabac, de prune et de café, à la bouche ramassée mais
sans fermeté, aux tanins fins et mûrs, bien travaillés par un élevage
soigné, à l'acidité fraîche et aux saveurs longues et précises, laissant des traces de noisette et de prune. Beau cabernet, offert à prix
doux pour son rang, sans égaler les meilleurs millésimes de ce cru
de référence (voir commentaires des 1991, 1997, 2000 et 2003).
Cépage : cabernet sauvignon. **Alc./**14 %
www.torreswines.com

☛ *Servir entre 2007 et 2014, à 17 °C*

 Filets d'agneau sauce au poivre vert ou filets de bœuf au café
noir (C*).

Mas La Plana 2003
PENEDÈS, MIGUEL TORRES, ESPAGNE *(DISP. OCT. 07)*

44,75 $	SAQ S (10796410) ★★★★?☆ $$$$	Corsé+

Question de clore la suite de millésimes
disponibles à la SAQ de ce cru catalan historique (voir commentaires des 1991,
1997, 2000 et 2001), ce 2003 signe cette
litanie de cabernets sauvignons avec
éclat. Assurément l'un des millésimes les
plus réussis des dernières années. La robe
est très colorée. Le nez, qui aura besoin

d'un bon coup de carafe pour se révéler
pleinement, est à la fois racé, fin et con-
centré, exhalant des notes de fruits noirs et de chêne, au boisé intégré. La bouche est dense, fraîche et ramassée, d'un fruité pur et
saisissant, d'une race évidente et d'une fraîcheur exemplaire dans
ce millésime de feu qui a sévi sur l'Europe en 2003. Les tanins sont

mûrs à point, tout en possédant un formidable grain. L'acidité naturelle tend le vin vers le futur, et les saveurs, alternant entre le cassis, la mûre, la violette et le chêne neuf, perdurent longuement dans une fin de bouche gommée et explosive. Fera figure de référence pour ce cru au cours des vingt prochaines années. **Cépage :** cabernet sauvignon. **Alc./**14 % www.torreswines.com

☛ *Servir entre 2007 et 2027, à 17 °C et oxygéné en carafe 45 minutes*

 Magret de canard rôti au poivre rose.

Pierre Gaillard Côte-Rôtie 2005

CÔTE-RÔTIE, DOMAINE PIERRE GAILLARD, FRANCE *(DISP. NOV. 07)*

45 $	SAQ S (731133)	★★★★ $$$$	Corsé

Pierre Gaillard, dont les vins sont devenus des incontournables du marché québécois, a réussi en 2005, dans ce grand millésime, des vins de haute tenue. Pour preuve, cette côte-rôtie, dégustée en primeur en septembre 2007, d'une élégance aromatique unique, aux accents de violette, de pivoine, de fraise des champs et de torréfaction, à la bouche d'une suavité de texture, d'une fraîcheur minéralisante et d'une présence que seuls les vins signés par cet artisan-vigneron en connaissent le secret. Déjà belle, elle évoluera avec grâce. **Cépage :** syrah. **Alc./**13 %

☛ *Servir entre 2007 et 2019, à 17 °C et oxygéné en carafe 15 minutes*

 Magret de canard grillé parfumé de baies roses accompagné d'une purée de patates douces aux olives noires et au romarin frais.

Alto Moncayo « Garnacha » 2005

CAMPO DE BORJA, BODEGAS ALTO MONCAYO, JORGE ORDOÑEZ SELECTIONS, ESPAGNE *(DISP. DÉBUT 08 OU JUIN 08)*

49 $	SAQ S (10860944)	★★★★ $$$$	Corsé+

■ NOUVEAUTÉ! Robe noir. Nez profondément fruité et concentré, mais aussi racé et marqué par un boisé judicieusement intégré au cœur du vin. Bouche pulpeuse, pleine et sphérique, mais aussi ramassée et effilée comme rarement le sont les vins de 16 degrés d'alcool. Grande complexité aromatique qui se dévoile à l'oxygénation. Un modèle d'équilibre qui ira loin. Une nouveauté catalane – qui sera disponible soit en début d'année 2008, soit via le magazine *Cellier* de juin 2008 –, signée par le puissant Jorge Ordoñez, propriétaire, entre autres, des fameux crus de Jumilla des *bodegas* Il Nido 2005 (aussi commentés en primeur). **Cépage :** garnacha (grenache). **Alc./**16 %

☛ *Servir entre 2008 et 2018, à 17 °C et oxygéné en carafe 1 heure*

 Carré d'agneau farci aux olives noires et au romarin.

Clio 2005

JUMILLA, BODEGAS EL NIDO, JORGE ORDOÑEZ, ESPAGNE *(DISP. FÉVR. 08)*

49 $	SAQ SS (10835482)	★★★★?☆ $$$$	Corsé

■ NOUVEAUTÉ! Robe pourpre et violine, nez étonnamment raffiné pour le style, certes concentré et profond, mais d'un raffinement aromatique qui le positionne chez les grands. Bouche tout aussi éclatante, pure, fraîche et détaillée, sans aucune lourdeur, malgré les 15,5 % d'alcool. Seules la grande viticulture et des vinifications d'experts peuvent avoir accouché, dans la fournaise qu'est la zone de Jumilla, d'un rouge aussi paradoxalement élégant et prenant. Violette, cassis et mûre participent au cocktail. Une nouveauté signée par le puissant Jorge

Ordoñez, tout comme le grandissime El Nido 2005 (aussi commenté en primeur), l'homme qui a mis les grands vins d'Espagne sur la mappe aux États-Unis. Nous ne pouvons que souhaiter sa venue au Québec en 2008. **Cépage :** monastrell. **Alc./**15,5 %
www.bodegaselnido.com

 Servir entre 2008 et 2020, à 17 °C et oxygéné en carafe 1 heure

Braisé de bœuf à l'anis étoilé.

Do Ut Des 2004

TOSCANA, FATTORIA CARPINETA FONTALPINO, ITALIE

49 $	SAQ S (10214441)	★★★★ $$$$	Puissant

Cette nouvelle étoile toscane, qui éclipse depuis quelques millésimes de nombreuses autres grosses pointures dont la réputation a porté leur prix à plus du double, semble avoir réussi à trouver à nouveau le *la* du diapason avec ce puissant 2004. Vous y dénicherez un toscan richement aromatique, complexe, racé, plein, dense et ferme, pour ne pas dire très corsé. Une fraîcheur unique, ainsi qu'une trame tannique solidement extraite, lui procure un profil proche parent du grand Sassicaia. Ira très loin. **Cépages :** 33 % sangiovese, 34 % merlot, 33 % cabernet sauvignon. **Alc./**13,5 %
www.carpinetafontalpino.it

 Servir entre 2009 et 2024, à 17 °C et oxygéné en carafe 90 minutes

Côtes de veau de lait poêlées et réduction de vin rouge à l'estragon (C*).

Château Trianon 2002
SAINT-ÉMILION GRAND CRU, DOMINIQUE HÉBRARD FILLE ET FILS, FRANCE

50 $	SAQ S (10244367)	★★★☆?☆ $$$$	Corsé

Un rare 2002 étonnamment réussi – dans ce millésime qui a offert son lot de vins dilués manquant de maturité –, à la couleur profonde, au nez extrait et concentré, marqué par les fruits noirs, à la bouche presque puissante, tannique et charnue, d'une surprenante densité pour l'année, passablement riche et long en finale. Se montre actuellement plus ferme que le 2003 (aussi commenté), tout en étant presque aussi profond. Exprime très bien les avancées de l'œnologie moderne, contrairement à des millésimes comme 1987 et 1984, où de telles réussites étaient pratiquement improbables. **Cépages :** 80 % merlot, 10 % cabernet franc, 5 % cabernet sauvignon, 5 % carmenère. **Alc./**13,5 % **www.hebrard.com**

 Servir entre 2007 et 2016, à 17 °C et oxygéné en carafe 45 minutes

Osso buco au fenouil et gremolata.

Château Trianon 2003

SAINT-ÉMILION GRAND CRU, DOMINIQUE HÉBRARD FILLE ET FILS, FRANCE

50 $	SAQ S (10244367)	★★★★ $$$$

Aussi disponible en format magnum (96 $; 10501440), ainsi qu'en 750 ml dans le millésime 2002 (commenté dans le Répertoire), ce château appartient depuis 2000 à Dominique Hébrard, ex-copropriétaire et administrateur du célèbre Château Cheval-Blanc, propriété familiale qui a été vendue en 1999 pour des raisons de succession. Son Trianon 2003 se montre fort engageant, riche et profond, tout en étant doté d'un velouté de texture des plus sensuels. Une caresse pour les papilles et une noblesse pour l'esprit. Du fruit, de la torréfaction et du graphite, dans un ensemble complet et d'une grande allonge. **Cépages :** 80 % merlot, 10 % cabernet franc, 5 % cabernet sauvignon, 5 % carmenère. **Alc./**13 % www.hebrard.com

☛ *Servir entre 2007 et 2014, à 17 °C*

 Burger de bœuf au foie gras et champignons ou côte de veau rôtie aux morilles.

Belle Dame 2005

SANCERRE, DOMAINE VACHERON & FILS, FRANCE

56 $	SAQ S (10523868)	★★★☆?☆ $$$	Corsé	BIO

■ NOUVEAUTÉ! D'un domaine de référence pour l'appellation, dont le sancerre blanc 2006 est aussi commenté, ce pinot noir est, bon an mal an, l'une des plus belles montures de la Loire pour les crus de ce cépage. Pour preuve, ce 2005 coloré, aromatique, à la fois très fin et profond, se détaillant en tonalité de cerise noire, de macis et de violette, offrant une bouche à la fois pleine et vaporeuse, enrobée et raffinée, aux tanins d'une exquise finesse, tout en étant tissé serrés, aux saveurs généreuses, presque pulpeuses pour l'appellation. Ira loin. **Cépage :** pinot noir. **Alc./**13 %

☛ *Servir entre 2007 et 2019 et oxygéné en carafe 30 minutes*

Filet de saumon grillé recouvert d'un concassé grossier des quatre-épices chinoises (poivre, muscade, gingembre en poudre et clou de girofle) ou cailles laquées au miel et aux cinq-épices (accompagnées de risotto au jus de betterave parfumé au girofle) (R*).

Marta de Baltà « Syrah » 2004

PENEDÈS, CAVAS PARÉS BALTÀ, ESPAGNE *(DISP. FÉVR. 08)*

56 $	SAQ S (10209641)	★★★☆?☆ $$$$	Corsé

Seulement 3 718 bouteilles de ce cru catalan, dégusté en primeur, en septembre 2007, d'un échantillon provenant directement du domaine, ont été élaborées en 2004. Il en résulte une syrah débordante et généreuse, mais avec la fraîcheur et la retenue des meilleurs crus de l'Hermitage et de la Côte-Rôtie, deux grandes appellations françaises. Violette et réglisse donnent le ton au nez. La bouche est étonnamment élancée, tout en étant nourrie et expansive, mais toujours avec cet élan et cette distinction de la vieille Europe. À ne pas manquer lors de son arrivée en février 2008. **Cépage :** syrah. **Alc./**13 % www.paresbalta.com

☛ *Servir entre 2007 et 2016, à 17 °C et oxygéné en carafe 30 minutes*

Filets de bœuf marinés aux parfums de mûres et de réglisse (voir Osso buco de cerf aux parfums de mûres et de réglisse) (C*) ou canard rôti et badigeonné au scotch single malt « tourbé ».

Château Corbin 1998
SAINT-ÉMILION GRAND CRU, CHÂTEAU CORBIN, FRANCE

| 60 $ | SAQ SS (10783627) ★★★★ $$$$ | Corsé |

Après avoir rencontré Anabelle Cruse-Bardinet, du Château Corbin, à l'automne 2006, je comprends mieux la rigueur qui a hissé ce cru parmi les meilleurs. Vous dénicherez un 1998 – dégusté en août 2007, côte à côte avec les 1999 et 2000 (commentés dans le Répertoire) – d'un charme aromatique envoûtant, déjà très ouvert, presque truffé, aux notes de sous-bois, de prune et de torréfaction, à la bouche ample, ronde et caressante, dotée de tanins d'une finesse exquise, comme le sont la majorité des vins de cette partie sablo-argileuse de Saint-Émilion, voisine de Figeac et Cheval-Blanc. Fraîcheur, élan, complexité et détail sont au rendez-vous dans un ensemble aérien, laissant des notes réglissées. Un modèle de classicisme, rappelant légèrement Figeac, mais avec une chair plus dodue. Déjà bon. **Cépages :** 80 % merlot, 20 % cabernet franc. **Alc./**13 % www.chateau-corbin.com

☞ *Servir entre 2007 et 2016, à 17 °C et oxygéné en carafe 15 minutes*

 Burger de bœuf au foie gras et champignons ou côte de veau rôtie aux morilles.

Argiano 2001
BRUNELLO DI MONTALCINO, ARGIANO, ITALIE *(DISP. DÉBUT 08)*

| 61 $ | SAQ S (10252658) ★★★★ $$$$ | Corsé |

Dégusté en primeur, en septembre 2007, d'un échantillon provenant directement du domaine, ce très réputé et attendu brunello – 185 caisses devraient être relâchées en début d'année 2008 – se montre en 2001 dans une forme splendide. Vous y dénicherez un rouge enivrant, comme il se doit, mais aussi détaillé et subtil, à la bouche étonnamment texturée et fraîche, presque vaporeuse, aux tanins d'une exquise finesse, au grain noble, à l'acidité juste dosée et aux saveurs larges et persistantes, mais sans être concentrées. Café, cerise noire et violette pour un brunello d'une grande distinction. **Cépage :** sangiovese. **Alc./**14 % www.argiano.net

☞ *Servir entre 2007 et 2017, à 17 °C et oxygéné en carafe 30 minutes*

 Carré d'agneau en croûte de menthe fraîche aux parfums balsamiques.

Granato 2003
VIGNETI DELLE DOLOMITI ROSSO, FORADORI, ITALIE

| 61 $ | SAQ S (898130) ★★★★?☆ $$$$$ | Corsé+ | BIO |

Lors de son passage au Québec, à l'automne 2006, la sympathique et dynamique Elisabetta Foradori en a profité pour passer à mon bureau afin de me présenter les nouveaux millésimes de ses remarquables vins. Il faut savoir qu'elle a reçu, à l'automne 2006, le prix du domaine de l'année par l'Association des sommeliers d'Italie, sans oublier que son grandissime Granato fut sélectionné parmi les 150 plus grands vins du monde dans le nouveau livre de Bettane & Desseauve. Comme je vous le communique depuis des années, Foradori est un domaine d'exception, sur un terroir unique, cultivé en biodynamie, par une femme de caractère. Vérifiez par vous-même avec ce 2003 ultra-coloré, richement aromatique, au fruité explosif et mûr, exhalant des notes complexes de pomme grenade, de bleuet, de mûre et d'épices douces, à la bouche généreuse, presque sphérique, aux tanins tendres mais dotés d'un certain grain, et à la finale d'une fraîcheur unique dans ce millésime de l'extrême. Ce qui procure à ce grand vin une assise « vieille Europe » dans ce style Nouveau Monde qu'a offert dame Nature et qui le propulsera dans le futur. Aussi disponible en 1,5 litre (146 $; 10318813) et en 3 litres (298 $; 920785). **Cépage :** 100 % teroldego. **Alc./**13 % www.elisabettaforadori.com

☞ *Servir entre 2009 et 2019, à 17 °C et oxygéné en carafe 1 heure*

 Osso buco de cerf aux parfums de mûres et de réglisse (C*).

Ijalba Reserva « Seleccion Especial » 2001
RIOJA, VIÑA IJALBA, ESPAGNE *(DISP. FIN 07/DÉBUT 08)*

61 $	SAQ **SS** (705103)	★★★★ $$$$	Corsé+	BIO

Une réserve spéciale 2001, qui fera suite à la tout aussi engageante et réussie 1995 (commentée dans le Répertoire), produite uniquement dans les grandes années (1990, 1994, 1995 et 2001), colorée à souhait, richement aromatique, pour ne pas dire explosive, aux riches effluves de bleuet, de mûre, de tabac, d'épices douces et de bois neuf, à la bouche dense, ramassée et très fraîche, aux tanins tissés serrés, aux saveurs tout aussi expressives et à l'ensemble fort savoureux. Vanille, lard fumé et café s'éternisent en fin de bouche, signalant l'élevage en barriques de chêne. **Cépages :** 50 % tempranillo, 50 % graciano. **Alc./**13 % www.ijalba.com

☞ *Servir entre 2009 et 2019, à 17 °C et oxygéné en carafe 1 heure*

 Carré d'agneau et jus au café expresso (C*) ou magret de canard rôti à la nigelle.

Domaine des Perdrix Vosne-Romanée 2004
VOSNE-ROMANÉE, B. ET C. DEVILLARD, FRANCE *(DISP. NOV./DÉC. 07)*

64 $	SAQ **S** (862862)	★★★★ $$$$	Corsé

Après un 2003 richement aromatique, texturé et généreux, le désormais réputé Domaine des Perdrix récidive avec un vosne 2004, dégusté en primeur en août 2007, au nez aromatique à souhait, richement détaillé, jouant dans des tonalités épicées, à la bouche à la fois ferme et expansive, pleine et fraîche, aux saveurs explosives de clou de girofle, de poivre, de macis, de cerise et de giroflée. Les tanins, serrés, sont racés au possible. Malgré son immédiateté, cette bouteille ira loin dans le temps. **Cépage :** pinot noir. **Alc./**14 %

☞ *Servir entre 2007 et 2019, à 17 °C*

 Steak de saumon au café noir et aux cinq-épices chinoises (C*) ou cailles laquées au miel et aux cinq-épices (accompagnées de risotto au jus de betterave parfumé au girofle) (R*).

Château Destieux 1998

SAINT-ÉMILION GRAND CRU, CHRISTIAN DAURIAC, FRANCE

65 $	SAQ **S** (850685)	★★★★?☆ $$$$	Corsé+

Après un long chemin de Damas, Christian Dauriac aura réussi à imposer son style et à faire reconnaître ce château, en 2006, parmi les grands crus classés de Saint-Émilion. Avec les conseils de l'œnologue Michel Rolland, il a même remporté haut la main, en juin 2007, la Coupe des Grands Crus Classés de Saint-Émilion – pour les millésimes 2003, 2004 et 2005, devant 106 grands crus classés. Ce

1998 (aussi disponible en magnum), servi en primeur au *Club de Vins François Chartier* lors d'une verticale sur plusieurs millésimes, à la fin des années quatre-vingt-dix, en présence de monsieur Dauriac, exprime très bien le chemin parcouru. La robe est profonde. Le nez est racé, intense et défini, sans esbroufe, dévoilant des tonalités florales et fruitées d'un grand raffinement et d'une puissance rarissime à Saint-Émilion. La bouche suit avec aplomb, ampleur, chair et persistance, dans une harmonie d'ensemble unique en 1998. Fruits noirs, bois neuf, mirifiquement intégré, et violette signent le profil aromatique, tandis que les tanins se montrent tissés très serrés. Déjà beau, mais sera franchement plus expansif d'ici 2010-2012. Chapeau bas Monsieur Dauriac. **Cépages :** 66 % merlot, 17 % cabernet franc, 17 % cabernet sauvignon. **Alc./**13 % www.vignobles-dauriac.com

☛ *Servir entre 2007 et 2018, à 17 °C et oxygéné en carafe 30 minutes*

 Filets d'agneau en croûte aux fines herbes ou magret de canard grillé parfumé de baies roses.

Brancaia « Ilatraia » 2005
MAREMMA TOSCANA, PODERE LA BRANCAIA, ITALIE *(DISP. JANV./FÉVR. 08)*

67 $	SAQ S (10483317)	★★★☆?☆ $$$$	Corsé

Dégusté en primeur en octobre 2007, ce désormais cru vedette toscan se montre en 2005 fort coloré, richement aromatique, avec élégance et raffinement, plein, compact et passablement dense, doté de tanins d'une exquise finesse, au grain noble, aux saveurs éclatantes, sans esbroufe, et au boisé modéré. À nouveau réussi avec brio. Sera plus expressif à partir de 2010. **Cépages :** 60 % cabernet sauvignon, 30 % sangiovese, 10 % petit verdot. **Alc./**14 % www.brancaia.com

☛ *Servir entre 2008 et 2018, à 17 °C et oxygéné en carafe 30 minutes*

 Magret de canard rôti à la nigelle.

Vaio Armaron Serego Alighieri 1999
AMARONE DELLA VALPOLICELLA, MASI, ITALIE

69 $	SAQ S (462812)	★★★★ $$$$	Corsé+

Août 2007 a été sous le signe du retour d'un *amarone* quatre étoiles, au nez très riche et séveux, un brin balsamique, à la bouche pleine, généreuse, pulpeuse, volumineuse et tannique, aux saveurs puissantes et torréfiées, aux tanins mûrs et enveloppés par une chair d'une grande épaisseur veloutée. Son élevage est plutôt particulier et ajoute beaucoup à la singularité de ce cru : trente-six mois en foudres de chêne de Slavonie de 600 à 2000 litres, avec un passage  de quatre mois en foudres de bois de cerisier. Il faut savoir que les pores du bois de cerisier devenant rapidement étanches après la première année de vieillissement, les vins qui y séjournent sont légèrement plus évolués aromatiquement et plus ronds en bouche. **Cépages :** 65 % corvina (atteinte partiellement par le *botrytis*), 20 % rondinella, 15 % molinara (de la variété Serego Alighieri). **Alc./**16 % www.masi.it

☛ *Servir entre 2007 et 2027, à 17 °C et oxygéné en carafe 30 minutes*

Côte de veau grillée au fromage bleu et réduction de porto (avec balsamique et miel) ou lièvre (ou lapin) à l'aigre-doux (C*). Fromage : gavoi di montagna (lait de brebis, fumé durant son affinage d'une durée de douze mois).

Vaio Armaron Serego Alighieri 2000

AMARONE DELLA VALPOLICELLA, MASI, ITALIE *(DISP. AUTOMNE 07)*

69 $	SAQ **S** (462812)	★★★☆?☆ $$$$$	Puissant

Le terme *amarone* provient probablement du nom de ce domaine, Vaio Armaron, appartenant à la famille Serego Alighieri depuis 1353, descendant du poète Dante qui a habité la propriété. Il est situé dans la commune de Sant`Ambrogio di Valpolicella, sur des coteaux exposés au sud-ouest, aux sols rouges, calcaires et marneux, à une altitude de 230 à 265 mètres. Son élevage est plutôt particulier et ajoute beaucoup à la singularité de ce cru : 36 mois en foudres de chêne de Slavonie de 600 à 2000 litres, avec un passage de 4 mois en foudres de bois de cerisier. Il faut savoir que les pores du bois de cerisier devenant rapidement étanches après la première année de vieillissement, les vins qui y séjournent sont légèrement plus évolués aromatiquement et plus ronds en bouche. Il en résulte en 2000 un vin coloré, plein, ample, un brin serré et frais, au fruité pur et long. Donc, un *amarone* des plus savoureux, aux notes de cassis, de mûre et de bleuet, un brin cacaoté, qui, même si déjà très engageant, sera plus sphérique dans quelques années. **Cépages :** 65 % corvina (seule la corvina est atteinte par le *botrytis*), 20 % rondinella, 15 % molinara Serego Alighieri. **Alc./**15,5 % **www.masi.it**

☛ *Servir entre 2009 et 2025, à 17 °C et oxygéné en carafe 1 heure*

Magret de canard rôti et réduction du porto LBV. Fromage : gavoi di montagna (lait de brebis, fumé durant son affinage d'une durée de douze mois).

Seigneur de Maugiron « Delas » 2005 ♥

CÔTE-RÔTIE, DELAS FRÈRES, FRANCE *(DISP. NOV. 07)*

74 $	SAQ **SS** (10676611)	★★★★?☆ $$$$$	Corsé+

SEIGNEUR de MAUGIRON
CÔTE-RÔTIE
APPELLATION CÔTE-RÔTIE CONTRÔLÉE
D E L A S
ELEVÉ ET MIS EN BOUTEILLE PAR DELAS FRÈRES A TOURNON-SUR-RHÔNE-FRANCE
13% alc./vol.   PRODUIT DE FRANCE - PRODUCT OF FRANCE   750 ml
VIN ROUGE   RED WINE

■ NOUVEAUTÉ! L'une des belles nouveautés, dégustée en août 2007, à venir en fin d'année 2007 chez les vins de cette maison qui, après une profonde mutation, grâce au travail acharné et à la passion de Jacques Grange, est actuellement à ranger parmi les références du Rhône, spécialement pour ses rouges (voir commentaires « en primeur » pour ses crozes-hermitage **Le Clos**, saint-joseph **Sainte-Épine** et châteauneuf-du-pape **Haute Pierre**). Densité, profondeur, complexité, voilà une définition rapide, mais qui décrit parfaitement le profil de ce cru de la célèbre Côte-Rôtie. De façon plus explicite, vous y dénicherez une syrah ultra-colorée, au nez actuellement retenu, mais riche de promesses grâce à un fruité dense et pur, à la bouche à la fois très serrée et ample, ferme et juteuse, pleine et ramassée au possible, laissant s'exprimer de longues saveurs de fruits rouges, d'épices douces, de fleurs et de bois. **Cépage :** syrah. **Alc./**13 % **www.delas.com**

☛ *Servir entre 2010 et 2023, à 17 °C et oxygéné en carafe 90 minutes*

Gigot d'agneau aux herbes séchées (thym, romarin et origan) ou tranches d'épaule d'agneau grillées et pommade d'olives noires (olives noires dénoyautées et huile d'olive passées au robot).

Brancaia « Il Blu » 2005

TOSCANA, PODERE LA BRANCAIA, ITALIE *(DISP. NOV. 07)*

76 $	SAQ S (10769622)	★★★★ $$$$$	Corsé+

Le retour de cet unique Il Blu, dans le millésime 2005, le grand vin de ce domaine de pointe, qui, comme je le prévoyais dans l'édition 2006 de ce guide, fait désormais des vagues chez les amateurs de super-toscans de haute voltige. Même s'il se montre un brin moins explosif et ramassé que ne l'était le remarquable 2001, il n'en demeure pas moins une belle référence dans ce millésime, plus difficile en Toscane que dans le reste de l'Europe. Tout y est : couleur soutenue et violacée; nez profond, d'une étonnante fraîcheur malgré la concentration; bouche débordante et presque pulpeuse, mais tout aussi tendue que le nez, et dotée de tanins mûrs à point, et bien travaillés par un luxueux élevage en barriques. Fruits noirs, violette et café s'y donnent avec éclat. Devrait gagner en texture au cours des six prochaines années. **Cépages :** 55 % sangiovese, 40 % merlot, 5 % cabernet sauvignon. **Alc./**14,5 % **www.brancaia.com**

☞ *Servir entre 2008 et 2018, à 17 °C et oxygéné en carafe 30 minutes*

 Jarret d'agneau confit parfumé à l'huile de truffes.

Absis 2003

PENEDÈS, CAVAS PARÉS BALTÀ, ESPAGNE *(DISP. FÉVR. 08)*

78 $	SAQ S (10350961)	★★★★?☆ $$$$$	Puissant

Cent caisses de ce tempranillo catalan, dégusté en primeur, en septembre 2007, d'un échantillon provenant directement du domaine, étaient attendues en début d'année 2008. Un vin explosif, au nez très riche, parfumé, boisé, sans trop, profond et détaillé, à la bouche charnue, tannique, pleine et sphérique, à la trame tannique tissée très serrée, mais à la texture moelleuse et généreuse. Percutant et on ne peut plus satisfaisant, même pour le prix demandé. Fruits noirs, café, cacao et épices douces participent au cocktail de saveurs pulpeuses. **Cépage :** tempranillo. **Alc./**14 % **www.paresbalta.com**

☞ *Servir entre 2007 et 2019, à 17 °C et oxygéné en carafe 15 minutes*

 Carré d'agneau au poivre vert et à la cannelle ou tajine de ragoût d'agneau aux cinq-épices et aux oignons cipollini caramélisés.

Finca Dofí 2004

PRIORAT, ÁLVARO PALACIOS, ESPAGNE *(DISP. MARS 08)*

84 $	SAQ S (705764)	★★★★☆ $$$$$	Corsé+

Ce 2004, né d'un très grand millésime pour l'appellation, est assurément la meilleure affaire chez les grandes pointures tant du Priorat que d'Espagne. Rares sont les aussi grands vins offerts à ce prix. Il exprime un fruité d'une grande concentration et d'une haute définition, et une texture d'une sensualité rarissime chez les aussi jeunes vins du Priorat. Les tanins ont du grain, le boisé est déjà intégré, la minéralité pointe à l'horizon et les saveurs sont percutantes (bleuet, framboise, prune, épices et rose). Ce Finca Dofi, provenant d'un sol d'ardoises entrecoupées d'environ 30 % d'argile un brin sablonneuse, est bâti sur une assise à 50 % de vieux grenache, complétée par le cabernet sauvignon et un faible pourcentage de syrah. **Cépages :** 50 % grenache (très vieux) + cabernet sauvignon, syrah (faible pourcentage). **Alc./**14 %

☛ *Servir entre 2008 et 2020 et oxygéné en carafe 2 heures*

Osso buco de cerf aux parfums de mûres et de réglisse (C*).
Fromage : parmigiano reggiano (plus de 24 mois d'affinage).

Château Le Bon Pasteur 2004

POMEROL, FAMILLE ROLLAND, FRANCE

89 $	SAQ S (10445089)	★★★★ $$$$$	Corsé+

Grenat très foncé. Nez de crasse de fer, donc sur le minéral et le graphite. Grande profondeur pour le millésime. Attaque charnue, pleine et dense, aux tanins mûrs, mais dotés d'un grain serré et très présent. Saveurs expansives. Belle prise de bois. Savoureux, aux notes torréfiées et de fruits mûrs. Finale tannique et ferme. Déjà beau et évoluera avec grâce. **Cépages :** 80 % merlot, 20 % cabernet franc. **Alc./**13,5 % www.rollandcollection.com

☛ *Servir entre 2007 et 2019, à 17 °C et oxygéné en carafe 30 minutes*

Magret de canard rôti et jus au café expresso (C*).

Mazzano « Classico » Masi 2000

AMARONE DELLA VALPOLICELLA, MASI, ITALIE

99 $	SAQ S (545129)	★★★★?☆ $$$$$	Puissant

D'une couleur soutenue, aux reflets orangés modérés. Nez intense, concentré et fermé. Bouche plus concentrée, plus retenue, plus ramassée, plus intense, plus séveuse, plus tannique et plus élancée que le 1999. À suivre dans le temps. **Cépages :** 70 % corvina, 25 % rondinella, 5 % molinara. **Alc./**16 % www.masi.it

☛ *Servir entre 2014 et 2035, à 17 °C et oxygéné en carafe 2 heures*

Osso buco de cerf aux parfums de mûres et de réglisse (C*).
Fromage : parmigiano reggiano (plus de 24 mois d'affinage).

Tignanello 2004

TOSCANA, MARCHESE PIERO ANTINORI, ITALIE *(DISP. NOV. 07)*

99 $	SAQ S (10820900)	★★★★ $$$$$	Corsé+

(Disponible via le magazine SAQ Cellier, mis en marché en deux tranches, les 8 et 22 novembre 2007, spécial Afrique du Sud, Australie et Vins haut de gamme pour les Fêtes) Après un très réussi 2003, Tignanello récidive avec un remarquable 2004, dégusté en primeur, en août 2007. Très foncé, presque noir. Premier nez mentholé. Puis, du fruit, de la profondeur et de la richesse, non dénuée de fraîcheur. Pas de bois à l'horizon. Bouche ample, harmonieuse, sur le fruit, aux tanins mûrs et bien travaillés, au corps généreux, mais frais et épuré. **Cépages :** 85 % sangiovese, 10 % cabernet sauvignon, 5 % cabernet franc. **Alc./**13,5 % www.antinori.it

☛ *Servir entre 2007 et 2022, à 17 °C et oxygéné en carafe 15 minutes*

Carré d'agneau à la pommade de menthe fraîche, poivre concassé et vinaigre balsamique.

Château La Nerthe « Cuvée des Cadettes » 2003

CHÂTEAUNEUF-DU-PAPE, CHÂTEAU LA NERTHE, FRANCE *(DISP. FIN OCT. 07)*

117 $	SAQ **SS** (702902)	★★★★☆ $$$$$	Corsé+

Remarquable expression de la quintessence de l'appellation, cette Cuvée des Cadettes, composée de ceps centenaires de grenache, ainsi que de très vieilles vignes de syrah et de mourvèdre, se montre au sommet en 2003. Quel vin! Couleur profonde. Nez intense, racé et d'une très grande précision. Bouche dense, ramassée, compacte et complète, d'une imposante allonge et d'une harmonie d'ensemble rarement atteinte, malgré sa grande richesse, dans ce millésime caniculaire. Les tanins expriment un grain à la fois très serré et noble. Ira très loin dans le temps. **Cépages :** 47 % grenache, 36 % syrah, 17 % mourvèdre. **Alc./**14,5 % www.chateaulanerthe.fr

☞ *Servir entre 2010 et 2023, à 17 °C et oxygéné en carafe 2 heures*

Jarret d'agneau confit parfumé à l'huile de truffes ou côtes de cerf sauce aux griottes et au chocolat noir Valrhona Guanaja (C*).

El Nido 2005

JUMILLA, BODEGAS EL NIDO, JORGE ORDOÑEZ, ESPAGNE *(DISP. FÉVR. 08)*

120 $	SAQ *Courrier vinicole*	★★★☆?☆ $$$$$	Corsé+

■ **NOUVEAUTÉ!** Une nouveauté – qui devrait être distribuée via le *Courrier vinicole* de la SAQ, spécial « Grands vins du monde », en début d'année 2008 –, signée par le puissant Jorge Ordoñez, tout comme le vibrant Clio 2005 (aussi commenté en primeur), l'homme qui a mis les grands vins d'Espagne sur la mappe aux États-Unis. Cette cuvée prestige est devenue l'un des vins phares et mythiques d'Espagne et d'Europe,  positionnant l'appellation Jumilla parmi les secrets les mieux gardés de la vieille Europe. Il en résulte un vin sombre et violet, d'un très grand raffinement aromatique, sachant être frais, malgré sa grande concentration et maturité de fruit, au boisé absent, à la bouche à la fois dense et élancée, exponentielle et longiligne, d'une harmonie d'ensemble rarissime chez les vins de cette stature et de ce coffre. La finesse des tanins est époustouflante. Et quel touché de bouche! Quasi crémeux. Les saveurs explosives, mais avec détails et pertinence. On s'attend à un méchant pétard, mais on découvre un noble gentleman, jouant dans la cour des grands seigneurs du Priorat, comme du Bordeaux et de Toscane. **Cépage :** monastrell. **Alc./**15,5 % www.bodegaselnido.com

☞ *Servir entre 2008 et 2023, à 17 °C et oxygéné en carafe 90 minutes*

 Homard au vin rouge et au chocolat noir 70 % cacao et pimentón.

Ornellaia 2004

BOLGHERI, TENUTA DELL'ORNELLAIA, ITALIE *(DISP. NOV. 07)*

| 149 $ | SAQ S (908061) | ★★★★☆ $$$$$ | Corsé+ |

Disponible via le magazine SAQ *Cellier*, mis en marché en deux tranches, les 8 et 22 novembre 2007, spécial Afrique du Sud (Australie et Vins haut de gamme pour les Fêtes). Difficile de ne pas succomber à cette bombe de fruits, dégustée en primeur, en août 2007, au profil plus californien qu'italien, née d'un millésime classique de très haut niveau, pour ce qui est des vins de Bolgheri. Presque noir. Nez d'un charme fou, au fruité extraverti, très riche et invitant au possible, au boisé plus marqué que chez les autres crus de la maison, ainsi que chez les vins de la famille Antinori de Florence, qui exprime à fond le succès obtenu par ce cru depuis ses débuts en 1985. Bouche pulpeuse, pleine et généreuse, au volume imposant, aux tanins mûrs, qui ont du grain, aux saveurs d'une grande allonge, et même expansives. **Cépages :** 60 % cabernet sauvignon, 25 % merlot, 12 % cabernet franc, 3 % petit verdot. **Alc./**15 % www.ornellaia.com

☛ *Servir entre 2007 et 2020 et oxygéné (fortement) en carafe 5 minutes*

 Côte de veau grillée au fromage bleu et réduction de porto (avec balsamique et miel).

Solaia 2004

TOSCANA, MARCHESE PIERO ANTINORI, ITALIE *(DISP. NOV. 07)*

| 175 $ | SAQ S (10821064) | ★★★★?☆ $$$$$ | Puissant |

Disponible via le magazine SAQ *Cellier*, mis en marché en deux tranches, les 8 et 22 novembre 2007, spécial Afrique du Sud (Australie et Vins haut de gamme pour les Fêtes). Robe noire et violine. Nez concentré, riche et racé, sans excès de surmaturation et sans boisé inutile, surtout dans un millésime aussi classique que 2004. Bouche généreuse, intense, ramassée et dense, un brin ferme, aux saveurs d'une grande allonge, laissant des traces de mûre, de cassis et de violette. Ira loin. Dégusté en primeur, en août 2007. **Cépages :** 75 % cabernet sauvignon, 20 % sangiovese, 5 % cabernet franc. **Alc./**13,5 % www.antinori.it

☛ *Servir entre 2009 et 2026, à 17 °C et oxygéné en carafe 1 heure*

 Jarret d'agneau confit et lentilles du Puy au jus d'agneau parfumé à la réglisse.

Masseto 2004

BOLGHERI, TENUTA DELL'ORNELLAIA, ITALIE *(DISP. NOV. 07)*

| 299 $ | SAQ S (10816636) | ★★★★☆ $$$$$ | Puissant |

Disponible via le magazine SAQ *Cellier*, mis en marché en deux tranches, les 8 et 22 novembre 2007, spécial Afrique du Sud (Australie et Vins haut de gamme pour les Fêtes). Dégusté en primeur, en août 2007, Masseto est à nouveau un grand seigneur de Bolgheri, solidifiant ainsi son statut de grands vins du monde. À la robe très soutenue, au nez profond, complexe et enivrant, aux notes de fruits noirs, de fumée, de café, de réglisse, de violette, d'épices et de poivron, rappelant Pétrus. Quel nez! La bouche est italienne au possible, pleine, sphérique, généreuse et plantureuse, mais avec la fraîcheur fidèle à ce grand cru toscan. Finale très serrée, presque chaude et intense. Difficile de trouver mieux en 2004 – il se montre supérieur au 2003. **Cépage :** 100 % merlot. **Alc./**14,5 % www.ornellaia.com

☛ *Servir entre 2009 et 2026 et oxygéné en carafe 30 minutes*

 Osso buco de cerf aux parfums de mûres et de réglisse (C*).

L'Ermita 2004

PRIORAT, ÁLVARO PALACIOS, ESPAGNE *(DISP. FÉVR./MARS 08)*

550 $ (Approx.)   SAQ **SS** (705715)   ★★★★★?☆ **$$$$$**   Corsé+

Modèle de complexité, de densité, de profondeur, d'expression et de persistance, L'Ermita 2004 fera date, c'est certain. Avec ses gammes de terroirs, de cépages et de choix techniques aussi bien anciens que modernes, Álvaro Palacios – ce Vicente Amigo du vin! – a réussi à nouveau, en 2004, à extraire la moelle de ce terroir singulier et à le transcender en des vins sublimes, dont L'Ermita, aujourd'hui encensé aux quatre coins du monde. Il fait partie de ces *vignerons-compositeurs*, en permanente recherche de partitions, afin de faire entendre sa symphonie à un public rapidement devenu accro de sa musique vinicole. Álvaro – son prénom suffit pour savoir de qui l'on parle lorsqu'il s'agit du Priorat – est avant tout un homme de terroir, les deux pieds bien ancrés dans le sol, en résonance avec lui pour élaborer un vin original. Son travail à la cave, où son instinct est unique, est tout aussi riche d'enseignements. Aujourd'hui, nombreux sont les jeunes viticulteurs du Priorat à suivre ses traces et à réussir de grandes pointures, sans toutefois en égaler L'Ermita. Ses 2005, et tout particulièrement ses 2004, que j'ai eu le privilège de déguster en sa compagnie, lors de deux visites dans le Priorat, en 2006 et en 2007, étaient tout simplement éblouissants. Cette parcelle, située à plus de 500 mètres d'altitude, trône du haut de son terroir schisteux et granitique, qui n'est pas sans rappeler l'hermitage. Il en résulte un Ermita 2004 somptueux, d'une transparence et d'une minéralité saisissantes, aux tanins d'une maturité plus que parfaite, au corps voluptueux et pénétrant, tapissant le palais de saveurs aussi complexes que concentrées, aussi raffinées que persistantes, rappelant la violette, la réglisse, le zeste d'orange, la muscade, la crème de cassis et la pomme grenade. Au profil rappelant plus que jamais les grands Haut-Brion et le côte rôtie La Mouline. Modèle de complexité, de densité, de profondeur, d'expression et de persistance, ce 2004 fera date et, une fois à maturité, méritera probablement cinq étoiles et demie! **Cépages :** 80 % de très vieux grenache, 20 % de cabernet sauvignon. **Alc./**14 %

☛ *Servir entre 2010 et 2034, à 18 °C et oxygéné en carafe 3 heures*

 Osso buco de jarret de veau à la vanille de Tahiti et au chocolat ou magret de canard fumé aux feuilles de thé Lapsang Souchong.

RÉPERTOIRE ADDITIONNEL

Les vins commentés dans les Répertoires additionnels, dont certains avec des propositions harmoniques, sont ceux qui étaient encore disponibles à la SAQ, au moment d'aller sous presse, ou ceux pouvant faire l'objet d'un nouvel arrivage au cours de l'automne 2007 et de l'hiver 2008. Pour de plus amples informations sur les cépages des vins, ainsi que leur origine et leur élaboration, n'hésitez pas à consulter le **site Internet** de chaque domaine.

Castillo de Monséran 2006
CARIÑENA, BODEGAS SAN VALERO, ESPAGNE
8,95 $ SAQ C (624296) ★?☆ $ Léger+
Un 2006 moins parfumé et doté d'une bouche moins juteuse, donc moins engageant et moins Nouveau Monde que par le passé. Tout de même un bon achat. **Alc./**12,5 % **www.sanvalero.com** ■ *Lasagne au four.*

Tempranillo Campobarro 2004
RIBERA DEL GUARDIANA, COOP. SAN MARCOS, ESPAGNE
9,35 $ SAQ C (10357994) ★☆ $ Léger+
Dégusté en mai 2007, question de voir comment ce vin à prix doux évolue en bouteille, ce 2004 (qui n'est plus disponible), se montrait plutôt charmeur, souple et tout en fruit, spécialement pour un vin offert sous la barre des dix dollars. **Alc./**13 %

Tempranillo Campobarro 2005
RIBERA DEL GUARDIANA, COOP. SAN MARCOS, ESPAGNE
9,35 $ SAQ C (10357994) ★☆ $ Modéré
Voir aussi commentaire du 2006, qui était sur le point de prendre la relève du 2005. **Alc./**13 %

Boussac 2006
COTEAUX-DU-LANGUEDOC, J. PELLERIN, FRANCE
9,95 $ SAQ C (346148) ★ $ Léger+
Un rouge simple, souple, coulant, sur les fruits rouges et des plus fringants. **Alc./**12,5 % **www.boisset.fr** ■ *Sauté de porc au brocoli et poivrons rouges sur pâtes aux œufs.*

Cabernet Sauvignon & Merlot Telish 2005
THRACIAN LOWLANDS, BOUQUET TELISH, BULGARIE
10,30 $ SAQ C (10669824) ★★ $ Modéré+
■ NOUVEAUTÉ! Un assemblage bulgare à la bordelaise à prix doux, des plus attrayants, coloré, pulpeux, rond et charmeur au possible, non dénué de texture et de persistance. **Alc./**13,5 % ■ *Hamburgers de bœuf à la pommade d'olives noires.*

Domaine de Gournier 2005
VIN DE PAYS DE L'UZÈGE, MAURICE BARNOUIN, FRANCE
10,55 $ SAQ C (365957) ★★?☆ $ Modéré
Ce 2005 a été assurément l'un des meilleurs rapports qualité-prix, toutes origines confondues, chez les rouges offerts sous la barre des douze dollars. **Alc./**13 % **www.domainedegournier.com**

Domaine du Lys « Syrah-Cabernet » 2005
VIN DE PAYS DES CÉVENNES, DOMAINE DU LYS, FRANCE
10,95 $ SAQ C (474833) ★☆ $ Modéré
Autrefois marqué par la syrah, le Lys 2005 se montre plus sous l'identité végétale des pyrazines du cabernet, donc des arômes de poivron. Les tanins sont fins et souples, et l'acidité présente. Un rouge de soif. **Alc./**13 %

Syrah-Merlot Mas de Forton 2005
VIN DE PAYS DU GARD, GFA DE FORTON, FRANCE
10,95 $ SAQ C (604033)   ★★ $ Modéré+
De la couleur, des parfums soutenus, rappelant les fruits rouges et les fleurs, de l'ampleur, de la chair, des tanins tendres et des saveurs longues. **Alc./**13,5 % **www.tourelles.com** ■ *T-bone au poivre ou côtes de porc teriyaki.*

Borsao 2006
CAMPO DE BORJA, BODEGAS BORSAO, ESPAGNE
11,55 $ SAQ C (10324623)   ★★ $ Modéré
Millésime oblige, ce 2006 se montre moins engageant et moins complet que ne l'était le 2005. Il n'en demeure pas moins fort honnête et agréable pour son prix. **Alc./**13,5 % **www.bodegasborsao.com** ■ *Focaccia au pesto de tomates séchées.*

Teroldego Mezzacorona 2005
TEROLDEGO ROTALIANO, MEZZACORONA, ITALIE
11,65 $ SAQ C (573568)   ★★ $ Modéré

Periquita 2004
VINHO REGIONAL TERRAS DO SADO, JOSÉ MARIA DA FONSECA, PORTUGAL
12,05 $ SAQ C (025262)   ★★☆ $ Modéré+
Un 2004 passablement parfumé, au fruité qui a débuté son évolution, légèrement épicé, dense et compact pour son rang. **Alc./**13 % **www.jmf.pt** ■ *Brochettes d'agneau à la menthe fraîche ou rôti de porc aux épices à steak.*

Domaine de Sahari « Cuvée du Soleil » 2005
GUERROUANE, DOMAINE DE SAHARI/LES CHAIS SIDI BRAHIM, MAROC
12,30 $ SAQ C (717413)   ★★?☆ $ Modéré+
Ce rouge marocain étonne par sa fraîcheur, son expression et sa précision. Épices et fruits rouges s'entremêlent dans une bouche ronde et dodue. **Alc./**12 % **www.domainedesahari.com** ■ *Brochettes de boulettes d'agneau haché à la menthe ou couscous aux merguez.*

Protocolo 2005
VINO DE LA TIERRA DE CASTILLA, DOMINIO DE EGUREN, ESPAGNE
12,35 $ SAQ S (10754439)   ★☆ $ Corsé
■ NOUVEAUTÉ! Une nouveauté à la fois sur le fruit et sur des notes torréfiées, aux tanins un brin secs, lui donnant un profil un brin rustre, sans trop. **Alc./**13,5 % **www.eguren.com**

L'Orangerie de Pennautier 2005
VIN DE PAYS DE LA CITÉ DE CARCASSONNE, VIGNOBLES LORGERIL, FRANCE
12,50 $ SAQ C (605261)   ★★ $ Modéré
Un 2005 souple et racoleur, aux saveurs de fruits rouges très expressives, aux tanins fins, à l'acidité fraîche et au corps modéré. **Alc./**13 % **www.vignobles-lorgeril.com** ■ *Panini au poulet et aux poivrons rouges grillés.*

Château Fabas-Payroulière 2004
MINERVOIS, R. AUGUSTIN, FRANCE
12,60 $ SAQ C (517680)   ★★☆ $ Modéré
Ce minervois demeure un excellent achat étant donné la qualité de son fruit, le velouté de sa texture et l'harmonie d'ensemble. **Alc./**13 % **www.chateaufabas.com** ■ *Casserole de poulet à la pancetta.*

Château des Tourelles Cuvée Classique 2005
COSTIÈRES-DE-NÎMES, GFA DE FORTON, FRANCE
12,65 $ SAQ C (387035)   ★☆ $ Modéré
Un Tourelles 2005 peu aromatique, mais tout à fait savoureux en bouche, sans être pulpeux ou généreux. **Alc./**13,5 % **www.tourelles.com** ■ *Saucisses bratwurt ou côtes de porc teriyaki.*

L'Opéra de Villerambert-Julien 2004
MINERVOIS, MARCEL JULIEN, FRANCE
12,70 $ SAQ C (488270)   ★★ $ Modéré+   BIO
Malgré sa discrétion aromatique, ce 2004 démontre une invitante fraîcheur en bouche, laissant découvrir des tanins fins et des saveurs de fruits rouges passablement expressives. **Alc./**13,5 % www.villerambert-julien.com

Pellehaut 2005
VIN DE PAYS DES CÔTES DE GASCOGNE, SICHEL, FRANCE
12,85 $ SAQ C (10542057)   ★★ $ Modéré+
Un rouge de fraîcheur et de soif, sur le fruit frais, à l'acidité digeste et aux tanins fins. Donc, certes de soif, mais avec un certain coffre. **Alc./**12 % www.sichel.com ■ *Côtelettes de porc aux poivrons rouges confits.*

Laderas de El Sequé 2005
ALICANTE, LADERAS DE PINOSO, ESPAGNE
13,05 $ SAQ S (10359201)   ★★★ $ Corsé
Une bombe de fruits, annoncée en « primeur » dans *La Sélection Chartier 2007*, avec de l'éclat, de la pureté, des tanins fins mais bien présents, de l'harmonie, de la générosité, de la fraîcheur et de la persistance. Voir commentaire en primeur du 2006. **Alc./**14 % www.artadi.com

Castel Montplaisir 2002
CAHORS, ALAIN-DOMINIQUE PERRIN, FRANCE
13,10 $ SAQ C (606426)   ★★☆ $ Corsé
Avec ce riche et gourmand 2002, Castel Montplaisir est plus que jamais LE rapport qualité-prix de l'heure chez les cahors offerts au Québec. Bonne nouvelle, le 2003 (aussi commenté) est aussi bon! **Alc./**13 % www.chateau-lagrezette.tm.fr

Domaine d'Artois « Les Petits Fonasons » 2004
TOURAINE, DOMAINE D'ARTOIS, GUY SAGET, FRANCE
13,15 $ SAQ S (10522494)   ★★ $$ Léger+   BIO
Un rouge de soif, rafraîchissant au possible, simple mais efficace, spécialement sur une assiette de charcuterie! **Alc./**12 % www.guy-saget.com

Majolica 2005
MONTEPULCIANO D'ABRUZZO, PODERE CASTORANI, ITALIE
13,20 $ SAQ C (10754252)   ★★☆ $$ Modéré
■ NOUVEAUTÉ! (Voir commentaire du délicieux 2006)

Clos Bagatelle « Cuvée Tradition » 2006
SAINT-CHINIAN, CLOS BAGATELLE, FRANCE
13,35 $ SAQ C (446153)   ★★ $ Modéré
Fraîcheur et élégance aromatiques. Ampleur et raffinement de texture, aux tanins fins, à l'acidité discrète et au corps modéré. **Alc./**13 % ■ *Côtelettes de porc à la niçoise.*

Terra di Corsica 2004
CORSE, L'UNION DES VIGNERONS DE L'ÎLE DE BEAUTÉ, FRANCE
13,35 $ SAQ C (10668186)   ★☆ $$ Modéré+
■ NOUVEAUTÉ! Un assemblage corse sur le fruit, un brin confit, aux tanins légèrement rustiques, tout de même agréable mais pas très profond. **Alc./**12,5 % www.uvib.fr

Merlot Halana 2005
BENI M'TIR, LES CÉPAGES DE MEKNÈS, MAROC
13,40 $ SAQ S (10700414)   ★☆ $$ Modéré+
■ NOUVEAUTÉ! Un marocain plutôt discret au nez, mais tout à fait bavard en bouche, offrant une texture veloutée, presque sucrée (sans sucre), aux saveurs de fruits confits et de café. **Alc./**14 % www.halana-wines.com

Nero d'Avola Cusumano 2005
SICILIA, CUSUMANO, ITALIE
13,75 $ SAQ S (10542145)   ★★☆ $$ Corsé

Corcovo « Crianza » 2003
VALDEPEÑAS, MEJIA E HIJOS, ESPAGNE
13,80 $ SAQ S (898189)   ★★ $$ Corsé
Un tempranillo à la sauce Nouveau Monde, c'est-à-dire marqué par un nez fortement boisé, ainsi que par une bouche juteuse et tannique, au corps modéré, mais aux courbes rondes. **Alc./**13 %

Château de Clapier 2003
CÔTES-DU-LUBERON, T. MONTAGNE, FRANCE
13,95 $ SAQ S* (10269396)   ★★☆ $ Modéré+
Une belle référence à un prix plus que doux, au fruité engageant et très frais, à la bouche sensuelle et généreuse. **Alc./**14 % www.chateau-de-clapier.com

Pinot Noir Laroche 2005
VIN DE PAYS D'OC, MICHEL LAROCHE, FRANCE
13,95 $ SAQ C (10374997)   ★★★ $$ Modéré
Ce pinot est plus que jamais le plus invitant des pinots noirs présentés au cours des derniers millésimes par Michel Laroche. Un fruité festif, d'une fraîcheur exemplaire, des tanins souples, une texture soyeuse et des saveurs expressives à souhait. **Alc./**13 % **(Capsule à vis)** www.larochewines.com ■ *Filet de saumon au pinot noir (C*).*

Shiraz La Baume 2005
VIN DE PAYS D'OC, DOMAINE DE LA BAUME, FRANCE
13,95 $ SAQ S* (535112)   ★★☆ $ Modéré+
(Voir commentaire du très bon 2006)

Montesquieu Réserve du Baron 2003
BORDEAUX, VINS ET DOMAINES H. DE MONTESQUIEU, FRANCE
14 $ SAQ C (431437)   ★★☆ $$ Modéré+
Montesquieu exhale un charme aromatique, un velouté de texture et un rapport qualité-prix-plaisir plus invitant que jamais. Le 2005 risque d'être encore meilleur! **Alc./**12,5 % www.montesquieu.com

Château St-Didier-Parnac 2005
CAHORS, FRANCK ET JACQUES RIGAL, FRANCE
14,05 $ SAQ S* (303529)   ★★☆?☆ $ Modéré+
Profil enveloppant et texturé pour ce cahors au fruité généreux et aux tanins mûrs à point, sans la fermeté juvénile habituelle. **Alc./**12,5 % www.rigal.fr

Magellan « Ponant » 2004
VIN DE PAYS DES CÔTES-DE-THONGUE, DOMAINE MAGELLAN, FRANCE
14,15 $ SAQ S* (914218)   ★★★ $$ Corsé
Ce beau rouge du Midi, élaboré par Bruno Lafon, frère de Dominique Lafon du grandissime Domaine des Comtes Lafon à Meursault, se montre à nouveau passablement compact, dense et élancé pour le prix demandé. **Alc./**13,5 % ■ *Filet de bœuf sauce au cabernet sauvignon.*

Rubesco 2003
ROSSO DI TORGIANO, CANTINE LUNGAROTTI, ITALIE
14,45 $ SAQ C (041947)   ★★☆ $$ Modéré+
Beau rouge ample, charnu, frais et savoureux. À mi-chemin entre le style débordant de fruits des vins italiens d'aujourd'hui et le profil plus longiligne des vins d'autrefois. **Alc./**13 % www.lungarotti.it

Château de Grezels 2004
CAHORS, FRANCK ET JACQUES RIGAL, FRANCE
14,65 $ SAQ S* (972760)   ★★?☆ $ Modéré+
Un cahors au profil tirant vers le merlot, donc souple et sur le fruit. **Alc./**13 % www.rigal.fr ■ *Bœuf à la bière brune.*

Torrelongares Reserva 2001
CARIÑENA, COVINCA, ESPAGNE
14,70 $ SAQ S* (904615)   ★★☆ $$ Modéré+
On ne peut plus espagnol, marqué par de riches effluves cacaotés et fumés, provenant d'élevage prolongé, ainsi que par une bouche à la fois juteuse et vivifiante. **Alc./**13,5 % **www.axialvinos.com** ■ *Quesadillas (wraps) au poulet grillé teriyaki.*

Château La Guillaumette « Cuvée Prestige » 2005
BORDEAUX, BERNARD ARTIGUE, FRANCE
14,75 $ SAQ S (10524457)   ★★★ $$ Modéré+
■ NOUVEAUTÉ! Rarissimes sont les bordeaux rouges offerts sous la barre des vingt dollars à offrir autant de complexité, de générosité et de persistance. Il faut dire qu'il est élaboré sous la houlette d'Hubert de Bouärd de Laforest et Bernard Pujold, deux ténors du Libournais. Ne manquez pas le prochain arrivage. **Alc./**13,5 %

Fontal « Crianza » 2003
LA MANCHA, BODEGAS FONTANA, ESPAGNE
14,75 $ SAQ S* (10253651)   ★★☆ $$ Modéré+
Un espagnol coloré, au nez fortement poivré et au boisé présent, à la bouche presque juteuse, mais retenue par une belle trame tannique, à la fraîche acidité, lui donnant du tonus. **Alc./**13,5 % **www.bodegas fontana.com** ■ *Filet de porc farci aux abricots et pacanes baignés d'une sauce au chocolat noir épicée (recette sur www.iga.net) ou brochette de bœuf sauce au poivre vert.*

Quinta das Caldas 2004
DOURO, DOMINGOS ALVES DE SOUSA, PORTUGAL
14,75 $ SAQ S* (902304)   ★★ $ Modéré
(Voir commentaire du remarquable 2005)

Col di Sasso 2005
TOSCANA, BANFI, ITALIE
14,95 $ SAQ C (344655)   ★☆ $$ Modéré
Après trois bouteilles dégustées avec attention, en l'espace de deux semaines, au printemps 2007, ce 2005 avait malheureusement perdu le volume et la chair qui avaient fait le succès de cette cuvée par le passé. **Alc./**12,5 % **(Capsule à vis) www.castellobanfi.com**

Col di Sasso 2006
TOSCANA, BANFI, ITALIE
14,95 $ SAQ C (344655)   ★★ $$ Modéré
Ce très connu toscan, dont les millésimes précédant 2004 avaient offert plus d'expressivité aromatique et plus à manger, ce 2006 se montre un brin plus engageant que le décevant 2005. Quoi qu'il en soit, il y a du fruit, de la fraîcheur et du plaisir à boire. **Alc./**12,5 % **(Capsule à vis) www.castellobanfi.com**

Dupéré Barrera « Terres de Méditerranée » 2004
VIN DE PAYS D'OC, DUPÉRÉ BARRERA, FRANCE
14,95 $ SAQ S (10507104)   ★★☆ $ Modéré+
Un 2004 certes solaire, mais tout en rondeur et en fraîcheur, riche de plaisir immédiat. Voir commentaire du 2005. **Alc./**13,5 % **www.dupere barrera.com**

Georges Dubœuf 2006
BEAUJOLAIS-VILLAGES, LES VINS GEORGES DUBŒUF, FRANCE
14,95 $ SAQ C (122077)   ★★ $$ Léger+
Du fruit, de la fraîcheur, une certaine complexité, du plaisir à boire, de la souplesse et de la persistance. Rien de très riche, mais drôlement efficace. **Alc./**12,5 % **www.duboeuf.com**

Laguna de la Nava Gran Reserva 2000
VALDEPEÑAS, BODEGAS NAVARRO LÓPEZ, ESPAGNE
14,95 $ SAQ S* (902965)   ★★☆ $$ Modéré
Élevé en fût plus longtemps que son petit frère, le délicieux Réserva 2001 (aussi commenté), ce 2000 se montre moins coloré, vieillissement sous bois oblige, mais aussi moins aromatique et moins engageant que son frangin, mais tout de même très agréable, caressant, épuré et persistant. À vous de choisir... Alc./12,5 % www.bodegas-navarro-lopez.com

Nero d'Avola Rapitalà 2005
SICILIA, TENUTE RAPITALÀ, ITALIE
14,95 $ SAQ S* (928739)   ★★☆ $$ Corsé
(Voir commentaire détaillé dans La Sélection Chartier 2007)

Terres de Méditerranée « Dupéré Barrera » 2005
VIN DE PAYS D'OC, DUPÉRÉ BARRERA, FRANCE
14,95 $ SAQ S (10507104)   ★★☆?☆ $ Modéré+
Coup de cœur de La Sélection 2007, avec son millésime 2004, ce vin est de retour avec une cuvée 2005 au nez passablement riche et compact, pour le prix, poivré à souhait, à la bouche gourmande et presque généreuse, plus soutenue que le 2004, aussi marquée par des tanins ayant une plus grande présence, ainsi que par des saveurs presque pulpeuses. Alc./13 % www.duperebarrera.com ■ Brochettes d'agneau grillées à l'ajowan ou hamburgers de bœuf à la pommade d'olives noires (olives noires dénoyautées et huile d'olive passées au robot).

El Miracle « Tempranillo-Shiraz » 2005
VALENCIA, VICENTE GANDIA, ESPAGNE
15,05 $ SAQ S (10499378)   ★★ $$ Léger
■ NOUVEAUTÉ! Charmeur au nez, fruité mûr, presque boisé, et tout aussi racoleur en bouche, aux tanins souples et aux saveurs fruitées, mais sans être prenant ni complexe. Alc./13 % www.vicentegancia.com

L'Estandon « Bleu Mistral » 2005
CÔTES-DE-PROVENCE, VIGNERONS DES CAVES DE PROVENCE, FRANCE
15,10 $ SAQ S (10754615)   ★★☆ $$ Modéré+
Un provençal sur le fruit, en mode fraîcheur, doté d'une certaine tenue et fermeté juvénile, mais sans être riche ni relevé. Alc./13 % www.cercle-provence.fr ■ Moussaka au bœuf ou hamburgers à la pommade d'olives noires.

Château Salitis « Cuvée Premium » 2004
CABARDÈS, DEPAULE-MARANDON, FRANCE
15,25 $ SAQ S (875187)   ★★★ $$ Corsé
Excellente réussite que ce vin de Cabardès, marqué par un nez très aromatique, passablement riche et détaillé pour son rang, à la bouche pleine, dense. Un régal à un prix plus que doux. Alc./13,5 %

Ortas Tradition « Rasteau » 2006
CÔTES-DU-RHÔNE VILLAGES, CAVE DE RASTEAU, FRANCE (DISP. DÉBUT 08)
15,35 $ SAQ C (113407)   ★★☆ $$ Modéré+
Un 2006, qui prendra la relève de l'excellent 2005 (aussi commenté), qui se montre moins engageant et moins complet que ne l'est le 2005, tout en demeurant un beau rhône villages. Alc./14 % www.rasteau.com ■ Pâtes aux olives noires (C*)

Barbera 2005
BARBERA D'ASTI, FONTANAFREDDA, ITALIE
15,40 $ SAQ C (038174)   ★★☆ $$ Modéré
Certes discret au nez, ce barbera est d'un charme fou en bouche. Les tanins sont souples, l'acidité est fraîche, le volume modéré et le fruit expressif. À boire jusqu'à plus soif sur une cuisine tomatée. Alc./12,5 % www.fontanafredda.it

Cabernet Sauvignon-Merlot Domaine du Grollet 2005
VIN DE PAYS CHARENTAIS, DOMAINES REMY MARTIN, FRANCE
15,40 $ SAQ **S** (913038)   ★★☆ **$$**   Corsé
Un vin de pays de la région de production de Cognac, qui offre un nez
fin et concentré, ainsi qu'une bouche généreuse, toute en fruits, aux
tanins fins et au corps presque plein. **Alc./**12,5 %

St-Florent Domaine Langlois-Château 2005
SAUMUR, LANGLOIS-CHÂTEAU, FRANCE
15,55 $ SAQ **S*** (710426)   ★★★ **$$**   Modéré+
Toute une réussite que ce 2005, s'exprimant par une couleur très foncée,
par un nez débordant de fruits, passablement concentré pour son rang,
ainsi que par une bouche tout aussi exacerbée, aux saveurs pulpeuses,
aux tanins fins et au corps dodu. **Alc./**14 % **www.langlois-chateau.fr**
■ *Couscous aux merguez ou brochettes de bœuf teriyaki.*

Château St-Jean de la Gineste « Carte Blanche » 2004
CORBIÈRES, M. H. & D. BACAVE, FRANCE
15,60 $ SAQ **S*** (875252)   ★★★ **$$**   Modéré+

L'Excellence de Bonassia 2004
BENI M'TIR, LES CÉPAGES DE MEKNÈS, MAROC
15,65 $ SAQ **S** (10700406)   ★★ **$$**   Modéré+
■ **NOUVEAUTÉ!** Un rouge confit et boisé, pour ne pas dire très torréfié, à
la manière de nombreux vins du Nouveau Monde. Demeure intéressant,
pour le prix, et pour ceux que ce style fardé intéresse encore. **Alc./**13 %
www.halana-wines.com

Teroldego Mezzacorona Reserva 2001
TEROLDEGO ROTALIANO, MEZZACORONA, ITALIE
15,70 $ SAQ **S*** (964593)   ★★★ **$$**

Teroldego Mezzacorona Reserva 2003
TEROLDEGO ROTALIANO, MEZZACORONA, ITALIE
15,70 $ SAQ **S*** (964593)   ★★★ **$$**   Corsé

Château de Jau 2003
CÔTES-DU-ROUSSILLON VILLAGES, ESTELLE DAURÉ, FRANCE
15,75 $ SAQ **S*** (972661)   ★★★ **$$**   Modéré
Avec ce très engageant 2003, Jau est à nouveau l'une des références du
Roussillon chez les vins à moins de vingt dollars. Ce vin allie fraîcheur
et maturité de parfums, digestibilité et complexité méridionale.
Alc./13 % ■ *Brochettes de porc souvlaki ou brochettes de poulet et de poivrons
rouges confits.*

Domaine Haut Saint-Georges 2004
CORBIÈRES, GÉRARD BERTRAND, FRANCE
15,90 $ SAQ **S** (853796)   ★★☆ **$$**   Modéré+

Le Monache Rosso 2005
MONFERRATO, MICHELE CHIARLO, ITALIE
16,05 $ SAQ **S*** (10390583)   ★★ **$$**   Modéré
Ce 2005 se montre moins éclatant et moins engageant que ne l'était le
2004. Il n'en demeure pas moins très fin, au fruité pur et précis, aux
tanins soyeux et au corps aérien. **Alc./**13 % **www.chiarlo.it** ■ *Poulet rôti
ou pasta à la caponata.*

Château Couronneau 2004
BORDEAUX-SUPÉRIEUR, CHÂTEAU COURONNEAU, FRANCE
16,20 $ SAQ **S*** (10667301)   ★★☆ **$$**   Modéré+   BIO

Cuvée Les Galuches 2004
CHINON, DOMAINE WILFRID ROUSSE, FRANCE
16,20 $ SAQ **S** (10522603)   ★★?☆ **$$**   Modéré+

Nero d'Avola Adesso 2005
SICILIA, GERARDO CESARI, ITALIE
16,25 $ SAQ S (10675749)   ★★★ $$ Corsé
■ NOUVEAUTÉ! De la couleur, du fruit, une certaine concentration, de la fraîcheur, des tanins arrondis mais avec du grain, et du plaisir à boire. Voilà une très belle nouveauté sicilienne à ne pas manquer. **Alc./**13,5 % www.cesari-spa.it ■ *Osso buco au fenouil et gremolata.*

Bricco Sant'Ambrogio 2004
BARBERA D'ALBA, PAOLO CONTERNO, ITALIE
16,40 $ SAQ S (10540844)   ★★★ $$ Modéré

Domaine de Fenouillet Grande Réserve 2003
FAUGÈRES, VIGNOBLES JEANJEAN, FRANCE
16,40 $ SAQ S* (881151)   ★★★ $$ Corsé+
(Voir commentaire détaillé dans *La Sélection 2007*)

Château des Tourtes 2004
PREMIÈRES-CÔTES-DE-BLAYE, RAGUENOT-LALLEZ-MILLER, FRANCE
16,45 $ SAQ S (889899)   ★★★ $$ Corsé
Un blayais aromatique à souhait, passablement riche, plein et texturé, aux tanins mûrs et bien enveloppés, à l'acidité discrète et aux saveurs pulpeuses. **Alc./**13 % www.chateau-des-tourtes.com ■ *Côtelettes de porc aux poivrons rouges confits épicés.*

Château Grinou Réserve 2006
BERGERAC, CATHERINE ET GUY CUISSET, FRANCE
16,45 $ SAQ S* (896654)   ★★?☆ $$ Corsé
Un merlot signalé à plusieurs reprises dans les précédentes *Sélection Chartier*, qui se montre moins généreux et moins velouté en 2006, dû à des tanins un brin anguleux. **Alc./**13,5 % ■ *Côtelettes de porc sauce aux champignons.*

Esprit d'Automne 2006
MINERVOIS, DOMAINE BORIE DE MAUREL, FRANCE
16,45 $ SAQ S* (875567)   ★★?☆ $$ Modéré+   BIO
Après un 2005 d'une tendreté rarissime, ce 2006 se montrait un brin carré lors de sa première dégustation, à la fin août 2007, effectuée à partir d'un échantillon provenant directement du domaine. Il devrait se détendre d'ici la fin de l'année 2007. **Alc./**13 % www.boriedemaurel.fr ■ *Pâtes aux olives noires (C*).*

Château Bertinerie 2003
PREMIÈRES-CÔTES-DE-BLAYE, CHÂTEAU BERTINERIE, FRANCE
16,60 $ SAQ S* (962118)   ★★☆ $$ Modéré
D'un nez aromatique, classique et fin. D'une bouche ample et soyeuse, aux tanins ronds et tendres, à l'acidité discrète et aux courbes presque sensuelles. Du bon bordeaux à bon prix. **Alc./**12,5 % www.chateauber tinerie.com ■ *Quesadillas (wraps) au bifteck et aux champignons.*

Moma 2004
RUBICONE, UMBERTO CESARI, ITALIE
16,60 $ SAQ C (10544781)   ★★☆?☆ $$ Modéré+

Shiraz d'Istinto 2005
SICILIA, CALATRASI, ITALIE
16,60 $ SAQ S (10676400)   ★★★ $$ Corsé
(Voir commentaire détaillé dans *La Sélection 2007*)

Carm 2004
DOURO, CASA AGRICOLA ROBOREDO MADEIRA, PORTUGAL
16,70 $ SAQ S (10540297)   ★★★☆ $$ Corsé
(Voir commentaire détaillé dans *La Sélection 2007*)

Château Pelan Bellevue 2001
CÔTES-DE-FRANCS, RÉGIS ET SÉBASTIEN MORO, FRANCE
16,85 $ SAQ S* (710848)   ★★☆?☆ $$ Modéré
Un bordeaux 2001 des plus agréables, aux parfums enjôleurs, à la bouche ample, aux tanins veloutés et réglissés, d'un magnifique soyeux de texture et d'une suavité sensuelle. **Alc./**13 % ■ *Ragoût de bœuf à l'huile de truffes.*

Dogajolo 2005
TOSCANA, CARPINETO, ITALIE
16,85 $ SAQ S* (978874)   ★★☆ $$ Modéré
Sélectionnez ce festif, très frais, gorgé de fruits, souple, charmeur, presque juteux et invitant vin toscan d'une maison qui se passe maintenant de présentation au Québec tant ses vins sont populaires. **Alc./**13 % **www.carpineto.com** ■ *Fondue chinoise ou pâtes à la sauce tomate de cuisson rapide.*

Peyrouzelles 2004
GAILLAC, DOMAINE CAUSSE MARINES, PATRICE LESCARRET, FRANCE
17,05 $ SAQ S* (709931)   ★★☆ $$ Modéré

Peyrouzelles 2005
GAILLAC, DOMAINE CAUSSE MARINES, PATRICE LESCARRET, FRANCE
17,05 $ SAQ S* (709931)   ★★☆ $$ Modéré
Un 2005 à nouveau sur le fruit et la fraîcheur, pour ne pas dire sur l'éclat et la pureté, comme dans les deux millésimes précédents. Donc, du plaisir à boire, digeste au possible, mais avec l'esprit qui anime ce vigneron allumé. **Alc./**12,5 % ■ *Pâtes au pesto de tomates séchées.*

Sedàra « Nero d'Avola » 2005
SICILIA, TENUTA DONNAFUGATA, ITALIE
17,05 $ SAQ S* (10276457)   ★★?☆ $$ Corsé
Un 2005 au nez moins engageant que par le passé, actuellement fermé et difficile d'accès. Il se montre plus généreux en bouche, mais sans l'éclat auquel il nous avait habitués. À suivre. **Alc./**14 % **www.donnafugata.it**

Monte Antico 2004
TOSCANA, SANTA LUCIA, EMPSON & CO., ITALIE
17,15 $ SAQ S (907519)   ★★★ $$ Modéré+
Voilà un toscan comme je les aime, exhalant un nez élégant et expressif, à la bouche classiquement sangiovese, c'est-à-dire à la fois très fraîche, serrée, aux tanins qui ont du grain, et aux saveurs longues et pures, sans boisé. **Alc./**12,5 % **www.empson.com** ■ *Ragoût de bœuf au vin rouge et polenta crémeuse.*

Mara « Vino di Ripasso » Cesari 2004
VALPOLICELLA « SUPERIORE », GERARDO CESARI, ITALIE
17,20 $ SAQ S (10703834)   ★★★?☆ $$ Corsé
■ NOUVEAUTÉ! (Voir commentaire détaillé dans *La CYBER Sélection Internet*)

Castello del Poggio 2004
BARBERA D'ASTI, CASTELLO DEL POGGIO, ITALIE
17,45 $ SAQ S (10391447)   ★★☆ $$ Modéré
■ NOUVEAUTÉ! Une barbera sur les fruits rouges et tout en fraîcheur, presque croquante. Les tanins sont soyeux, la matière longiligne et l'acidité vivifiante. **Alc./**13,5 % **www.poggio.it** ■ *Pizza au capicolle et poivrons rouges confits.*

Recorba Crianza 2003
RIBERA DEL DUERO, REAL SITIO DE VENTOSILLA, ESPAGNE
17,60 $ SAQ S (10463826)   ★★★ $$ Corsé
Fortement coloré, richement aromatique, au fruité confit, sans excès et sans boisé dominant, et à la bouche pulpeuse, généreuse et enveloppante. Les amateurs de shiraz australienne devraient apprécier ce style. **Alc./**14,1 % **www.pradorey.com** ■ *Rognons de veau au roquefort.*

Cuvée Terroir 2004
CHINON, DOMAINE CHARLES JOGUET, FRANCE
17,65 \$ SAQ **S** (10514321)   ★★☆ **\$\$**   Modéré

Château Les Hauts d'Aglan 2002
CAHORS, ISABELLE REY-AURIAT, FRANCE
17,70 \$ SAQ **S*** (734244)   ★★☆?☆ **\$\$**   Corsé+
Belle matière dense et presque veloutée. Saveurs pulpeuses, aux relents de fruits noirs. Tanins mûrs. Finale serrée, typiquement cadurcienne. **Alc.**/13 % www.les-hauts-d-aglan.fr ■ *Bœuf à la bière.*

Azul « Guelbenzu » 2004
VINO DE LA TIERRA RIBERA DEL QUEILES, BODEGAS GUELBENZU, ESPAGNE
17,75 \$ SAQ **S** (973248)   ★★★ **\$\$**   Corsé
Un assemblage tempranillo-cabernet, au profil bordelais, au nez très aromatique et engageant, à la bouche tout aussi expressive et fraîche, aux tanins « poivronnés », aux saveurs expansives et à l'acidité fraîche. **Alc.**/13,5 % www.guelbenzu.com

Domaine de Chantelle 2004
CAHORS, BURC ET FILS, FRANCE
17,75 \$ SAQ **S*** (866392)   ★★★ **\$\$**   Corsé+
Presque noir et violacé, au nez étonnamment riche et profond, à la bouche dense, pleine et compacte, aux tanins tissés très serrés, à l'acidité fraîche et au corps presque large. **Alc.**/13,5 % www.chateauchantelle.com ■ *Filets de bœuf grillés et coulis de poivrons verts (C*).*

Cosme Palacio 2005
RIOJA, BODEGAS PALACIO, ESPAGNE
17,85 \$ SAQ **S*** (237834)   ★★☆ **\$\$**   Modéré
Le populaire Cosme Palacio se retrouve aujourd'hui dans une zone de turbulences. C'est-à-dire qu'il doit affronter la rude concurrence espagnole. Quoi qu'il en soit, le Cosme 2005 se montre agréable au nez, mais sans être très complexe, aux tanins souples, à l'acidité fraîche et au corps modéré. **Alc.**/13,5 %

Marqués de Cáceres « Vendimia Seleccionada » 2004
RIOJA, BODEGAS MARQUÉS DE CÁCERES, ESPAGNE
17,85 \$ SAQ **C** (103887)   ★★☆ **\$\$**   Modéré
Une cuvée crianza sur le fruit, un brin boisée, mais surtout en mode jeunesse, fraîche et invitante à souhait. Un vin de soif qui a de la verticalité, sans aucune mollesse **Alc.**/13,5 www.marquesdecaceres.com ■ *Rôti de bœuf et persillade à la canneberge séchée (demi-glace aux canneberges) (R*).*

Burchino 2003
CHIANTI « SUPERIORE », CASTELLANI, ITALIE
17,95 \$ SAQ **S** (741272)   ★★★ **\$\$**   Modéré+
Un chianti de fruits, explosif et d'une fraîcheur exemplaire dans ce millésime caniculaire. Wow! De la prestance, de l'éclat, des tanins serrés, une acidité juste dosée. Une réussite. **Alc.**/12,5 % www.castelwine.com

Château Bonnet Réserve 2003
BORDEAUX, ANDRÉ LURTON, FRANCE
17,95 \$ SAQ **C** (099044)   ★★★ **\$\$**   Modéré+

Château Pineraie 2003
CAHORS, BURC ET FILS, FRANCE
17,95 \$ SAQ **S** (912915)   ★★★ **\$\$**   Corsé
Un cahors 2003, presque moderne, coloré, violemment parfumé, aux notes puissantes et boisées de clou de girofle, à la bouche à la fois juteuse, vive, tannique et longiligne. **Alc.**/12 % www.chateaupineraie.com ■ *Ragoût d'agneau aux quatre-épices (poivre, muscade, gingembre en poudre et clou de girofle).*

Croix du Mayne 2004
CAHORS, FRANÇOIS PÉLISSIÉ, FRANCE

17,95 $ SAQ S* (10542049)   ★★☆?☆ $$ **Corsé**

Deuxième millésime à nous parvenir. Il récidive avec un autre beau cahors moderne, sans être aussi riche que le précédent, au nez parfumé et détaillé, à la bouche sachant être à la fois pleine et fraîche, tout en étant tannique comme tout bon cahors. La troisième étoile n'était pas loin. **Alc./**13,5 %.

Les Garrigues 2004
COTEAUX-DU-LANGUEDOC, DOMAINE CLAVEL, FRANCE

17,95 $ SAQ S* (874941)   ★★★ $$ **Corsé**   BIO

(Voir commentaires détaillés des 2005 et 2006)

Les Garrigues 2005
COTEAUX-DU-LANGUEDOC, DOMAINE CLAVEL, FRANCE

17,95 $ SAQ S* (874941)   ★★★?☆ $$ **Modéré+**   BIO

Quelle pureté et quelle précision, sans esbroufe et sans aucun cépage prenant les devants de la scène. L'osmose du trio de ceps classiques du Midi adopte, sur ce terroir, et plus particulièrement dans ce millésime, un profil plus sage, plus retenu et plus raffiné. Les tanins sont d'une finesse exquise, la texture est presque veloutée, tout en étant marquée par un grain serré, le fruit est frais et l'alcool intégré au cœur du vin. Bravo! Cette cuvée, tout comme la superbe Copa Santa (voir commentaires), provient d'un terroir unique, composé de gros galets roulés, pareils à ceux que l'on trouve à Châteauneuf-du-Pape. Ce type de terroir chaud, mais tempéré par les vents maritimes très frais, procure habituellement à ce vin un style plus chaleureux et plus sphérique. **Alc./**14 % **www.vins-clavel.fr**
■ *Tartinades d'olives noires ou filets de bœuf grillés et sauté de poivrons rouges au curcuma.*

Casa de la Ermita « Crianza » 2003
JUMILLA, BODEGAS Y VINEDOS CASA DE LA ERMITA, ESPAGNE

18 $ SAQ C (638486)   ★★★ $$ **Corsé+**

La réponse espagnole aux vins extravertis, joufflus et cacaotés du Nouveau Monde. Du fruit, de la générosité, du bois, des tanins et des saveurs confites. **Alc./**13,5 % **www.casadelaermita.com** ■ *Côtes de veau marinées aux herbes (R*).*

Château des Tourelles « La Cour des Glycines » 2004
COSTIÈRES-DE-NÎMES, GFA DE FORTON, FRANCE

18 $ SAQ S (919225)   ★★★ $$ **Modéré+**

Très beau cru de Nîmes, au nez floral, à la bouche juteuse, fraîche et harmonieuse, au fruité long et présent à souhait, sans lourdeur, aux tanins très fins et enveloppés. **Alc./**14 % **www.tourelles.com** ■ *T-bone au poivre avec polenta et champignons portobella grillés.*

Gran Sangre de Toro Reserva 2001
CATALUNYA, MIGUEL TORRES, ESPAGNE

18 $ SAQ C (928184)   ★★★ $$ **Modéré+**

Château Tournelles « Cuvée Prestige » 2003
BUZET, BERTRAND GABRIEL, FRANCE

18,05 $ SAQ S (10675351)   ★★☆?☆ $$ **Modéré+**

■ NOUVEAUTÉ! Achetée en 1995, cette propriété appartient à la famille Vigouroux, propriétaire des châteaux Mercues et Haute-Serre, deux cahors de renom. Un rouge raffiné, au fruité pur et précis, au corps vaporeux, aux tanins fins et soyeux et aux saveurs longues. **Alc./**13 %

Capitel della Crosara « Ripasso » 2004
VALPOLICELLA CLASSICO, GIACOMO MONTRESOR, ITALIE

18,15 $ SAQ S (10705178)   ★★★ $$ **Corsé**

■ NOUVEAUTÉ! Un nouveau « valpo », né de la méthode *ripasso*, offrant un nez débordant de fruits, une bouche pleine, sphérique et juteuse, aux tanins presque juteux et aux saveurs pulpeuses. Quel plaisir! **Alc./**14 % **www.vinimontresor.it**

Château d'Argadens 2003
BORDEAUX-SUPÉRIEUR, SICHEL, FRANCE

18,15 $ SAQ S (10515876)   ★★★ $$ **Corsé**

La Madura Classic 2003

SAINT-CHINIAN, DOMAINE LA MADURA, NADIA ET CYRIL BOURGNE, FRANCE

18,15 $ SAQ S* (914358)   ★★★ $$ Modéré+

(Voir commentaire détaillé du 2004)

Domaine de Boissan « Cuvée Clémence » 2004

CÔTES-DU-RHÔNE-VILLAGES SABLET, CHRISTIAN BONFILS, FRANCE

18,25 $ SAQ S (712521)   ★★★ $$$ Modéré+   BIO

Un Sablet 2004 remarquablement réussi pour l'appellation. Tout y est. Du fruit, de la fraîcheur, de la complexité et du détail. De l'éclat, des tanins fins mais présents, de l'ampleur, du volume, mais non dénué d'élégance. **Alc./**13,5 % ■ *Carré de porc aux tomates séchées.*

Odé d'Aydie 2004

MADIRAN, CHÂTEAU D'AYDIE, VIGNOBLES LAPLACE, FRANCE

18,25 $ SAQ S (10675298)   ★★★ $$ Corsé+

Se montre presque noir, compact et sur le fruit, à la bouche généreuse, joufflue, charnue et pleine, aux tanins presque tendres pour l'appellation. Charme et matière, dans un ensemble expressif. **Alc./**13,5 % ■ *Bœuf à la Stroganov.*

Château Étang des Colombes « Bois des Dames » 2004

CORBIÈRES, HENRI GUALCO, FRANCE

18,40 $ SAQ S* (896514)   ★★★ $$ Corsé

Un 2004 réussi, au profil méditerranéen classique. Donc, du fruit, des notes subtiles de garrigue, de la chair, des tanins présents mais mûrs à point, et de la persistance. **Alc./**13 % www.etangdescolombes.com

Château Saint-Roch 2004

LIRAC, BRUNEL FRÈRES, FRANCE

18,40 $ SAQ S (574137)   ★★☆?☆ $$ Corsé

Les Brunel, du château de la Gardine, présentent un lirac au profil aromatique de châteauneuf-du-pape, profondeur en moins. Presque gourmand, mais un brin ferme et droit, aux tanins serrés, à l'acidité fraîche. **Alc./**14 % www.chateau-saint-roch.com ■ *Couscous aux merguez ou côtelettes de porc à la Stroganov.*

Monasterio de Las Viñas Gran Reserva 1996

CARIÑENA, GRANDES VINOS Y VIÑEDOS, ESPAGNE

18,45 $ SAQ S* (10359156)   ★★★?☆ $$ Corsé

(Voir commentaire détaillé du 2001)

Château Paul Mas « Clos des Mûres » 2005

COTEAUX-DU-LANGUEDOC, PAUL MAS & FILS, FRANCE

18,60 $ SAQ S* (913186)   ★★★ $$ Corsé

Marquis du Grez 2000

BUZET, LES VIGNERONS DE BUZET, FRANCE

18,60 $ SAQ S (961342)   ★★ $$ Modéré

Un assemblage à la bordelaise plutôt souple et coulant, sans réel profondeur, mais au touché de bouche très agréable. **Alc./**13,5 % www.vignerons-buzet.fr

Château des Laurets 2003

PUISSEGUIN-SAINT-ÉMILION, CHÂTEAU DES LAURETS, FRANCE

18,65 $ SAQ S* (371401)   ★★?☆ $$ Corsé

Beau bordeaux aromatique, ample, nourri et persistant, au fruité extraverti et aux tanins qui ont du grain, franchement meilleur que dans les précédents millésimes. **Alc./**13,5 % ■ *Brochettes de bœuf et de foie de veau aux poivrons rouges confits.*

Château Hélène « Cuvée Ulysse » 2003

CORBIÈRES, CHÂTEAU HÉLÈNE, FRANCE

18,70 $ SAQ S (10259817)   ★★★ $$ Corsé

(Voir commentaire détaillé dans *La Sélection 2007*)

Alain Lorieux 2004

CHINON, PASCAL & ALAIN LORIEUX, FRANCE

18,90 $ SAQ S (873257)   ★★☆ $$ Léger+

Château d'Aqueria 2005

LIRAC, JEAN OLIVIER, FRANCE

18,90 $ SAQ S (10678296)   ★★★ $$ Corsé

■ NOUVEAUTÉ! D'une très belle pureté aromatique, tout en étant passablement riche et concentré, à la bouche à la fois fraîche et pleine, généreuse et élancée, aux tanins serrés et aux saveurs éclatantes. **Alc./**13,5 % www.aqueria.com ■ *Filet de bœuf à la pommade d'olives noires.*

Château de Bord 2004

CÔTES-DU-RHÔNE VILLLAGES LAUDUN, LAURENT-CHARLES BROTTE, FRANCE

18,95 $ SAQ S (372920)   ★★ $$ Modéré+

Un rhône villages agréable, coulant et frais, mais sans être prenant et expressif comme le sont les meilleures cuvées de cette appellation. **Alc./**14 % www.brotte.com

Devois des Agneaux d'Aumelas 2004

COTEAUX-DU-LANGUEDOC, ÉLISABETH ET BRIGITTE JEANJEAN, FRANCE

19 $ SAQ S* (912311)   ★★ $$ Modéré+

Château Godard-Bellevue 2004

BORDEAUX-CÔTES-DE-FRANCS, ARBO, FRANCE

19,15 $ SAQ S (914317)   ★★★ $$ Modéré+

Très beau bordeaux moderne, aromatique, passablement riche, au boisé présent, sans excès, aux tanins presque tendres, aux saveurs pulpeuses et persistantes et au corps charnu. **Alc./**13 % ■ *Bœuf à la bière brune et polenta crémeuse au parmesan.*

Notarpanaro 2001

SALENTO, COSIMO TAURINO, ITALIE

19,15 $ SAQ S* (709451)   ★★★ $$ Corsé

Ce désormais classique se montre en 2001 plus généreux, plus *juicy fruit* et plus agréable que jamais. Bonne coloration, nez sur le fruit, passablement riche, un brin balsamique, bouche moelleuse, texturée et enveloppante. www.taurinovini.it ■ *Pâtes au pesto de tomates séchées ou rôti de porc aux pruneaux.*

Les Terrages 2005

SAUMUR-CHAMPIGNY, RENÉ-NOËL LEGRAND, FRANCE

19,20 $ SAQ S (852442)   ★★★ $$ Modéré+   BIO

René-Noël Legrand propose un 2005 sous le signe de la réussite. Il en résulte un vin passablement riche, plein, dense et tissé très serré, tout en demeurant élégant et épuré comme le sont les vins de cabernet franc. Évoluera en beauté. **Alc./**14 %

Capçanes « Costers del Gravet » 2001

MONTSANT, CELLER DE CAPÇANES, ESPAGNE

19,25 $ SAQ S (898551)   ★★★?☆ $$ Corsé+

(Voir commentaire détaillé dans *La Sélection 2007*)

Domaine du Lys « Pénélope » 2004

VIN DE PAYS DES CÉVENNES, DOMAINE DU LYS, FRANCE

19,25 $ SAQ S (912105)   ★★★ $$ Modéré+

Une Pénélope 2004 qui exprime le même boisé amitieux que la précédente 2003, mais avec une élégance plus marquée. Bouche presque aussi juteuse et ample, mais aux tanins mieux ciselés et moins imposants. **Alc./**13,5 %

Domaine du Lys « Pénélope » 2005

VIN DE PAYS DES CÉVENNES, DOMAINE DU LYS, FRANCE

19,25 $ SAQ S (912105)   ★★☆?☆ $$ Modéré+

Une Pénélope 2005 fidèle à son boisé amitieux, au corps modéré, marqué par un beau grain, par des saveurs fraîches et invitantes, ainsi que par une texture presque soyeuse. Elle ne possède toutefois pas la profondeur et la densité des millésimes précédents. **Alc./**13 % ■ *Pâtes aux tomates séchées ou bifteck à la pommade d'olives noires.*

Les Mauguerets-La Contrie 2004
SAINT-NICOLAS-DE-BOURGUEIL, PASCAL & ALAIN LORIEUX, FRANCE
19,30 $ SAQ S (872580)   ★★★ $$ Modéré+
Une cuvée 2004 pleine de charme, aux saveurs saisissantes et rafraîchis-
santes à souhait, aux tanins tissés serrés, avec élégance, au corps à la
fois compact et aérien, aux saveurs longues et précises. Complet, engageant et digeste. **Alc./**12 % **http://lorieux.chez-alice.fr**

Lacryma Christi dei Feudi di San Gregorio 2005
LACRYMA CHRISTI DEL VESUVIO, FEUDI DI SAN GREGORIO, ITALIE
19,60 $ SAQ S (10675407)   ★★★ $$ Corsé
■ NOUVEAUTÉ! De la couleur, du fruit, de l'ampleur, de la texture, des
tanins mûrs et enveloppés, de la longueur, voilà une cuvée passablement
plus soutenue que la normale pour les vins de cette appellation.
Alc./13 % **www.feudi.it**

Graciano Ijalba « Crianza » 2005
RIOJA, VIÑA IJALBA, ESPAGNE *(DISP. HIVER 08)*
19,65 $ SAQ S (10360261)   ★★☆?☆ $$ Modéré+   BIO
Après un 2003 au fruité concentré, salué en primeur comme l'une des
plus belles nouveautés de l'année dans l'édition 2007 de ce guide, et un
2004 tout aussi réussi (commenté dans ce guide), Ijalba présente un
2005 moins substantiel et plus souple, mais détaillé, aux tanins fins, aux
saveurs longues et précises d'épices douces. Serait-ce que le rarissime
cépage graciano nous démontre l'une de ses nombreuses personnalités
ou tout simplement l'état du millésime 2005, moins harmonieux que
2004 dans la Rioja? **Alc./**13 % **www.ijalba.com**

Le Combal 2002
CAHORS, COSSE MAISONNEUVE, FRANCE
19,65 $ SAQ S (10675001)   ★★★ $$ Modéré+   BIO
■ NOUVEAUTÉ! Un rouge parfumé, à la bouche ramassée, aux tanins
serrés mais mûrs, à l'acidité fraîche et au corps modéré, laissant percevoir des saveurs typiques de réglisse. Une matière extraite avec retenue,
non dénuée de fraîcheur. **Alc./**13 % ■ *Canard rôti et badigeonné au scotch
single malt « tourbé ».*

Domaine du Crampilh « Cuvée Baron » 1999
MADIRAN, ALAIN OULIE, FRANCE
19,75 $ SAQ S (10675028)   ★★☆?☆ $$ Corsé
■ NOUVEAUTÉ! Vous cherchez à saisir la fermeté et la droiture minérale
des vins de Madiran? Alors, dégustez ce 1999 à la bouche à la fois ferme
et pleine, sans être dense ni lourde, aux tanins très fermes et aux saveurs
longilignes. **Alc./**12,5 % ■ *Filets de bœuf grillés et coulis de poivrons verts (C*).*

Ijalba Reserva 2003
RIOJA, VIÑA IJALBA, ESPAGNE *(DISP. HIVER 08)*
19,80 $ SAQ S* (478743)   ★★?☆ $$ Corsé   BIO
À l'image du précédent 2001 (aussi commenté), ce 2003 est tout aussi
ramassé, sur le fruit, aux tanins présents et ciselés, au corps plein mais
très frais et longiligne. **Alc./**13 % **www.ijalba.com**

La Luna e I Falo 2004
BARBERA D'ASTI « SUPERIORE », TERRE DA VINO, ITALIE
19,80 $ SAQ C (627901)   ★★☆ $$ Modéré
Cette barbera se montre toujours aussi expressive et enjôleuse.
Souplesse, fraîcheur et persistance signent cette cuvée aux allures de
pinot noir. **Alc./**13 % **www.terredavino.it** ■ *Pizza au capicolle et poivrons
rouges confits.*

Les Rouillères 2005
SAINT-NICOLAS-DE-BOURGUEIL, FRÉDÉRIC MABILEAU, FRANCE
19,80 $ SAQ S (10696857)   ★★☆?☆ $$ Modéré
■ NOUVEAUTÉ! Une perle que cette nouveauté de la Loire, exprimant à
son meilleur l'élégance, l'éclat et le plaisir à boire que sait offrir, comme
nul autre cépage, le cabernet franc. **Alc./**13 % **www.fredericmabileau.
com** ■ *Terrine de campagne au poivre, brochettes de poulet grillées aux poivrons*

rouges et à l'huile épicée, casserole d'escargots à la tomate et aux saucisses italiennes épicées ou poitrines de poulet farcies au chèvre et aux poivrons rouges.

Les Fiefs d'Aupenac 2004

SAINT-CHINIAN « ROQUEBRUN », CAVE DE ROQUEBRUN, FRANCE
19,90 $ SAQ S* (10559166) ★★★ **$$**   Corsé
De l'une des caves les plus performantes de France, ce rouge est une véritable aubaine. Du nez, des notes de garrigue, de la chair, du coffre et des saveurs expressives. **Alc./**13 % **www.cave-roquebrun.fr** ■ *Côtes levées à l'ail et au romarin.*

Carchelo Crianza 2003

JUMILLA, BODEGAS AGAPITO RICO, ESPAGNE
19,95 $**   SAQ S (903948) ★★**?**☆ **$$ Corsé
Un jumilla actuellement peu expressif, mais compact, élancé et serré, au fruité pur et très frais. Il devrait s'assouplir d'ici 2009. **Alc./**14 %

Marquise des Mûres « Les Sagnes » 2004

SAINT-CHINIAN, DOMAINE DES MARQUISES, FRANCE
19,95 $ SAQ S* (896522) ★★☆ **$$**   Modéré+
Une syrah qui embaume à plein nez, à la texture détendue, aux tanins presque fondus et à l'acidité discrète, faisant d'elle un vin de charme et de plaisir immédiat. **Alc./**13,5 % ■ *Bifteck à la pommade d'olives noires.*

Prazo de Roriz 2005

DOURO, QUINTA DE RORIZ VINHOS SA, PORTUGAL
19,95 $**   SAQ S (10688208) ★★★ **$$ Corsé
Un vin coloré, passablement fruité, un brin épicé, boisé modéré, aux tanins fins mais serrés, très frais et persistant. Un vin presque moderne, mais sans la générosité ni le boisé dominant des vins du Nouveau Monde. **Alc./**13 % **www.quintaderoriz.com** ■ *Filets de bœuf au poivre et patates douces au romarin.*

Massaya Selection 2003

BEKAA VALLEY, TANAÏL, LIBAN
20 $**   SAQ S (904102) ★★★**?**☆ **$$ Corsé
Contrairement à son petit frère, le Massaya Classique 2004 (aussi commenté), cette cuvée se montre plus engageante, plus généreuse et plus épicée, exprimant une bouche pleine, fraîche et tannique, aux saveurs explosives (girofle, muscade, poivre). **Alc./**14 % (**Capsule à vis**) **www.massaya.com** ■ *Brochettes d'agneau grillées à l'ajowan.*

Prazo de Roriz 2003

DOURO, QUINTA DE RORIZ VINHOS SA, PORTUGAL
20 $**   SAQ S (10688216) ★★★ **$$ Corsé
Du fruit, mais plus fermé que le 2005 (aussi commenté), plus compact, plus frais, plus longiligne, plus ramassé et pas mal plus européen de profil. **Alc./**13,5 % **www.quintaderoriz.com**

Château Coupe-Roses 2003

MINERVOIS, FRANÇOISE FRISSANT-LE CALVEZ ET PASCAL FRISSANT, FRANCE
20,30 $ SAQ S* (894519) ★★★ **$$**   Corsé
(Voir commentaire détaillé du 2005)

Joseph Faiveley 2005

BOURGOGNE, DOMAINE FAIVELEY, FRANCE
20,50 $ SAQ S* (142448) ★★☆**?**☆ **$$**   Modéré+
Comme à son habitude, la maison Fayveley nous présente un 2005 classique, c'est-à-dire droit, serré et longiligne, sans esbroufe et sans boisé inutile. **Alc./**12,5 % **www.bourgognes-faiveley.com** ■ *Cailles sautées à la poêle et riz sauvage aux champignons (C*).*

Pinot Noir Couvent des Jacobins 2005

BOURGOGNE, MAISON LOUIS JADOT, FRANCE
20,50 $**   SAQ C (966804) ★★☆ **$$ Modéré
Du beau pinot que ce 2005 au nez charmeur, sans être riche, à la bouche fraîche, expressive et élancée, digeste au possible. Donc, un bourgogne de soif. **Alc./**12,5 % **www.louisjadot.com** ■ *Risotto au jus de betterave parfumé au girofle et flocons de poisson (R*).*

Roque Sestière « Carte Blanche » 2004

CORBIÈRES, BÉRAIL-LAGARDE, FRANCE

20,50 $ SAQ S (10507147)   ★★★ $$ Corsé

Roque Sestière récidive avec un 2004 richement aromatique, pour ne pas dire pulpeux, à la bouche tout aussi juteuse que le 2003, d'une belle amplitude de saveurs, présentant des tanins tout aussi tendres. Une gourmandise solaire à croquer à pleine dent. **Alc./**13,5 % ■ *Côtelettes d'agneau grillées à la sauce teriyaki.*

Chapelle de Maillac 2005

LIRAC, ROGER SABON, FRANCE

20,55 $ SAQ S (10779812)   ★★☆ $$ Modéré

■ NOUVEAUTÉ! Un cru d'une belle finesse, aux tanins souples et au corps modéré, égrainant de subtiles saveurs de cacao, de café et de framboise. Pureté et précision sont au rendez-vous. **Alc./**14,5 % www.roger-sabon.com ■ *Poulet aux olives noires et aux tomates.*

Domaine Bernard Baudry 2003

CHINON, DOMAINE BERNARD BAUDRY, FRANCE

20,80 $ SAQ S (10257571)   ★★★☆ $$ Modéré+   BIO

Né de petits rendements de vieilles vignes de trente-cinq à quarante ans d'âge, ce chinon de haute volée se montre richement parfumé, marqué par des tonalités de fruits très mûrs, de craie et de cuir neuf, à la bouche juteuse, pleine et veloutée. **Alc./**12,5 % www.chinon.com/vignoble/bernard-baudry

Château Lamartine « Cuvée Particulière » 2004

CAHORS, GAYRAUD ET FILS, FRANCE

20,85 $ SAQ S* (862904)   ★★★?☆ $$ Corsé+

L'une des belles références chez les cahors modernes, avec un 2004 intensément aromatique, au fruité concentré, à la bouche dense, tannique, ferme, fraîche et très longue. **Alc./**13 % www.cahorslamartine.com ■ *Magret de canard grillé parfumé de baies roses.*

Château Tour Boisée « À Marie-Claude » 2004

MINERVOIS, DOMAINE LA TOUR BOISÉE, FRANCE

21 $ SAQ S* (395012)   ★★★?☆ $$ Modéré+

Cette cuvée étonne par sa chair, son grain, son ampleur et ses saveurs allongées à souhait. **Alc./**14 % www.domainelatourboisee.com ■ *Braisé de bœuf à l'anis étoilé.*

Domaine de Courteillac 2003

BORDEAUX-SUPÉRIEUR, DOMAINE DE COURTEILLAC, FRANCE

21,05 $ SAQ S (10391893)   ★★★ $$ Corsé

Fraîcheur bordelaise au nez. Bouche pleine, ample, généreuse et charnue, tout en étant serrée, persistante et harmonieuse. Passablement nourri et engageant pour son rang. **Alc./**13 % ■ *Filet de bœuf et lanières de poivrons verts et rouges légèrement confits.*

Château de Juliénas 2005

JULIÉNAS, MAISON LOUIS JADOT, FRANCE

21,40 $ SAQ S* (878223)   ★★★ $$ Modéré+

Un grand cru passablement coloré, au nez sur les fruits noirs, à la bouche pleine, ample et étonnamment jouffue pour l'appellation, aux tanins mûrs à point. **Alc./**13 % www.louisjadot.com ■ *Poulet à la ratatouille (R*).*

Château Ampélia 2004

CÔTES-DE-CASTILLON, MURIELLE & FRANÇOIS DESPAGNE, FRANCE

21,45 $ SAQ S (10499212)   ★★★?☆ $$ Corsé

(Voir commentaire détaillé dans *La CYBER Sélection Internet*)

Château La Domèque « Grand Millésime » 2001

CORBIÈRES, FRÉDÉRIC ROGER, FRANCE

21,70 $ SAQ S (912477)   ★★★ $$ Modéré+

(Voir commentaire détaillé dans *La Sélection 2007*)

Barbera Pio Cesare 2005
BARBERA D'ASTI, PIO CESARE, ITALIE
21,85 $ SAQ S (968990)   ★★☆?☆ $$ Modéré
Une barbera classique, au nez fin et élégant, floral, à la bouche élégante, soyeuse et fraîche, au corps modéré, aux tanins fondus et aux saveurs persistantes. **Alc./**13,5 % **www.piocesare.it** ■ *Veau marengo et pâtes aux œufs.*

Château de Francs 2004
BORDEAUX-CÔTES-DE-FRANCS, HÉBRARD & DE BOUÄRD, FRANCE
21,85 $ SAQ S (967943)   ★★★?☆ $$ Corsé
(Voir commentaire détaillé dans *La CYBER Sélection Internet*)

Domaine Labranche Laffont « Vieilles Vignes » 2003
MADIRAN, CHRISTINE DUPUY, FRANCE
21,85 $ SAQ S (914192)   ★★★☆ $$ Puissant
À nouveau l'un des meilleurs achats de l'année chez les rouges du Sud-Ouest. Le nez, d'une étonnante concentration, rappelle les portos vintages tant le fruité est riche, mûr et concentré. La bouche est éclatante, généreuse, presque chaude, tannique et solide. **Alc./**14,5 % ■ *Filets de bœuf Angus aux champignons sauvages.*

Vigne di Mezzo 2004
AGLIANICO DEL VULTURE, FEUDI DI SAN GREGORIO, ITALIE
22 $ SAQ S (10675917)   ★★★☆ $$ Corsé
■ NOUVEAUTÉ! Une aubaine fort colorée, richement aromatique, au nez complexe, à la bouche pleine, presque sphérique et juteuse, mais aux tanins bien présents. **Alc./**13 % **www.feudi.it**

Pinot Noir Vicomte 2005
BOURGOGNE, DOUDET NAUDIN, FRANCE
22,20 $ SAQ S (611772)   ★★☆ $$ Corsé
Un pinot bourguignon classique, passablement structuré pour un vin d'appellation régionale, aux tanins qui ont une certaine prise et à l'acidité très fraîche. **Alc./**13 % **www.doudet-naudin.com**

Orphéus 2000
ETNA ROSSO, TENUTA SCILIO DI VALLE GALFINA, ITALIE
22,45 $ SAQ S (10675968)   ★★★ $$ Corsé
■ NOUVEAUTÉ! Un rouge coloré, au nez très aromatique, passablement riche et mature, aux notes de fruits compotés, avec une touche balsamique, à la bouche presque juteuse, mais aux tanins un brin rustiques. Une belle originalité, mais sans être transcendante. **Alc./**14 % **www. scilio.com**

Caparzo Rosso di Montalcino 2004
ROSSO DI MONTALCINO, TENUTA CAPARZO, ITALIE
22,65 $ SAQ S (713354)   ★★☆ $$ Modéré+
Un 2004 fort engageant au nez, à la bouche ample, mais sans être texturée ni épaisse, aux tanins qui ont du grain, mais sans être abondants, et aux saveurs longues, mais sans être prenantes. Plaisir immédiat. **Alc./**13,5 % **www.caparzo.com**

Château Villerambert-Julien 2003
MINERVOIS, MARCEL JULIEN, FRANCE
22,65 $ SAQ S (743385)   ★★★☆ $$ Corsé   BIO
Excellente réussite dans ce millésime de feu. Un minervois richement aromatique, d'une grande définition et d'un fruité passablement frais, à la bouche certes sphérique, mais dotée d'un grain et d'une fraîcheur qui la tend vers une belle élégance. **Alc./**14 % **www.villerambert-julien.com**

Château de Gaudou « Renaissance » 2003
CAHORS, DUROU & FILS, FRANCE
22,80 $ SAQ S (10272093)   ★★★ $$ Corsé+
Né de vignes de vingt-cinq ans d'âge, d'une couleur presque noire et opaque, au nez richement boisé et épicé, et intensément fruité, à la bouche passablement riche et détaillée, mais sans la profondeur, la fraîcheur et la densité du précédent millésime. **Alc./**14,5 % **www.chateau degaudou.com**

Clos Marie « L'Olivette » 2005
COTEAUX-DU-LANGUEDOC PIC SAINT-LOUP, PEYRUS-JULIEN, FRANCE
22,80 $ SAQ S (10519578)   ★★★☆ $$ Corsé   BIO
(Voir commentaire détaillé dans *La CYBER Sélection Internet*)

Les Christins 2005
VACQUEYRAS, PERRIN & FILS, FRANCE
22,80 $ SAQ S* (872937)   ★★★?☆ $$ Corsé+
À nouveau un superbe rapport qualité-prix, richement aromatique, détaillé, avec justesse, sans esbroufe, à la bouche généreuse, tannique et enveloppante, presque capiteuse, égrainant de longues et puissantes saveurs. **Alc./**14,5 % **www.perrin-et-fils.com** ■ *Jarret d'agneau confit parfumé à l'huile de truffes.*

Pinot Noir Château Germain « Vieilles Vignes » 2004
BOURGOGNE, DOMAINE DU CHÂTEAU DE CHOREY-GERMAIN, FRANCE
22,80 $ SAQ S (710103)   ★★★ $$ Modéré+   BIO
(Voir commentaire détaillé dans *La CYBER Sélection Internet*)

Porca de Murça Reserva 2002
DOURO, REAL COMPANHIA VELHA, PORTUGAL
23 $ SAQ S (902338)   ★★★?☆ $$ Corsé
(Voir commentaire détaillé dans *La CYBER Sélection Internet*)

Thélème 2002
CHINON, PASCAL & ALAIN LORIEUX, FRANCE
23 $ SAQ S (917096)   ★★★☆ $$ Corsé
Grâce à un terroir adapté et à un cépage catalyseur, le cabernet franc, vous y dénicherez un 2002 d'un nez profondément fruité, mais aussi d'une grande subtilité et d'une race évidente, à la bouche ample, soyeuse, d'un bon volume, aux tanins extrafins et aux saveurs expressives. **Alc./**12 % **http://lorieux.chez-alice.fr** ■ *Brochettes de porc à la nigelle.*

Syrah La Dernière Vigne 2005
VIN DE PAYS DES COLLINES RHODANIENNES, DOMAINE PIERRE GAILLARD, FRANCE
23,10 $ SAQ S (10678325)   ★★★ $$ Corsé
■ NOUVEAUTÉ!

Château Lousteauneuf 2004
MÉDOC, VIGNOBLES SEGOND & FILS, FRANCE *(DISP. AUTOMNE 07)*
23,25 $ SAQ S* (913368)   ★★☆?☆ $$ Modéré+
Après un éclatant 2003, Bruno Segond propose un 2004 plus classique et plus vertical, aux tanins plus serrés et au corps plus longiligne, millésime oblige. **Alc./**13 % **www.chateau-lousteauneuf.com** ■ *Côtelettes de porc aux poivrons rouges confits épicés.*

Nero d'Avola Spadina « Una Rosa » 2002
SICILIA, S.I.V. SPA, ITALIE
23,35 $ SAQ S (10675802)   ★★★?☆ $$ Corsé+
■ NOUVEAUTÉ! Un sicilien expressif au possible, passablement mûr, d'une bonne intensité, à l'attaque pleine et sphérique, mais bridée par des tanins tissés serrés et par une acidité fraîche. **Alc./**13,5 % ■ *Brochettes d'agneau grillées à l'ajowan, gigot d'agneau aux herbes séchées (thym, romarin et origan) ou brochettes de bœuf à la pommade de menthe fraîche, poivre concassé et vinaigre balsamique.*

Hecht & Bannier 2003
SAINT-CHINIAN, GREGORY HETCH & FRANÇOIS BANNIER, FRANCE
23,55 $ SAQ S (10507323)   ★★★ $$ Corsé
Un régal qui exprime la garrigue avec panache, au corps plein et voluptueux, non dénué de fraîcheur, on ne peut plus persistant et harmonieux. **Alc./**13,5 % **www.hbselection.com** ■ *Daube de bœuf niçoise.*

Château Lousteauneuf 2003
MÉDOC, VIGNOBLES SEGOND & FILS, FRANCE
23,65 $ SAQ S* (913368)   ★★★?☆ $$ Corsé
Le quatrième millésime consécutif à nouveau réussi avec brio. Vérifiez par vous-même en humant la richesse et l'élégance du nez, ainsi qu'en

vous sustentant de la texture détendue, des tanins tendres mais bien assis, et des saveurs éclatantes que la bouche offre. **Alc./**13 % **www.chateau-lousteauneuf.com** ■ *Carré d'agneau au poivre vert et à la cannelle.*

Cairanne Le Pavillon des Courtisanes 2003
CÔTES-DU-RHÔNE VILLAGES, JEAN-LUC COLOMBO, FRANCE
24 $**   SAQ S (10678114)   ★★☆?☆ **$$ Corsé
■ NOUVEAUTÉ! Se montre actuellement sur une retenue juvénile. Donc, un vin passablement compact, un brin ferme, qui semble généreux et épicé, mais sans l'éclat et la précision des vins qui ont digéré leur mise en bouteilles. À suivre. **Alc./**13,5 % **http://vinsjlcolombo.3it.com**
■ *Bavette de bœuf grillée et ratatouille épicée de longue cuisson.*

Valdifalco 2004
MORELLINO DI SCANSANO, LOACKER, ITALIE
24,10 $**   SAQ S (10223806)   ★★★?☆ **$$ Corsé   BIO
(Voir commentaire détaillé dans *La CYBER Sélection Internet*)

Tommasi Ripasso 2004
VALPOLICELLA CLASSICO « SUPERIORE », TOMMASI VITICOLTORI, ITALIE
24,15 $ SAQ S* (862110)   ★★★ **$$**   Modéré+
Ce ripasso se montre très expressif au nez, à la bouche au profil à la fois ample et élancé, aux tanins fins, qui ont du grain, et aux saveurs fraîches et persistantes. Un vin de corps certes modéré, mais d'une très belle tenue. **Alc./**13 % **www.tommasiwine.it** ■ *Pâtes aux champignons et fond de veau.*

Domaine Gavoty « Cuvée Clarendon » 2003
CÔTES-DE-PROVENCE, ROSELYNE GAVOTY, FRANCE
24,30 $**   SAQ S (10783918)   ★★★☆ **$$ Corsé
■ NOUVEAUTÉ! Remarquable élégance aromatique. Fleurs et fruits rouges se donnent la réplique à qui veut mieux. Étonnante fraîcheur et verticalité de bouche pour un vin né sous les auspices du millésime de feu qu'a été 2003. **Alc./**13,5 %

Vila Santa 2004
VINHO REGIONAL ALENTEJANO, JOÃO PORTUGAL RAMOS, PORTUGAL
24,40 $**   SAQ S (10540019)   ★★★?☆ **$$$ Corsé+
(Voir commentaire détaillé dans *La CYBER Sélection Internet*)

Château Pesquié « Quintessence » 2004
CÔTES-DU-VENTOUX, CHÂTEAU PESQUIÉ, FRANCE
24,45 $**   SAQ S (969303)   ★★☆?☆ **$$ Corsé+
Comme à son habitude, cette cuvée se montre ambitieuse, sans toutefois être aussi puissante et dense que dans les précédents millésimes, tout en ayant gagné en élégance et en fraîcheur pour le style. **Alc./**15 % **www.chateaupesquie.com**

Château Lagrezette 2003
CAHORS, ALAIN-DOMINIQUE PERRIN, FRANCE
24,50 $ SAQ S* (972612)   ★★★?☆ **$$$**   Corsé
(Voir commentaire détaillé dans *La Sélection 2007*)

Château Croix-Mouton 2004
BORDEAUX-SUPÉRIEUR, JEAN-PHILIPPE JANOUEIX, FRANCE
24,55 $**   SAQ S (10520481)   ★★★?☆ **$$ Corsé
Un bordeaux au nez riche et mûr à point, au boisé intégré, à la bouche fraîche, pleine, juteuse et tannique, au corps plein et joufflu, égrainant de longues saveurs. Encore une ou deux années de bouteille et il parviendra probablement à décrocher trois étoiles et demie. **Alc./**13 % **www.j-janoueix-bordeaux.com** ■ *Carré d'agneau et jus au café expresso (C*).*

Ripassa Zenato « Superiore » 2005
VALPOLICELLA, AZIENDA VITIVINICOLA ZENATO, ITALIE
24,75 $ SAQ S* (974741)   ★★★?☆ **$$$**   Corsé
À nouveau une réussite pour ce Ripassa devenu l'une des vedettes québécoises des rouges vénitiens. Bouche pleine, sphérique et veloutée, aux tanins tendres et aux saveurs pulpeuses. **Alc./**13,5 % **www.zenato.it**

Château Porto Carras 2002
CÔTES DE MELITON, CHÂTEAU CARRAS, GRÈCE
24,80 $ SAQ S (10701329)   ★★★?☆ $$ Corsé   BIO
■ NOUVEAUTÉ! (Voir commentaire détaillé dans *La CYBER Sélection Internet*)

Les Meysonniers 2005
CROZES-HERMITAGE, M. CHAPOUTIER, FRANCE
24,95 $ SAQ S* (10259876)   ★★★ $$ Corsé   BIO
Ce Meysonniers ne s'est jamais montré aussi frais et aussi détaillé, sans avoir besoin de la force d'extraction pour épater la galerie. De la belle syrah française. **Alc./**12,5 % **www.chapoutier.com** ■ *Pâtes aux olives noires (C*).*

Testal 2003
ROSSO DEL VERONESE, NICOLIS ANGELO E FIGLI, ITALIE
25 $ SAQ S (898692)   ★★★ $$$ Modéré+
Très beau rouge vénitien, aux allures de ripasso, exhalant d'expressifs effluves de cerise au marasquin, à la bouche charnue, fraîche, et harmonieuse, au corps modéré et aux tanins tendres. **Alc./**13,5 % **www. vininicolis.com**

Villa Cerna Riserva 2004
CHIANTI CLASSICO, CASA VINICOLA LUIGI CECCHI & FIGLI, ITALIE
25,20 $ SAQ S (904359)   ★★★☆ $$$ Corsé+
Un 2004, tout à fait réussi, richement aromatique, à la bouche à la fois ample et serrée, pleine et juteuse, au fruité débordant, mais formidablement équilibré par des tanins fermes, sans dureté, et par une fraîcheur naturelle. **Alc./**13 % **www.cecchi.ne**

Château Martinat 2003
CÔTES-DE-BOURG, MARSAUX DONZE, FRANCE
25,85 $ SAQ S (10389072)   ★★★ $$$ Corsé
Un vin coloré, parfumé et complexe, débordant de fruits rouges, précis, au boisé discret et à la bouche charnue et pleine. Du tonus et de la persistance, à un prix très compétitif. **Alc./**13 % ■ *Filets de bœuf grillés et coulis de poivron vert (C*).*

Conte della Vipera 2004
UMBRIA, MARCHESI ANTINORI, ITALIE
25,90 $ SAQ S (921676)   ★★★?☆ $$$ Modéré+
(Voir commentaire détaillé dans *La Sélection 2007*)

Isole e Olena 2005
CHIANTI CLASSICO, ISOLE E OLENA, ITALIE *(DISP. OCT./NOV. 07)*
26 $ SAQ S (515296)   ★★☆?☆ $$$ Modéré
Ce domaine phare présente un 2005 classique, au nez modéré, à la bouche d'un corps moyen, fraîche et longiligne, aux saveurs précises et pures, qui perdurent longuement. Pour amateurs de vins aériens. **Alc./**13,5 %

La Perrière 2005
MERCUREY, DOMAINE BRINTET, FRANCE
26 $ SAQ S (872655)   ★★★ $$$ Modéré+
(Voir commentaire détaillé dans *La CYBER Sélection Internet*)

Château de Lancyre Grande Cuvée 2002
COTEAUX-DU-LANGUEDOC PIC SAINT-LOUP, DURAND ET VALENTIN, FRANCE
26,05 $ SAQ S* (864942)   ★★★ $$$ Corsé
Un 2002 plus charmeur et plus sur le fruit que ne l'était le plus expansif 2001. Le fruit et les tanins dominent, avec le bois, juste dosé. Une bien belle bouteille à attendre deux ou trois ans. **Alc./**13,5 % **www. chateaudelancyre.com** ■ *Filets de bœuf grillés et sauté de poivrons rouges au curcuma.*

Domaine du Silène des Peyrals 2001
COTEAUX-DU-LANGUEDOC, SILÈNE DES PEYRALS, FRANCE
26,20 $ SAQ S* (10327980)   ★★★?☆ $$$ Corsé
(Voir commentaire détaillé dans *La Sélection 2007*)

La Source 2004
SAINT-JOSEPH, FERRATON PÈRE & FILS, FRANCE
26,70 $ SAQ S (10258953)   ★★★ $$ Modéré+
■ NOUVEAUTÉ! Nez subtilement aromatique (sauge, poivre, olive noire), tout en retenue et en élégance, suivi d'une bouche tout aussi raffinée et fraîche, dotée d'une belle expressivité française, aux tanins fins et au corps modéré. **Alc./**13 % ■ *Pâtes aux olives noires (C*).*

Les Challeys 2004
SAINT-JOSEPH, DELAS FRÈRES, FRANCE
26,75 $ SAQ S (10678245)   ★★★?☆ $$$ Corsé
■ NOUVEAUTÉ! Une syrah rhodanienne parfumée, passablement riche, à la bouche à la fois ample et élancée, expressive et subtile, aux tanins fins, à l'acidité présente mais à l'arrière-scène, laissant place aux saveurs et à la texture. **Alc./**12,5 % www.delas.com ■ *Tranches d'épaule d'agneau grillées recouvertes de pommade d'olives noires (olives noires dénoyautées et huile d'olive passées au robot).*

Château Garraud 2004
LALANDE-DE-POMEROL, VIGNOBLES LÉON NONY, FRANCE
26,80 $ SAQ S* (978072)   ★★★ $$$ Corsé
Cet incontournable du Libournais présente un 2004 moins dodu que ne l'était le 2003, mais tout de même ample et complexe, avec du coffre et de la fraîcheur. **Alc./**13,5 % www.vin.fr ■ *Brochettes de bœuf au café noir (voir Filets de bœuf au café noir) (C*).*

Pinot Noir Domaine des Perdrix 2005
BOURGOGNE, B. ET C. DEVILLARD, FRANCE
26,80 $ SAQ S (917674)   ★★★☆ $$$ Corsé
Ce 2005, qui sera suivi en décembre ou janvier du 2006, se montre fort réussi. De la couleur, du fruit et surtout des épices (girofle et muscade), ainsi que de l'ampleur, des saveurs expansives, des tanins tissés avec doigté et finesse. **Alc./**13,8 % www.rodet.com ■ *Risotto au jus de betterave parfumée au clou de girofle (R*).*

Château de Fonbel 2001
SAINT-ÉMILION GRAND CRU, FAMILLE VAUTHIER, FRANCE
26,95 $ SAQ S (10517679)   ★★★☆?☆ $$$$ Modéré+
Nez retenu, mais ultra-raffiné, bouche pleine, au velouté de texture sensuelle, avec race et distinction. Du grain, du soyeux et du raffinement. L'une des rarissimes aubaines libournaises qu'il ne faut pas laisser filer. **Alc./**13 %

Domaine Richeaume « Cuvée Tradition » 2004
CÔTES-DE-PROVENCE, HOESCH, FRANCE
27,20 $ SAQ S (10780733)   ★★★☆ $$$ Corsé+   BIO
■ NOUVEAUTÉ! Étonnant côtes-de-provence qui exhale un nez de porto vintage, au fruité mûr et concentré, à la bouche gourmande à souhait, pleine et sphérique, aux tanins presque dodus, tout en étant bien présents, à l'acidité discrète et au volume de bouche impressionnant. **Alc./**14,5 % ■ *Carré d'agneau rôti farci d'une purée d'olives noires et de romarin, sauce au porto LBV.*

Château Loudenne 2003
MÉDOC, DOMAINES LAFRAGETTE, FRANCE
27,90 $ SAQ S* (00102210)   ★★★☆ $$$ Corsé+
Une ixième réussite, s'exprimant avec complexité aromatique, plénitude en bouche, texture enveloppante, tanins civilisés, ainsi qu'avec une finale allongée à souhait. **Alc./**13,5 % www.lafragette.com ■ *Filets de bœuf grillés et coulis de poivrons verts (C*).*

Vigna di Fontalle Riserva 2003
CHIANTI CLASSICO, MACHIAVELLI, ITALIE
27,90 $ SAQ S* (963843)   ★★★☆ **$$$**   Corsé
Un riserva au profil plus classique que moderne, cacaoté et enveloppé, tout en exprimant des tanins tissés serrés, mûrs à point et avec du grain, au corps ample mais modéré, aux saveurs expansives et très fraîches. **Alc./**13,5 %

Palazzo della Torre 2003
VERONESE, ALLEGRINI, ITALIE
27,95 $**   SAQ S (907477)   ★★★☆ **$$$ Corsé
Belle réussite en 2003, avec un vin profond, dense et ramassé, sans la générosité et la mollesse de nombreux rouges nés sous ce millésime caniculaire. **Alc./**13,5 % **www.allegrini.it** ■ *Jarret d'agneau confit et son jus de cuisson.*

Tenuta di Valgiano Palistorti 2004
COLLINE LUCCHESI, TENUTA DI VALGIANO, ITALIE
27,95 $**   SAQ S (897678)   ★★★ **$$$ Corsé
Valgiano présente un 2004 plus réussi que ne l'était le 2003. Du fruit, de l'élan, de la fraîcheur, de la précision, des tanins certes présents, mais mûrs et dotés de grains fins, des saveurs épurées, le tout déposé dans un ensemble ramassé. **Alc./**13,5 % **www.valgiano.it** ■ *Filets de bœuf grillés et coulis de poivrons verts (C*).*

Montaperto 2004
TOSCANA, FATTORIA CARPINETA FONTALPINO, ITALIE
28,35 $**   SAQ S (10379245)   ★★★☆ **$$$ Corsé
(Voir commentaire détaillé dans *La Sélection 2007*)

Bricco del Drago 2003
LANGHE, PODERI COLLA CASCINE DRAGO, ITALIE
29,05 $ SAQ S* (927590)   ★★★?☆ **$$$**   Corsé+
Un piémontais à prédominance de dolcetto, rappelant vaguement les barolos, mais en plus gourmand. Donc, au nez passablement concentré, à la bouche généreuse, charnue, assez dense et fraîche. **Alc./**14 % **www.podericolla.it** ■ *Braisé de bœuf à l'anis étoilé.*

Nebbiolo Pio Cesare 2004
NEBBIOLO D'ALBA, PIO CESARE, ITALIE
29,25 $**   SAQ S (544973)   ★★★ **$$$ Modéré+
Après un passage en carafe, vous y dénicherez un nebbiolo aromatique et fin, à la bouche presque généreuse, mais fraîche et avec du grain, comme il se doit, d'une richesse modérée. **Alc./**13,5 % **www.piocesare.it**

Les Favières 2004
MARSANNAY, DOMAINE FOUGERAY DE BEAUCLAIR, FRANCE
29,30 $**   SAQ S (736314)   ★★★☆ **$$$ Modéré+
(Voir commentaire détaillé dans *La CYBER Sélection Internet*)

Guigal « Gigondas » 2003
GIGONDAS, M. GUIGAL, FRANCE
29,40 $ SAQ S* (334615)   ★★★ **$$$**   Puissant
Cette grande maison présente un 2003 tout à fait classique, donc rappelant les châteauneuf-du-pape, aux arômes balsamiques et réglissés, au corps riche et tannique. Mais les tanins, dans ce millésime caniculaire, se montrent un brin asséchants. **Alc./**14 % **www.guigal.com** ■ *Carré d'agneau au poivre vert et à la cannelle.*

En Sazenay 2005
MERCUREY 1er CRU, TUPINIER-BAUTISTA, FRANCE
29,50 $**   SAQ SS (10796532)   ★★★?☆ **$$$ Modéré+
■ NOUVEAUTÉ! Nez charmeur, suivi d'une bouche tout aussi invitante, aux courbes sensuelles, aux tanins enrobés et tendres, à l'acidité fraîche et vibrante. **Alc./**13 % **www.tupinierbautista.fr** ■ *Filet de saumon au pinot noir (C*) ou rôti de porc farci aux canneberges.*

Pinot Noir Mas Borràs 2005

PENEDÈS, MIGUEL TORRES, ESPAGNE

29,60 $ SAQ S (856039) ★★★?☆ $$$ Modéré+

Un pinot catalan, californien d'approche, aromatique, riche et détaillé, à la bouche généreuse, ronde et dodue, aux tanins enveloppés dans une gangue moelleuse, aux saveurs pulpeuses et cacaotées. **Alc./**13,5 % **www.torreswines.com** ■ *Thon rouge aux tomates confites et à l'huile d'olive épicée.*

La Grola 2003

VERONESE, ALLEGRINI, ITALIE

29,95 $ SAQ S (858753) ★★★☆?☆ $$$ Corsé+

Avec le ramassé et dense Palazzo della Torre 2003 (aussi commenté), Allegrini a réussi des 2003 comme pas un. Ici, pas de surmaturité. On y décèle plutôt de la fraîcheur, de la profondeur et de l'harmonie. Il démontre une bouche à la fois dense, pleine et texturée, aux tanins tissés serrés et aux saveurs percutantes. **Alc./**13,5 % **www.allegrini.it** ■ *Osso buco au fenouil et gremolata.*

Ca' Rugate Campo Lavei 2004

VALPOLICELLA « SUPERIORE », AZIENDA AGRICOLA CA' RUGATE, ITALIE

30,50 $ SAQ S (10705194) ★★★☆ $$$ Corsé

(Voir commentaire détaillé dans *La CYBER Sélection Internet*)

Igneus « Fa 206 » 2003

PRIORAT, MAS IGNEUS, ESPAGNE

30,50 $ SAQ S (10358671) ★★★☆?☆ $$$ Corsé+ BIO

Une très belle aubaine en matière de priorat. Certes moderne, ce rouge est complet, complexe et profond, à la bouche jouffue, aux tanins très fins mais très serrés, à l'acidité naturelle d'une remarquable fraîcheur. **Alc./**14,5 % **www.masigneus.com**

Vieilles Vignes Nicolas Potel 2005

SANTENAY, NICOLAS POTEL, FRANCE

30,75 $ SAQ S (725564) ★★★☆ $$$ Corsé

Nez aromatique et riche, mais pris dans une gaine compacte, que seuls le temps ou la carafe peuvent en délier les cordons. Bouche ramassée et élancée, tissée dans une trame tannique serrée, aux tanins fins qui ont beaucoup de grain. **Alc./**13 % **www.nicolas-potel.fr**

Chorey-les-Beaune 2003

CHOREY-LES-BEAUNE, CATHERINE ET CLAUDE MARÉCHAL, FRANCE

31,25 $ SAQ S (917617) ★★★☆ $$$ Modéré+

Bocca di Lupo 2003

CASTEL DEL MONTE, TORMARESCA, ITALIE

31,75 $ SAQ S (10675394) ★★★☆ $$$ Corsé+

■ NOUVEAUTÉ! Un vin marqué par un nez profond et passablement riche, sans boisé apparent, au fruit pur et dense, à la bouche tout aussi pleine, généreuse, mais d'une fraîcheur rarissime chez les vins de cette partie plutôt chaude de la Méditerranée. **Alc./**13,5 % **www.tormaresca.it**

Bourée Côtes-de-Nuits-Villages 2003

CÔTES-DE-NUITS-VILLAGES, DOMAINE PIERRE BOURÉE FILS, FRANCE

32 $ SAQ S (10376095) ★★★ $$$ Modéré+

Castello di Volpaia Riserva 2003

CHIANTI CLASSICO, GIOVANELLA STIANTI, ITALIE

32,50 $ SAQ S (730416) ★★★☆ $$$ Corsé

Grande Cuvée de l'Hortus 2004

COTEAUX-DU-LANGUEDOC PIC SAINT-LOUP, DOMAINE DE L'HORTUS, FRANCE

32,50 $ SAQ S (10269775) ★★★☆ $$$ Corsé

(Voir commentaire détaillé dans *La CYBER Sélection Internet*)

Les Quartz Clos du Caillou 2004
CÔTES-DU-RHÔNE, DOMAINE VACHERON-POUIZIN, FRANCE
32,75 $**   SAQ S (10780709)   ★★★?☆ **$$$ Corsé+
■ NOUVEAUTÉ! Généreux et gorgé de saveurs à la façon châteauneuf-du-pape, mais aussi doté d'une trame minérale et très serrée à la manière des gigondas. Rarissimes sont les vins de cette appellation à avoir autant de coffre, de tanin et de densité. **Alc./**15 % ■ *Ragoût de bœuf et polenta crémeuse au parmesan.*

Clos du Chêne Vert 2004
CHINON, DOMAINE CHARLES JOGUET, FRANCE
33 $**   SAQ S (892182)   ★★★☆?☆ **$$$ Corsé
(Voir commentaire détaillé dans *La Sélection 2007*)

Clos Salomon 2004
GIVRY 1er CRU, GARDIN-PERROTTO, FRANCE
33 $**   SAQ S (918086)   ★★★☆ **$$$ Corsé
Très beau premier cru de la Côte chalonnaise, au nez expressif et passablement riche, à la bouche très fraîche et saisissante, au fruité pur et aérien, aux tanins fins, qui ont du grain, et aux saveurs longues. **Alc./**13,5 % www.du-gardin.com/clos-salomon.htm

Vieux Château Palon 2003
MONTAGNE-SAINT-ÉMILION, VIGNOBLES NAULET, FRANCE
33,50 $**   SAQ S (10754623)   ★★★☆ **$$$ Corsé
■ NOUVEAUTÉ! (Voir commentaire détaillé dans *La CYBER Sélection Internet*)

Le Grand Rouge de Revelette 2004
COTEAUX D'AIX-EN-PROVENCE, PETER FISCHER, FRANCE
34,25 $**   SAQ S (10259745)   ★★★?☆ **$$$ Corsé+   BIO
Un 2004 d'une grande pureté de fruits et d'une subtile définition. Il se montre plein, dense, ramassé, frais et élancé. Un vin droit, d'une superbe verticalité, qui projette vers le haut, grâce à une culture des vignes soignées et attentives, relevant de la biodynamie. **Alc./**13,5 % www.revelette.fr ■ *Pot-au-feu d'agneau de cuisson saignante au thé et aux épices (anis étoilé, réglisse, cannelle, grains de cardamome, girofle et feuilles de thé noir).*

Masseria Maime « Negroamaro » 2003
SALENTO, TORMARESCA, ITALIE
34,25 $**   SAQ S (10675386)   ★★★?☆ **$$$ Puissant
■ NOUVEAUTÉ! (Voir commentaire détaillé dans *La CYBER Sélection Internet*)

Divinus de Château Bonnet 2002
BORDEAUX, ANDRÉ LURTON, FRANCE
35 $**   SAQ S (852798)   ★★★ **$$$ Corsé

Haute Pierre « Delas » 2005
CHÂTEAUNEUF-DU-PAPE, DELAS FRÈRES, FRANCE *(DISP. FÉVR. 08)*
35,25 $ SAQ *Courrier vinicole*   ★★★☆?☆ **$$**   Corsé+
                (10857067)
■ NOUVEAUTÉ! Un châteauneuf – distribué via le *Courrier vinicole*, en février 2008, opération Grands Vins du Monde – plus ramassé et plus compact que la norme, doté d'une trame serrée et élancée, pour ne pas dire racée. Des tanins de vieilles vignes, à la fois denses et bien ancrés, ainsi que des saveurs complexes et profondes signent cette belle pointure papale qui se donnera pleinement dans quelques années. **Alc./**14,5 % www.delas.com ■ *Servir entre 2009 et 2018, à 17 °C et oxygéné en carafe 90 minutes*

Baron de Brane 2004
MARGAUX, HENRI LURTON, FRANCE *(DISP. FIN 07/DÉBUT 08)*
35,75 $**   SAQ S (716761)   ★★★☆ **$$$ Corsé
Nez charmeur, un brin évolué et presque riche. Bouche suave mais tout de même soutenue, ample, aux tanins serrés, avec du grain, au corps

expansif, long et torréfié. Beau moelleux. **Alc./**13 % www.henri-lurton.com ■ *Burger de bœuf au foie gras de canard et aux champignons.*

Fides Pio Cesare 2004
BARBERA D'ALBA, PIO CESARE, ITALIE
35,75 $** SAQ S (10802349) ★★★☆ **$$$ Corsé
Cette barbera, haute couture se montre colorée, aromatique, passablement riche et mûre, torréfiée, pleine, joufflue et généreuse, d'une fraîcheur exemplaire dans sa richesse explosive. Un régal! **Alc./**14 % **www.piocesare.it** ■ *Joues de veau braisées aux tomates confites ou cailles sautées à la poêle et riz sauvage aux champignons (C*).*

Merlot Planeta 2004
SICILIA, PLANETA, ITALIE
35,75 $** SAQ S (705962) ★★★?☆ **$$$ Corsé
(Voir commentaire détaillé dans *La CYBER Sélection Internet*)

Syrah Planeta 2004
SICILIA, PLANETA, ITALIE
35,75 $** SAQ S (747097) ★★★?☆ **$$$ Corsé+
(Voir commentaire détaillé dans *La CYBER Sélection Internet*)

Srü 2004
ROERO, MONCHIERO CARBONE, ITALIE
36 $** SAQ S (10253896) ★★★?☆ **$$$$ Corsé
Un Srü 2004 qui n'offre pas la densité et la complexité des précédents millésimes, mais qui, malgré sa discrétion aromatique, se montre fort engageant en bouche, démontrant un fruité expressif, des tanins fermes et serrés, comme le nebbiolo en connaît le secret, et une persistance honorable. **Alc./**14 % **www.monchierocarbone.com** ■ *Filets mignons sauce aux champignons.*

Spargolo 2003
SANGIOVESE DI TOSCANA, CECCHI, ITALIE
36,25 $** SAQ S (866947) ★★★☆ **$$$ Corsé+
Voilà un 2003 fort nourri, au coffre imposant et aux saveurs expressives, jouant dans la sphère balsamique. Le fruité est ample et généreux. Les tanins sont certes solides mais enveloppés, et l'ensemble est dense. **Alc./**13,5 % **www.cecchi.net**

Brancaia 2003
CHIANTI CLASSICO, PODERE LA BRANCAIA, ITALIE
36,50 $** SAQ S (10431091) ★★★☆ **$$$ Corsé+

Château Mont-Redon 2004
CHÂTEAUNEUF-DU-PAPE, CHÂTEAU MONT-REDON, FRANCE
37 $** SAQ S* (856666) ★★★?☆ **$$$ Corsé
Un châteauneuf d'une belle maturité aromatique, qui se donne pleinement dès maintenant, à la bouche généreuse, sphérique et veloutée à souhait, et ce, même malgré la trame tannique un brin serrée. **Alc./**14,5 % **www.chateaumontredon.fr** ■ *Gigot d'agneau à l'ail et au romarin.*

Larmes des Fées 2003
SAINT-CHINIAN, HENRI ET LAURENT MIQUEL, FRANCE
37 $** SAQ S (913327) ★★★?☆ **$$$ Corsé+
Cette cuvée haute couture 2003 se montre ultra-colorée et richement aromatique. Le fruit est tellement concentré et mûr qu'on a l'impression d'avoir le nez dans un jeune porto vintage! Ampleur, éclat et densité hors norme pour l'appellation. **Alc./**14,5 % **www.laurent-miquel.com** ■ *Jarret d'agneau confit et lentilles du Puy au jus d'agneau parfumé à l'anis étoilé.*

Les Vignes-Rondes 2004
MONTHÉLIE 1er CRU, DOMAINE RÉMI JOBARD, FRANCE
37 $** SAQ S (10291155) ★★★☆ **$$$$ Modéré+
(Voir commentaire détaillé dans *La CYBER Sélection Internet*)

Les Terrasses 2003
PRIORAT, ÁLVARO PALACIOS, ESPAGNE
37,50 $ SAQ S (10253618) ★★★☆?☆ $$$ Corsé+
(Voir commentaire détaillé dans *La CYBER Sélection Internet*)

Domaine d'E Croce « Y Leccia » 2005
PATRIMONIO, YVES LECCIA, FRANCE
37,75 $ SAQ S (10783213) ★★★?☆ $$$ Corsé
■ NOUVEAUTÉ! Un cru d'esthète, ramassé et d'une saisissante verticalité. Donc, un vin en lien avec son terroir, aux tanins qui ont du grain, aux saveurs longilignes et au corps à la fois plein et élancé. **Alc./**13,5 %

Charmes de Kirwan 2003
MARGAUX, SCHRÖDER SCHÝLER, FRANCE
38 $ SAQ S (895581) ★★★☆ $$$$ Corsé
(Voir commentaire détaillé dans *La CYBER Sélection Internet*)

Château Joanin Bécot 2004
CÔTES-DE-CASTILLON, JULLIETTE BÉCOT, FRANCE
38,50 $ SAQ SS (10793753) ★★★☆?☆ $$ Corsé
■ NOUVEAUTÉ! (Voir commentaire détaillé dans *La CYBER Sélection Internet*)

Saint-Jacques 2004
MARSANNAY, DOMAINE FOUGERAY DE BEAUCLAIR, FRANCE
38,75 $ SAQ S (917302) ★★★☆?☆ $$$$ Corsé
(Voir commentaire détaillé dans *La CYBER Sélection Internet*)

Château Bel-Air La Royère 2003
BLAYE, CORINNE ET XAVIER LORIAUD, FRANCE
39 $ SAQ S (10272886) ★★★☆?☆ $$$$ Corsé+
(Voir commentaire détaillé dans *La Sélection 2007*)

Château Bellefont-Belcier 2003
SAINT-ÉMILION GRAND CRU, J. BERREBI, D. HÉBRARD, A. LAGUILLAUMIE, FRANCE
39 $ SAQ S (10309571) ★★★★ $$$ Corsé
Un 2003 d'un grand charme aromatique, à la texture sphérique et enveloppante, mais sans lourdeur et sans boisé dominant. **Alc./**13,5 %
www.bellefont-belcier.fr

Château Trimoulet 2003
SAINT-ÉMILION GRAND CRU, CHÂTEAU TRIMOULET, FRANCE
39,25 $ SAQ S (875765) ★★★☆ $$$$ Corsé
(Voir commentaire détaillé dans *La CYBER Sélection Internet*)

Carco Antoine Arena 2005
PATRIMONIO, ANTOINE ARENA, FRANCE
39,75 $ SAQ S (10780670) ★★★?☆ $$$$ Corsé BIO
■ NOUVEAUTÉ! (Voir commentaire détaillé dans *La CYBER Sélection Internet*)

Château de Haute-Serre « Cuvée Prestige » 1999
CAHORS, GEORGES VIGOUROUX, FRANCE
39,75 $ SAQ S (10778959) ★★★☆?☆ $$$$ Corsé
■ NOUVEAUTÉ! (Voir commentaire détaillé dans *La CYBER Sélection Internet*)

Château Faugères 2003
SAINT-ÉMILION GRAND CRU, C. & P. GUISEZ, FRANCE
39,75 $ SAQ S (10343576) ★★★★ $$$$ Corsé
(Voir commentaire détaillé dans *La CYBER Sélection Internet*)

Vieilles Vignes Tardieu-Laurent 2004
VACQUEYRAS, TARDIEU-LAURENT, FRANCE
39,75 $ SAQ SS (10500316) ★★★★ $$$$ Corsé
(Voir commentaire détaillé dans *La CYBER Sélection Internet*)

Quinta Vale Dona Maria 2004
DOURO, LEMOS & VAN ZELLER, QUINTA VALE DONA MARIA, PORTUGAL
40 $ SAQ S (10540262) ★★★☆?☆ $$$$ Corsé+
(Voir commentaire détaillé dans *La CYBER Sélection Internet*)

Mezzopane 2001
TOSCANA, SAN POLO EXE, ITALIE
41 $ SAQ S (10409184) ★★★★ $$$$ Corsé+
(Voir commentaire détaillé dans *La CYBER Sélection Internet*)

Pelago 2003
MARCHE ROSSO, AZIENDA VINICOLA UMANI RONCHI, ITALIE
41 $ SAQ S (735977) ★★★★?☆ $$$$ Corsé+
Un vin presque noir, profondément concentré, mais sans boisé dominant, plutôt raffiné, à la bouche juteuse, pleine et ramassée, aux tanins enrobés mais présents, et aux saveurs expansives. Assurément le plus grand vin rouge moderne de cette région de l'Italie, jadis mis au point et élaboré sous la houlette du défunt Giacomo Tachis, grand œnologue qui a mis au monde, entre autres, les grands Sassicaia et Solaia. **Alc./**13,5 % **www.umanironchi.it**

Bouchard Père et Fils « Chassagne-Montrachet » 2005
CHASSAGNE-MONTRACHET, BOUCHARD PÈRE & FILS, FRANCE
41,50 $ SAQ S (872523) ★★★?★ $$ Corsé
Sur sa retenue juvénile, méritant un bon gros coup de carafe, à la bouche ramassée, ferme et saisissante, aux tanins très serrés et au corps longiligne. Il faudra impérativement le laisser venir dans le temps. **Alc./**13 % **www.bouchard-pereetfils.com**

Château Pibarnon 2003
BANDOL, CHÂTEAU PIBARNON, FRANCE
41,50 $ SAQ S (480335) ★★★?★ $$$$ Corsé+
Un 2003 retenu, au nez très discret, sur la garrigue, à la bouche généreuse, compacte, ramassée, tannique, mais avec un corps modéré pour l'année. Pas de surmaturité, de la fraîcheur et de l'ampleur, mais actuellement carré. À suivre. **Alc./**14 % **www.pibarnon.fr**

Le Clos « Delas » 2005
CROZES-HERMITAGE, DELAS FRÈRES, FRANCE *(DISP. FÉVR./MARS 08)*
42,50 $ SAQ SS (10808370) ★★★?☆ $$ Corsé
■ NOUVEAUTÉ! On ne peut plus « crozes » avec son nez d'olive noire, ainsi qu'avec sa bouche à la fois fraîche et ramassée, longiligne et expressive, aux tanins droits et aux saveurs expansives. Aussi disponible en format magnum (85 $). **Alc./**12,5 % **www.delas.com**

Poderi du Rivalta di La Morra – Verduno « Vigna dei Pola » 2000
BAROLO, CANTINE ASCHERI GIACOMO, ITALIE
43,25 $ SAQ S (10269193) ★★★☆?☆ $$$$ Corsé
(Voir commentaire détaillé dans *La CYBER Sélection Internet*)

Domaines Ott 2002
BANDOL, CHÂTEAU ROMASSAN, FRANCE
44 $ SAQ S (10786027) ★★★?☆ $$$$ Corsé+
■ NOUVEAUTÉ! Un nouveau bandol au nez actuellement retenu, un brin fauve, à la bouche très serrée, longiligne et élancée, aux saveurs pures et aériennes pour l'appellation. Mais ne se montrait pas sous son meilleur jour lors de sa dégustation en août 2007. À suivre... **Alc./**13 % **www.domaines-ott.com** ■ *Filets de bœuf Angus aux champignons sauvages.*

Long Now 2003
LANGHE, AZIENDA AGRICOLA PELISSERO, ITALIE
44 $ SAQ SS (10665330) ★★★★ $$$$ Corsé
■ NOUVEAUTÉ! (Voir commentaire détaillé dans *La CYBER Sélection Internet*)

Mas La Plana 1997
PENEDÈS, MIGUEL TORRES, ESPAGNE
44,50 $ SAQ S (522995)   ★★★★ $$$$ Corsé
(Voir commentaire détaillé dans *La CYBER Sélection Internet*)

San Clemente 2003
MONTEPULCIANO D'ABRUZZO, ZACCAGNINI, ITALIE
44,50 $ SAQ S (908459)   ★★★☆?☆ $$$$ Corsé
(Voir commentaire détaillé dans *La CYBER Sélection Internet*)

Les Épenottes 2004
BEAUNE 1er CRU, DOMAINE PIERRE BOURÉE FILS, FRANCE
44,75 $ SAQ S (872366)   ★★★☆?☆ $$$$ Modéré+
(Voir commentaire détaillé dans *La CYBER Sélection Internet*)

Quinta do Portal « Grande Reserva » 2000
DOURO, QUINTA DO PORTAL, PORTUGAL
44,75 $ SAQ SS (10706357)   ★★★☆ $$$$ Corsé+
Très moderne et boisé, engageant au possible, débordant de fruits et d'épices, aux tanins présents, un brin secs, et au boisé ambitieux en bouche, mais tout de même très invitant. **Alc./**13,5 % **www.quintado portal.com**

Podere Il Palazzino « Grosso Sanese » 2003
CHIANTI CLASSICO, ALESSANDRO E ANDREA SDERCI, ITALIE
46 $ SAQ SS (10533716)   ★★★☆?☆ $$$$ Corsé
■ NOUVEAUTÉ! Assurément l'une des belles nouveautés italiennes. Un rouge richement aromatique, sans excès, plein, dense et bien ramassé, aux tanins enveloppés et aux saveurs d'une bonne allonge. Boisé intégré et texture raffinée. **Alc./**14 % ■ *Carré d'agneau à la gremolata.*

Côte Dorée 2003
COTEAUX-DU-LANGUEDOC, DOMAINE DE L'AIGUELIÈRE, FRANCE
46,50 $ SAQ SS (701250)   ★★★☆?☆ $$$$ Corsé
(Voir commentaire détaillé dans *La CYBER Sélection Internet*)

Côte Rousse 2003
COTEAUX-DU-LANGUEDOC, DOMAINE DE L'AIGUELIÈRE, FRANCE
46,50 $ SAQ SS (701284)   ★★★☆ $$$$ Corsé
(Voir commentaire détaillé dans *La CYBER Sélection Internet*)

Château Fontenil 2004
FRONSAC, DANY ET MICHEL ROLLAND, FRANCE
46,75 $ SAQ S (10445134)   ★★★★ $$$$ Corsé
Nez fermé, mais très minéral. Bouche sur les fruits rouges, pleine et dense, d'un grand raffinement. Tanins soyeux, même si jeunes et présents. Quelle présence et quel fruit! Superbe harmonie. Texturé, mais aussi minéralisant et viril. Une grande référence, dans ce millésime, qui ira loin. **Alc./**13,5 % **www.rollandcollection.com** ■ *Côtelettes d'agneau grillées à la nigelle.*

Éric et Joël Durand Cornas 2003
CORNAS, ERIC ET JOËL DURAND, FRANCE
47 $ SAQ S (10272798)   ★★★☆ $$$$ Corsé
Un cornas à mille lieues de la réputation de rustres rouges accolée trop souvent aux vins de ce coteau mythique. Un vin aromatique, sur le fruit et les épices douces, à la bouche pulpeuse, pleine et sphérique, mais avec une fraîcheur et une certaine retenue tout à fait française. **Alc./**14,3 % ■ *Magret de canard au pain d'épices.*

Sainte-Épine « Delas » 2005
SAINT-JOSEPH, DELAS FRÈRES, FRANCE
47 $ SAQ S (10808361)   ★★★ $$ Modéré+
■ NOUVEAUTÉ! Un cru offrant une matière à la fois dense et raffinée, au fruité pur et frais, aux tanins tissés serrés, mais avec retenue et élégance, à l'acidité discrète et aux saveurs qui ont de l'éclat. Dans le ton de l'appellation, sans boisé et sans extraction poussée inutilement. Du bel ouvrage. **Alc./**12,5 % **www.delas.com**

Condado de Haza « Reserva » 2000
RIBERA DEL DUERO, ALEJANDRO FERNÁNDEZ, ESPAGNE
47,75 $ SAQ S (10551113)   ★★★★ $$$$ Corsé+
(Voir commentaire détaillé dans *La CYBER Sélection Internet*)

Incógnito 2003
VINHO REGIONAL ALENTEJANO, CASA AGRICOLA CORTES DE CIMA, PORTUGAL
47,75 $ SAQ S (745174)   ★★★☆?☆ $$$$ Puissant
(Voir commentaire détaillé dans *La CYBER Sélection Internet*)

Comte de M 2001
VALLÉE DE LA BÉKAA, CHÂTEAU KEFRAYA, LIBAN
48,50 $ SAQ S (722413)   ★★★☆?☆ $$$$ Corsé+
Nez raffiné et concentré, au boisé très fin, à la bouche dense, compacte
et ramassée, mais presque juteuse, débordante de fruits, aux tanins cise-
lés avec précision, aux saveurs très longues. Sera encore plus beau à
partir de 2009. Alc./14 % www.chateaukefraya.com ■ *Magret de canard
rôti à la nigelle.*

Château La Nerthe 2003
CHÂTEAUNEUF-DU-PAPE, CHÂTEAU LA NERTHE, FRANCE
49 $ SAQ S (917732)   ★★★☆?☆ $$$$ Corsé+
(Voir commentaire détaillé dans *La Sélection 2007*)

La Sillote 2005
VACQUEYRAS, LES VINS DE VIENNE, FRANCE
49 $ SAQ S (726869)   ★★★★ $$$$ Corsé+
(Voir commentaire détaillé dans *La CYBER Sélection Internet*)

Lumen « Riserva » 2003
CONTROGUERRA, AZIENDA AGRICOLA DINO ILLUMINATI, ITALIE *(DISP. OCT./NOV. 07)*
49,25 $ SAQ S (10782131)   ★★★☆?☆ $$$$ Puissant
■ NOUVEAUTÉ! Une puissante et lumineuse nouveauté italienne, née d'un
assemblage entre le montepulciano et le cabernet, résultant en un rouge,
au nez très concentré, au fruité explosif et au boisé présent mais inté-
gré, à la bouche dense, généreuse, tannique, ferme et pleine, ainsi qu'aux
tanins très virils en finale. Du sérieux, pour amateur de rouge qui démé-
nage. Alc./14,5 % www.illuminativini.it

Rocche Barolo 2000
BAROLO, AURELIO SETTIMO, ITALIE
50 $ SAQ S (10386664)   ★★★★ $$$$ Corsé+
Du fameux cru Rocche, du village de La Morra, ce 2000 se montre hyper
aromatique, riche et explosif, jouant dans la sphère aromatique du
balsamique, à la bouche à la fois pleine, joufflue, vibrante, très fraîche
et tannique, d'une grande allonge. Non sans rappeler certains *amaroni*.
Alc./14 % www.aureliosettimo.com

Château Musar 1998
BEKAA VALLEY, GASTON HOCHAR, LIBAN
51 $ SAQ S (10429142)   ★★★★ $$$$ Corsé
(Voir commentaire détaillé dans *La Sélection 2007*)

Prado Enea « Gran Reserva » 1998
RIOJA, BODEGAS MUGA, ESPAGNE
53 $ SAQ S (10268449)   ★★★★ $$$$ Corsé+
(Voir commentaire détaillé dans *La CYBER Sélection Internet*)

Redoma Tinto 2002
DOURO, NIEPOORT VINHOS, DIRK VAN DER NIEPOORT, PORTUGAL
53 $ SAQ SS (10673604) ★★★☆?☆ $$$$ Corsé+
(Voir commentaire détaillé dans *La CYBER Sélection Internet*)

Pio Cesare Barbaresco 2003
BARBARESCO, PIO CESARE, ITALIE
54 $ SAQ S (905026)   ★★★☆?☆ $$$$ Corsé
Difficile d'être plus classique que cette appellation voisine de Barolo.
Élégance, retenue, charme et grain de tanins très fins. Pas vraiment riche,
mais il se donnera avec plus d'éloquence dans trois ou quatre ans.
Alc./14 % www.piocesare.it

Château Montus Prestige 2001
MADIRAN, DOMAINES ET CHÂTEAUX D'ALAIN BRUMONT, FRANCE
55 $ SAQ S (705475)   ★★★★ $$$$ Corsé+
Pratiquement aussi coloré que l'excellent Prestige 2002, ce 2001 exhale un fruité très mûr d'une grande richesse. Tannique, ferme, mais aussi éclatant en bouche, il est d'une rarissime sensualité pour ce cru, avec chair, épaisseur et grande allonge. **Alc./**13,5 % **www.brumont.fr**

Domaine du Caillou 2004
CHÂTEAUNEUF-DU-PAPE, DOMAINE VACHERON-POUIZIN, FRANCE
55 $ SAQ S (10780688)   ★★★☆?☆ $$$$ Corsé+
■ **NOUVEAUTÉ!** (Voir commentaire détaillé dans *La CYBER Sélection Internet*)

Mas La Plana « Gran Coronas Gran Reserva » 1991
PENEDÈS, MIGUEL TORRES, ESPAGNE
55 $ SAQ S (10456360)   ★★★★ $$$$ Corsé
(Voir commentaire détaillé dans *La CYBER Sélection Internet*)

Bussia Dardi le Rose 2000
BAROLO, PODERI COLLA, ITALIE
56 $ SAQ S (865071)   ★★★★ $$$$ Corsé+
(Voir commentaire détaillé dans *La CYBER Sélection Internet*)

Château de Fieuzal 2003
PESSAC-LÉOGNAN, CHÂTEAU DE FIEUZAL, FRANCE
58 $ SAQ SS (10331760)   ★★★★ $$$$ Corsé
Assurément l'une des aubaines des grands crus du millésime 2003 ayant été offerts à la SAQ. Hyper parfumé, floral, complexe, à l'accent de cerise noire. Texturé, velouté, tanins tendres et acidité discrète. **Alc./**13 % **www.fieuzal.com**

Villa de Corullón 2001
BIERZO, DESCENDIENTES DE J. PALACIOS, ESPAGNE
58 $ SAQ S (701854)   ★★★★ $$$$ Corsé   BIO
(Voir commentaire détaillé dans *La Sélection 2007*)

Château Brane-Cantenac 2003
MARGAUX, HENRI LURTON, FRANCE *(DISP. FIN 07/DÉBUT 08)*
59 $ SAQ S (10342557)   ★★★★ $$$$ Corsé
Après avoir augmenté la part du merlot, presque à 50 %, depuis 1996, Henri Lurton a décidé de redonner plus d'espace au cabernet sauvignon depuis 2002. Nez très aromatique, sur le fruit. Bouche ample, texturée, veloutée et fraîche. Harmonieux, sphérique, plein, long et marqué par des tanins mûrs. **Alc./**13 % **www.henri-lurton.com** ■ *Magret de canard au vin rouge et aux baies de sureau (C*).*

Miserere 2003
PRIORAT, COSTERS DEL SIURANA, ESPAGNE
59 $ SAQ S (962852)   ★★★☆?☆ $$$$ Corsé+
(Voir commentaire détaillé dans *La CYBER Sélection Internet*)

Pio Cesare Barolo 2003
BAROLO, PIO CESARE, ITALIE
59 $ SAQ S (10264405)   ★★★☆?☆ $$$$ Corsé
Comme tous les vins de cette maison dégustés cette année, ce barolo exhale un profil d'une autre époque, celle du grand classicisme de cette appellation s'étant beaucoup modernisée au fil du temps. Il en résulte un 2003 qui n'a rien à voir avec les « gros » vins de ce millésime canicu-laire. Plutôt compact, ramassé, droit et viril, mais avec charme et volupté. Se révélera dans quelques années. **Alc./**14,5 % **www.piocesare.it**

Sotanum 2003
VIN DE PAYS DES COLLINES RHODANIENNES, LES VINS DE VIENNE, FRANCE
59 $ SAQ S (894113)   ★★★★ $$$$ Corsé+
(Voir commentaire détaillé dans *La Sélection 2007*)

Château des Erles 2003
FITOU, J. & F. LURTON, FRANCE
60 $ SAQ SS (10664337) ★★★☆?☆ $$$$ Corsé
■ NOUVEAUTÉ! Un cru languedocien d'exception, résultant en un vin au nez complexe, riche et détaillé, à la bouche éclatante de fruits, passablement concentrée, aux tanins très fins et remarquablement bien ciselés, au boisé discret et à l'allonge de grand terroir. **Alc.**/13 % **www. jflurton.com**

La Fleur de Boüard 2003 *(DISP. FIN 07/DÉBUT 08)*
LALANDE-DE-POMEROL, HUBERT DE BOÜARD DE LAFOREST, FRANCE
62 $ SAQ S (10517708) ★★★★ $$$$ Corsé
Nez richement fruité, complexe et passablement concentré, au boisé expressif, mais juste bien dosé pour se fondre dans la matière au fil des ans. Bouche pulpeuse, aux tanins presque tendres, d'une remarquable maturité et travaillés avec justesse et à propos. **Alc.**/13,5 % **www. chateau-angelus.com**

Palazzo 1999
BRUNELLO DI MONTALCINO, AZIENDA AGRICOLA PALAZZO, ITALIE
62 $ SAQ S (10380166) ★★★★ $$$$ Corsé
■ NOUVEAUTÉ! Nez enivrant et complexe, d'une richesse évidente, détaillant des notes balsamiques typiques, bouche à la fois fraîche et charnue, pleine et élancée, aux tanins tissés serrés, mais avec la noblesse des meilleurs crus de Montalcino. **Alc.**/14 % **www.alpalaz.it/palazzo**
■ *Filets de bœuf marinés sauce balsamique et poêlée de champignons.*

Soloìo « Casa Emma » 2001
COLLI DELLA TOSCANA CENTRALE, FIORELLA LEPRI, CASA EMMA, ITALIE
62 $ SAQ S (10380781) ★★★★?☆ $$$$ Corsé+
Remarquable rouge toscan, aux allures de brunello di montalcino. Nez d'une grande richesse et complexe au possible (balsamique), bouche généreuse et explosive, aux tanins très serrés mais d'une grande finesse, à l'acidité discrète, ainsi qu'aux saveurs d'une très grande allonge. Une révélation. **Alc.**/13,7 % **www.casaemma.com** ■ *Jarret d'agneau confit parfumé à l'huile de truffes.*

Costasera « Classico » Masi 1995
AMARONE DELLA VALPOLICELLA, MASI, ITALIE
63 $ SAQ S (10543324) ★★★☆?☆ $$$$ Corsé
(Voir commentaire détaillé dans *La CYBER Sélection Internet*)

Paleo Rosso 2002
BOLGHERI, LE MACCHIOLE, ITALIE
64 $ SAQ S (739441) ★★★★?☆ $$$$$ Corsé
(Voir commentaire détaillé dans *La CYBER Sélection Internet*)

Campo Eliseo 2003
TORO, BODEGAS J. & F. LURTON, ESPAGNE
65 $ SAQ SS (10673591) ★★★★ $$$$ Puissant
(Voir commentaire détaillé dans *La Sélection 2007*)

Château Corbin 2000
SAINT-ÉMILION GRAND CRU, CHÂTEAU CORBIN, FRANCE
65 $ SAQ SS (10783547) ★★★★?☆ $$$$ Corsé+
(Voir commentaire détaillé dans *La CYBER Sélection Internet*)

Vaio Armaron Serego Alighieri 2001
AMARONE DELLA VALPOLICELLA, MASI, ITALIE *(DISP. MARS 08)*
66 $ SAQ S (462812) ★★★☆?☆ $$$$ Corsé+
Plus retenu et profond que le 2000 (aussi commenté), donc difficile d'accès lorsque dégusté en primeur en mai 2007. Bouche pleine, presque sphérique et d'une fraîcheur vitalisante pour ce style de vin. Du fruit, mais encore serré et ramassé. **Alc.**/15,5 % **www.masi.it**

Brancaia « Ilatraia » 2004
MAREMMA TOSCANA, PODERE LA BRANCAIA, ITALIE
68 $ SAQ S (10483317)   ★★★★ $$$$ Corsé+
Le retour de cet excellent 2004, provenant de l'un des domaines les plus
en vue actuellement en Toscane. Dégusté en primeur en septembre 2006,
puis une seconde fois en septembre 2007, il se montre d'une grande
noblesse aromatique, d'un boisé racé et intégré, ainsi que d'une texture
compacte et veloutée, aux tanins magnifiquement enrobés par une
gangue moelleuse. **Alc./**14 % **www.brancaia.com** ■ *Magret de canard rôti
à la nigelle.*

Roda I Reserva 2002
RIOJA, BODEGAS RODA, ESPAGNE
73 $ SAQ SS (10703893)   ★★★★?☆ $$$$ Corsé
■ **NOUVEAUTÉ!** De l'un des domaines devenus une référence de l'ère
moderne de la Rioja. Un vin richement aromatique, au boisé intégré, à
la bouche certes pleine, mais fraîche et harmonieuse, aux tanins fins,
qui ont du grain et de la maturité, à l'acidité discrète mais fraîche, et au
corps dense et distingué. Grande allonge et matière noblement extraite
pour une grande pointure à l'allure bordelaise. **Alc./**14 % **www.roda.es**

Giorgio Primo 2003
TOSCANA, GIAMPAOLO MOTTA, FATTORIA LA MASSA, ITALIE
77 $ SAQ S (10487529)   ★★★★☆ $$$$ Corsé+
Commenté en primeur, avec plusieurs millésimes du même vin, dans le
Livre de Cave de *La Sélection 2007*, puis goûté à nouveau lors de sa mise
en marché en août 2007, ce grand vin toscan se montre toujours aussi
coloré, profond, racé, concentré, charnu, ramassé et sensuel. Ce 2003
est l'un des très rares crus européens à être aussi ramassé et frais dans
ce millésime caniculaire. **Alc./**14 % ■ *Carré d'agneau rôti farci d'une purée
d'olives noires et de romarin, sauce au porto LBV.*

Costasera « Classico » Masi 1990
AMARONE DELLA VALPOLICELLA, MASI, ITALIE
78 $ SAQ S (10543341)   ★★★★ $$$$ Corsé
(Voir commentaire détaillé dans *La CYBER Sélection Internet*)

Torre Muga 2003
RIOJA, BODEGAS MUGA, ESPAGNE
78 $ SAQ S (904185)   ★★★★?☆ $$$$$ Puissant
(Voir commentaire détaillé dans *La CYBER Sélection Internet*)

Clos Fontà 2001
PRIORAT, MAS D'EN GIL, ESPAGNE
79 $ SAQ SS (10358760)   ★★★★?☆ $$$$$ Corsé+
(Voir commentaire détaillé dans *La Sélection 2007*)

Finca Dofí 2003
PRIORAT, ÁLVARO PALACIOS, ESPAGNE
84 $ SAQ S (705764)   ★★★★?☆ $$$$$ Puissant   BIO
(Voir commentaire détaillé dans *La Sélection 2007*)

Château Brane-Cantenac 1999
MARGAUX, HENRI LURTON, FRANCE
86 $ SAQ S (10521125)   ★★★☆?☆ $$$$ Corsé
(Voir commentaire détaillé dans *La CYBER Sélection Internet*)

Mas La Plana 2000
PENEDÈS, MIGUEL TORRES, ESPAGNE
86 $ (1,5 litre)   SAQ S (490938)   ★★★★ $$$$ Corsé+
(Voir commentaire détaillé dans *La CYBER Sélection Internet*)

Campolongo di Torbe « Classico » Masi 2001
AMARONE DELLA VALPOLICELLA, MASI, ITALIE *(DISP. MARS 08)*
87 $ SAQ S (548677)   ★★★★ $$$$$ Puissant
Quel nez enivrant! Un amarone d'une grande distinction aromatique.
Plein, dense, très frais, généreux, compact et ramassé. Un solide gaillard,
bâti pour une longue maturation, même s'il invite à sa dégustation dès
maintenant. Provient d'un vignoble reconnu depuis le XIIe siècle pour le

raffinement des *amaroni* qui en sont issus. **Alc./**16 % www.masi.it ■ *Osso buco de cerf aux parfums de mûres et de réglisse (C*).*

Château Rouget 1999
POMEROL, CHÂTEAU ROUGET, FRANCE
89 $ SAQ **SS** (10793761) ★★★★ $$$$$ **Corsé+**
(Voir commentaire détaillé dans *La CYBER Sélection Internet*)

Château Rouget 1998
POMEROL, CHÂTEAU ROUGET, FRANCE
91 $ SAQ **SS** (10793770) ★★★☆?★ $$$$$ **Corsé+**
(Voir commentaire détaillé dans *La CYBER Sélection Internet*)

Azelia « San Rocco » 2001
BAROLO, AZIENDA AGRICOLA AZELIA LUIGI SCAVINO, ITALIE
94 $ SAQ **SS** (10692434) ★★★★?☆ $$$$$ **Corsé+**
Un barolo moderne, au nez d'un grand raffinement, pur et défini, à la bouche juteuse, ample et saisissante, d'une belle fraîcheur et aux tanins mûrs à point, avec du grain, mais enveloppé avec doigté par une matière noblement extraite, sans excès. Une longue finale balsamique signe cette grande pointure. Évoluera formidablement dans le temps, même si déjà entreprenant au possible. **Alc./**14,5 % www.azelia.it

Mazzano « Classico » Masi 2001
AMARONE DELLA VALPOLICELLA, MASI, ITALIE *(DISP. MARS 08)*
96 $ SAQ **S** (545129) ★★★★?☆ $$$$$ **Puissant**
Le Mazzano présente une sève plus dense que le Campolongo 2001 (aussi commenté), avec un nez plus profond. La bouche se montre donc un brin carrée, sans trop, pleine, complexe, intense et très longue. À suivre dans le temps. **Alc./**16 % www.masi.it

Le Défi de Fontenil
VIN DE TABLE, DANY ET MICHEL ROLLAND, FRANCE
97 $ SAQ **SS** (10680505) ★★★★?☆ $$$$$ **Corsé+**
■ NOUVEAUTÉ! (Voir commentaire détaillé dans *La CYBER Sélection Internet*)

Château Corbin 1999
SAINT-ÉMILION GRAND CRU, CHÂTEAU CORBIN, FRANCE
102 $ (1,5 litre) SAQ **SS** (10782595) ★★★☆?☆ $$$$ **Corsé**
(Voir commentaire détaillé dans *La CYBER Sélection Internet*)

Château Rouget 2004
POMEROL, CHÂTEAU ROUGET, FRANCE
110 $ (1,5 litre) SAQ **SS** (10793788) ★★★★ $$$$$ **Corsé+**
(Voir commentaire détaillé dans *La CYBER Sélection Internet*)

La Tyre 2003
MADIRAN, ALAIN BRUMONT, FRANCE
126 $ SAQ **SS** (10796444) ★★★★?☆ $$$$$ **Corsé+**
(Voir commentaire détaillé dans *La CYBER Sélection Internet*)

Barca-Velha 1999
DOURO, CASA FERREIRINHA, SOGRAPE VINHOS, PORTUGAL
129,95 $ (Ontario; ★★★★?★ $$$$$ **Corsé+**
www.lcbo.com)
Le mythique Barca Velha, premier rouge de qualité du Douro à avoir vu le jour, en 1952, présente son dernier-né, le millésime 1999 – refusé par la SAQ à cause de son prix supposément élevé... Il en résulte un rouge d'une race évidente et d'une fraîcheur européenne qui lui procure un raffinement unique. Le nez est des plus élégants, à la fois fin et profond, d'un fruité pur et précis et d'un boisé discrètement intégré au cœur du vin. La bouche est dense, compacte, ramassée et intense. Les tanins sont tissés très serrés, avec du grain. Une très grande pointure. **Alc./**13,5 % www.sogrape.pt

Château Brane-Cantenac 1996
MARGAUX, HENRI LURTON, FRANCE
136 $ SAQ **SS** (10699468) ★★★★?☆ **$$$$**   Corsé+
(Voir commentaire détaillé dans *La CYBER Sélection Internet*)

Château Brane-Cantenac 2000
MARGAUX, HENRI LURTON, FRANCE
137 $ SAQ **SS** (10700588) ★★★★?☆ **$$$$$**   Corsé+
(Voir commentaire détaillé dans *La CYBER Sélection Internet*)

La Chapelle 2003
HERMITAGE, PAUL JABOULET AÎNÉ, FRANCE
156 $ SAQ **S** (872234)   ★★★★☆ **$$$$$**   Corsé+
(Voir commentaire détaillé dans *La Sélection 2007*)

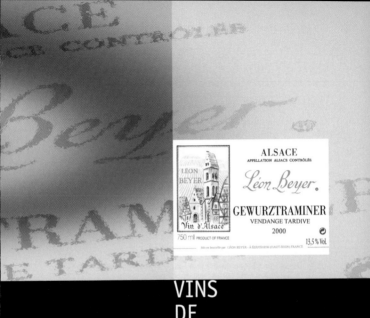

VINS
DE
DESSERTS
ET
APÉRITIFS
DE
LA VIEILLE
EUROPE

Bagatelle 2006
MUSCAT-DE-ST-JEAN-DE-MINERVOIS, CLOS BAGATELLE, FRANCE

17,80 $ (500 ml)   SAQ **S** (733246)   ★★☆ **$$**   Modéré

Un 2006 d'une élégance des plus invitantes. Des parfums subtils et détaillés, sur les fleurs, ainsi que des saveurs amples et fraîches, jouant dans la sphère de la pâte d'amandes, du raisin muscat et du melon de miel. La bouche est, comme d'habitude pour ce cru, suave, onctueuse et d'une sucrosité modérée. Donc, un muscat épuré et raffiné qui se mérite, au lieu de vous en mettre plein les babines, comme chez la majorité de ses collègues. **Cépage :** muscat à petits grains. **Alc./**15 %

☛ *Servir entre 2007 et 2010, à 12 °C*

Antipasto de melon, de figues fraîches et de prosciutto. Desserts : gâteau crémeux au mascarpone sauce aux fruits de la passion (R*), salade de fruits exotiques, panna cotta aux agrumes, jardinière de fruits à la crème pâtissière ou tarte à l'ananas et aux zestes d'orange confits (C*).

Amontillado Carlos VII
MONTILLA-MORILES, ALVEAR, ESPAGNE

18,60 $ (500 ml)   SAQ **S** (884866)   ★★★☆ **$$**   Corsé

(*D'une bouteille provenant du nouvel arrivage d'août 2007.*) L'appellation Montilla-Moriles, près de Cordoba, est située à l'est de la zone d'élaboration du xérès, produit duquel elle se différencie par son encépagement composé uniquement du pedro ximénez. Ne pas profiter de l'occasion de déguster ce grand vin, offert à un prix ridiculement bas, serait dommage pour quiconque désire ouvrir ses horizons gustatifs. Un vin sec, aux saveurs pénétrantes de noix de muscade, de beurre de noisette, de cacao, de havane, avec une petite pointe fraîche d'olive verte. La texture est à la fois suave et aérienne. La finale est d'une longueur inouïe; on y décèle des pointes de curry indien ainsi qu'un noble rancio. Tous les vins de cette maison sont à ranger parmi les meilleurs rapports qualité-prix, tous styles et toutes catégories confondus. **Cépage :** pedro ximénez. **Alc./**19 % **www.alvear.es**

☛ *Servir dès sa mise en marché, à 14 °C*

Saumon grillé infusé au saké et champignons shiitake ou filet de veau sauce crémeuse à l'érable et aux noix. Desserts : truffes au chocolat et au café (C*) ou millefeuille de pain d'épices aux figues (C*). Cigares : double corona Punch ou robusto de Hoyo de Monterrey.

Solera Cream Alvear
MONTILLA-MORILES, ALVEAR, ESPAGNE

18,60 $ (500 ml)   SAQ **S** (884874)   ★★★☆ **$$**   Corsé

(*D'une bouteille provenant du nouvel arrivage d'août 2007.*) Ce vin est élaboré avec une base d'*oloroso* à laquelle on a ajouté un concentré de pedro ximénez. Quelques années d'élevage en barriques à peaufiner l'ensemble d'une robe brun pâle, d'un nez puissamment aromatique et résineux, d'une bouche ample, presque onctueuse mais fraîche et équilibrée à la perfection par une douce amertume. Réglisse, raisins de Corinthe, épices, cumin et boîte à cigares composent l'essence de ce nectar. Osez les desserts rehaussés de scotch ou de bourbon, car ces derniers contiennent les mêmes principes actifs que la réglisse qui donne le ton à ce vin unique. **Cépage :** pedro ximénez. **Alc./**18 % **www.alvear.es**

☞ *Servir dès sa mise en marché, à 12 °C*

Desserts : tarte aux pacanes et au bourbon, truffes au chocolat et à la vanille (C*) ou glace au café saupoudrée de raisins de Corinthe macérés dans le Solera Cream. Fromage : camembert aux noix mélangées, éclats de chocolat noir et scotch (préalablement macérés quelques jours au centre du fromage). Cigare : figurados Arturo Fuente Don Carlos Nº 2.

Mas Amiel Vintage 2004

MAURY, DOMAINE DU MAS AMIEL, FRANCE

19,30 $ (375 ml) SAQ S (733808) ★★★ $$	Modéré+

Quand on jase fondues, impossible de ne pas causer chocolat. Une multitude de choix s'offre aux *aficionados*. Comme ce sont des fruits qui sont trempés dans le chocolat, noir de préférence, et que la banane et les fraises ont la priorité, sélectionnez des vins pas trop puissants, car ils seraient décharnés par eux. Un porto de type ruby, servi rafraîchi, sera un excellent compagnon, tout comme les vins doux naturels de France, moins généreux en alcool, comme le banyuls et le maury. Essayez donc le réputé Vintage du Mas Amiel, débordant de fruits rouges, aux relents de cacao et de poivre, aux courbes sensuelles et à la texture à la fois pleine et veloutée. Sachez qu'il adore aussi les bleuets! **Cépage :** grenache. **Alc./**16 % www.lesvinsdumasamiel.com

☞ *Servir entre 2007 et 2014, à 15 °C*

Fromage bleu : fourme d'Ambert accompagnée de confiture de cerises noires. Desserts : fondue au chocolat noir, tarte aux bleuets, bleuets trempés dans le chocolat noir ou gâteau forêt-noire.

Asuncion Oloroso Alvear

MONTILLA-MORILES, ALVEAR, ESPAGNE

19,35 $ (500 ml) SAQ S (884825) ★★★★ $$$	Corsé

Ayant été muté à 19 % d'alcool, cet *oloroso* sec – dégusté lors du nouvel arrivage d'août 2007 – n'est pas élevé sous un voile de levure, comme le sont de nombreux vins de cette appellation. Il en résulte un vin enivrant et prenant, rappelant aisément, au nez du moins, certains cognacs de très haut niveau, chaleur de l'alcool en moins. La couleur est ambrée. Le nez est très aromatique et complexe, s'exprimant par des notes évolutives de noix, de figue séchée, de raisin sec de Corinthe, de safran et de marc de brandy. La bouche suit avec un fruité expansif, des saveurs percutantes et d'une grande allonge, doublée d'une minéralité digne des meilleurs vins de cette région. Un vin de digestif et de méditation, pouvant tout de même escorter certains plats pensés pour lui. **Cépage :** pedro ximénez. **Alc./**19 % www.alvear.es

☞ *Servir dès sa mise en marché, à 14 °C*

Saumon grillé soya-balsamique. Fromage : à croûte fleurie farci de noix grillées et un sirop de miel épicé aux sept-épices (farce préalablement macérée quelques jours au centre du fromage). Desserts : carré de chocolat noir à plus de 85 % cacao ou raviolis frits aux dattes et aux noix. Cigares : petit corona Montecristo Nº 4 ou panatela (petit) Hoyo de Monterrey Le Hoyo du Député.

Château Les Pins « Primage » 2000

RIVESALTES, CAVE DES VIGNERONS DE BAIXAS, FRANCE

| 19,95 $ | SAQ S (871897) | ★★★?☆ $$ | Modéré+ |

Voilà un excellent vin doux naturel du Roussillon, qui plaira aux amateurs de portos, tout en leur permettant de faire leurs gammes avec la race, l'élégance et la minéralité de ces rouges sucrés et gorgés de saveurs. Fruits rouges et épices douces participent à cet assemblage à la fois frais et généreux, aux tanins présents, mais tissés avec finesse et doigté, aux saveurs longues et éclatantes, laissant des traces de fraise, de muscade, de griotte et de cacao. Gagnera en texture et en définition au fil des ans. **Cépage :** grenache. **Alc./**16 % **www.dombrial.com**

☛ *Servir entre 2007 et 2015, à 15 °C*

Fromage : gorgonzola accompagné de confiture de cerises noires. Desserts : saint-honoré revisité (R*), tarte au chocolat noir baignée d'une réduction de porto LBV (C*), truffes au chocolat et à la cardamome (C*) ou dattes chaudes dénoyautées et farcies à la fourme d'Ambert (au four, à 180 °C ou 350 °F, 5 minutes).

Banyuls Grand Cru 2001

BANYULS, LES VIGNERONS CATALANS, FRANCE

| 21,15 $ (500 ml) | SAQ S (871772) | ★★★?☆ $$ | Corsé |

Un jeune banyuls, malgré un élevage de quatre années en cuves de chêne, à la couleur rouge rubis modéré, au nez aromatique, mais ayant besoin d'oxygène pour révéler ses parfums de chocolat, de lard fumé et de confiture de fraises. Bouche tout aussi cacaotée que le nez, sinon plus, au corps longiligne, aux tanins présents, mais au grain fin, à l'acidité discrète et aux saveurs longues et subtiles. Un vin doux, au sucre modéré et à l'alcool fondu et intégré avec brio. Gagnera fort probablement une demi-étoile supplémentaire après quelques années d'évolution en bouteilles. Donc, à suivre. **Cépages :** 75 % grenache noir, 20 % grenache blanc et grenache gris, 5 % carignan. **Alc./**17 %

☛ *Servir entre 2007 et 2016, à 15 °C*

Fromage : dattes chaudes dénoyautées et farcies à la fourme d'Ambert (au four, à 180 °C ou 350 °F, 5 minutes). Desserts : fudge au chocolat noir et coulis de fraises ou gâteau forêt-noire.

Grain de Folie Douce 2005 *(DISP. OCT./NOV. 07)*

GAILLAC DOUX, DOMAINE CAUSSE MARINES, PATRICE LESCARRET, FRANCE

| 21,50 $ (500 ml) | SAQ S (866236) | ★★☆?☆ $$ | Modéré+ |

Une douceur aux parfums subtils de crème pâtissière, de vanille et d'érable, à la bouche suave, dont l'acidité très discrète laisse place à une patine texturée. **Cépages :** muscadelle, loin de l'œil, mauzac. **Alc./**12 %

☛ *Servir entre 2007 et 2010, à 12 °C*

Crème brûlée, gâteau à l'érable ou parfait à l'érable.

Vendemiaire « Octobre » 2000

PACHERENC-DU-VIC-BILH, ALAIN BRUMONT, MONTUS-BOUSCASSÉ, FRANCE

22,60 $ (500 ml)   SAQ **S** (10783707)   ★★★☆?☆ **$$**   Corsé

■ NOUVEAUTÉ! Vous serez renversé par son incroyable nez de truffe blanche, ce qui est rarissime chez les liquoreux, mais quelquefois présent chez les vins de Brumont. Quel nez! Pénétrant, riche et confit, doté d'une pointe de racine de gentiane, rappelant la Suze, mais non dénué de fraîcheur et de race. Bouche à la fois moelleuse et très fraîche, ample et vivifiante, d'une remarquable harmonie, sans lourdeur de liqueur, aux saveurs zestées, et dotée de beaux amers en finale. Une référence à très bon prix. **Cépage :** petit manseng. **Alc./**13 %

☛ *Servir entre 2007 et 2019, à 12 °C*

 Foie gras de canard poêlé à l'huile de truffes ou tarte à l'ananas et aux zestes d'orange confits (C*).

Pedro Ximénez Solera

MONTILLA-MORILES, ALVEAR, ESPAGNE

23,45 $ (500 ml)   SAQ **S** (10261141)   ★★★☆ **$$**   Corsé+

(*D'une bouteille provenant du nouvel arrivage d'août 2007 – d'ailleurs, Alvear devrait prendre l'habitude, comme en Champagne et à Porto, d'inscrire la date de mise en bouteilles, ce qui permettrait de suivre avec plus de précision l'évolution de leur solera.*) Ne manquez pas le retour de cette *solera*, dont le long et savant assemblage a débuté en 1927. Le nez, intense et ultra-complexe, laisse échapper de puissants effluves de raisins de Corinthe, de mélasse, de très vieux vinaigre balsamique de Modène, de café, de cacao, de caramel, d'épices douces et de figue. La bouche, grasse et onctueuse, mais moins expansive que lors des deux précédents arrivages, tapisse le palais d'une liqueur sucrée, passablement riche de saveurs. Tout simplement belle pour ce prix, tout en étant un brin moins complexe que par le passé. N'hésitez pas à créer des harmonies inattendues, mais aussi à la servir seule, pour elle-même, en dessert ou en digestif. **Cépage :** pedro ximénez. **Alc./**16 % www.alvear.es

☛ *Servir entre 2007 et 2025, à 10 °C*

Desserts : tarte au chocolat noir parfumée au thé lapsang souchong (C*), raviolis frits aux dattes et aux noix ou glace à la vanille saupoudrée de raisins de Corinthe macérés dans un doigt de Solera. Digestif : truffes au chocolat et aux parfums de havane (C*). Cigare : figurados Arturo Fuente Don Carlos Nº 2.

Alvada Rich Madeira « 5 ans d'âge »

MADÈRE, BLANDY'S, MADEIRA WINE COMPANY, FAMILLE SYMINGTON, PORTUGAL

23,55 $ (500 ml)   SAQ **S** (10365513)   ★★★☆ **$$**   Modéré+

Envoûtant madère d'une couleur brun ambré, d'un nez expressif et passablement riche, aux effluves de café expresso, de cacao et d'érable, à la bouche pleine, ample et vaporeuse, d'une douceur modérée, aux saveurs longues et inspirantes, laissant des traces de beurre de noisette, de marc de café et de caramel. Osez ce délectable madère qui vous rappellera le profil d'un porto tawny, tout en se démarquant par son style caramélisé à souhait. Un coup de cœur à servir à vos invités, en leur disant que c'est l'heure du porto! Ils n'y verront que du feu... **Cépage :** tinta negra. **Alc./**19 % www.symington.com www.madeirawinecompany.com

☛ *Servir dès sa mise en marché, à 14 °C*

Desserts : gâteau au café et meringue au chocolat (R*), mille-feuille de pain d'épices aux figues (C*) ou gâteau Davidoff (C*). Fromages : cheddars (vieux) accompagnés de *marmelada* (confiture de coings portugaise) et de noix de Grenoble ou gouda (très vieux). Cigare : Panatela (petit) Cohiba Exquisitos.

Domaine La Tour Vieille Vendanges 2005

BANYULS, VINCENT CANTIE ET CHRISTINE CAMPADIEU, FRANCE *(DISP. NOV. 07)*

25,50 $	SAQ **S** (884908)	★★★?☆ $$$	Modéré+

Au moment d'aller sous presse, 110 caisses étaient à nouveau attendues, pour le début novembre 2007, de ce banyuls de référence aux prenants effluves de liqueur de framboise et de cacao. Un vin doux naturel, à la manière du porto, mais avec la race et l'élégance françaises, s'exprimant dans un mode à la fois fruité et minéral, ample et frais, plein et tendu, dont la trame tannique serrée lui procure du grain. **Cépage :** grenache noir. **Alc./**16,5 %

☛ *Servir entre 2007 et 2015, à 15 °C*

Fromage : camembert aux clous de girofle (préalablement macérés quelques jours au centre du fromage). Desserts : saint-honoré revisité « au chocolat » (R*), bûche de Noël chocolat noir et framboises ou gâteau au fromage et coulis de framboises.

Domaine La Tour Vieille Reserva

BANYULS, VINCENT CANTIE ET CHRISTINE CAMPADIEU, FRANCE *(DE RETOUR NOV. 07)*

26,90 $	SAQ **S** (884916)	★★★☆ $$$	Modéré+

D'un échantillon dégusté en septembre, le retour de cette référence du Roussillon était attendu pour novembre 2007. Cette réserve se montre plus chocolatée et fruitée que jamais. Enivrante pureté aromatique, qui se transforme beaucoup à l'aération dans le verre. Bouche à la fois pénétrante et vaporeuse, à la texture raffinée, sans lourdeur, où s'harmonisent le grain fin des tanins et l'amplitude veloutée des saveurs, dans un style presque aérien. La finale est d'une grande allonge, laissant deviner des notes de cerise à l'eau-de-vie, de cacao et de noisette. Meilleur que par le passé, ne manquez pas ce grand vin de table, tant pour les fromages que les desserts, sans compter les possibles éclectiques harmonies dans le monde du salé. **Cépage :** grenache noir. **Alc./**16,5 %

☛ *Servir entre 2007 et 2016, à 15 °C*

Magret de canard caramélisé aux épices (C*). Fromages : gorgonzola accompagné de confiture de cerises noires ou gavoi di montagna (lait de brebis, fumé durant son affinage d'une durée de douze mois). Desserts : tarte au chocolat noir (C*) baignée d'une sauce au café ou truffes au chocolat et à la cardamome (C*).

Noé Pedro Ximénez Muy Viejo

XÉRÈS, GONZALEZ BYASS, ESPAGNE

27,50 $ (375 ml)	SAQ **S** (744185)	★★★★☆ $$$$	Puissant

Recherché mondialement par les *aficionados* de xérès, le Noé est né d'une très vieille *solera*, d'un âge moyen de trente ans, dont vingt ans élevé comme un vintage, c'est-à-dire sans retrait ni ajout de vin d'autres années, et dix ans en méthode *solera*. Il vous faudra user d'audace gustative pour découvrir ce vin d'une complexité et d'un goût renversants, d'une liqueur dense et imposante. La robe est d'un brun très foncé. Le nez puissant est marqué par des effluves de réglisse, de mélasse et de torréfaction. La bouche sirupeuse exprime une texture proche de celle de la mélasse, mais néanmoins fraîche et élégante. Tel un sumotori, ce vin volumineux possède un prodigieux équilibre. L'allonge est interminable, laissant une kyrielle de saveurs allant des fruits confits à la figue séchée, en passant par le café et le cacao. À boire à petites doses en fin de soirée. **Cépage :** pedro ximénez. **Alc./**15,5 % **www.gonzalezbyass.es**

☞ *Servir à partir de sa mise en marché, à 14 °C et se conserve quelques mois une fois ouvert*

Tarte « entre-choc » chocolat-caramel-noisette, glace à la vanille saupoudrée de raisins de Corinthe macérés dans un doigt de pedro ximénez Noé ou truffes au chocolat et au café (C*). Cigares : churchill Bolivar Corona Gigante ou robusto Partagas Serie D N° 4.

Torcolato 2004
BREGANZE, FAUSTO MACULAN, ITALIE

27,95 $ (375 ml)	SAQ S (710368)	★★★?☆ $$$	Modéré+

Nez subtil et moins riche que dans les précédents millésimes, tout en étant très expressif en bouche, mais sans la densité de liqueur habituelle, millésime oblige. Marmelade d'oranges et abricot sec donnent le ton, tandis qu'une finale vibrante et vivifiante rehausse l'ensemble. Demeure un très bon achat. **Cépages :** 85 % vespaiola, 10 % garganega, 5 % tocai friulano. **Alc./**12,5 % **www.maculan.net**

☞ *Servir entre 2007 et 2013, à 10 °C*

Gâteau crémeux au mascarpone sauce aux fruits de la passion (R*), panna cotta aux pêches fraîches ou poires pochées farcies au fromage bleu et coulis de caramel d'épices.

Riesling Lieser Niederberg Helden Auslese Schloss Lieser 2005
MOSEL-SAAR-RUWER, WEINGUT SCHLOSS LIESER, ALLEMAGNE

31,25 $ (375 ml)	SAQ S (1068710)	★★★☆?☆ $$$$	Modéré+

■ NOUVEAUTÉ! Ce vin issu du domaine de Thomas Haag provient du village de Lieser, plus particulièrement du cru Niederberg Helden. Il en résulte un auslese (vendange tardive) d'une couleur jaune pâle, au nez très frais, passablement riche et on ne peut plus riesling, exhalant des notes d'agrumes confites et de conifère, à la bouche à la fois ample et fraîche, à l'acidité discrète et au niveau de sucre résiduel modéré, donnant ainsi un vin doux, mais non liquoreux. Les saveurs sont longues et pures, avec une tonalité minérale. **Cépage :** riesling. **Alc./**8,4 % **www.weingut-schloss-lieser.de**

☞ *Servir entre 2007 et 2015, à 12 °C*

Salade d'ananas et de fraises parfumée au romarin ou tarte au citron et meringue « à l'italienne » parfumée au romarin (aromatisez, au préalable, les blancs d'œufs, ou le sirop de sucre chaud, une fois la meringue montée en neige).

Mas Amiel Prestige 15 ans d'âge
MAURY, DOMAINE DU MAS AMIEL, FRANCE

42,50 $	SAQ S (884312)	★★★★ $$$$	Corsé

Ne manquez surtout pas le ixième retour de cette référence chez les vins doux naturels en provenance du Roussillon. Après avoir passé une année à l'extérieur, dans des bonbonnes en verre, et quatorze années en foudres de chêne, ce maury a acquis un nez aux parfums pénétrants de cacao, de caramel, d'abricot séché, de havane et de noix. Il a aussi développé une patine à la texture satinée et une amplitude de saveurs qui tapissent littéralement toute la surface du palais, et ce, pendant de longues secondes, y déposant ainsi des notes de brûlé et de Nutella. **Cépages :** 90 % grenache noir, 5 % carignan, 5 % maccabeu. **Alc./**16,5 % www.lesvinsdumasamiel.com

☞ *Servir dès sa mise en marché, à 15 °C*

Fromages : cheddars (très vieux) accompagnés de confiture de cerises noires ou camembert aux noix mélangées, éclats de chocolat noir et scotch (préalablement macérés quelques jours au centre du fromage). Desserts : gâteau quatre-quarts beurré de Nutella, fudge au chocolat noir sauce au caramel ou tarte au chocolat noir parfumée au thé lapsang souchong (C*).

Moulin Touchais 1990

COTEAUX-DU-LAYON, VIGNOBLES TOUCHAIS, FRANCE

43,75 $	SAQ S (739318)	★★★★ $$$$	Corsé

Août 2007 a été marqué par un nouvel arrivage de ce remarquable 1990, coup de cœur d'une édition précédente de ce guide. Il s'agit de la plus convaincante réussite du Moulin Touchais que j'ai dégustée depuis les millésimes 1959 et 1964. Tout y est plus que jamais : nez alliant fraîcheur et complexité, aux arômes d'agrumes, de kiwi, de pomme et de miel, avec des parfums encore plus « botrytisiens » qu'il y a deux ans, bouche onctueuse, sans être sirupeuse, épurée, aux saveurs d'une grande allonge et à l'acidité tendue, qui le propulsera dans le temps. **Cépage :** chenin blanc. **Alc./**13,5 %

☞ *Servir entre 2007 et 2020, à 12 °C*

Rouelle de homard rôtie à la marinade d'ananas et à l'huile de truffes ou foie gras de canard poêlé aux pommes et vinaigre de cidre. Desserts : salade d'ananas et de fraises, ananas confits au vin du Layon avec une glace au vieux rhum et aux raisins de Corinthe ou tarte Tatin.

Gewürztraminer Vendanges Tardives Beyer 2000

ALSACE, DOMAINE LÉON BEYER, FRANCE

49 $	SAQ S (10481629)	★★★★ $$$$	Corsé+

Une vendange tardive, récoltée fin novembre et provenant du grand cru Pfersigberg, au sol argilo-calcaire, qui se distingue par sa grande fraîcheur – elle ne contient que 40 grammes de sucre résiduel par litre –, ainsi que par de très beaux amers en fin de bouche, ce qui bride la présence du sucre en créant une symbiose de saveurs des plus heureuses. Finesse aromatique, aux effluves de fleurs, de litchi et d'eau de Cologne, avec une vague présence de parfums *botrytis*iens, et texture enveloppante sont au rendez-vous. Que 20 000 bouteilles ont été élaborées de ce précieux nectar. **Cépage :** gewürztraminer. **Alc./**13 % www.leonbeyer.fr

☞ *Servir entre 2007 et 2014, à 14 °C*

Pain au safran accompagné de terrine de foie gras de canard au torchon (C*), cuisine thaï ou cuisine cantonaise épicée. Fromage : croûte lavée « jeune » parfumée au romarin (romarin finement haché et préalablement macéré quelques jours au centre du fromage). Desserts : salade d'ananas et fraises parfumée au romarin, figues grillées au miel et à la ricotta, litchis au gingembre et salsa d'agrumes ou poires au gingembre confit.

Château Guiraud 2003

SAUTERNES, CHÂTEAU GUIRAUD, FRANCE

85 $	SAQ S (10302942)	★★★★?☆ $$$$$	Corsé

Pour des mets sophistiqués, rehaussés de chutney de mangue au safran, d'ananas et d'huile de truffes, d'érable et de noix ou de champignons infusés au saké, ainsi que pour les gourmandises sucrées, aux saveurs de rhum, d'érable ou de sucre brûlé, il faut voguer vers un richissime sauternes comme ce superlatif 2003 de Guiraud. Seul un vin liquoreux somptueusement opulent, exceptionnellement riche, d'une liqueur imposante, plus physique qu'aromatique, tout en étant pur et précis, qui se donne déjà formidablement, pourra leur donner écho. Certes sucrés, les liquoreux, mais aussi polyvalents et surprenants à table que les autres vins plus secs. **Cépages :** 65 % sémillon, 35 % sauvignon blanc. **Alc./**12,5 % www.chateau-guiraud.fr

☛ *Servir entre 2007 et 2028, à 10 °C*

Foie gras de canard poêlé et chutney de mangue au safran, rouelle de homard rôtie à la marinade d'ananas et à l'huile de truffes, filet de veau sauce crémeuse à l'érable et aux noix ou filet de turbot à la crème de champignons infusés au saké. Desserts : babas au rhum, gâteau à l'érable ou crème brûlée à l'érable.

RÉPERTOIRE ADDITIONNEL

Les vins commentés dans les Répertoires additionnels, dont certains avec des propositions harmoniques, sont ceux qui étaient encore disponibles à la SAQ, au moment d'aller sous presse, ou ceux pouvant faire l'objet d'un nouvel arrivage au cours de l'automne 2007 et de l'hiver 2008. Pour de plus amples informations sur les cépages des vins, ainsi que leur origine et leur élaboration, n'hésitez pas à consulter le **site Internet** de chaque domaine.

Domaine du Tariquet « Les Premières Grives » 2006
VIN DE PAYS DES CÔTES DE GASCOGNE, CHÂTEAU DU TARIQUET, FRANCE
17,10 $ SAQ S* (561274)   ★★☆ **$$**   Modéré+
Cette vendange tardive, qui avait été jusqu'ici, millésime après millésime, d'un remarquable rapport qualité-prix, se montre un brin moins complexe et moins engageante en 2006. Elle demeure tout de même fort agréable, coulante et satinée. **Alc./**11 % www.tariquet.com ■ *Apéritif ou minibrochettes de prosciutto et melon.*

Château de Beaulon Rouge 5 ans d'âge
PINEAU-DES-CHARENTES, CHRISTIAN THOMAS, FRANCE
18,95 $**   SAQ S (884247)   ★★☆ **$$ Modéré+
Vous êtes à la recherche d'un vin, autre que le porto, pour réussir vos accords avec les desserts mariant le chocolat et les fruits rouges? Laissez-vous entraîner par le nez charmeur de ce pineau rouge, aux accents de cacao et de cerises à l'eau-de-vie, ainsi que par la bouche gourmande et fondue. **Alc./**18 % www.chateau-de-beaulon.com ■ *Gâteau renversé au chocolat et aux cerises ou gâteau forêt-noire.*

Saint-Aubin Philippe Delesvaux 2005
COTEAUX-DU-LAYON SAINT-AUBIN, DOMAINE PHILIPPE DELESVAUX, FRANCE
20,90 $**   SAQ S (865840)   ★★★ **$$ Corsé
Une aubaine que ce liquoreux de l'une des figures de proue du Layon. Le nez est passablement riche et détaillé. La bouche est presque liquoreuse, mais avec fraîcheur et retenue, marquée par une acidité discrète, ainsi que par des saveurs expansives et persistantes à souhait. **Alc./**13 % www.sapros.org ■ *Tarte à l'ananas et aux zestes d'orange confits (C*).*

Jules Gautret « Vieux »
PINEAU-DES-CHARENTES, JULES GAUTRET, FRANCE
28,15 $**   SAQ S (10327533)   ★★★ **$$ Modéré+
(Voir commentaire détaillé dans *La Sélection 2007*)

Dindarello 2005
VENETO MOSCATO, FAUSTO MACULAN, ITALIE
29,70 $**   SAQ S (850420)   ★★★ **$$ Modéré
Un muscat italien d'une remarquable finesse et d'une certaine retenue qui lui procure une noblesse vénitienne. Il se montre modérément sucré en bouche, très frais et parfumé. **Alc./**11 % www.maculan.net ■ *Figues rôties au miel et à la ricotta ou jardinière de fruits à la crème pâtissière.*

Ben Ryé 2006
PASSITO DI PANTELLERIA, TENUTA DONNAFUGATA, ITALIE *(DISP. MARS 08)*
32,50 $** (375 ml) SAQ S (10520309)   ★★★☆ **$$$ Corsé
Modèle d'harmonie, ce muscat exhale un nez mûr et confit, mais avec une fraîcheur plus invitante que dans le précédent millésime, ainsi qu'une bouche éclatante de saveurs (orange amère, miel, abricot confit), ample et juteuse, mais avec retenue et élégance. **Alc./**14,5 % www.donna fugata.it ■ *Mousse au chocolat noir et au parfum de Grand Marnier (C*).*

Ca' Rugate La Perlera 2004
RECIOTO DI SOAVE, AZIENDA AGRICOLA CA' RUGATE, ITALIE
40,50 $ (500 ml) SAQ S (10689163) ★★★☆?☆ $$$$ Corsé+
Vous y dénicherez un liquoreux au nez explosif et très riche (érable, miel, papaye, abricot confit), à la bouche liquoreuse, ample, généreuse et marquée par une liqueur imposante, sans lourdeur mais prenante. **Alc./**13,5 % **www.carugate.it** ■ *Tarte à l'érable et aux pacanes.*

Château d'Armajan des Ormes 2001
SAUTERNES, J. ET G. PERROMAT, FRANCE
41,50 $ SAQ S (949677) ★★★☆?☆ $$$$ Corsé+
(Voir commentaire détaillé dans *La Sélection 2007*)

Mas Amiel Vintage 1990
MAURY, OLIVIER DECELLE, FRANCE
52 $ SAQ S (884320) ★★★★?☆ $$$$ Corsé
Une grande bouteille, au nez très riche, subtilement détaillé, allant des zestes d'agrumes à la réglisse, à la bouche vaporeuse, fraîche, aérienne, tout en étant passablement intense, se terminant avec un fruité on ne peut plus pur et précis. **Alc./**16,5 %

Champagne

BRUNO PAILLARD

Reims - France

PREMIÈRE CUVÉE

BRUT

VINS

Codorníu Classico Seco

CAVA, CODORNIU, ESPAGNE

12,55 $	SAQ S* (503508)	★★ $	Modéré

Difficile de trouver plus aromatique, plus fin, plus croquant et plus satisfaisant chez les mousseux offerts à prix si doux. Dégustée en septembre 2007, cette cuvée Seco de *cava* se montrait meilleure que jamais – attention, car il existe aussi la cuvée Brut, de la même maison, dont l'étiquette est identique, mais au contenu moins engageant, même si agréable. **Cépages :** maccabeo, xarello, parellada. **Alc./**11,5 % www.codorniu.com

☞ *Servir dès sa mise en marché, à 10 °C*

 Apéritif, cocktail, brunch.

Sieur d'Arques « La Bulle de Limoux » 2004

BLANQUETTE-DE-LIMOUX, SIEUR D'ARQUES, FRANCE

17,45 $	SAQ C (094953)	★★☆ $$	Modéré

Croquante, festive et désaltérante, cette blanquette ne s'est jamais montrée aussi invitante. Bulles fines, saveurs éclatantes, sur la pomme et les agrumes, acidité revitalisante et persistance de bon aloi, voilà ce à quoi on est en droit de s'attendre d'un mousseux de cette appellation languedocienne. **Cépages :** mauzac (majoritaire), chardonnay, chenin blanc. **Alc./**12,5 % www.sieurdarques.com

☞ *Servir entre 2007 et 2008, à 10 °C*

 Apéritif, roulade de saumon fumé au fromage à la crème ou triangles de pâte feuilletée à l'épinard et au fromage feta.

Raventos Reserva Brut

CAVA, CODORNIU, ESPAGNE

18,75 $	SAQ S (521773)	★★☆ $$	Modéré

Bulles extra-fines, nez élégant et épuré, sur le fruit et les fleurs, bouche fraîche, satinée et longiligne, d'une fraîcheur exemplaire. Voilà de quoi festoyer, avec panache, sans se ruiner. Aussi, la mode des tapas déferlant sur le Québec, le choix du vin pour les accompagner n'étant pas chose facile, l'un des meilleurs passe-partout est sans contredit un *cava* espagnol tel que ce dernier. **Cépages :** 85 % chardonnay, 10 % xarello, 5 % maccabeo. **Alc./**11,5 % www.codorniu.com

☞ *Servir dès sa mise en marché, à 12 °C*

 Apéritif et tapas variés.

Antech Cuvée Expression Brut 2005

CRÉMANT-DE-LIMOUX, GEORGES ET ROGER ANTECH, FRANCE

19,20 $	SAQ S (10666084)	★★★ $$	Modéré+

Retour de cette superbe nouveauté, saluée « en primeur » dans *La Sélection 2007*, sous la forme d'un crémant vineux, complexe et ample à souhait. Robe dorée, bulles fines, parfums matures d'amande, de poire et de brioche, bouche ronde, caressante et texturée, déposant de persistantes saveurs de miel, de crème et de fleurs séchées. A fait un malheur, tel que prévu, lors de son arrivée en fin d'année 2006, et deviendra plus que jamais, s'il n'y a pas de rupture de stocks, une référence absolue pour les célébrations du passage de 2007/2008. **Cépages :** 70 % chardonnay, 20 % chenin blanc, 10 % mauzac. **Alc./**12 % **www.antech-limoux.com**

☞ *Servir dans les deux premières années de son achat, à 12 °C*

 Apéritif, canapés de mousse de foie de volaille, roulade de saumon fumé au fromage à la crème ou triangles de pâte feuilletée à l'épinard et au fromage feta.

Cuvée Flamme Brut

SAUMUR, GRATIEN & MEYER, FRANCE

21,70 $	SAQ C (165100)	★★★ $$	Modéré

Dégusté à la fin juin 07, ce mousseux de haut niveau se montrait plus brioché que par le passé, tout en étant aussi vivifiant, digeste et saisissant, spécialement à l'heure  de l'apéritif. Mais de grâce, ne le servez pas glacé! Ainsi, il offrira l'expansion aromatique et de bouche qui lui procure une certaine ressemblance avec quelques champagnes vendus beaucoup plus cher. **Cépages :** chenin blanc, chardonnay, cabernet franc. **Alc./**12 % **www.gratienmeyer.com**

☞ *Servir dans les deux premières années de son achat, à 12 °C*

 Apéritif, saumon mariné en sauce à l'aneth (C*), acras de morue ou crevettes tempura.

Pierre Sparr Réserve Brut

CRÉMANT D'ALSACE, PIERRE SPARR & SES FILS, FRANCE

21,85 $	SAQ S (10464651)	★★★ $$	Modéré

Un crémant toujours aussi enjôleur, aux effluves de fleurs blanches et d'agrumes, à la bouche ronde et caressante, légèrement dosée – donc arrondie par une très subtile présence de sucre –, tout en étant croquant et aérien. **Cépage :** pinot blanc. **Alc./**12 % **www.alsace-wines.com**

☞ *Servir dès sa mise en marché, à 10 °C*

 Sushis et sauce épicée, antipasto de melon, de figues fraîches et de prosciutto, frites de panais sauce au yogourt et au cari ou trempette de guacamole.

Simonnet-Febvre

CRÉMANT DE BOURGOGNE, SIMONNET-FEBVRE, FRANCE *(DISP. DÉC. 07)*

21,90 $	SAQ S (10840628)	★★★ $$	Modéré

■ NOUVEAUTÉ! D'une maison fort connue de Chablis, voilà une belle nouveauté pour célébrer les Fêtes de fin d'année. Nez très fin, floral et épuré. Bouche ample, texturée, fraîche et crémeuse, comme tout crémant se doit de l'être. Pomme, amande et fleurs séchées s'y entremêlent pour notre plus grand plaisir. **Cépages :** 60 % chardonnay, 40 % pinot noir. **Alc./**12 % **www.simonnet-febvre.com**

☞ *Servir dès sa mise en marché, à 12 °C*

 Apéritif et coup de minuit!

Delamotte Brut

CHAMPAGNE, CHAMPAGNE DELAMOTTE, FRANCE *(DISP. OCT./NOV. 07)*

| 45,50 $ | SAQ S (10839660) | ★★★☆?☆ $$$$ | Modéré+ |

■ NOUVEAUTÉ! Faisant partie du giron de la grandissime et unique maison de champagne Salon, Delamotte fait enfin un retour à la SAQ après plusieurs années d'absence. Vous y dénicherez une cuvée de base faite sur mesure pour l'apéritif tant sa fraîcheur et son élan titillent les papilles avec brio. Bâtie sur une base de chardonnay, on y décèle une grande minéralité, ainsi que des saveurs de pomme et de poire d'une bonne allonge. Croquante de vérité et à prix assez doux pour un champagne. **Cépages :** 50 % chardonnay, 30 % pinot noir, 20 % pinot meunier. **Alc./**12 % www.salondelamotte.com

☞ *Servir dans les trois années qui suivent l'achat, à 12 °C*

 Apéritif.

Pol Roger Extra Cuvée de Réserve Brut

CHAMPAGNE, POL ROGER, FRANCE

| 58 $ | SAQ C (051953) | ★★★★☆ $$$$ | Modéré+ |

J'écrivais dans *La Sélection 2007* que ce champagne « *n'atteint pas la richesse de sève du Charles Heidsieck Brut Réserve et encore moins du remarquable Bollinger Spécial Cuvée* », et ce, « *tout en demeurant un très beau brut* ». Eh bien, sachez que la cuvée disponible depuis juillet 2007 a gagné en définition, en expression et en texture, la positionnant ainsi parmi le *Top 5* des bruts non millésimés offerts au Québec. Quel nez et quelle patine en bouche! Grand raffinement aromatique, où alternent des notes d'amande, de poire, de fleurs et de miel, et belle vinosité en dégustation. Ce grand classique des bruts non millésimés n'aura jamais été aussi engageant et remarquable pour son prix. Y aurait-il eu un changement dans la proportion de vins de réserve? **Cépages :** 1/3 chardonnay, 1/3 pinot noir, 1/3 pinot meunier. **Alc./**12 % www.polroger.com

☞ *Servir dans les trois années qui suivent l'achat, à 12 °C*

 Apéritif, canapés de mousse de foie de volaille ou canapés de mousse de saumon fumé.

Bruno Paillard Première Cuvée Brut

CHAMPAGNE, BRUNO PAILLARD, FRANCE

| 61 $ | SAQ S (411595) | ★★★★?☆ $$$$ | Modéré+ |

Dégorgé en décembre 2006, ce nouvel arrivage, débarqué en août 2007, se montre plus intrigant et plus captivant que par le passé. Le nez complexe, suivant une superbe prise de mousse, se veut subtil et détaillé, laissant dégager des notes primaires d'amande et de poire, évoluant doucement vers une tonalité anisée de réglisse – ce qui est rarissime dans un champagne. La bouche ample et gourmande, tout en étant fraîche, suit avec panache et aplomb comme rarement cette cuvée a su démontrer. De la texture et de la prestance, terminant longuement sur des notes de noisette, de biscuit et d'anis. Difficile de trouver mieux pour émoustiller vos invités à l'apéritif et ainsi mettre de la magie dans vos soirées. Je serais tenté de lui donner quatre étoiles et demie – ce qu'il gagnera peut-être après une année ou deux d'évolution en cave... **Cépages :** 45 % pinot noir, 33 % chardonnay, 22 % pinot meunier. **Alc./**12 % www.champagnebrunopaillard.com

☛ *Servir dans les quatre années qui suivent l'achat, à 12 °C*

 Apéritif, canapés de truite fumée sur purée de céleri-rave, minibrochettes de crevettes au basilic, pétoncles grillés rehaussés de sel de céleri ou risotto aux langoustines et à la poudre de réglisse (un petit nuage de réglisse noire râpée au moment de servir).

Veuve Clicquot Carte Jaune Brut
CHAMPAGNE, VEUVE CLICQUOT-PONSARDIN, FRANCE

67 $	SAQ C (563338)	★★★★ $$$$	Modéré+

Parmi les champagnes où domine le pinot noir, lequel apporte une plus grande vinosité (un caractère plus proche du vin rouge), un corps plus dense et des parfums plus riches, vous choisirez le Carte Jaune – également disponible en formats 375 ml et 1,5 litre –, qui se maintient toujours aux premiers rangs de sa catégorie. La cuvée dégustée en septembre 2007 était d'une fraîcheur invitante, tout en étant nourrie comme il se doit. Gagnera en texture d'ici 2009 si vous osez le mettre en cave. **Cépages :** 52 % pinot noir, 32 % chardonnay, 16 % pinot meunier. **Alc./**12 % www.veuve-clicquot.com

☛ *Servir dans les trois années qui suivent l'achat, à 12 °C*

Toasts de foie gras de canard au torchon, huîtres chaudes au beurre de poireaux ou saumon infusé au saké et aux champignons shiitake. Fromage : coulommiers.

Henriot Blanc Souverain Brut
CHAMPAGNE, CHAMPAGNE HENRIOT, FRANCE *(DISP. NOV. 07)*

68 $	SAQ S (10796946)	★★★★ $$$$	Modéré+

■ NOUVEAUTÉ! Après un bénéfique vieillissement sur lies, en bouteilles, d'une période de quatre années, ce Blanc Souverain, à 100 % chardonnay, se montre on ne peut plus engageant et vivifiant. Vous y dénicherez une grande fraîcheur aromatique, à laquelle s'ajoutent des notes évolutives de noisette, d'amande grillée et de brioche. En bouche, il se montre plein et vaporeux, texturé et très frais, à l'acidité discrète, laissant place à un corps presque rond. Un ajout au Répertoire des champagnes à ne pas manquer. Dégustée en primeur en août 2007, cette nouveauté devait être mise en marché le 8 ou le 22 novembre 2007, dans les succursales *Sélection*, via le magazine promotionnel de la SAQ *Cellier*. **Cépage :** chardonnay. **Alc./**12 % www.champagne-henriot.com

☛ *Servir dans les trois années qui suivent l'achat, à 12 °C*

 Toasts de foie gras de canard au torchon ou saumon infusé au saké et aux champignons shiitake. Fromage : compté (12 mois d'affinage).

Bollinger Spécial Cuvée Brut
CHAMPAGNE, BOLLINGER, FRANCE

74 $	SAQ S (384529)	★★★★☆ $$$$	Corsé

Comme je vous le dis depuis les premières éditions de *La Sélection*, cette cuvée est LE champagne des amateurs de grands vins rouges! Tout y est : couleur dorée soutenue; profil aromatique intensément brioché et toasté, auquel s'ajoutent des notes de vanille et de noisette; présence en bouche toujours aussi vineuse et puissante, non dénuée de fraîcheur et d'élégance. La richesse de cette cuvée est due à l'utilisation d'un pourcentage élevé de vins de réserve, âgés de quatre à six ans. **Cépages :** 60 % pinot noir, 25 % chardonnay, 15 % pinot meunier. **Alc./**15 % www.champagne-bollinger.fr

☞ *Servir dans les quatre années qui suivent l'achat, à 12 °C*

Apéritif, croûtons de pain grillés surmontés de foie gras de canard, Surf'n Turf Anise (C*) ou soupe de cerfeuil tubéreux à l'émulsion de jaune d'œuf, copeaux de foie gras et poêlée de chanterelles (C*). Fromages : comté Fort des Rousses (24 mois d'affinage) ou parmigiano reggiano (plus de 24 mois d'affinage).

Henriot Millésimé Brut 1996
CHAMPAGNE, CHAMPAGNE HENRIOT, FRANCE *(DISP. DÉC. 07)*

74 $	SAQ S (10839627)	★★★★☆ $$$$	Corsé

■ NOUVEAUTÉ! Quel nez! Un 1996 étonnamment ouvert au nez, exhalant de riches effluves de brioche grillée, de biscuit sec, de noisette et de fleurs séchées. La bouche suit avec une intensité et une présence uniques, dévoilant ainsi une vibrante acidité, tempérée par un corps dense et par des saveurs expansives. Pomme et poire se donnent la réplique dans une longue finale digeste et inspirante. Une référence dans le millésime et une nouveauté à se mettre sous la dent sans faute! **Cépages :** pinot noir, chardonnay. **Alc./**12 % www.champagne-henriot.com

☞ *Servir dans les trois années qui suivent l'achat, à 12 °C*

Canapés de carpaccio d'agneau fumé, parfait de foies de volaille à la poire acidulée (R*) ou huîtres chaudes au beurre de poireaux.

Henriot Rosé Brut
CHAMPAGNE, CHAMPAGNE HENRIOT, FRANCE *(DISP. FIN 07/DÉBUT 08)*

74 $	SAQ S (10839635)	★★★★ $$$$	Corsé

■ NOUVEAUTÉ! Un rosé à la couleur truite saumonée, au nez très aromatique, d'une grande fraîcheur, exhalant de riches parfums de fraise, de grenadine, à la bouche gourmande et vineuse, sans trop, à l'acidité discrète, laissant place à une prise de mousse presque crémeuse et à des saveurs de fruits rouges proches du pinot noir tranquille bourguignon. **Cépages :** 58 % pinot noir (dont une partie vinifiée en vin rouge), 42 % chardonnay. **Alc./**12 % www.champagne-henriot.com

☞ *Servir dans les trois années qui suivent l'achat, à 12 °C*

Risotto au jus de betterave parfumé au girofle (R*) ou cailles laquées au miel et aux cinq-épices (accompagnées de risotto au jus de betterave parfumé au girofle) (R*).

Rosé Sauvage Piper-Heidsieck Brut
CHAMPAGNE, PIPER-HEIDSIECK, FRANCE *(DISP. FIN 07/DÉBUT 08)*

74 $	SAQ S (10840695)	★★★★?☆ $$$$$	Corsé

■ NOUVEAUTÉ! Ce champagne Rosé Sauvage, qui porte son nom à merveille, risque de devenir LA référence en la matière, spécialement dans les bars. Il offre une couleur rouge rubis étonnamment foncée pour un rosé, ainsi qu'un nez au fruité explosif, sur les fruits rouges et les fleurs, sans oublier une bouche pleine, ronde et texturée, vineuse à souhait, rappelant un bon pinot noir californien! Il faut dire que 15 % de vin rouge de pinot entre dans son assemblage final. Son dosage élevé lui procure un charme fou, qui fera de lui une vedette tant dans les bars que dans les cocktails et les festivités de fin d'année, si la SAQ le libère à temps... Sinon, sa couleur rosée soutenue « rouge passion » sera parfaite pour la Saint-Valentin! **Cépages :** 45 % pinot noir, 25 % pinot meunier, 15 % chardonnay, 15 % vin rouge de pinot noir. **Alc./**12 % **www.piper-heidsieck.com**

☛ *Servir entre 2007 et 2010, à 12 °C*

 Apéritif, cocktail, focaccia au pesto de tomates séchées, carpaccio de bœuf, tomates cocktail au tartare de pétoncles (R*) ou risotto au jus de betterave parfumé au girofle (R*).

Charles Heidsieck Vintage Brut 1996
CHAMPAGNE, CHARLES HEIDSIECK, FRANCE *(DISP. FIN 07/DÉBUT 08)*

79 $	SAQ S (10840927)	★★★★?☆ $$$$$	Corsé

■ **NOUVEAUTÉ!** Superbe nouveauté à venir – en espérant que la SAQ fera en sorte qu'elle soit disponible avant les Fêtes de fin d'année... sinon, il faudra la réserver pour la Saint-Valentin! Robe dorée. Bulles fines et abondantes. Nez vineux et complexe, tout à fait dans le ton de la maison, exhalant des tonalités de noisette, d'amande grillée, de miel et de brioche. Prise de mousse en bouche d'une grande ampleur, vaporeuse à souhait. Texture moelleuse, acidité vibrante et persistance de grandes cuvées de champagne. Poire fraîche, pomme mcIntosh et citron s'ajoutent au plaisir aromatique. Une cuvée qui possède le nerf relatif aux champagnes nés en 1996, donc qui ira loin dans le temps, même si déjà passablement agréable. **Cépages :** 60 % pinot noir, 40 % chardonnay. **Alc./**12 % **www.charlesheidsieck.com**

☛ *Servir entre 2007 et 2016, à 12 °C*

 Crabe à carapace molle en tempura, risotto aux champignons (C*), salade de champignons portabello et parmesan ou ris de veau saisis aux champignons à la crème (C*). Fromages : comté Fort des Rousses (12 mois d'affinage) ou parmigiano reggiano (plus de 12 mois d'affinage).

Pol Roger Extra Cuvée de Réserve 1998
CHAMPAGNE, POL ROGER, FRANCE

81 $	SAQ S (10663123)	★★★★ $$$$$	Corsé

Nez engageant, au fruité crémeux et mûr. Bouche tout aussi prenante, sphérique et crémeuse, aux saveurs expansives, laissant de longues traces d'arachide, d'amande grillée, de miel et de pomme golden. Bel équilibre de fin de bouche, où une minéralisante acidité tente de rehausser la texture plutôt ronde. Avec ce millésime, je lui préfère presque la plus réussie que jamais non millésimée cuvée Pol Roger Extra Cuvée de Réserve Brut (coup de cœur de cette édition). **Cépages :** pinot noir, chardonnay. **Alc./**12 % **www.polroger.com**

☛ *Servir entre 2007 et 2009, à 12 °C*

Apéritif, *toasts* de foie gras de canard au torchon ou parfait de foies de volaille à la poire acidulée (R*).

Pol Roger Extra Cuvée de Réserve Chardonnay 1998

CHAMPAGNE, POL ROGER, FRANCE

88 $	SAQ S (10663166)	★★★★☆ $$$$	Modéré+

Un blanc de blancs, donc composé uniquement de chardonnay, d'une fraîcheur aromatique d'une grande pureté et d'une remarquable élégance. La bouche se montre vaporeuse, texturée et ample, tout en étant dotée de la même invitante fraîcheur. Une cuvée subtilement détaillée, laissant deviner de raffinés effluves et d'éclatantes saveurs de pomme, de poire et de noisette. La finale vitalisante au possible tend ce champagne vers le futur, même si déjà très agréable. Gagnera d'ici 2009 en éclat aromatique et en texture de bouche. **Cépage :** chardonnay. **Alc./**12 % www.polroger.com

☞ *Servir entre 2007 et 2013, à 12 °C*

Apéritif, salade de homard et d'endives à l'huile de sésame (C*) ou gravlax de saumon mariné (C*).

Veuve Clicquot Vintage Brut 2002

CHAMPAGNE, VEUVE CLICQUOT-PONSARDIN, FRANCE

88 $	SAQ S (508614)	★★★★ $$$$$	Modéré+

Une cuvée Vintage 2002 aux bulles extra-fines, au nez d'une rare finesse, à la fois riche et aérien, laissant deviner des notes florales prenantes, ainsi qu'un fruit d'une pureté et d'une fraîcheur uniques. La bouche suit avec ampleur, texture et prise de mousse presque crémeuse. Un champagne à l'acidité plutôt discrète, laissant place aux saveurs de noisette et de pain grillé, ainsi que de crème fraîche. Tout à fait dans le ton de ce millésime qui a offert des vins plus ronds, sans trop. Disons vaporeux! Donc, un régal immédiat, mais qui ne possède pas la structure pour une lente évolution en bouteille, contrairement aux précédents millésimes de ce Vintage, bâtis pour évoluer dans le temps. Les *aficionados* de cette cuvée resteront un brin sur leur faim... **Cépages :** 52 % pinot noir, 32 % chardonnay, 16 % pinot meunier. **Alc./**12 % www.veuve-clicquot.com

☞ *Servir entre 2007 et 2009, à 12 °C*

Canapés de mousse de foie de volaille, mousse de saumon fumé ou triangles de pâte feuilletée à l'épinard et au fromage feta.

La Grande Dame 1998

CHAMPAGNE, VEUVE CLICQUOT-PONSARDIN, FRANCE

231 $	SAQ S (354779)	★★★★★ $$$$$	Corsé

À nouveau une éclatante réussite de Clicquot pour cette grandissime cuvée prestige 1998 de cette dame qui ne mérite plus de présentation tant sa renommée est historique. Nez à la fois exubérant et distingué, d'une grande profondeur et d'une invitante fraîcheur, doté d'effluves de poire, de miel, d'amande, de noisette et de brioche grillée. Bouche dense et vineuse, d'une grande structure, à la fois large et électrisante, tendue par une vibrante acidité, mais aussi amplifiée par une texture presque crémeuse. Plus vivante que jamais cette Veuve! **Cépages :** 62 % pinot noir, 38 % chardonnay. **Alc./**12,5 % www.veuve-clicquot.com

☞ *Servir entre 2007 et 2017, à 12 °C*

Canapés de foie gras de canard au torchon (C*), homard à la vanille et poêlée de pommes au curry ou pétoncles poêlés aux cèpes. Fromage : parmigiano reggiano (plus de 24 mois d'affinage).

Krug Grande Cuvée

CHAMPAGNE, KRUG, FRANCE

| 261 $ | SAQ **S** (727453) | ★★★★☆?☆ **$$$$$** | Corsé |

Pour un moment d'éternité à deux, rien de mieux que de s'offrir le luxe d'une bouteille de cette cuvée d'exception – il est aussi possible d'atteindre le nirvana avec une demi-bouteille à 90 $ (449801). On ne peut que s'incliner devant la régularité de cette cuvée de grande classe. Sa fermentation en petits fûts de chêne la vaccine contre l'oxydation et lui procure une longue et lente évolution. Étant un vin avant d'être un champagne, il est prédestiné plus que tout autre pour la table. Dégustée en septembre 2007, d'un nouvel arrivage, la Grande Cuvée se montrait plus fraîche et plus retenue que dans les précédents arrivages, exprimant une jeunesse qui se complexifiera grandement au cours des quatre prochaines années. Elle sera assurément plus texturée à partir de 2009. La palette aromatique qui compose son nez (figue fraîche, miel et brioche fraîche) est toujours aussi racée, et l'ampleur de sa prise de mousse en bouche est tout aussi prenante que par le passé. Dense, longiligne et vibrante, voilà une cuvée étoilée qui vous fera encore plus vibrer dans deux ou trois ans (si vous avez la bonne idée de mettre en cave maintenant un flacon acheté cette année). **Cépages :** pinot noir, chardonnay, pinot meunier. **Alc./**12,5 % www.krug.com

☛ *Servir entre 2007 et 2013, à 12 °C*

Foie gras de canard au torchon (C*), salade de champignons portabello sautés et de copeaux de parmesan (vinaigrette à l'huile de noix), crème de chou-fleur aux copeaux de foie gras de canard ou pétoncles poêlés aux cèpes. Fromage : vieux comté (24 mois).

RÉPERTOIRE ADDITIONNEL

Les vins commentés dans les Répertoires additionnels, dont certains avec des propositions harmoniques, sont ceux qui étaient encore disponibles à la SAQ, au moment d'aller sous presse, ou ceux pouvant faire l'objet d'un nouvel arrivage au cours de l'automne 2007 et de l'hiver 2008. Pour de plus amples informations sur les cépages des vins, ainsi que leur origine et leur élaboration, n'hésitez pas à consulter le **site Internet** de chaque domaine.

Prosecco Spécial Cuvée Brut
PROSECCO SPUMANTE, ZONIN, ITALIE
13,80 $ SAQ S (10540721)   ★★ $ Modéré
Un mousseux italien hyper aromatique, au charme immédiat, à la bouche ronde, caressante et gourmande, presque un brin sucrée, à l'acidité discrète. **Alc./**11 % **www.zoninusa.com**

Santi Nello Brut
PROSECCO DI VALDOBBIADENE, BOTTER, ITALIE
15,15 $ SAQ S (10540730)   ★★☆ $ Modéré
Un prosecco plus sérieux et plus proche du style traditionnel des mousseux français. Donc, exprimant une pointe briochée au nez, ainsi qu'une bouche plus soutenue et plus élancée que chez le prosecco de Zonin. **Alc./**11 % **www.vinibotter.it**

Wolfberger
CRÉMANT D'ALSACE, WOLFBERGER, FRANCE
19 $ SAQ S (732099)   ★★☆ $$ Modéré
Grande fraîcheur et expression aromatique invitante, ce crémant alsacien exhale des parfums de lime et de fleurs, ainsi qu'une bouche vivifiante et persistante, au corps modéré. **Alc./**12 % **www.wolfberger.com**

Piper-Heidsieck Brut
CHAMPAGNE, CHAMPAGNES P. & C. HEIDSIECK, FRANCE
57 $ SAQ C (462432)   ★★★★ $$$$ Modéré+
L'une des plus belles cuvées Brut de Piper-Heidsieck à avoir été mise en marché depuis belle lurette. Son style se rapproche doucement du profil nourri et généreux du Charles Heidsieck. Le nez est engageant au possible et la bouche est ample, ronde et caressante. **Alc./**12 % **www.piper-heidsieck.com**

Laurent-Perrier Brut
CHAMPAGNE, LAURENT-PERRIER, FRANCE
60 $ SAQ C (340679)   ★★★☆ $$$$ Modéré
Toujours aussi rafraîchissant, zesté, élancé et digeste, ainsi que légèrement plus soutenu que par le passé, sans se positionner parmi les bruts les plus nourris offerts à la SAQ. **Alc./**12 % **www.laurent-perrier.fr**
■ *Apéritif.*

Deutz Brut Classic
CHAMPAGNE, CHAMPAGNE DEUTZ, FRANCE
63 $ SAQ S (10654770)   ★★★★ $$$$ Corsé
Très beau nez, à la fois fin et vineux, d'une fraîcheur exemplaire, bien détaillée. Bouche presque mordante, mais avec ampleur, rondeur et présence. **Alc./**12 % **www.champagne-deutz.com**

Bruno Paillard Brut 1996
CHAMPAGNE, BRUNO PAILLARD, FRANCE
86 $ SAQ S (632430)   ★★★★☆ $$$$ Corsé
Nez riche et racé, marqué par une belle évolution désignée par un noble rancio subtil. Bouche pleine et fraîche, texturée, avec du moelleux et de la présence, égrainant de longues saveurs. Du niveau des grandes cuvées des autres maisons, mais offert à un prix beaucoup plus doux que ces champagnes de prestige dont le nom et la notoriété dictent le prix élevé. **Alc./**12 % **www.champagnebrunopaillard.com**

www.francoischartier.ca

Abonnez-vous,
c'est GRATUIT!
MISES À JOUR INTERNET
DE LA SÉLECTION
CHARTIER 2008

www.francoischartier.ca

La Sélection Chartier 2008 est le seul guide des vins à offrir GRATUITEMENT à ses lecteurs un suivi Internet hebdomadaire des nouveaux arrivages commentés « en primeur » dans ce guide de référence!

Avec les **MISES À JOUR INTERNET** de *La Sélection Chartier,* impossible de manquer le retour des très attendus coups de cœur de l'année.

Dans *La Sélection Chartier 2008*, plus de 200 vins sont commentés en « primeur », donc avant leur mise en marché à la SAQ. Vous serez ainsi avertis en temps réel de l'arrivée à la SAQ de ces nombreux vins.

Sous forme d'Infolettre, vous recevrez régulièrement toute l'information sur les plus récents arrivages chez les vins commentés dans *La Sélection Chartier 2008*.

Un privilège accordé uniquement aux lecteurs de La Sélection Chartier 2008.

ET C'EST GRATUIT!

Pour de plus amples informations et pour vous abonner gratuitement, visitez le site Internet www.francoischartier.ca section *MISES À JOUR Internet de La Sélection Chartier*

WARRE'S

OTIMA2

PORTOS

Fine White Santa Eufêmia

PORTO BLANC, QUINTA DE SANTA EUFÊMIA, PORTUGAL

15,45 $	SAQ S* (885020)	★★☆ $$	Modéré

Après une froide journée de sport d'hiver, l'un des meilleurs revitalisants pour les papilles et pour la panse est sans contredit le demi-melon cantaloup arrosé de porto blanc et, bien évidemment, escorté d'un porto blanc. L'osmose entre les parfums exotiques on ne peut plus frais du melon et les saveurs fruitées du porto blanc, comme celles de l'onctueux à souhait Fine White, aux parfums d'abricot, de pêche et de mirabelle, semble aller de soi. Il faudra prendre soin de ne pas servir le porto blanc glacé, mais plutôt frais. **Cépages :** malvasia fina, moscatel galego, codega, gouveio, rabigato, viosinho. **Alc./**19,5 % www.qtastaeufemia.com

☛ *Servir dès sa mise en marché, à 14 °C*

 Demi-melon cantaloup arrosé de porto blanc ou bouchées de melon enrubannées de jambon de Parme. Fromages portugais : amarelo da Beira Baixa « picante » (au lait cru de chèvre et de brebis) ou são jorge au lait cru (120 jours et plus d'affinage) accompagné de *marmelada* (confiture de coings). Desserts : tarte aux pommes et fromage cheddar ou pêches rôties au caramel parfumé à l'orange (C*).

Quinta de Santa Eufêmia

PORTO TAWNY, QUINTA DE SANTA EUFÊMIA, PORTUGAL

15,45 $	SAQ S (733378)	★★☆ $$	Modéré

Le retour de ce charmeur et ragoûtant tawny, des plus abordables, à la texture enveloppante et aux saveurs douceureuses de fruits confits, de noix et de cassonade. Pourquoi ne pas cuisiner un gourmand millefeuille de pain d'épices aux figues (recette dans *À table avec François Chartier*) et servir en accompagnement ce délectable tawny? Il sera en mesure d'escorter avec panache ce dessert, des plus faciles à réaliser, en interpénétrant ses multiples saveurs. **Alc./**19 % www.qtastaeufemia.com

☛ *Servir dès sa mise en marché, à 15 °C*

 Millefeuille de pain d'épices aux figues (C*), fondue au chocolat noir ou gâteau Reine-Élisabeth. Fromages : gouda (très vieux) ou cheddars (vieux) accompagnés de marmelada (confiture de coings portugaise) et de noix de Grenoble.

Quinta do Infantado Ruby ♥

PORTO RUBY, QUINTA DO INFANTADO, PORTUGAL

15,60 $	SAQ C (612325)	★★★ $$	Modéré+ BIO

D'un nouvel arrivage, dégusté en septembre 2007, ce désormais populaire et excellent rapport qualité-prix se montre toujours aussi coloré, au nez enjôleur et étonnamment riche pour son rang, exprimant des notes de bleuet, de cerise et de violette, à la bouche plus que jamais généreuse et fraîche, ample et fraîche, sans aucune lourdeur, au sucré modéré et aux saveurs subtiles et persistantes, laissant des traces de chocolat noir, de violette et de fruits noirs. Il représente plus que jamais l'aubaine avec un grand A chez les portos offerts sous la barre des vingt dollars. **Alc./**19,5 % www.quintadoinfantado.pt

☛ *Servir dès sa mise en marché, à 16 °C*

 Fromages : pecorino affumicato ou ibores (lait de brebis d'Espagne recouvert de *pimentón*, sorte de paprika fumé espagnol). Desserts : carré de fudge au chocolat noir sauce

aux cerises, bleuets trempés dans le chocolat noir, clafoutis aux cerises ou réduction de porto LBV sur crème glacée à la vanille (C*).

Royal Oporto 10 ans

PORTO TAWNY 10 ANS, REAL COMPANHIA VELHA, PORTUGAL

16,10 $ (375 ml)	SAQ S (734624)	★★★ $$	Modéré+

L'une des belles aubaines en matière de tawny de 10 ans d'âge. La couleur est rubis orangé. Les effluves sont élégants et passablement riches, se situant à mi-chemin entre les fruits séchés, tels les abricots secs, et les notes plus oxydatives, comme la cassonade, les noix et les épices douces. En bouche, il dévoile une patine sensuelle, agrémentée de saveurs caramélisées et subtilement épicées. **Alc./**20 % **www.realcompanhiavelha.pt**

☛ *Servir dès sa mise en marché, à 14 °C*

Fromages : são jorge (portugais) et vieux cheddars accompagnés de marmelada (confiture de coings portugaise) et de noix de Grenoble (C*). Dessert : mousse au chocolat noir et au parfum de Grand Marnier (C*).

Sotto Voce Reserve Burmester

PORTO RUBY, J. W. BURMESTER, PORTUGAL

16,55 $	SAQ S* (632364)	★★☆ $$	Modéré+

Burmester, fondée par des Allemands en 1750, et qui appartenait jusqu'en 2005 à Amorim, le géant portugais des producteurs de bouchons de liège, est, depuis, propriété du groupe espagnol Sogevinus, faisant partie du club des cinq principaux acteurs du porto (avec, en ordre décroissant d'importance, la famille Symington, La Martiniquaise, Sogrape et The Fladgate Partnership). Vous dénichez dans le Sotto Voce un excellent rapport qualité-prix. Sa couleur rouge soutenue, son nez subtil et sur les fruits rouges, sa bouche ronde et moelleuse à souhait, presque pleine, laissant des traces de cacao, de cerise noire et d'épices. **Cépages :** touriga nacional, touriga francesa, tinta roriz, tinta barroca, tinta amarela. **Alc./**20 %

☛ *Servir dès sa mise en marché, à 16 °C*

Fromage à croûte fleurie farci de fraises et estragon (farce préalablement macérée quelques jours au centre du fromage). Desserts : bleuets trempés dans le chocolat noir ou fondue au chocolat.

Carácter Reserva Cabral

PORTO RUBY, VALLEGRE, PORTUGAL

16,80 $	SAQ C (10270717)	★★☆ $$	Modéré+

Simple mais fort efficace grâce à un fruité engageant et à une texture coulante et caressante, sans la force de l'alcool des portos LBV. Fraise, cerise et cacao participent au plaisir immédiat. La bonne nouvelle, c'est qu'il est aussi disponible en demi-bouteille (9,35 $; 695056). **Alc./**20 % **www.vallegre.pt**

☛ *Servir dès sa mise en marché, à 15 °C*

Fromages : à croûte fleurie farci de fraises et estragon (farce préalablement macérée quelques jours au centre du fromage) ou gorgonzola accompagné de confiture de cerises noires. Desserts : bleuets trempés dans le chocolat noir, clafoutis aux cerises, dattes chaudes dénoyautées et farcies au gorgonzola (au four, à 180 °C ou 350 °F, 5 minutes) ou réduction de porto LBV sur crème glacée à la vanille (C*).

Quinta do Infantado Blanc Dry

PORTO BLANC DRY, QUINTA DO INFANTADO, PORTUGAL

17,95 $	SAQ **S** (884437)	★★★ $$		Corsé	BIO

Comme depuis quelques années déjà, ce porto blanc trône plus que jamais au premier rang de la hiérarchie de ce type de porto. Provenant d'un vignoble de culture biologique, ce Blanc Dry développe une palette aromatique de fruits très mûrs, aux notes de miel, d'abricot confit, de pêche et de mirabelle, s'installant en bouche et imprégnant le palais à n'en plus finir d'une imposante onctuosité, tout en donnant l'impression d'être presque sec, terminant sur des accents de figue, de noix et d'épices. Ce porto est trop complexe et trop bon pour être servi simplement en apéritif allongé de soda. Faites-lui plutôt honneur en le servant à table, de l'entrée au dessert. **Cépages :** gouveio, rabigato, viosinho, moscatel galego. **Alc./**19 % www.quintadoinfantado.pt

☛ *Servir dès sa mise en marché, à 14 °C*

Foie gras de canard poêlé déglacé à l'hydromel, filet de veau sauce crémeuse à l'érable et aux noix ou mousse de foies de volaille aux pistaches. Fromages : dattes chaudes dénoyautées et farcies au roquefort (au four, à 180 °C ou 350 °F, 5 minutes) ou époisses accompagné de pain aux dattes. Desserts : babas au rhum ou crème brûlée à l'érable.

Taylor Fladgate 2001

PORTO LATE BOTTLED VINTAGE, TAYLOR FLADGATE & YEATMAN, PORTUGAL

20,45 $	SAQ C (046946)	★★★?☆ $$	Corsé+

Un 2001 (mis en bouteilles en 2007) engageant, prenant et passablement riche, comme il se doit avec le LBV de Taylor. Fruits noirs et violette donnent le ton, suivi par une bouche à la fois ramassée et texturée, compacte et pleine, aux saveurs expansives (bleuet, cassis, cacao). Il faut dire que le LBV de cette maison a fait école : le premier à avoir été mis en marché en 1970 et il a été un *must* tout au long des douze ans de *La Sélection Chartier*. **Cépages :** touriga nacional, tinta roriz, touriga francesa, tinta amarela, tinto cão, tinta barroca, rufete et autres cépages autochtones. **Alc./**20 % www.taylorfladgate.com

☛ *Servir entre 2007 et 2013, à 16 °C*

Fromage bleu : stilton au porto (R*). Desserts : tarte au chocolat noir parfumée au thé lapsang souchong (C*), truffes au chocolat et au café (C*) ou gâteau renversé au chocolat et aux cerises.

Offley Boa Vista 2000

PORTO LATE BOTTLED VINTAGE, FORRESTER & CA., PORTUGAL

20,95 $	SAQ C (483024)	★★★?☆ $$	Corsé

(Mis en bouteilles en 2004) Pour réussir l'accord avec certains LBV, au profil profondément fruité, enveloppant et presque joufflu – à l'image de certaines harmonies pour l'*amarone*, puissant vin rouge italien –, comme c'est le cas de ce pulpeux, texturé et généreux Boa Vista, vous devrez servir des plats nourris, pouvant jouer dans la sphère de l'aigre-doux. Ce sont les sauces qui permettent l'harmonie, donc n'hésitez pas à les cuisiner avec vos viandes et, dans certains cas, avec vos poissons favoris. **Cépages :** tinta roriz, touriga francesa, touriga nacional, tinta amarela. **Alc./**20,5 % www.sogrape.pt

☛ *Servir entre 2007 et 2012, à 16 °C*

Jarrets de veau braisés dans le porto avec polenta et champignons (R*), filets de porc en sauce aux canneberges et au porto LBV ou côte de veau grillée au fromage bleu et réduction de porto (avec balsamique et miel). Fromages : geai bleu ou gorgonzola. Desserts : tarte au chocolat noir baignée d'une réduction de porto LBV (C*), bleuets trempés dans le chocolat noir ou bûche de Noël chocolat noir et framboises.

Noval LBV Unfiltred 2001

PORTO LATE BOTTLED VINTAGE, QUINTA DO NOVAL, PORTUGAL

25,70 $	SAQ S* (734657)	★★★ $$	Corsé

(Mis en bouteilles en 2007) Couleur rouge soutenue et violacée. Nez élégant, aux notes de poivre et de fleurs rouges. Bouche tout aussi raffinée et fraîche que le nez, aux tanins soyeux, au corps modéré pour le style, et aux saveurs pures et précises, sans densité de matière et sans lourdeur. Donc, un LBV de Noval plus aérien et moins généreux que dans les précédents millésimes. Parfait pour ceux que la puissance de ce style de porto rebute. **Cépages :** tinta roriz, touriga nacional, touriga francesa. **Alc./**19,5 %
www.quintadonoval.com

☛ Servir entre 2007 et 2011, à 16 °C

Fromage : fourme d'Ambert accompagnée de confiture de cerises noires. Dessert : gâteau au chocolat (R*).

Quinta do Castelinho LBV 1997

PORTO LATE BOTTLED VINTAGE, CASTELINHO VINHOS, PORTUGAL

25,75 $	SAQ S (884809)	★★★ $$	Corsé

(Mis en bouteilles en 2001) Un des rares LBV matures disponibles sur le marché. Il se montre rouge grenat foncé, légèrement voilé, dû à la présence d'un léger dépôt – d'où l'importance de laisser la bouteille debout quelques heures avant son service, puis de la décanter en carafe doucement juste avant –, un brin orangé, au nez aromatique, d'une belle évolution, exhalant de riches effluves de cerise à l'eau-de-vie et de café, à la bouche d'une certaine ampleur mais très vaporeuse, aux tanins fondus et au corps modéré. Parfait pour faire ses gammes avec les portos ayant quelques années de bouteilles. Bonne nouvelle, après un premier arrivage au printemps 2007, plus de 350 caisses étaient à nouveau attendues avant les fêtes de fin d'année. **Cépages :** touriga franca, tinta roriz, touriga nacional, tinta barroca + autres variétés portugaises. **Alc./**20 %
www.castelinho-vinhos.pt

☛ Servir entre 2007 et 2010, à 17 °C et décanté en carafe juste avant de servir

Jarrets de veau braisés dans le porto avec polenta et champignons (R*). Fromage : à croûte fleurie farci de fraises et estragon (farce préalablement macérée quelques jours au centre du fromage). Desserts : gâteau au chocolat (R*) ou mousse au chocolat noir et aux cerises.

Quinta de Santa Eufêmia 10 ans

PORTO TAWNY 10 ANS, QUINTA DE SANTA EUFÊMIA, PORTUGAL

28,45 $	SAQ S (733121)	★★★☆ $$$	Modéré+

Ce 10 ans dégage des parfums subtils de pacanes grillées, d'abricots séchés, de zeste d'orange et de havane, et présente une bouche moelleuse et sphérique, marquée par une belle patine laissée par un long élevage en fûts. Provenant de l'une des meilleures *quinta*s du

Pinhão, la zone originelle de production du porto, située au cœur du Douro, il est à ranger parmi les meilleurs rapports qualité-prix de sa catégorie. **Cépages :** tinta roriz, touriga nacional, touriga franca, tinta barroca, mourisco tinto, tinta da barca. **Alc./**19 %
www.qtastaeufemia.com

☛ *Servir dès sa mise en marché, à 16 °C*

Figues au porto tawny et à la vanille ou tarte chaude aux pommes et aux figues surmontée de quelques tranches de vieux cheddar et baignée d'une larme de réduction de porto tawny. Fromages : cheddars (vieux) accompagnés de *marmelada* (confiture de coings portugaise) et de noix de Grenoble ou gjetost (Norvège). Cigare : obus Vegas Robaina Unico.

Quinta do Infantado LBV 2001

PORTO LATE BOTTLED VINTAGE, FAMILLE ROSEIRA, PORTUGAL

30,25 $	SAQ S* (884361)	★★★☆ $$$	Corsé	BIO

(Mis en bouteilles en 2006) Plus que jamais une réussite pour ce LBV devenu, au fil des douze ans de *La Sélection*, LA référence de sa catégorie. Vous y dénicherez un 2001 intensément coloré, richement aromatique, au fruité presque confit, mais aussi poivré et marqué par une note de girofle, à la bouche juteuse, pleine et volumineuse, mais avec fraîcheur et élégance, laissant de longues traces de noisette, de cacao et de bleuet. Vraiment réussi dans ce millésime. **Cépages :** touriga nacional, touriga franca, tinta roriz, tinta barroca, tinta amarela, tinto cão, rufete, sousão. **Alc./**20 %
www.quintadoinfantado.pt

☛ *Servir entre 2007 et 2015, à 16 °C*

Tajine de ragoût d'agneau aux cinq-épices et aux oignons cipollini caramélisés. Fromage : croûte lavée aux clous de girofle (préalablement macérés quelques jours au centre du fromage). Desserts : tarte au chocolat noir baignée d'une réduction de porto LBV (C*) ou gâteau au café et meringue au chocolat (R*).

Burmester 10 ans

PORTO TAWNY 10 ANS, BURMESTER, PORTUGAL

33,50 $	SAQ S (632349)	★★★ $$$	Modéré+

Si vous accompagnez, comme le font habituellement les producteurs de portos, le são jorge, un fromage portugais à pâte ferme, au lait cru de vache, affiné plus de 120 jours, de marmelada (confiture de coings), dans laquelle vous ajoutez un concassé de noix de Grenoble, vous aurez besoin alors de la sucrosité d'un porto tawny, comme celle de ce rafraîchissant Burmester 10 ans, au fruité jeune, au corps dense et aux saveurs de figue et de caramel, rehaussées par un fruité jeune et saisissant. **Alc./**20 %

☛ *Servir dès sa mise en marché, à 14 °C*

Chocolat noir au caramel et au sel ou gâteau Davidoff (C*). Fromages : laguiole accompagné de confiture de poires et de gingembre ou são jorge au lait cru (120 jours et plus d'affinage) accompagné de *marmelada* (confiture de coings).

Dow's 10 ans

PORTO TAWNY, SYMINGTON FAMILY ESTATES, PORTUGAL

34,75 $	SAQ S (10658341)	★★★☆ $$$	Modéré+

 NOUVEAUTÉ! (Mis en bouteille en 2006) Un beau 10 ans d'âge à la robe grenat orangé, au nez engageant, mais aussi subtil, sur les fruits séchés et les épices douces, à la bouche gorgée de saveurs caramélisées et fruitées, au corps vaporeux et perdurant longuement en fin de bouche. **Alc./**20 %. **www.dows-port.com**

☛ *Servir dès sa mise en marché, à 14 °C*

Fromage : à croûte fleurie farci de noix grillées et d'un sirop de miel épicé aux sept-épices (farce préalablement macérée quelques jours au centre du fromage). Desserts : brindilles d'oranges confites trempées dans le chocolat noir, gâteau au café et meringue au chocolat (R*) ou figues au porto tawny et à la vanille.

Quinta do Castelinho Colheita 1990
PORTO TAWNY, CASTELINHO VINHOS, PORTUGAL

35 $	SAQ **S** (10658480)	★★★☆ $$$	Corsé

■ **NOUVEAUTÉ!** (Mis en bouteilles en 2003) L'un des beaux tawnies à avoir fait son apparition depuis la fin 2006. Robe orangée, modérément soutenue. Nez un brin caramélisé et épicé, d'une richesse moyenne. Bouche pleine, sphérique et presque dense, d'une étonnante richesse et d'une densité rare pour un colheita de cet âge. Plein, texturé et très long, laissant des traces de cassonade, d'abricot confit, de crème brûlée et de pacane grillée. Sa sucrosité épaisse ira de pair tant avec les plats salés caramélisés et épicés, qu'avec les desserts aux épices ou à l'érable. **Alc./**20 %

☛ *Servir dès sa mise en marché, à 16 °C*

Jambon aux parfums d'Orient (C*). Fromage : dattes chaudes dénoyautées et farcies au roquefort (au four, à 180 °C ou 350 °F, 5 minutes). Desserts : poires au pain d'épices, pudding chômeur au sirop d'érable ou gâteau à l'érable et aux pralines.

Warre's Otima 20 ans
PORTO TAWNY, WARRE & CA., PORTUGAL

39,50 $ (500 ml)	SAQ **C** (10667360)	★★★☆ $$$$	Corsé

■ **NOUVEAUTÉ!** Mis en bouteilles en 2005, ce nouveau Otima 20 ans de Warre's, qui vient ainsi compléter le duo avec le populaire 10 ans, se montre subtilement aromatique, aux relents passablement riches et invitants de noisette, de havane et de cassonade, à la bouche pénétrante et généreuse, avec une certaine retenue qui lui procure de la distinction, dévoilant des notes persistantes et chaudes de caramel, d'épices et de fruits confits. Méditation assurée! **Alc./**20 % **www.warre.com**

☛ *Servir dès sa mise en marché, à 15 °C*

Fromage : terrincho velho (de plus ou moins 90 jours d'affinage) accompagné de *marmelada* (confiture de coings portugaise) et de noix de Grenoble. Desserts : tarte « entre-choc » chocolat-caramel-noisette, truffes au chocolat et au café (C*) ou figues rôties au miel et glace à la vanille. Cigare : corona grande Hoyo de Monterrey Le Hoyo des Dieux.

Quinta da Leda 1990
PORTO SINGLE QUINTA VINTAGE, FERREIRA, PORTUGAL

43,50 $	SAQ **S** (543181)	★★★★ $$$$	Corsé

Pure expression d'un terroir schisteux, ce *single quinta* vintage, qui a fait pour une nième fois l'objet d'un nouvel arrivage en août 2007, provient d'une seule et unique *quinta*. Le 1990 a évolué mirifiquement au cours des dernières années; tout en lui conservant sa prime élégance, les fruits noirs sont devenus légèrement confits et les épices se font plus expressives. Sa texture soyeuse s'est transformée en un sensuel velouté de texture, équilibré par une belle fraîcheur et complexifié par des saveurs de chocolat noir, de bleuet et de poivre. Il est depuis l'automne 2003 au meilleur de sa forme. **Alc./**20 %

☞ *Servir entre 2007 et 2012, à 16 °C et décanté 15 minutes*

 Fromages : fourme d'Ambert ou ciel de Charlevoix. Cigares : lonsdale Romeo y Julieta Cedros de Luxe Nº 1 ou corona Punch Royal Coronation.

Graham's 30 Ans

PORTO TAWNY, W. & J. GRAHAM'S, PORTUGAL

57 $ (375 ml)	SAQ **S** (438630)	★★★★ **$$$$**	Corsé

(Mis en bouteilles en 2006) La famille Symington élabore un 30 ans très *british*, origine familiale oblige. Ce qui résulte en un tawny aromatique à souhait, mais d'une distinction et d'une subtilité uniques, à la bouche passablement moins sucrée que chez les tawnies de style portugais, exhalant des saveurs persistantes et complexes de havane, d'épices douces, de miel, d'abricot sec et de noix. Plus digestif que de repas. **Alc./**20 % www.symington.com

☞ *Servir dès sa mise en marché, à 14 °C*

 Digestif ou cigare (robusto de Hoyo de Monterrey Epicure Nº 2).

Dow's 20 ans

PORTO TAWNY, SILVA & COSENS, PORTUGAL

60 $	SAQ **S** (10658295)	★★★☆ **$$$$**	Corsé

Votre bûche à l'érable se consumera dans une braise hypnotique avec un porto tawny comme l'évolutif, complexe, peu sucré et d'un noble rancio Dow's 20 ans. Donc, un tawny aérien, satiné, sans aucune lourdeur, aux notes pénétrantes de noix, de pacane, de cassonade, d'épices douces et d'érable. Sachez que tout ce qui est dominé par le sirop d'érable nécessite un vin soit passablement évolué, donc doté d'une oxydation ménagée (le rancio), soit atteint de pourriture noble (comme les sauternes). C'est que l'érable contient les mêmes principes actifs que ces deux types de vins. **Alc./**20 % www.dows-port.com

☞ *Servir dès sa mise en marché, à 16 °C*

Magret de canard caramélisé aux épices (C*). Fromages : ossau-iraty accompagné de figues macérées au porto tawny ou são jorge (portugais) et vieux cheddars accompagnés de *marmelada* (confiture de coings portugaise) et de noix de Grenoble (C*). Desserts : bûche à l'érable ou tarte aux pacanes à l'érable.

Quinta Bom Retiro 20 ans

PORTO TAWNY, ADRIANO RAMOS PINTO, PORTUGAL

79 $	SAQ **S** (133769)	★★★★ **$$$$$**	Corsé

Tout comme le tawny 10 ans de cette maison (aussi commenté dans ce guide), ce grand 20 ans, provenant du cru Quinta Bom Retiro, se range parmi les meilleurs de sa catégorie. S'y retrouve un profil aromatique enivrant aux accents de cacao, de noisette, d'épices orientales, de fruits confits, de raisins secs et de grands havanes. Pleine et texturée, la bouche tapisse le palais d'une patine permettant de retrouver la mémoire du temps que ce porto a vécu sous le bois. **Alc./**19,5 % www.ramospinto.pt

☞ *Servir dès sa mise en marché, à 16 °C*

Fromages : cheddar Perron (très vieux) ou fêtard. Desserts : gâteau praliné au chocolat et au café, crème brûlée au chocolat ou tarte « entre-choc » chocolat-caramel-noisette. Cigare : lonsdale Partagas 8-9-8 Varnished.

RÉPERTOIRE ADDITIONNEL

Les vins commentés dans les Répertoires additionnels, dont certains avec des propositions harmoniques, sont ceux qui étaient encore disponibles à la SAQ, au moment d'aller sous presse, ou ceux pouvant faire l'objet d'un nouvel arrivage au cours de l'automne 2007 et de l'hiver 2008. Pour de plus amples informations sur les cépages des vins, ainsi que leur origine et leur élaboration, n'hésitez pas à consulter le **site Internet** de chaque domaine.

Noval Fine White
PORTO BLANC, QUINTA DO NOVAL, PORTUGAL
17 $ SAQ S* (10227399) ★★★ $$ Modéré+
(Voir commentaire détaillé dans *La Sélection 2007*)

Gilberts LBV 2000
PORTO LATE BOTTLED VINTAGE, GILBERTS, PORTUGAL
17,55 $ (500 ml) SAQ S* (734525)   ★★☆ $$ Modéré+
(Mis en bouteilles en 2004) Certes moins aromatique que ne l'était le très beau 1998, commenté dans *La Sélection 2005*, ce 2000 se montre toutefois fort charmeur, enveloppant et texturé en bouche. **Alc./**20 % **www.gporto.com** ■ *Fromage cheddar extra-fort Perron ou bleuets trempés dans le chocolat noir.*

Barros Colheita 1996
PORTO TAWNY COLHEITA, BARROS, ALMEIDA & CO., PORTUGAL
32,50 $ SAQ S (10328034)   ★★★?☆ $$$ Corsé
(Voir commentaire détaillé dans *La Sélection 2007*)

Mackenzie's Vieux Porto Blanc
PORTO BLANC, J.H. ANDRESEN, PORTUGAL
47,75 $ SAQ S (733899)   ★★★★ $$$$ Corsé
(Voir commentaire détaillé dans *La Sélection 2007*)

Feist 1983
PORTO TAWNY COLHEITA, H. & C.J. FEIST, PORTUGAL
52 $ SAQ S (884080)   ★★★★ $$$$ Modéré+
(Voir commentaire détaillé dans *La Sélection 2007*)

Warre's Colheita 1986
PORTO TAWNY COLHEITA, SYMINGTON FAMILY ESTATES, PORTUGAL
54 $ SAQ S (10658471)   ★★★☆?☆ $$$$ Corsé
(Voir commentaire détaillé dans *La Sélection 2007*)

Taylor's Vintage 2003
PORTO VINTAGE, TAYLOR FLADGATE & YEATMAN, PORTUGAL
75 $ (375 ml) SAQ S (708982)   ★★★★☆?☆ $$$$$ Corsé+
Ce grandissime 2003 se montre actuellement d'un charme inouï, très floral, à la bouche dense, généreuse et remarquablement enveloppée, presque tendre tant la matière est pulpeuse. Ira très très loin dans le temps, même s'il se donne avec opulence. **Alc./**20 % **www.taylor.pt** ■ *Fromages : gorgonzola ou stilton.*

L'Afrique du Sud, avec ses paysages d'une beauté à couper le souffle, comme ce Manor House de la célèbre Boschendal Winery, située au pied de la Montagne de la Table, au Cap, est sur le point de devenir le pays du Nouveau Monde à la production se rapprochant le plus du goût « vieille Europe » des Québécois, tout en possédant, bien sûr, le charme immédiat et ensoleillé des vins de l'hémisphère Sud.

Avec une latitude similaire à celle de la Bourgogne, l'État de Washington possède les atouts pour engendrer des vins de très belle qualité et attirer les investisseurs étrangers de la trempe de Piero Antinori. Le mondialement connu œnologue bordelais Michel Rolland y produit déjà son vin, le Pedestal, tout comme Armin Diel, de Schlossgut Diel en Allemagne, avec son Poet's Leap, sans oublier Dr Loosen de la Mosel allemande qui y produit depuis 1999 un très beau riesling, l'**Eroica** (commenté dans ce guide), en partenariat avec le célèbre Château Ste Michelle. Sans oublier les quelques vignerons français qui y ont aussi élu domicile: Christophe Baron (Cayuse), Marie-Ève Gilla (Forgeron), Christophe Paubert (Canoe Ridge), Serge Laville (Spring Valley), Gilles Nicault (Long Shadows Vintners). L'État américain à avoir dans votre loupe. Il ne reste plus qu'à attendre que le prix des vins américains subisse une correction à la baisse, question d'être en lien avec la force actuelle du dollar canadien...

« De Trafford, l'une des *micro-wineries* d'avant-garde du Cap, dont les vins, commentés en primeur dans *La Sélection Chartier 2008*, seront disponibles dans les SAQ Sélection, en novembre 2007, via le magazine SAQ *Cellier*, spécial Afrique du Sud & Australie. »

VINS
BLANCS
DU
NOUVEAU
MONDE

Chenin Blanc Robertson 2006

ROBERTSON, ROBERTSON WINERY, AFRIQUE DU SUD

10 $	SAQ S* (10754228) ★★★ $	Modéré+

■ NOUVEAUTÉ! Un trop rare chenin blanc sud-africain à être disponible sur notre marché, malgré la très large production du Cap de ce cépage angevin. Il en résulte un blanc sec très engageant, mais non dénué de subtilité et d'élégance, au fruité abondant, à l'acidité vivifiante et aux saveurs longues et précises, laissant deviner des notes de pomme golden, d'agrumes, d'amande et de tilleul. Un bel ajout au Répertoire sud-africain qui a grandement élargi ses horizons à la SAQ en 2007, et il était temps! – mes revendications, effectuées depuis quelques éditions déjà, ont sans doute porté fruit chez les acheteurs du Monopole, car, au moment d'écrire *La Sélection Chartier 2006*, au début de l'automne 2005, il n'y avait que 18 vins sud-africains d'inscrits à la SAQ... Surveillez bien les nouveaux arrivages de l'automne 2007, spécialement lors du spécial Afrique du Sud et Australie dans le magazine *Cellier* du 8 novembre, où plus ou moins 70 nouveaux crus du Cap feront leur apparition à la SAQ, et les meilleurs sont bien sûr commentés « en primeur » tant dans *La CYBER Sélection Internet* (**www.francoischartier.ca**) que dans cette *Sélection 2008*. **Cépage :** chenin blanc. **Alc./**12,5 % **www.robertsonwinery.co.za**

☛*Servir entre 2007 et 2010, à 12 °C*

 Salade de pointes d'asperges et vinaigrette au gingembre, rosace de saumon mariné sur fenouil à la crème, pâtes aux fruits de mer et au Pernod ou escalopes de veau à la salsa fruitée.

Chardonnay Caliterra Reserva 2006

VALLE DE CURICÓ, VIÑA CALITERRA, CHILI

11,95 $	SAQ C (257147) ★★?☆ $	Modéré+

Un chardonnay exotique et gras, à la texture moelleuse, à l'acidité discrète et aux saveurs d'ananas, de miel et de crème fraîche, on ne peut plus chilien d'approche. **Cépage :** chardonnay. **Alc./**13,5 % **(Capsule à vis) www.caliterra.com**

☛*Servir entre 2007 et 2008, à 14 °C*

 Pilaf de poulet et d'agrumes (R*), pâtes sauce au fromage bleu (voir Entrecôte sauce au fromage bleu) (C*), sauté de porc à l'asiatique au jus d'ananas (R*) ou dinde rôtie à l'ananas (R*).

Sémillon/Sauvignon Blanc Red Label Wolf Blass 2006

SOUTH EASTERN AUSTRALIA, WOLF BLASS WINES, AUSTRALIE

14,45 $	SAQ C (10340931) ★★☆ $$	Modéré+

Un blanc sec au profil plus sémillon que sauvignon, un brin mellifère, avec une tonalité d'évolution rappelant la cire d'abeille, à la bouche généreuse et très fraîche, ample et expressive, aux saveurs de pomme et d'aubépine, avec une touche exotique de papaye. Juste assez relevé et vivifiant pour soutenir le gras et le salé de la fondue au fromage. **Cépages :** sémillon, sauvignon blanc. **Alc./**12,5 % **(Capsule à vis) www.wolfblass.com.au**

☛ *Servir entre 2007 et 2009, à 12 °C*

Fricassée de poulet à l'asiatique, poulet grillé sur une canette de bière (frotté aux épices barbecue et cuit sur un feu de copeaux d'hickory), fondue au fromage suisse ou raclette.

Riesling McWilliam's « Hanwood Estate » 2006
SOUTH EASTERN AUSTRALIA, MCWILLIAM'S HANWOOD ESTATE, AUSTRALIE

14,70 $	SAQ C (10754607)	★★☆ $	Modéré

■ NOUVEAUTÉ! Distribué par le géant américain Gallo, ce riesling australien se montre aromatique, tout en étant frais, et marqué par les notes de conifère typiques des rieslings provenant de régions chaudes – notes que les rieslings de régions fraîches acquièrent généralement après quelques années de bouteilles –, zesté en bouche, ce qui lui procure un petit *twist* de fraîcheur et d'expression. Sec, léger, parfumé et savoureux pour son prix. **Cépage :** riesling. **Alc./**12 % **(Capsule à vis) www.mcwilliamswines.com**

☛ *Servir entre 2007 et 2008, à 12 °C*

Apéritif, minibrochettes de crevettes au romarin, salade de fromage de chèvre macéré dans l'huile d'olive parfumée au romarin (ajoutez un trait de jus de lime avant de servir), mix grill de légumes au romarin ou truite en papillote au romarin.

Pinot Gris Bodega Lurton 2006
VALE DE UCO-MENDOZA, BODEGAS J. & F. LURTON, ARGENTINE

15,40 $	SAQ S* (556746)	★★☆ $$	Modéré+

Pendant le congé des Fêtes de 2006, j'ai relu les délirantes rêveries olfactives de Jean-Baptiste Grenouille, l'énigmatique personnage du roman *Le Parfum*, de Patrick Süskind – vous devriez profiter des Fêtes 2007 pour en faire autant! Difficile de ne pas être interpellé par les 825 références olfactives décrites dans ce *best-seller*... Cette fresque olfactive, qui se déroule dans la France odorante – et même puante – de la fin du XVIIIe siècle, donne à sentir comme aucun livre n'a réussi à le faire jusqu'à ce jour. Par exemple, il y a l'odeur ensoleillée des melons de Cavaillon, qui excite tant les cils olfactifs de cet être sans odeur charnelle mais à la mémoire olfactive riche de plusieurs milliers d'odeurs senties et engrangées dans sa cave imaginaire depuis la première seconde suivant sa naissance... Vous pourrez vous en exciter les neurones en flairant ce délectable Pinot Gris des frangins Lurton. Question de nourrir aussi l'âme olfactive de vos invités, à l'heure du fromage, spécialement avec des fromages lactés comme le chaource et le migneron, jouez d'audace gustative. Couronnez ce moment convivial du repas en servant, plus frais que froid, ce suave et enveloppant pinot gris, à la texture à la fois dense et onctueuse, au nez enchanteur de banane, de fleurs blanches et, bien sûr, de melon. Après quoi, tout comme Grenouille, vous serez coiffé d'un diadème olfactif! **Cépage :** pinot gris. **Alc./**12,5 % **www.jflurton.com**

☛ *Servir entre 2007 et 2008, à 14 °C*

Pâtes sauce au fromage bleu (voir Entrecôte sauce au fromage bleu) (C*), salade tiède d'endives au fromage bleu Cambozola (C*), poulet au gingembre et à l'ananas, sandwichs « pita » au poulet et au chutney à la mangue ou salade de nouilles au gingembre et thon au sésame noir. Fromages : chaource ou migneron de Charlevoix.

Chardonnay Koonunga Hill 2006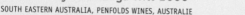

SOUTH EASTERN AUSTRALIA, PENFOLDS WINES, AUSTRALIE

15,95 $	SAQ C (321943)	★★☆ $$	Modéré

Ce 2006 marque le trentième anniversaire de la marque Koonunga Hill, succès planétaire amplement mérité, tant pour les blancs que pour les rouges. Vous y dénicherez un chardonnay toujours aussi frais, fin et croquant de vérité, aux saveurs d'agrumes et de pomme. Rares sont les chardonnays du Nouveau Monde, offerts à ce prix, à être plus frais que gras. Sa grande digestibilité fait de lui un compagnon de table de choix. **Cépage :** chardonnay. **Alc./**13 % **(Capsule à vis)** www.penfolds.com

☛ *Servir entre 2007 et 2008, à 12 °C*

 Sauté de porc à l'asiatique au jus d'ananas (R*), pâtes aux champignons et au parmesan, pizza aux fruits de mer, filet de sole à la moutarde et au miel, carré de porc barbecue à l'abricot ou dinde rôtie à l'ananas (R*).

Chardonnay Le Bonheur 2006

SIMONSBERG, DOMAINE STELLENBOSCH, AFRIQUE DU SUD

15,95 $	SAQ S (710780)	★★★ $$	Modéré

Impossible d'aussi bien porter son nom. Quel beau chardonnay sud-africain! De la fraîcheur, de l'éclat, de l'ampleur, mais aussi de la vitalité et de la digestibilité. Pomme golden, poire et amande y donnent le ton. L'Afrique du Sud se démarque de plus en plus chez les pays du Nouveau Monde comme le producteur de vins au profil « vieille Europe ». **Cépage :** chardonnay. **Alc./**13 % www.lebonheur.co.za

☛ *Servir entre 2007 et 2009, à 14 °C*

 Pizza au camembert, pâtes aux fruits de mer sauce à la crème, casserole de poulet à la pancetta ou lapin à la crème moutardée (C*).

The Stump Jump « d'Arenberg » 2006

MCLAREN VALE, D'ARENBERG, AUSTRALIE *(DISP. NOV. 07)*

15,95 $	SAQ S (10748400)	★★☆?☆ $$	Modéré+

■ NOUVEAUTÉ! Dégustée en primeur en août 2007, cette nouveauté devait être mise en marché le 8 ou le 22 novembre 2007, via le spécial Australie & Afrique du Sud du magazine promotionnel de la SAQ *Cellier*. Un assemblage australien, magnifié par cette maison de référence, au nez saisissant, d'une grande et invitante fraîcheur, laissant deviner des notes d'agrumes, de fleurs et d'épinette, à la bouche à la fois ample et tout aussi fraîche que le nez, à l'acidité juste dosée et à la texture presque caressante. Pas de bois, que du fruit. **Cépages :** riesling, sauvignon blanc, roussanne, marsanne. **Alc./**13 % **(Capsule à vis)** www.darenberg.com.au

☛ *Servir entre 2007 et 2008, à 12 °C*

Apéritif, frites de panais sauce au yogourt et au cari, vol-au-vent de crevettes au Pernod, poireaux braisés à la menthe ou pot-au-feu de poulet au jus de pomme (R*).

Sauvignon Blanc Monkey Bay 2006

MARLBOROUGH, MONKEY BAY WINE COMPANY, NOUVELLE-ZÉLANDE

16,20 $	SAQ S* (10529936) ★★☆ $$	Modéré+

■ NOUVEAUTÉ! Un sauvignon néo-zélandais exotique au possible, expressif, exhalant des notes de bourgeon de cassis, de kiwi, d'ananas et de lime, à la bouche ample et croquante, juteuse, rafraîchissante, tout en étant ronde et savoureuse, presque sucrée (sans sucre). D'un charme immédiat. **Cépage :** sauvignon blanc. **Alc./**12,5 % **(Capsule à vis)** www.monkeybaywine.com

☞ *Servir entre 2007 et 2008, à 12 °C*

 Apéritif, avocats farcis aux crevettes et aux asperges, fusilli au saumon, lasagne de poissons au pesto (R*), tomates farcies au thon (avec céleri et persil) (R*) ou saumon grillé à la cajun et salsa d'ananas.

Chardonnay Henry of Pelham « Reserve » 2005

NIAGARA PENINSULA VQA, HENRY OF PELHAM FAMILY ESTATE, CANADA

16,35 $	SAQ S (252833) ★★★ $$	Modéré+

Très beau chardonnay du Niagara, au boisé juste dosé, laissant place au fruité mûr et expressif, à l'acidité fraîche, et au corps enveloppant et texturé. Pomme golden, poire et noisette signent le cocktail aromatique de cette réussite dont deux nouvelles commandes étaient attendues au moment d'aller sous presse. **Cépage :** chardonnay. **Alc./**13 % www.henryofpelham.com

☞ *Servir entre 2007 et 2009, à 14 °C*

Salade de champignons portabello et parmesan, saumon sauce chardonnay ou dinde rôtie à l'ananas (R*).

Riesling Cave Spring 2005

NIAGARA PENINSULA VQA, CAVE SPRING CELLARS, CANADA

16,70 $	SAQ S (10745532) ★★☆?☆ $$	Modéré

■ NOUVEAUTÉ! Très beau riesling du Niagara, au nez très aromatique, assez soutenu, à la bouche ample, texturée et satisfaisante, à l'acidité discrète, mais bel et bien présente à l'arrière-scène, marquée par une très légère présence de sucres résiduels – mais que l'acidité et la minéralité naturelles de ce cépage « mangent » littéralement –, aux saveurs longues et fraîches, laissant des traces de bière d'épinette, de lime et de fleurs. **Cépage :** riesling. **Alc./**11,5 % www.cavespring.ca

☞ *Servir entre 2007 et 2011, à 12 °C*

 Apéritif, légumes crus et trempette à la crème sure et au wasabi, cuisine asiatique épicée, grillades de poisson et vinaigrette au gingembre, salade de crevettes à la mayo-wasabi ou truite en papillote au romarin.

Sémillon/Sauvignon Blanc Amberley 2005

MARGARET RIVER, AMBERLEY ESTATE, AUSTRALIE

16,95 $	SAQ S (10342531) ★★★ $$	Corsé

■ NOUVEAUTÉ! Une rare nouveauté australe à être composée majoritairement de sémillon, l'un des cépages blancs pouvant donner parmi les plus beaux vins secs de l'Australie. Il en résulte un blanc au nez marqué par la présence du sauvignon blanc, dû à ses parfums de buis et de fruit de la passion. La bouche suit avec une ampleur

et une suavité dignes du sémillon, équilibrées par la fraîcheur classique de son collègue, terminant sur une longue finale vivifiante et expressive. Un bel ajout au rayon des spécialités **Cépages :** sauvignon blanc, sémillon. **Alc./**13 % **(Capsule à vis)**
www.amberleyestate.com.au

☛*Servir entre 2007 et 2010, à 14 °C*

 Salade de saumon fumé et vinaigrette au miel, filet de porc au miel et aux poires ou poulet au gingembre et à l'ananas.

Sauvignon Blanc Kim Crawford 2006
MARLBOROUGH, KIM CRAWFORD WINES, NOUVELLE-ZÉLANDE

18,65 $	SAQ C (10327701)	★★☆?☆ $$	Modéré+

Un sauvignon néo-zélandais aux tonalités plus mûres et plus mentholées que la majorité des blancs de ce cépage offert à ce prix. Belle présence en bouche, presque sucrée (sans sucre), à l'acidité presque discrète et aux saveurs jouant dans la sphère des fruits exotiques, spécialement du côté de la papaye et du fruit de la passion. Un ixième néo-zélandais obturé par une efficace capsule à vis, comme 90 % des vins mis en bouteilles en Nouvelle-Zélande. **Cépage :** sauvignon blanc. **Alc./**13 % **(Capsule à vis)**
www.kimcrawfordwines.co.nz

☛*Servir entre 2007 et 2008, à 12 °C*

 Minibrochettes de crevettes au basilic, poireaux braisés à la menthe, salade de demi-bulbes de fenouil grillés surmontés de fromage de chèvre chaud ou morue poêlée et salade de fenouil cru à l'orange.

Viognier Cono Sur Visión 2006
VALLE DE COLCHAGUA, VIÑA CONO SUR, CHILI *(DISP. AUTOMNE 07)*

18,85 $	SAQ S (10694296)	★★★ $$	Modéré+

■ NOUVEAUTÉ! Une nouveauté chilienne d'une fraîcheur et d'une élégance rarissime chez les viogniers cultivés sous les climats chauds et ensoleillés situés à l'extérieur de Condrieu, son lieu de prédilection. Belle verticalité pour un viognier, cépage donnant habituellement des vins gras et généreux – les harmonies proposées pour ce vin seront donc différentes de celles suggérées généralement pour un viognier. Un vin droit et élancé, à la verticale, qui projette une vitalité saisissante, au corps aérien, tout en étant prenant, et aux saveurs longues et précises d'agrumes et de pomme. Il faut dire qu'il est issu de ceps de viognier qui ont été greffés, en 1997, sur des vieilles vignes de chenin blanc de plus de cinquante ans d'âge, sur un terroir rocailleux, dans un micro-climat légèrement plus frais. Ceci explique cela. **Cépage :** viognier. **Alc./**14 % **(Capsule à vis)**
www.conosur.com

☛*Servir entre 2007 et 2009, à 12 °C*

 Apéritif, canapés de saumon fumé et à l'aneth, minibrochettes de crevettes au basilic, fettucine au saumon fumé et à l'aneth ou vol-au-vent de crevettes au Pernod.

Sauvignon Blanc Mount Nelson 2006 ♥
MARLBOROUGH, TENUTA CAMPO DI SASSO, NOUVELLE-ZÉLANDE *(DISP. OCT. 07)*

18,95 $	SAQ S (10748469)	★★★ $$	Modéré+

■ NOUVEAUTÉ! Parfumé, croquant et saisissant, voilà un sauvignon néo-zélandais au profil quasi identique à celui des sancerres d'entrée de gamme. Il faut dire qu'il provient de la nouvelle propriété de Lodovico Antinori, l'homme qui a mis au monde l'Ornellaia et le Masseto, grandissimes crus italiens de Bolgheri. Il s'était d'ailleurs fait la main avec le sauvignon en y élaborant, en Toscane, le très beau blanc Poggio Alle Gazze (commenté à quelques reprises dans les premières éditions de *La Sélection Chartier*). Du mordant, de l'élan et des saveurs expressives, mais sans aucune note exotique ou végétale. Que de la fraîcheur (agrumes, pomme et fleurs)! **Cépage :** sauvignon blanc. **Alc./**13 % **(Capsule à vis)** www.campodisasso.it

☛ *Servir entre 2007 et 2009, à 12 °C*

 Avocats farcis aux crevettes et aux asperges, crêpes fines aux asperges et au saumon fumé, fusilli au saumon, saumon grillé à la cajun et salsa d'ananas ou salade de fromage Sainte-Maure tiède (C*).

Sauvignon Blanc Wild South 2006

MARLBOROUGH, WILD SOUTH VINEYARDS, NOUVELLE-ZÉLANDE *(DISP. OCT./NOV. 07)*

18,95 $	SAQ S (10826383)	★★☆?☆ $$	Modéré

■ NOUVEAUTÉ! Un sauvignon néo-zélandais exotique et expressif, exhalant des notes de papaye, de menthe fraîche et de pample-mousse rose, à la bouche croquante, juteuse et saisissante, tout en étant presque suave et satinée. À boire jusqu'à plus soif. **Cépage :** sauvignon blanc. **Alc./**13 % **(Capsule à vis)** www.wildsouthwines.co.nz

☛ *Servir entre 2007 et 2008, à 12 °C*

 Apéritif, fusilli au saumon, lasagne de poissons au pesto (R*) ou tomates farcies au thon (avec céleri et persil) (R*).

Chardonnay Rodney Strong 2005

SONOMA COUNTY, RODNEY STRONG VINEYARDS, ÉTATS-UNIS

19 $	SAQ S (10544714)	★★★ $$	Corsé

■ NOUVEAUTÉ! Si vous aimez les chardonnays exotiques, ronds et généreux à la californienne, vous serez conquis par celui de Rodney Strong. Du nez, laissant échapper des notes d'ananas, de miel et de vanille. De l'ampleur, dévoilant une texture moelleuse. Rien de neuf mais drôlement efficace pour le style et le prix. **Cépage :** chardonnay. **Alc./**13,5 % www.rodneystrong.com

☛ *Servir entre 2007 et 2008, à 14 °C*

Pilaf de poulet et d'agrumes (R*), sauté de porc à l'asiatique au jus d'ananas (R*), magret de canard et radicchio aux pommes et à l'érable (R*) ou dinde rôtie à l'ananas (R*).

Sauvignon Blanc Saint Clair 2006 ♥

MARLBOROUGH, SAINT CLAIR ESTATE WINES, NOUVELLE-ZÉLANDE

19 $	SAQ S (10382639)	★★★?★ $$	Modéré+

■ NOUVEAUTÉ! Un néo-zélandais, sous une efficace capsule à vis, comme 90 % des vins mis en bouteilles en Nouvelle-Zélande, au nez on ne peut plus expressif, aux notes saisissantes et épurées, d'une fraîcheur unique, exhalant des effluves aux tonalités anisées et fruitées, rappelant le basilic, le persil, la menthe, la lime et la pomme, à la bouche invitante au possible, vivifiante et presque dense, aux saveurs qui ont de l'éclat et de l'allonge. Une révélation! **Cépage :** sauvignon blanc. **Alc./**13 % **(Capsule à vis)** www.saintclair.co.nz

☛ *Servir entre 2007 et 2009, à 12 °C*

Canapés de saumon fumé et à l'aneth, moules au jus de persil (R*), pétoncles poêlés au jus de persil simple (C*), avocats farcis aux crevettes et aux asperges ou pasta au citron, asperges et basilic frais (le basilic pourrait aisément être remplacé par de l'aneth frais, de la menthe fraîche ou des branches de fenouil).

Natoma « Easton » 2000

SIERRA FOOTHILLS, EASTON, ÉTATS-UNIS *(DE RETOUR OCT./NOV. 07)*

19,35 $	SAQ S (882571)	★★★☆ $$	Corsé

Rares sont les blancs matures à être mis en marché à la SAQ. Donc un 2000 à ne pas laisser filer, offrant un nez d'une grande distinction, aux effluves raffinés, exhalant des tonalités de miel, de fleurs blanches et de pâte d'amandes, avec un arrière-plan aux relents subtils de menthe et de buis, à la bouche à la fois fraîche et satinée, marquée par une belle patine que les quelques années de bouteilles lui ont procurée avec grâce. On croirait déguster un grand cru de Bordeaux! Et ce, pour une bouchée de pain...

Cépages : 60 % sauvignon blanc, 40 % sémillon. **Alc./**13,5 % www.eastonwines.com www.terrerougewines.com

☛ *Servir entre 2007 et 2010, à 14 °C*

Tomates cocktail au tartare de pétoncles (R*), rosaces de saumon et de pommes de terre (R*), pétoncles grillés et anguille fumée à la crème de céleri. Fromages : pouligny-saint-pierre, sainte-maure (mi-sec) ou serra da estral Casa Matias (Portugal).

The Hermit Crab « d'Arenberg » 2005

MCLAREN VALE, D'ARENBERG, AUSTRALIE *(DISP. NOV. 07)*

19,35 $	SAQ S (10829269)	★★★ $$	Corsé

■ NOUVEAUTÉ! Les viogniers *aficionados* seront conquis par cet ultra-aromatique, complexe et prenant assemblage provenant de l'un des domaines de référence du *down under*. De l'expression à revendre, de la texture, du moelleux, mais aussi de la fraîcheur et de l'élan, dans un ensemble nourri, laissant deviner de longues saveurs de pêche et de fleurs. Tout comme les très bons The Money Spider et The Stump Jump (aussi commentés), ce nouveau blanc australien a été dégusté en primeur en août 2007, et devait être mis en marché le 8 ou le 22 novembre 2007, via le spécial Australie & Afrique du Sud du magazine promotionnel de la SAQ *Cellier*. **Cépages :** viognier, marsanne. **Alc./**13,5 % **(Capsule à vis)** www.darenberg.com.au

☛ *Servir entre 2007 et 2010, à 14 °C*

Escalopes de porc à la salsa fruitée, filet de poisson blanc en croûte de gingembre, pilaf de poulet et d'agrumes (R*), fricassée de poulet à l'asiatique ou sandwich « pita » au poulet et au chutney de mangue. Fromages : pied-de-vent, saint-basile ou Sir Laurier (jeune).

Sauvignon Blanc Jackson Estate 2006

MARLBOROUGH, JACKSON ESTATE, NOUVELLE-ZÉLANDE

19,85 $	SAQ S (10383543)	★★★ $$	Modéré+

■ **NOUVEAUTÉ!** Croquant et mordant, voilà un sauvignon on ne peut plus classique des vins de ce petit pays devenu l'une des références du Nouveau Monde pour la grande fraîcheur et l'expressivité de ses vins blancs et rouges. De l'éclat, du corps, de l'élan, des saveurs pures et précises, jouant dans la sphère de l'asperge et du bourgeon de cassis, avec une touche de fruit de la passion. **Cépage :** sauvignon blanc. **Alc./**13 % **(Capsule à vis)** www.jacksonestate.co.nz

☛ *Servir entre 2007 et 2009, à 12 °C*

 Avocats farcis aux crevettes et aux asperges, crêpes fines aux asperges et au saumon fumé ou saumon grillé à la cajun et salsa d'ananas.

Chardonnay Tohu « Unoaked » 2006

MARLBOROUGH, TOHU WINES, NOUVELLE-ZÉLANDE *(DISP. NOV. 07)*

19,95 $	SAQ S (10826121)	★★★ $$	Modéré+

■ **NOUVEAUTÉ!** Pour un chardonnay non boisé (*unoaked*), ce blanc néo-zélandais se montre étonnamment texturé, satiné et enveloppant, tout en exprimant une fraîcheur et une vitalité typique des vins fermentés et élevés en cuves inox. Très beau, engageant et inspirant, légèrement plus réussi que le tout aussi nouveau Sauvignon Blanc Tohu (aussi recommandé en primeur dans ce guide). **Cépage :** chardonnay. **Alc./**13,5 % **(Capsule à vis)** www.tohuwines.co.nz

☛ *Servir entre 2007 et 2010, à 12 °C*

 Brochettes de poulet et de crevettes à la salsa d'ananas, coulibiac de saumon ou fettucine au saumon fumé.

Sauvignon Blanc Tohu 2006

MARLBOROUGH, TOHU WINES, NOUVELLE-ZÉLANDE *(DISP. NOV. 07)*

19,95 $	SAQ S (10826156)	★★☆ $$	Modéré+

■ **NOUVEAUTÉ!** On ne peut plus classiquement néo-zélandais, avec ses parfums de kiwi, de lime et d'asperge, et grâce à sa bouche vivifiante et satinée, droite et élancée, laissant apprécier des notes de pomme verte et de citron. Pour saisir l'esprit des blancs de ce cépage cultivé dans son terroir de prédilection, pour ce qui est des pays Nouveau Monde. **Cépage :** sauvignon blanc. **Alc./**13,5 % **(Capsule à vis)** www.tohuwines.co.nz

☛ *Servir entre 2007 et 2009, à 14 °C*

 Apéritif, fettucine au saumon fumé et à l'aneth, truite et purée de céleri-rave ou escargots à la crème de persil.

Sauvignon Blanc Churton 2006

MARLBOROUGH, CHURTON, NOUVELLE-ZÉLANDE

20,40 $	SAQ S (10750091)	★★★ $$	Modéré+

■ **NOUVEAUTÉ!** Subtilement aromatique (buis, menthe et pamplemousse rose), raffiné, satiné et presque enveloppant, voilà un néo-zélandais plutôt singulier. De l'esprit, de l'allocution et du plaisir à boire. **Cépage :** sauvignon blanc. **Alc./**13,5 %

☛ *Servir entre 2007 et 2009, à 14 °C*

 Risotto de crevettes au basilic, frites de panais sauce au yogourt et au cari ou pasta au citron, asperges et basilic frais.

Chardonnay Plunkett Blackwood Ridge « Unwooded » 2006

CENTRAL VICTORIA, PLUNKETT WINES, AUSTRALIE

20,80 $	SAQ S (10339171)	★★★ $$	Modéré+

À nouveau une réussite pour ce blanc non boisé, engageant et très frais, bouche tout aussi fraîche que le nez et passablement ample, d'une certaine générosité, aux saveurs persistantes. Les amateurs las du goût boisé de 2X4, mais recherchant quand même le fruité solaire du Nouveau Monde, seront comblés. **Cépage :** chardonnay. **Alc./**14 % **(Capsule à vis) www.plunkett.com.au**

☛ *Servir entre 2007 et 2009, à 14 °C*

 Rouleaux de printemps au thon et à la sauce citron-soja, coulibiac de saumon ou fricassée de poulet aux champignons.

The Money Spider « d'Arenberg » 2006

MCLAREN VALE, D'ARENBERG, AUSTRALIE *(DISP. NOV. 07)*

22,40 $	SAQ S (10748397)	★★★?☆ $$	Corsé

■ NOUVEAUTÉ! Dégustée en primeur en août 2007, cette nouveauté devait être mise en marché le 8 ou le 22 novembre 2007, via le spécial Australie & Afrique du Sud du magazine promotionnel de la SAQ *Cellier*. Une rarissime roussanne australienne à 100 %, vinifiée avec doigté et retenue par la famille Osborn – rien à voir avec Ozzy... –, se montrant d'une grande subtilité aromatique, tout comme d'une ampleur et d'une plénitude larges en bouche, sans lourdeur, typique de ce grand cépage rhodanien, engendrant parmi les plus grands blancs secs de France sur le coteau de l'Hermitage, comme à Châteauneuf-du-Pape (Beaucastel Vieilles Vignes) et dans les Baux de Provence (Trévallon). Frangipane, fleurs jaunes et poire participent au cocktail de saveurs. **Cépage :** roussanne. **Alc./**13,5 % **(Capsule à vis) www.darenberg.com.au**

☛ *Servir entre 2007 et 2012, à 14 °C et oxygéné en carafe 15 minutes*

 Fricassée de poulet au gingembre et au sésame, lapin à la crème moutardée (C*) ou mignon de porc mangue-curry (C*). Fromages : brie farci au cœur d'une poêlée de champignons, pied-de-vent ou comté (12 mois d'affinage).

Semillion Woodcutter's Torbreck 2004

BAROSSA VALLEY, TORBRECK VINTNERS, AUSTRALIE

23,70 $	SAQ S (10662999)	★★★☆ $$	Corsé

Vous voulez découvrir la richesse et l'ampleur des meilleurs sémillons australiens, cépage qui atteint des sommets inégalés en Australie, mais trop rarement mis en vente à la SAQ? Alors, courez acquérir quelques flacons de celui de Torbreck, l'un des producteurs les plus novateurs et émérites du *down under*, dont les rouges atteignent l'apogée de la production australienne. Quel vin! De la couleur, or fluo. Du nez, riche et complexe, laissant deviner des effluves d'abricot, de miel et de musc. Bouche large, pleine et volumineuse, mais avec une fraîcheur rarissime dans ce coin du monde, donnant de l'élan aux saveurs, qui terminent longuement sur des tonalités de narcisse, d'aubépine, d'ananas et de miel. Du solide. **Cépage :** sémillon blanc. **Alc./**14,5 % **(Capsule à vis) www.torbreck.com**

☛*Servir entre 2007 et 2012, à 14 °C*

 Saumon fumé sauce au miel, thon grillé à l'huile de basilic et salade de roquette, poulet au gingembre et à l'ananas, côtes levées à l'anis et à l'orange ou filet de porc au miel et aux poires.

Chardonnay Clos du Bois « Calcaire » 2005

RUSSIAN RIVER VALLEY, CLOS DU BOIS WINERY, ÉTATS-UNIS *(DISP. FÉVR. 08)*

25,45 $	SAQ S (10697278)	★★★?☆ $$	Corsé

■ NOUVEAUTÉ! Franchement meilleur et plus harmonieux que la majorité des rouges de Clos du Bois (commentés dans le Répertoire). Excellente qualité pour le prix, offrant fraîcheur et complexité aromatiques, ampleur et persistance en bouche, sans lourdeur et sans boisé dominant, tout en étant présent. Poire et pâte d'amandes participent au cocktail de saveurs. Dommage que leurs rouges soient toujours aussi boisés et vanillés, presque mous tant la texture est veloutée et l'acidité absente. **Cépage :** chardonnay. **Alc./**14,5 % **www.closdubois.com**

☛*Servir entre 2008 et 2011, à 14 °C*

 Salade de poulet au sésame et au gingembre, poulet au miel et à la moutarde ou brochettes de poulet et de crevettes à la salsa d'ananas.

Sauvignon Blanc Isabel 2005

MARLBOROUGH, ISABEL ESTATE VINEYARD, NOUVELLE-ZÉLANDE *(DISP. OCT./NOV. 07)*

26,75 $	SAQ S (10826439)	★★★?☆ $$	Corsé

■ NOUVEAUTÉ! Contrairement à la majorité des sauvignons blancs néo-zélandais offerts au Québec, ce futur arrivage est en partie fermenté et élevé en barriques de chêne, ce qui lui procure un profil plus nourri et des parfums moins exotiques, jouant plus dans la sphère des fruits à chair blanche, ainsi que des fruits secs grillés. Belle matière, boisé intégré et dosé avec retenue, saveurs expansives et acidité très fraîche comme il se doit. Du sérieux. **Cépage :** sauvignon blanc. **Alc./**12,5 % **(Capsule à vis) www.isabelestate.com**

☛*Servir entre 2007 et 2011, à 14 °C et oxygéné en carafe 15 minutes*

Saumon confit dans l'huile d'olive et orzo à la bette à carde (R*) ou brochettes de poulet et de crevettes sauce moutarde et miel.

Enigma 2005

SIERRA FOOTHILLS, DOMAINE DE LA TERRE ROUGE, ÉTATS-UNIS *(DISP. OCT./NOV. 07)*

28,50 $	SAQ S (921593)	★★★☆ $$$	Puissant

Avec cet éclatant et généreux 2005, suite au style légèrement plus frais du 2004 (commenté dans *La Sélection 2007*), Enigma revient au profil qui avait fait sa marque de commerce, si je puis dire, jusqu'au millésime 2003. Il en résulte donc un blanc sec débordant de fruits, plein, ample, moelleux à souhait, tout en étant rafraîchi par une judicieuse et discrète acidité, terminant dans un feu d'artifice, provoqué par l'omniprésence du cépage viognier, de saveurs rappelant la pêche, les fleurs jaunes, et le melon. Du sérieux, pour affronter avec maestria les plats les plus complexes et difficiles à harmoniser. **Cépages :** 49 % marsanne, 28 % viognier, 23 % roussanne. **Alc./**14,5 % www.terrerougewines.com

☛ *Servir entre 2007 et 2011, à 14 °C*

Brochettes de porc mariné et salsa de fruits, poulet laqué au piment, saumon grillé à l'harissa et pommes de terre crémeuses à la coriandre ou filet de porc au miel et aux poires. Fromage : à croûte lavée farci de noix grillées et d'un sirop de miel épicé aux sept-épices (farce préalablement macérée quelques jours au centre du fromage).

Sauvignon Blanc « Redwood Ranch » Gary Farrell 2006

SONOMA COUNTY, GARY FARRELL, ÉTATS-UNIS *(DISP. OCT./NOV. 07)*

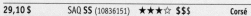

| 29,10 $ | SAQ **SS** (10836151) | ★★★☆ **$$$** | Corsé |

■ NOUVEAUTÉ! Ce sauvignon blanc californien étonne, tant sa pureté est cristalline et sa fraîcheur saisissante. On se croirait à mi-chemin entre le style aérien et minéral des vins de Sancerre et de la Nouvelle-Zélande. Croquant, parfumé, vitalisant et persistant à souhait, laissant de longues traces anisées de basilic et de menthe, ainsi que des notes d'agrumes rappelant la lime et le pamplemousse. Dépêchez-vous, car il n'y aura que 28 caisses au Québec, sur les 56 caisses allouées pour le Canada. **Cépage :** sauvignon blanc. **Alc./**14,1 % www.garyfarrellwines.com

☛ *Servir entre 2007 et 2010, à 14 °C*

Pasta au citron, asperges et basilic frais, risotto de crevettes au basilic, escargots à la crème de persil, pétoncles poêlés au jus de persil simple (C*) ou filet de truite saumonée à l'huile de basilic.

Chardonnay Scotchmans Hill 2006

GEELONG, SCOTCHMANS HILL VINEYARDS, AUSTRALIE *(DISP. NOV./DÉC. 07)*

| 29,30 $ | SAQ **S** (10289277) | ★★★☆ **$$$** | Corsé |

■ NOUVEAUTÉ! Parfait pour faire la paire avec l'excellent Pinot Noir du même nom (salué depuis quelques millésimes dans les éditions de *La Sélection*), ce blanc australien se rapproche beaucoup du style frais et saisissant bourguignon, tout en possédant l'ampleur, la richesse et l'épaisseur veloutée des chardonnays du Nouveau Monde. Superbe harmonie d'ensemble, saveurs éclatantes (ananas, fraise, caramel et beurre frais) et générosité de corps sont au rendez-vous de cette nouveauté à venir en fin d'année 2007. **Cépage :** chardonnay. **Alc./**13,5 % **(Capsule à vis)** www.scotchmanshill.com.au

☛ *Servir entre 2007 et 2011, à 17 °C*

Dinde rôtie à l'ananas (R*), sauté de porc à l'asiatique au jus d'ananas (R*) ou brochettes de poulet et de crevettes à la salsa d'ananas. Fromage : à croûte fleurie farci de fraises et estragon (farce préalablement macérée quelques jours au centre du fromage).

Chardonnay Rustenberg
« Five Soldiers » 2005

STELLENBOSCH, RUSTENBERG WINES, AFRIQUE DU SUD *(DISP. FIN FÉVR. 08)*

38 $	SAQ *Courrier vinicole* ★★★★ $$$	Corsé
	(10857091)	

■ NOUVEAUTÉ! Très grand blanc sud-africain – qui devrait être distribué via le *Courrier vinicole* de la SAQ, spécial « Grands vins du monde », en début d'année 2008 –, rappelant les meilleurs premiers crus de Meursault, spécialement le Meursault Genevrière. Son prix plus qu'abordable (il était annoncé à 38 $, si notre dollar se maintient...), comparativement aux grands bourgognes blancs, fait de lui un incroyable rapport qualité-prix. Donc, un vin expressif et profondément complexe, exhalant de riches effluves de poire chaude, de noisette et de miel, à la bouche pleine et volumineuse, mais marquée par une superbe retenue française, qui tend le vin dans le temps. Boisé luxueux et intégré avec brio, acidité discrète mais bien présente, et minéralité de fin de bouche qui le singularise devant les autres blancs du Nouveau Monde. Il faut dire qu'il provient de l'historique domaine Rustenberg, fondé en 1682, d'une parcelle en coteau au sol de granite décomposé, dont le tout aussi remarquable rouge Rustenberg « Peter Barlow » 2004 (coup de cœur de ce guide, voir commentaire détaillé) sera aussi mis en marché à l'automne 2007. **Cépage :** chardonnay. **Alc./**14 % **www.rustenberg.co.za**

☛ *Servir entre 2007 et 2015, à 14 °C et oxygéné en carafe 15 minutes*

Pétoncles poêlés et salade de champignons portabello sautés et de copeaux de parmesan (vinaigrette à la moutarde) ou ris de veau saisis aux champignons sauvages à la crème et parfum de vermouth (C*).

RÉPERTOIRE ADDITIONNEL

Sachez que les vins des Répertoires qui font l'objet d'une description détaillée, certes de façon concise, sont ou seront disponibles à un moment ou un autre dans les mois suivant la parution de cette douzième édition. Ceux qui sont seulement répertoriés risquent de ne plus être disponibles au moment où vous lirez ces lignes, mais vous permettront de connaître mon appréciation sur cinq étoiles. Soyez vigilant, car certains de ces vins pourraient faire l'objet d'un nouvel arrivage au cours de l'automne 2007 et des premiers mois de 2008, et ce, dans le même millésime proposé. Pour de plus amples informations sur les cépages des vins, ainsi que leur origine et leur élaboration, n'hésitez pas à consulter le **site Internet** de chaque domaine.

Sauvignon Blanc Porcupine Ridge 2006
COASTAL REGION, BOEKENHOUTSKLOOF WINES, AFRIQUE DU SUD
14,25 $ SAQ S (592881)   ★★☆ $$ Léger+
Très réussi pour son prix, exprimant des notes anisées fraîches au possible, à la bouche sèche, croquante et revitalisante. **Alc./**12,5 % **(Capsule à vis)** www.vinimark.co.za ■ *Frittata au basilic et au saumon.*

Sauvignon Blanc Araucano Reserva 2006
VALLE CENTRAL, HACIENDA ARAUCANO, JACQUES & FRANÇOIS LURTON, CHILI
15,35 $ SAQ S (10692688)   ★★ $$ Léger+
■ NOUVEAUTÉ! Une aubaine que représente ce festif et texturé sauvignon chilien, d'une belle fraîcheur, au corps à la fois saisissant et aérien, des plus digestes, qui laisse deviner des notes anisées. **Alc./**13 % **(Capsule à vis)** www.jflurton.com ■ *Pasta au citron avec quelques tronçons d'asperges et basilic frais.*

Pinot Blanc Mission Hill 2006
OKANAGAN VALLEY VQA, MISSION HILL VINEYARDS, CANADA
15,45 $ SAQ C (300301)   ★☆ $$ Modéré
Simple, frais, coulant et modéré, aux saveurs de pomme poire. **Alc./**12 % **www.missionhillwinery.com** ■ *Éperlans frits sauce tartare ou quiche au Valbert et asperges (R*).*

Chardonnay Boschendal 2005
COASTAL REGION, BOSCHENDAL WINERY, AFRIQUE DU SUD
15,95 $ SAQ S (935833)   ★★★ $$ Modéré+
Une aubaine au nez très fin et passablement riche, à la bouche à la fois ample et fraîche, qui n'est surtout pas gommée par le boisé qui est plutôt très discret. Elle sera suivie du 2006 qui s'est positionné dans le *Top Ten* de la compétition des Chardonnays du Monde en 2007. **Alc./**14 % **www.boschendalwines.com** ■ *Salade de champignons portabello et parmesan.*

Chardonnay Koonunga Hill 2005
SOUTH EASTERN AUSTRALIA, PENFOLDS WINES, AUSTRALIE
15,95 $ SAQ C (321943)   ★★☆ $$ Modéré+
Un Koonunga 2005 plus aromatique, plus engageant et plus loquace que ne l'était le plutôt discret et simple 2004. **Alc./**13,5 % **www.penfolds.com** ■ *Sauté de porc à l'asiatique au jus d'ananas (R*).*

Sauvignon Blanc Canyon Road 2005
CALIFORNIA, CANYON ROAD WINERY, ÉTATS-UNIS
16,30 $ SAQ S (439026)   ★★★ $$ Modéré
Un sauvignon sec et des plus *crispy*, aux parfums saisissants, à la bouche épurée et rafraîchissante, ayant gagné en satiné et en texture, ainsi qu'en complexité et en définition, depuis l'été 2006. **Alc./**13 % **www.canyonroadwinery.com**

Chardonnay Reserva Casa Lapostolle 2005
VALLE DE CASABLANCA, CASA LAPOSTOLLE, CHILI
17,15 $ SAQ S (10260711)   ★★☆ $$ Corsé
On ne peut plus chilien comme approche, avec du gras, des rondeurs généreuses et des saveurs mûres de poire, de noix de coco et de vanille. **Alc.**/14,5 % www.casalapostolle.com

Chardonnay Wente « San Francisco Bay » 2004
LIVERMORE VALLEY, WENTE VINEYARDS, ÉTATS-UNIS
19,35 $ SAQ S (10754084)   ★★★ $$ Corsé
■ **NOUVEAUTÉ!** Moelleux, dodu, rond et vanillé à souhait, voilà un autre chardonnay américain on ne peut plus californien. Ananas, beurre et vanille signent le cocktail de saveurs. **Alc.**/13,5 % **www.rodney strong.com** ■ *Dinde rôtie à l'ananas (R*).*

Sauvignon Blanc Sacred Hill 2006
MARLBOROUGH, SACRED HILL WINES, NOUVELLE-ZÉLANDE *(DISP. OCT./NOV. 07)*
19,95 $ SAQ S (10826367)   ★★?☆ $$ Modéré
■ **NOUVEAUTÉ!** Un néo-zélandais au nez étonnamment retenu, mais à la bouche vivifiante, droite et épurée, sur la lime et ou pomme verte. **Alc.**/13 % (**Capsule à vis**) www.sacredhill.com ■ *Apéritif, sushis variés au gingembre rose.*

Pastiche 2004
CALIFORNIA, JOSEPH PHELPS VINEYARDS, ÉTATS-UNIS
20,35 $ SAQ S (880468)   ★★★ $$ Corsé
(Voir commentaire détaillé dans *La Sélection 2007*)

Chardonnay Seifried 2005
NELSON, SEIFRIED ESTATE, NOUVELLE-ZÉLANDE
21,55 $ SAQ S (10383201)   ★★★ $$ Corsé
Les plats rehaussés de curcuma, de cumin et de coriandre seront en parfaite osmose avec un chardonnay passablement gras, mais doté d'une acidité vivifiante, comme ce néo-zélandais aromatique, généreux, frais et persistant. **Alc.**/14 % www.seifried.co.nz

Pinot Gris King Estate 2004
OREGON, KING ESTATE WINERY, ÉTATS-UNIS
21,85 $ SAQ S (10353740)   ★★★ $$ Modéré+

Sémillon L'École Nº 41 2005
COLUMBIA VALLEY, L'ÉCOLE Nº 41, ÉTATS-UNIS
23,05 $ SAQ SS (10707077)   ★★★ $$ Modéré+
■ **NOUVEAUTÉ!** Le coup de cœur de l'État de Washington est sans contredit ce tapissant et mellifère sémillon qui tapisse le palais d'une patine mellifère et satinée à souhait. Un blanc sec, ample, épuré, sans boisé dominant, à l'acidité timide, qui laisse place au moelleux et aux saveurs. **Alc.**/14,3 % www.lecole.com ■ *Brochettes de poulet et de crevettes sauce moutarde et miel.*

Chenin Blanc/Viognier Pine Ridge 2006
NAPA VALLEY, PINE RIDGE WINERY, ÉTATS-UNIS
23,70 $ SAQ S (898460)   ★★★ $$ Modéré+
Juteux, ample et frais, voilà un chenin dont les angles ont été arrondis par un assemblage avec un viognier presque sucré (sans sucre). Un vin de charme, à la texture suave, à l'acidité discrète et aux saveurs un brin exotiques. **Alc.**/12,2 % (**Capsule à vis**) www.pineridgewinery.com ■ *Saumon grillé à la cajun et salsa d'ananas.*

Chardonnay Heggies Vineyard 2005
EDEN VALLEY, YALUMBA EDEN VALLEY, AUSTRALIE
23,80 $ SAQ S (10344801)   ★★★?☆ $$ Corsé
Un australien qui a trouvé son équilibre, alternant entre la fraîcheur européenne et l'onctuosité solaire. Le nez est fort complexe, tandis que la bouche suit avec élan, compacité et même une certaine tension pour un vin du *down under*. Beau travail. **Alc.**/14,5 % www.heggiesvineyard.com

Chardonnay Sanford 2004
SANTA BARBARA COUNTY, SANFORD WINERY, ÉTATS-UNIS
23,85 $ SAQ S (10298921)   ★★★?☆ $$ Corsé
Voilà un excellent chardonnay californien, sans lourdeur et sans mollesse,
aux saveurs expressives et complexes, à la texture presque moelleuse,
mais harmonieusement rafraîchie. **Alc./**14,5 % **www.sanfordwinery.com**
■ *Saumon sauce chardonnay.*

Chardonnay Amayna 2004
VALLE SAN ANTONIO-LEYDA, VIÑA GARCÉS SILVA, CHILI
23,95 $ SAQ S (10692549)   ★★★ $$ Corsé+
■ NOUVEAUTÉ! Tout comme le Pinot Noir Amayna (aussi commenté), ce
chardonnay se montre sous profil très californien, c'est-à-dire au nez très
riche et généreusement boisé, au fruité très mûr, à la bouche pleine et
onctueuse. Pour amateur de gros blancs... **Alc./**14,8 % **www.amayna.ca**
■ *Curry de poulet.*

Chardonnay Adams Road Vasse Felix 2005
MARGARET RIVER, VASSE FELIX, AUSTRALIE
25,05 $ SAQ S (10249854)   ★★★☆ $$$ Modéré+

Sauvignon Blanc St. Supéry 2006
NAPA VALLEY, ST. SUPÉRY VINEYARDS & WINERY, ÉTATS-UNIS *(DISP. OCT./NOV. 07)*
26,10 $ SAQ S (10352608)   ★★★ $$ Modéré+
Un sauvignon californien on ne peut plus aromatique et classique, un
brin anisé, à la bouche à la fois ample et fraîche, croquante et texturée.
Alc./13,5 % **www.stsupery.com**

Chardonnay Canoe Ridge Estate 2004
COLUMBIA VALLEY, CHÂTEAU STE MICHELLE, ÉTATS-UNIS
26,60 $ SAQ SS (10749656) ★★★ $$$ Modéré+
■ NOUVEAUTÉ!

Chardonnay Luca 2005
ALTOS DE MENDOZA, LUCA WINERY, ARGENTINE
26,60 $ SAQ S (10692451)   ★★★ $$$ Corsé
■ NOUVEAUTÉ! Ce chardonnay argentin provient du domaine personnel de
Laura Catena, vice-présidente de la grande maison Catena. Il résulte en
un blanc sec au profil californien, mais avec une belle tenue européenne.
Donc, un chardonnay au fruité passablement mûr, d'une bonne intensité,
au boisé modéré, tout en étant présent, à l'acidité discrète, au corps
plein et dense. **Alc./**13,5 % **www.catenawines.com**

Fumé Blanc Robert Mondavi 2005
NAPA VALLEY, ROBERT MONDAVI WINERY, ÉTATS-UNIS
26,75 $ SAQ S* (221887)   ★★★ $$$ Corsé
Quel nez et quelle présence en bouche! Finesse et richesse s'y côtoient,
ainsi que générosité et vitalité. Du bel ouvrage à se mettre sous la dent
avec les mets dominés par des ingrédients anisés. **Alc./**13,5 % **www.
robertmondaviwinery.com**

Riesling Eroica 2005
COLUMBIA VALLEY, CHÂTEAU STE MICHELLLE & DR. LOOSEN, ÉTATS-UNIS
27,50 $ SAQ S (10749681)   ★★★ $$$ Modéré
■ NOUVEAUTÉ! Les amateurs de rieslings bâtis sur mesure pour des
accords avec les cuisines asiatiques épicées ne seront pas en reste avec
l'éclatant Riesling Eroica 2005, presque sec, même s'il contient des sucres
résiduels, au nez expressif et très caractérisé des blancs germaniques,
à la bouche à la fois ample et élancée, vive et texturée. **Alc./**12,5 %
(Capsule à vis) www.ste-michelle.com ■ *Cuisines asiatiques épicées, cuisine sichuanaise ou cuisine thaï.*

Chardonnay L'École N° 41 2005
COLUMBIA VALLEY, L'ÉCOLE N° 41, ÉTATS-UNIS
28,50 $ SAQ SS (10707190) ★★★ $$$ Modéré+
■ NOUVEAUTÉ! Un beau chardonnay américain, sans esbroufe, au fruité
très frais, au corps modéré et au boisé subtilement intégré au cœur du
vin. **Alc./**14,2 % **www.lecole.com** ■ *Rôti de porc et pommes caramélisées.*

Sauvignon Blanc Cakebread 2005
NAPA VALLEY, CAKEBREAD CELLARS, ÉTATS-UNIS
30,25 $ SAQ S (10209810)   ★★★☆ $$$ Corsé

Chardonnay Kumeu River 2004
KUMEU, KUMEU RIVER WINERY, NOUVELLE-ZÉLANDE
31,25 $ SAQ S (10281184)   ★★★☆ $$$ Corsé
Un vin sec à la fois très frais et mûr, expressif et boisé, à la bouche écla-
tante, vivifiante, pleine, sans excès, satinée, au fruité détaillé et saisissant, tendu par une acidité élancée et par une minéralité revitalisante.
Alc./13,5 % (**Capsule à vis**) **www.kumeuriver.co.nz** ■ *Gravlax de saumon
mariné (C*).*

Chardonnay Overlook 2005
CALIFORNIA, LANDMARK, ÉTATS-UNIS
36,50 $ SAQ SS (972059)   ★★★☆ $$$$ Corsé

BRAN
CABERNE
PRODUCED & BOT
SOU

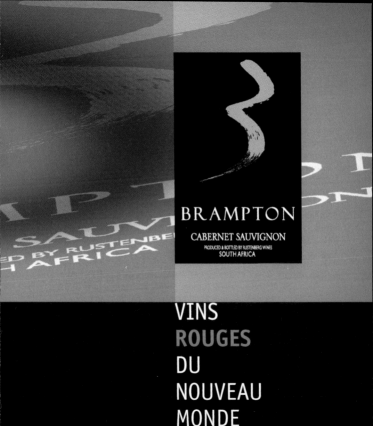

BRAMPTON

CABERNET SAUVIGNON

PRODUCED & BOTTLED BY RUSTENBERG WINES
SOUTH AFRICA

VINS
ROUGES
DU
NOUVEAU
MONDE

Malbec Finca Flichman 2006

MENDOZA, FINCA FLICHMAN, ARGENTINE

8,50 $	SAQ C (10669832)	★☆ $	Modéré+

■ **NOUVEAUTÉ!** Déjà le deuxième millésime à nous parvenir de ce nouveau produit courant argentin apparu à la SAQ en avril 2007, commenté en primeur sur *La CYBER Sélection Chartier*, le guide Internet **www.francoischartier.ca**. Contrairement au premier arrivage du précédent 2005, qui était des plus engageants et pulpeux, ce 2006, à l'image du second arrivage du 2005, est moins riche et moins explosif, mais demeure tout de même passablement agréable en bouche pour un vin de ce prix. Un certain corps, du fruit, sans trop, et des tanins un brin fermes. **Cépage :** malbec. **Alc./**13,5 % **www.flichman.com.ar**

☞ *Servir entre 2007 et 2008, à 16 °C*

 Bifteck à l'ail et aux épices, hamburgers de bœuf à la pommade d'olives noires (olives noires dénoyautées et huile d'olive passées au robot) ou brochettes de bœuf au café noir (voir Filets de bœuf au café noir) (C*).

Cabernet Sauvignon Varela Zarranz 2004

CANELONES, VIÑA VARELA ZARRANZ, URUGUAY

9,45 $	SAQ S* (10295181)	★☆ $	Modéré

■ **NOUVEAUTÉ!** Un très beau cabernet sud-américain – dont les deux premiers arrivages ont disparu à la vitesse grand V –, au profil aromatique rappelant certains bordeaux offerts à plus ou moins treize dollars. Donc, un achat à ne pas manquer, offrant des effluves tout à fait bordelais, rappelant le café, la prune et le poivron, ainsi qu'une bouche d'une certaine ampleur et fraîche, des tanins presque tendres et une texture quasi veloutée. Rien de bien compliqué mais drôlement efficace! **Cépage :** cabernet sauvignon. **Alc./**12,5 % **www.varelazarranz.com**

☞ *Servir entre 2007 et 2009, à 17 °C*

 Rôti de porc aux épices à steak, tranches d'épaule d'agneau grillées sauce au poivre ou filet de bœuf et lanières de poivrons verts et rouges légèrement confits.

Shiraz Astica Superior 2007

SAN JUAN, BODEGAS TRAPICHE, ARGENTINE *(DISP. AUTOMNE 07)*

9,95 $	SAQ C (10394584)	★★?☆ $	Modéré+

Nouveauté saluée en primeur dans la précédente édition de ce guide, avec son savoureux 2005, cette shiraz récidive avec un 2007 – qui prendra la relève du 2006 au courant de l'automne 2007 – tout aussi engageant, sinon plus! De la couleur, du fruit, de l'expression, de l'ampleur, de la générosité, des tanins tendres et des saveurs juteuses, rappelant le bleuet et la prune. Que demander de plus à ce prix? Plus que jamais le meilleur achat chez les vins de shiraz du Nouveau Monde à être offerts sous la barre des 12 $. **Cépage :** shiraz. **Alc./**13,5 % **www.trapiche.com.ar**

☞ *Servir entre 2007 et 2009, à 17 °C*

 Pâtes aux olives noires (C*), lasagne aux saucisses italiennes épicées, rôti de porc aux épices à steak ou bœuf braisé au jus de carotte (R*).

Malbec Trapiche 2006

MENDOZA, LUJAN DE CUYO, BODEGAS TRAPICHE, ARGENTINE

10,25 $	SAQ C (501551)	★★ $	Modéré+

Le millésime 2006 de ce malbec donnera à nouveau du fil à retordre aux vins de la vieille Europe, spécialement aux vins d'entrée de gamme de l'appellation Cahors, tant son rapport qualité-prix est invitant. Vous y dénicherez un rouge coloré, aromatique et fin, ample et enveloppant, aux tanins souples mais dotés d'un certain grain, et aux saveurs longues et expressives, laissant deviner des notes de fruits noirs. **Cépage :** malbec. **Alc./**13,5 % **www.trapiche.com.ar**

☛ *Servir entre 2007 et 2009, à 17 °C*

 Hamburgers au porc et au poivron rouge, côtes levées à l'ail et au romarin ou bœuf à la Stroganov.

Merlot-Pinotage Kumala 2006

WESTERN CAPE, WESTERN WINES, AFRIQUE DU SUD

10,95 $	SAQ C (10489743)	★★ $	Modéré+

Un 2006 franchement plus engageant et enveloppant que ne l'était le 2005, plutôt simple et peu loquace. Donc, un rouge gourmand, juteux, rond et on ne peut plus Nouveau Monde, égrainant des saveurs de confiture de framboises. **Cépages :** merlot, pinotage. **Alc./**13,5 % **www.kumala.com**

☛ *Servir entre 2007 et 2008, à 16 °C*

 Hamburgers de veau à l'italienne (avec oignons rouges, poivrons rouges rôtis et paprika), chili de Cincinnati (R*), côtes levées de bœuf glacées aigres-douces ou pâtes aux saucisses italiennes épicées.

Tannat Toscanini 2004

PASO CUELLO, JUAN TOSCANINI E HIJOS, URUGUAY

11,15 $	SAQ S* (10294866)	★★?☆ $	Modéré+

Un tannat souple et fumé, ample et dodu, avec une certaine fermeté, mais plutôt dans le ton moelleux et velouté. Fruits confits et vanille donnent le ton à cette excellente introduction au tannat, qui représente une véritable aubaine pour faire ses gammes avec ce cépage du sud-ouest français, introduit en Uruguay avec succès. **Cépage :** tannat. **Alc./**12,5 % **www.toscaniniwines.com**

☛ *Servir entre 2007 et 2009, à 17 °C*

Quesadillas (*wraps*) aux saucisses italiennes épicées, foie de veau en sauce à l'estragon, bœuf à la Stroganov ou rôti de porc aux épices à steak.

Petite Sirah L.A. Cetto 2005 ♥

VALLE DE GUADALUPE, BAJA CALIFORNIA, VINICOLA L.A. CETTO, MEXIQUE

11,95 $	SAQ S* (429761)	★★☆ $	Corsé+

Toujours aussi explosive et débordante de saveurs, cette petite sirah de la Baja California, péninsule située au sud de la Californie, faisant partie du vignoble mexicain, se montre plus que jamais colorée, aromatique, épicée et confite, aux relents de fruits noirs et de girofle, pleine, jouffue et capiteuse, aux tanins présents, mais plus enrobés que dans le précédent millésime commenté dans *La Sélection 2007*, et aux riches et longues saveurs. Difficile de trouver mieux à ce prix. Il faut savoir que la petit sirah, qui n'a rien à voir avec la syrah, est née en 1880, en Californie, sous le nom de durif, du docteur du même nom, qui avait mis au point un cépage pouvant résister à l'invasion du mildiou. Puis, en 1890, elle fut rebaptisée petite sirah, et, par erreur, syrah par certains viticulteurs californiens. Ce qui a entraîné une confusion entre ces deux cépages – à la manière de la carmenère chilienne qui a été longtemps prise pour du merlot. Heureusement, on a réussi à les identifier et à les séparer dans le vignoble californien et mexicain depuis 1970. **Cépage :** petite sirah. **Alc./**14 % **www.lacetto.com**

☛*Servir entre 2007 et 2010, à 17 °C*

 Chili de Cincinnati (R*), ragoût d'agneau aux quatre-épices (poivre, muscade, gingembre en poudre et clou de girofle), ragoût de bœuf à la bière, côtes levées sauce barbecue épicée ou brochettes de bœuf sauce au poivre vert.

Tannat & Merlot Cisplatino 2005
RIO DE LA PLATA, CESAR PISANO E. HIJOS, URUGUAY

12,05 $	SAQ S (10746455)	★★☆ $$	Modéré+

■ NOUVEAUTÉ! Voilà un très bel assemblage sud-américain, au charme enjôleur, à la texture veloutée, tout en étant généreuse et un brin tannique, aux saveurs riches et savoureuses, laissant des traces de fruits noirs et de vanille. Il complète le duo avec le tout aussi bon Merlot Rio de Los Pajaros Reserve Pisano 2006 (aussi commenté). **Cépages :** tannat, merlot. **Alc./**13,5 % **www.pisanowines.com**

☛*Servir entre 2007 et 2009, à 17 °C*

Pâtes aux tomates séchées et au basilic ou poulet basquaise (version basque du poulet chasseur italien avec ajout de lanières de poivrons verts en fin de cuisson).

Carmenère PKNT 2006
VALLE CENTRAL, TERRAUSTRAL WINE COMPANY, CHILI

12,10 $	SAQ C (10669816)	★☆ $	Modéré+

■ NOUVEAUTÉ! Une nouveauté chilienne, à base du singulier cépage carmenère, tout en fruits et en rondeur, au profil « bonbon », donc aux tanins souples et aux saveurs de fruits rouges, de menthol et de cassis. **Cépage :** carmenère. **Alc./**13,5 % **www.pknt.com**

☛*Servir entre 2007 et 2009, à 16 °C*

Terrine de campagne au poivre, hamburgers d'agneau aux poivrons rouges confits et au paprika, bifteck de contre-filet grillé au beurre d'estragon ou souvlakis de porc mariné à l'origan et aux épices à steak.

Tannat Don Pascual Reserve 2006
VIN DE TABLE D'URUGUAY, ESTABLECIMENTO JUANICO, URUGUAY

12,50 $	SAQ S* (10299122)	★★☆ $	Modéré+

Qui dit madiran dit tannat, et qui dit tannat dit aussi Uruguay. À ce titre, découvrez ce qui est à nouveau, grâce à un plus charmeur 2006, l'un des meilleurs rapports qualité-prix de ce petit pays sud-américain. Du nez, du fruit, de la texture, de la souplesse et de la persistance, dans un ensemble certes moins généreux que par les millésimes passés mais plus harmonieux, et certes plus digeste. Une porte ouverte pour faire ses gammes avec le tannat, habituellement plus carré. **Cépage :** tannat. **Alc./**13 % **www.juanico.com**

☛*Servir entre 2007 et 2009, à 17 °C*

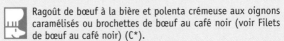

Chili con carne, souvlakis, brochettes de poulet teriyaki, poulet basquaise (version basque du poulet chasseur italien avec ajout de lanières de poivrons verts en fin de cuisson) ou quesadillas (*wraps*) aux saucisses italiennes épicées.

Malbec Reserva Nieto Senetiner 2005 ♥
MENDOZA, BODEGAS NIETO SENETINER, ARGENTINE

12,75 $	SAQ S* (10669883)	★★☆?☆ $$	Corsé

■ **NOUVEAUTÉ!** Les vins de cette *bodega* m'avaient beaucoup impressionné lors de mon passage en Argentine en 2001. Voilà que ce malbec, débordant de saveur, pulpeux à souhait et très généreux, fait enfin son apparition à la SAQ. Vous y dénicherez un vin coloré, richement aromatique et enveloppant, aux saveurs débordantes de fruits noirs et de vanille, qui vous en mettent plein la bouche. Du corps et du moelleux à bon prix. Les amateurs de vins du Nouveau Monde seront comblés. Ceux qui apprécient la droiture et la fermeté des cahors – aussi à base de malbec, faut-il le rappeler – seront par contre dépaysés. **Cépage :** malbec. **Alc./**14,5 % **www.flichman.com.ar**

☛*Servir entre 2007 et 2009, à 17 °C*

Ragoût de bœuf à la bière et polenta crémeuse aux oignons caramélisés ou brochettes de bœuf au café noir (voir Filets de bœuf au café noir) (C*).

Shiraz Luis Felipe Edwards 2005 ♥
VALLE DE COLCHAGUA, VIÑA LUIS FELIPE EDWARDS, CHILI

12,85 $	SAQ C (10754181)	★★★ $	Corsé

Si vous aimez les vins explosifs et généreux, ne manquez pas cette on ne peut plus abordable shiraz typiquement chilienne, avec sa couleur profonde, son nez riche et expressif, laissant deviner des notes classiques de cassis, d'eucalyptus et de poivron, à la bouche pulpeuse, riche, généreuse et enveloppante, aux tanins présents mais dotés d'une gangue presque moelleuse, aux notes boisées et fruitées, avec des tonalités épicées. Plein les narines et les babines! **Cépage :** shiraz. **Alc./**14 %

☛*Servir entre 2007 et 2010, à 17 °C*

T-bone grillé aux épices à steak, carré d'agneau marocain et provençal (avec feuilles de menthe, poivre de Cayenne, piment doux, paprika, cumin, romarin frais, thym, ail et moutarde de Dijon), côtelettes d'agneau grillées sauce teriyaki à l'orange ou brochettes de bœuf à la pommade de menthe fraîche, poivre concassé et vinaigre balsamique.

Cabernet Sauvignon Carmen 2005
VALLE CENTRAL, VIÑA CARMEN, CHILI

12,95 $	SAQ C (487017)	★★ $	Modéré

Avec ses rafraîchissants effluves de cassis, de menthe, d'eucalyptus, de poivron vert et de fraise, ce cabernet est on ne peut plus chilien. Ce à quoi répond avec le même classicisme la bouche fraîche, élégante et aérienne. **Cépages :** 93 % cabernet sauvignon, 4 % syrah, 3 % cabernet franc. **Alc./**13,5 % **www.carmen.com**

☛*Servir entre 2007 et 2009, à 16 °C*

Brochettes de bœuf à la pommade de menthe fraîche, poivre concassé et vinaigre balsamique ou carré d'agneau marocain et provençal (avec feuilles de menthe, poivre de Cayenne, piment doux, paprika, cumin, romarin frais, thym, ail et moutarde de Dijon).

Merlot Carmen 2005

VALLE DE RAPEL, VIÑA CARMEN, CHILI

12,95 $	SAQ C (487017)	★★ $	Modéré

Très beau merlot chilien, à la fois très frais et mûr, élancé et rond, texturé et ramassé, aux saveurs de fruits rouges et noirs, sans aucune note boisée, ni végétale, ce qui est souvent le cas chez les rouges de ce cépage lorsqu'il est cultivé au Chili. Harmonieux et fort savoureux pour le prix. Les amateurs de bordeaux apprécieront. **Cépages :** 85 % merlot, 15 % cabernet sauvignon. **Alc./**13,5 % **www.carmen.com**

☞*Servir entre 2007 et 2009, à 16 °C*

Hamburgers au fromage et aux champignons (avec bacon, poivrons rouges confits et romarin frais), pâtes aux champignons et fond de veau, spaghetti gratiné aux saucisses italiennes ou carré de porc aux tomates confites.

Shiraz Robertson Winery 2006

ROBERTSON, ROBERTSON WINERY, AFRIQUE DU SUD

13,80 $	SAQ C (586149)	★★☆?☆ $	Modéré+

Cet éclatant 2006, qui fait suite au tout aussi beau 2005, se montre d'une fraîcheur exemplaire pour un vin du Nouveau Monde. Tout y est. Fruits (cerise, framboise), épices douces, tanins extra-fins, ampleur de texture et saveurs longues et expressives. Plus que jamais, sa fraîcheur invitante fait de cette shiraz un très bon achat chez les rouges sud-africains offerts sous la barre des quinze dollars. **Cépage :** shiraz. **Alc./**13,5 % **www.robertsonwinery.co.za**

☞*Servir entre 2007 et 2009, à 16 °C*

Tartinades d'olives noires (olives noires dénoyautées, graines de fenouil, zestes d'orange et huile d'olive passées au robot), rôti de porc aux épices à steak, côtelettes d'agneau grillées sauce teriyaki à l'orange ou médaillons de porc sauce aux canneberges et au porto LBV.

Malbec « Fût de chêne » Trapiche 2005

MENDOZA, LUJAN DE CUYO, BODEGAS TRAPICHE, ARGENTINE

13,95 $	SAQ C (430611)	★★☆?☆ $	Corsé

Dans la même veine qualitative que son plus abordable frangin, le délicieux Malbec Trapiche 2006 (aussi commenté), cette cuvée Fût de chêne 2005 se montre plus généreusement aromatique, un brin torréfiée et épicée, exhalant un boisé plus subtil que par les millésimes passés, ainsi que plus concentrée en bouche, aux tanins plus fermes, sans trop, et aux saveurs plus marquées que chez son petit frère. **Cépage :** malbec. **Alc./**13 % **www.trapiche.com.ar**

☞*Servir entre 2007 et 2010, à 17 °C*

Côtelettes d'agneau grillées à la sauce teriyaki, tranches d'épaule d'agneau grillées sauce au porto LBV, braisé de bœuf à l'anis étoilé ou brochettes de bœuf sauce au fromage bleu (C*).

Pinot Noir Bin 99 Lindemans 2006

SOUTH EASTERN AUSTRALIA, LINDEMANS WINES, AUSTRALIE

13,95 $	SAQ C (458661)	★★☆ $	Modéré

Fidèle au style établi dans les derniers millésimes, ce très *trendy* pinot du *down under* se montre toujours aussi parfumé, enjôleur, fin, enrobant, dodu et savoureux. **Cépage :** pinot noir. **Alc./**13,5 % **www.lindemans.com.au**

☛*Servir entre 2007 et 2009, à 16 °C*

 Sandwich aux légumes grillés et tapenade de tomates séchées, brochettes de poulet teriyaki, poulet chasseur, filet de saumon grillé sauce à la tomate de longue cuisson ou pizza aux tomates séchées et au fromage de chèvre.

Merlot Catamayor Reserva 2005

SAN JOSÉ, BODEGAS CASTILLO VIEJO, URUGUAY

14,75 $	SAQ S (10746535)	★★☆ $$	Modéré+

■ NOUVEAUTÉ! Ce nouveau sud-américain se montre pulpeux et généreux à souhait, tout en exprimant une certaine fraîcheur et une digestibilité rare chez les vins de ce style dodu. Fruits noirs, framboise et café donnent le ton et complexifient l'ensemble. **Cépage :** merlot. **Alc./**13,5 % **www.castilloviejo.com**

☛*Servir entre 2007 et 2009, à 17 °C*

Tatin de tomates (R*), bœuf à la Stroganov, pâtes aux tomates séchées et au basilic ou poulet basquaise (version basque du poulet chasseur italien avec ajout de lanières de poivrons verts en fin de cuisson).

Merlot Rio de Los Pajaros Reserve Pisano 2006

PROGRESO, CESAR PISANO E. HIJOS, URUGUAY

14,85 $	SAQ S (10746463)	★★☆ $$	Corsé

■ NOUVEAUTÉ! Un nouveau merlot uruguayen, du même producteur qui avait présenté, en 2005, un excellent Pisano Arretxea Grande Reserve 2001 (38 $). Cette fois-ci, c'est un vin abordable, tout en fruit, mais aussi doté d'une certaine structure et fermeté. Donc, un rouge sud-américain avec de la prise et du tonus, aux tanins serrés, à l'acidité fraîche et aux persistantes saveurs de fruits rouges. Rien à voir avec la mollesse des merlots californiens. **Cépage :** merlot. **Alc./**13,5 % **www.pisanowines.com**

☛*Servir entre 2007 et 2009, à 17 °C et oxygéné (fortement) en carafe 5 minutes*

Bœuf bourguignon et polenta crémeuse au parmigiano ou côtelettes de porc sauce aux champignons.

Shiraz Deakin 2005

VICTORIA, DEAKIN ESTATE, AUSTRALIE

14,85 $	SAQ C (560821)	★★☆?☆ $$	Corsé

À nouveau une shiraz on ne peut plus Nouveau Monde, qui, en 2005, est le deuxième millésime consécutif le plus nourri de ce cru à nous avoir été livré jusqu'ici. Les *aficionados* des vins de fruit qui vous en mettent plein les narines seront comblés, et ce, pour un prix plus que compétitif. Le nez est enchanteur au possible, exhalant des notes de fruits noirs et de torréfaction. La bouche suit avec une texture juteuse et presque dodue, équilibrée par une fraîche acidité et par des tanins présents, mais presque fondus. On sirote sans se poser de questions tant le plaisir est immédiat. **Cépage :** shiraz (syrah). **Alc./**14,5 % **(Capsule à vis)** www.deakinestate.com.au

☛ *Servir entre 2007 et 2009, à 17 °C*

Bifteck au poivre et à l'ail, souvlaki pita aux boulettes de bœuf, rôti de porc farci aux canneberges, côtes levées sauce barbecue épicée, brochettes de poulet teriyaki ou poulet aux olives noires.

Pinot Noir « Fût de Chêne » Trapiche 2006
MENDOZA, BODEGAS TRAPICHE, ARGENTINE

14,90 $	SAQ S (10669533)	★★☆ $$	Modéré+

■ NOUVEAUTÉ! Un pinot argentin certes peu coloré et discrètement aromatique, mais tout à fait engageant en bouche, dévoilant une matière presque généreuse, mais avec fraîcheur, des tanins serrés, un brin boisés, ainsi que des saveurs juteuses de fruits rouges, de cannelle et de girofle. Rien de complexe et de fin, mais efficace pour quiconque aime l'esprit solaire des pinots noirs du Nouveau Monde, sans oublier que les pinots convenables sous la barre des quinze dollars sont rarissimes. **Cépage :** pinot noir. **Alc./**13,5 % www.trapiche.com.ar

☛ *Servir entre 2007 et 2009, à 16 °C*

Bœuf à la Stroganov, burrito au bœuf haché, hamburgers aux champignons et aux lardons, linguine aux tomates séchées ou filet de saumon grillé recouvert d'un concassé grossier des quatre-épices chinoises (poivre, muscade, gingembre en poudre et clou de girofle).

Grenache-Shiraz Rosemount Estate 2006
SOUTH EASTERN AUSTRALIA, ROSEMOUNT ESTATE, AUSTRALIE

14,95 $	SAQ C (10342266)	★★☆ $$	Modéré+

Un bel assemblage de grenache et de shiraz, aux saveurs de confiture de fruits rouges, au corps ample, aux tanins tendres et à l'acidité discrète, laissant place à une texture veloutée au charme évident. **Cépages :** grenache, shiraz. **Alc./**14 % www.rosemountestate.com

☛ *Servir entre 2007 et 2009, à 17 °C*

Tartinades d'olives noires (olives noires dénoyautées, graines de fenouil, zestes d'orange et huile d'olive passées au robot), filets de bœuf grillés et sauté de poivrons rouges au curcuma ou médaillons de porc à la pommade d'olives noires (olives noires dénoyautées et huile d'olive passées au robot).

Merlot Errazuriz « Estate » 2006
VALLE DE CURICO, VIÑA ERRAZURIZ, CHILI

14,95 $	SAQ C (297887)	★★☆ $$	Modéré+

Un ixième très beau merlot de l'un des *leaders* du Chili, richement coloré, intensément poivré et texturé comme il se doit, tout en étant soutenu par un beau grain de tanins, aux saveurs enjôleuses de poivre, de cassis et d'eucalyptus. Une belle gourmandise solaire qu'il est plutôt difficile d'ignorer. **Cépage :** merlot. **Alc./**14 % **(Capsule à vis)** www.errazuriz.com

☞ *Servir entre 2007 et 2008, à 16 °C*

 Poulet forestier (R*), quesadillas (*wraps*) aux saucisses italiennes épicées, cuisses de poulet grillées au pesto de tomates séchées, sauté de porc aux poivrons rouges confits et au paprika ou pâtes aux saucisses italiennes.

Zinfandel Woodbridge 2005

CALIFORNIA, WOODBRIDGE WINERY, ÉTATS-UNIS

14,95 $	SAQ C (329110)	★★☆ $$	Corsé

Moins intéressant dans les derniers millésimes, ce « zin » se montre tout à fait engageant en 2005. Du fruit à revendre, une pointe épicée, de la présence, de l'ampleur, des courbes sensuelles et même de la fraîcheur, voilà un bel exemple de zinfandel californien, au corps plus modéré qu'habituellement, devenant ainsi une bonne entrée en la matière. **Cépage :** zinfandel. **Alc./**13,5 % **www.woodbrigewines.com**

☞ *Servir entre 2007 et 2008, à 16 °C*

Chili de Cincinnati (R*), côtes levées sauce barbecue épicée ou quesadillas (*wraps*) au bifteck et fromage bleu.

Carmenère Errazuriz 2006 ♥

VALLE DE ACONCAGUA, VIÑA ERRAZURIZ, CHILI

15,20 $	SAQ C (10673575)	★★★ $$	Corsé

■ **NOUVEAUTÉ!** Enfin une carmenère engageante et expressive comme elle se doit, d'un prix imbattable, comme la majorité des vins signés Errazuriz. Vous y dénicherez un rouge d'une couleur profonde et violacée, d'un nez explosif, épicé et fruité, d'une bouche pleine, ample et généreuse, tout en étant dotée d'une fraîcheur typique des rouges chiliens, exhalant des notes de cassis, de poivron, de poivre, de bleuet et de framboise.  Il faut savoir que la carmenère, cépage d'origine bordelaise, était très présente dans le Médoc, aux XVIIIe et XIXe siècles. Complètement disparue du bordelais de nos jours, suite à sa grande décadence qui a débuté en 1852, après la terrible attaque d'oïdium, auquel elle est très sensible. Elle répondait à cette époque au nom de cabernelle. Heureusement, le Chili aura su la faire renaître de ses cendres et lui donner une nouvelle identité. **Cépage :** carmenère. **Alc./**14,5 % **www.errazuriz.com**

☞ *Servir entre 2006 et 2010, à 17 °C*

Hamburgers d'agneau aux poivrons rouges confits et au paprika, filets de bœuf grillés et coulis de poivrons verts (C*), gigot d'agneau aux herbes séchées (thym, romarin et origan) ou brochettes de bœuf à la pommade de menthe fraîche, poivre concassé et vinaigre balsamique.

Cabernet Sauvignon/Carmenère Cono Sur Organic 2006

VALLE DE COLCHAGUA, VIÑA CONO SUR, CHILI *(DISP. OCT./NOV. 07)*

15,35 $	SAQ S (10694376)	★★★ $$	Modéré+	BIO

Coup de cœur de l'édition 2007 de ce guide, avec la nouveauté que représentait la version 2005 de cet assemblage, Cono Sur récidive avec un 2006 tout aussi fumé et poivré, frais et éclatant, aux tanins extra-fins et aux saveurs qui ont de l'élan. Donc, un rouge, né de raisins de culture biologique, d'une fraîcheur rarissime au Chili. **Cépages :** cabernet sauvignon, carmenère. **Alc./**13,5 % www.conosur.com

☛*Servir entre 2007 et 2010, à 17 °C*

 Tranches d'épaule d'agneau grillées à la nigelle ou côtes de veau et purée de pois à la menthe (C*).

Shiraz Estate Errazuriz 2006

VALLE CENTRAL, VIÑA ERRAZURIZ, CHILI

15,45 $	SAQ C (604066)	★★☆ $$	Corsé

De la couleur, du fruit et de la présence en bouche, voilà une adorable shiraz chilienne, d'une belle tenue, aux tanins serrés mais fins, aux saveurs expressives, sans trop, à l'acidité fraîche et au corps généreux. Cassis, fraise et poivre participent au spectacle olfactif. Provenant surtout de la vallée de l'Aconcagua, les premiers ceps de shiraz entrant dans cet assemblage ont été plantés en 1993, donc en production depuis 1996. Tout comme son frangin, l'excellent Merlot 2006 (aussi commenté), elle est offerte à prix plus qu'abordable. **Cépage :** shiraz. **Alc./**14,5 % www.errazuriz.com

☛*Servir entre 2007 et 2009, à 17 °C*

 Bœuf braisé au jus de carotte (R*), pâtes au reste de ratatouille et bocconcini (R*), hamburgers de bœuf à la pommade d'olives noires (olives noires dénoyautées et huile d'olive passées au robot) ou rôti de porc aux épices à steak.

Cabernet Sauvignon Alamos 2006

MENDOZA, BODEGA CATENA ZAPATA, ARGENTINE

15,90 $	SAQ S* (972687)	★★★ $$	Corsé

Une fois de plus, Catena présente un cabernet Alamos 2006, poivré et mentholé à souhait, réussi avec brio. S'y ajoutent de la couleur, du fruit à revendre, de la générosité, de la fraîcheur, des tanins mûrs à point et de la prestance immédiate. À boire avant qu'il n'en reste plus! **Cépage :** 100 % cabernet sauvignon. **Alc./**13,5 % www.catenawines.com

☛*Servir entre 2007 et 2010, à 17 °C*

 Brochettes d'agneau grillées à l'ajowan, gigot d'agneau aux herbes séchées (thym, romarin et origan) ou brochettes de bœuf à la pommade de menthe fraîche, poivre concassé et vinaigre balsamique.

Carmenère Reserva Santa Rita 2005

VALLE DE RAPEL, VIÑA SANTA RITA, CHILI

15,90 $	SAQ S (10694317)	★★★?☆ $$$	Corsé

■ NOUVEAUTÉ! Santa Rita présente une carmenère *bench mark*, c'est-à-dire marquée par des notes classiques d'herbes fraîches, de poivron, de poivre et de cassis, avec une touche subtile d'eucalyptus, à la bouche pleine, sphérique et fraîche, aux tanins arrondis par une maturité optimum et par un élevage soigné. Du sérieux, qui se laisse boire avec plaisir tant la matière est texturée et les saveurs persistantes. Parfait pour capter l'essence de ce cépage d'origine bordelaise, devenu LE cépage emblématique du Chili – voir aussi le commentaire de la Carmenère Errazuriz 2006. **Cépage :** carmenère. **Alc./**14,5 % www.santarita.com

☛ *Servir entre 2007 et 2011, à 17 °C*

Côtelettes d'agneau et coulis de poivrons verts (voir Filets de bœuf grillés et coulis de poivrons verts) (C*), carré d'agneau marocain et provençal (avec feuilles de menthe, poivre de Cayenne, piment doux, paprika, cumin, romarin frais, thym, ail et moutarde de Dijon) ou brochettes d'agneau grillées à l'ajowan.

Pinotage Hill & Dale 2003

STELLENBOSCH, HILL & DALE, STELLENZICHT, AFRIQUE DU SUD

15,95 $	SAQ S (10679248)	★★★ $$	Corsé

■ NOUVEAUTÉ! Hill & Dale, une nouvelle gamme de vins plus abordables élaboré par la très réputée *winery* sud-africaine Stellenzicht, présente ce rouge qui est l'archétype des vins de pinotage, mais en plus dodu. Il en résulte un excellent achat pour quiconque désire faire ses gammes avec le cépage pinotage, tout à fait unique au Cap et né d'un croisement entre le cinsault et le pinot noir. Vous y dénicherez un rouge au profil très expressif et au corps plein, généreux et enveloppant, marqué par des notes de confiture de fruits noirs et de framboises, avec une touche d'épices douces. Les amateurs de zinfandels californiens seront comblés avec ce vin au style quasi identique. Qui dit zinfandel et pinotage, dit des plats en sauce généreuse, ou des viandes longuement braisées ou mitonnées. **Cépage :** pinotage. **Alc./**14 % **www.stellenzicht.co.za**

☛ *Servir entre 2007 et 2010, à 17 °C et oxygéné en carafe 5 minutes*

Ragoût de bœuf à la bière, chili de Cincinnati (R*) ou brochettes de bœuf sauce au poivre vert.

The Wolftrap 2005

WESTERN CAPE, BOEKENHOUTSKLOOF WINES, AFRIQUE DU SUD

15,95 $	SAQ S (10678464)	★★☆ $$	Corsé+

■ NOUVEAUTÉ! Un assemblage typiquement rhodanien, mais à la sauce Nouveau Monde. Donc généreux, gorgé de fruit, charnu, tannique et un brin rustique, sans tomber dans la fermeté, ayant passablement de fruits pour couvrir la masse tannique. Pas très élégant, mais ses saveurs confites et généreuses compensant, il devient ainsi un bon achat pour les repas de viandes rouges braisées longuement. **Cépages :** syrah, cinsault, mourvèdre, viognier. **Alc./**14 % (**Capsule à vis**) **www.boekenhoutskloof.co.za**

☛ *Servir entre 2007 et 2009, à 17 °C et oxygéné en carafe 5 minutes*

Curry de bœuf à la noix de coco, bœuf à la bière et polenta crémeuse aux oignons caramélisés ou ragoût de bœuf épicé à l'indienne.

Shiraz/Cabernet Sauvignon The Pavillon Boschendal 2005

COASTAL REGION, BOSCHENDAL WINERY, AFRIQUE DU SUD

16,55 $	SAQ S (10649073)	★★★ $$	Corsé+

■ NOUVEAUTÉ! Excellent achat que cet assemblage sud-africain, ultra-coloré, richement aromatique, fruité au possible, avec fraîcheur et distinction, exhalant des notes de cassis, de fraise et de cannelle, à la bouche à la fois pleine et tendue, généreuse et fraîche, aux tanins présents mais au grain fin, à l'acidité fraîche et aux saveurs longues et extraverties. **Cépages :** 55 % shiraz, 45 % cabernet sauvignon. **Alc./**14 % **www.boschendalwines.com**

 Servir entre 2007 et 2011, à 17 °C

Filets de bœuf sauce au cabernet sauvignon, carré d'agneau au poivre vert et à la cannelle ou magret de canard au vin rouge et aux baies de sureau (C*).

Brampton OVR 2006

COASTAL REGION, RUSTENBERG WINES, AFRIQUE DU SUD *(DISP. NOV./DÉC. 07)*

16,65 $	SAQ S (10678528)	★★☆?☆ $$	Modéré+

■ NOUVEAUTÉ! Un assemblage, à dominante de cabernet sauvignon et de shiraz, supérieur au 2004 l'ayant précédé au printemps 2007. De la couleur, du nez, exhalant de subtils parfums de poivre, de cassis et de fumée, de l'ampleur, de la fraîcheur, des tanins enrobés, presque tendres, et des saveurs expressives, laissant deviner des notes d'eucalyptus et de créosote. Un régal à prix doux. **Cépages :** 53 % cabernet sauvignon, 39 % shiraz, 7 % merlot, 0,5 % cabernet franc, 0,5 % petit verdot. **Alc./**14,5 % **(Capsule à vis)** **www.rustenberg.co.za**

 Servir entre 2007 et 2010, à 17 °C

Brochettes d'agneau grillées à l'ajowan ou gigot d'agneau à l'ail et au romarin.

Merlot Washington Hills 2005

COLUMBIA VALLEY, WASHINGTON HILLS WINERY, ÉTATS-UNIS *(DISP. FIN 07/DÉBUT 08)*

16,65 $	SAQ C (10846641)	★★☆?☆ $$	Modéré+

■ NOUVEAUTÉ! Cette nouveauté – attendue en fin d'année 2007 ou au début 2008 – de l'état de Washington, nouvel El Dorado états-unien, se montre fort engageante, soutenue et ramassée, sans mollesse, et dotée de saveurs pleines et généreuses, non dénuée de fraîcheur, aux tanins tendres mais présents. Plus proche du profil européen que du style californien. **Cépage :** merlot. **Alc./**13,5 % **www.washingtonhills.com**

Servir entre 2007 et 2010, à 16 °C

Poulet forestier (R*), rôti de veau à la dijonnaise ou veau marengo.

Bonarda Broquel Trapiche 2005

MENDOZA, BODEGAS TRAPICHE, ARGENTINE *(DISP. OCT. 07)*

16,70 $	SAQ S (10394761)	★★★ $$	Corsé

Troisième millésime d'affilée à être réussi avec brio (voir dans les deux dernières éditions de *La Sélection*) à nous parvenir de ce rare vin élaboré à base de bonarda, cépage d'origine piémontaise. Avec ce 2005, il se montre toujours aussi coloré, aromatique à souhait, d'une bonne richesse, sans excès, non dénué de fraîcheur, à la bouche juteuse, pleine et explosive, aux tanins enrobés, même si présents, au fruité généreux et persistant. Une belle originalité à se mettre sous la dent, et à servir à l'aveugle à vos compagnons de dégustation. Ils n'y verront que du feu! **Cépage :** bonarda. **Alc./**14 % **www.trapiche.com.ar**

☛ *Servir entre 2007 et 2010, à 17 °C*

Bavette de bœuf en sauce teriyaki, brochettes de bœuf aux chilis, hamburgers à la pommade d'olives noires (olives noires dénoyautées et huile d'olive passées au robot) ou boudin noir grillé aux oignons et aux lardons.

Carmenère La Capitana 2005

VALLÉE CACHAPOAL, VIÑA LA ROSA, CHILI *(DE RETOUR OCT. 07)*

16,85 $	SAQ S (10694190)	★★☆?☆ $$	Modéré+

■ NOUVEAUTÉ! Une carmenère on ne peut plus chilienne, exhalant des notes fraîches de la famille des pyrazines, les principes aromatiques du cassis, de l'eucalyptus, du poivron et de l'herbe fraîche. En bouche, elle se montre expressive, et tout aussi fraîche que le nez, aux tanins serrés mais fins, aux saveurs amples et à l'acidité juste bien dosée. **Cépage :** carmenère. **Alc./**14 % www.larosa.cl

☛ *Servir entre 2007 et 2011, à 17 °C et oxygéné en carafe 5 minutes*

Brochettes souvlakis, carré d'agneau marocain et provençal (avec feuilles de menthe, poivre de Cayenne, piment doux, paprika, cumin, romarin frais, thym, ail et moutarde de Dijon) ou gigot d'agneau à l'ail et au romarin.

Shiraz La Capitana 2005

VALLÉE CACHAPOAL, VIÑA LA ROSA, CHILI *(DE RETOUR OCT./NOV. 07)*

16,85 $	SAQ S (10694165)	★★☆?☆ $$	Corsé+

■ NOUVEAUTÉ! Une shiraz gourmande et capiteuse, rappelant les shiraz australiennes, au fruité pulpeux et à la générosité solaire débordante. Fruits noirs et torréfaction donnent le ton. Les tanins, certes présents, sont passablement enveloppés par une gangue presque moelleuse, ainsi que par l'alcool imposant. Si vous aimez les vins qui vous en mettent plein les papilles, vous serez conquis. **Cépages :** 85 % shiraz, 10 % cabernet franc, 5 % merlot. **Alc./**15 % www.larosa.cl

☛ *Servir entre 2007 et 2010, à 17 °C*

Rôti de porc aux épices à steak, côtelettes d'agneau grillées sauce teriyaki à l'orange, médaillons de porc sauce aux canneberges et au porto LBV ou chili de Cincinnati (R*).

Cabernet/Merlot Mission Hill « Five Vineyards » 2005

OKANAGAN VALLEY VQA, MISSION HILL VINEYARDS, CANADA *(DISP. NOV. 07)*

16,95 $	SAQ C (10544749)	★★☆ $$	Modéré+

■ NOUVEAUTÉ! Si vous aimez les rouges épicés et torréfiés, façon Californie, au corps ample mais non dénué de fraîcheur, vous apprécierez cette cuvée de l'Okanagan. Du fruit à revendre, de l'éclat et du plaisir à boire, sans aucune lourdeur. Et si jamais vous décidiez de tourner le dos au Bordelais, ne serait-ce que pour l'instant d'un vin, pourquoi ne pas vous surprendre à apprécier, même à aimer cet assemblage réalisé avec brio, provenant de la zone d'appellation Okanagan Valley VQA, élaboré par la dynamique équipe de la maison Mission Hill Vineyards? **Cépages :** 45 % merlot, 35 % cabernet, 20 % cabernet franc. **Alc./**12,5 % **www.missionhillwinery.com**

☞ *Servir entre 2007 et 2009, à 17 °C*

Brochettes de bœuf teriyaki, foie de veau en sauce à l'estragon ou tranches d'épaule d'agneau grillées au poivre noir accompagnées d'un sauté de poivrons verts et rouges à l'huile d'olive et au paprika.

Malbec Broquel Trapiche 2004

MENDOZA, BODEGAS TRAPICHE, ARGENTINE

17,05 $	SAQ S* (10318160)	★★★ $$	**Corsé**

Commentée en primeur dans *La Sélection 2007*, cette nouveauté était à nouveau disponible dans le millésime 2004 au moment d'aller sous presse. Dégusté à nouveau en septembre 2007, ce malbec se montrait toujours aussi soutenu et tonique, au fruité plus défini et plus abondant, au boisé modéré, aux tanins serrés et très fins, ainsi qu'au corps dense et très frais, sans aucune lourdeur, malgré ses 14 % d'alcool. L'harmonie d'ensemble étant maintenant au devant de la scène, il mérite ainsi sa troisième étoile annoncée. **Cépage :** malbec. **Alc./**14 % www.trapiche.com.ar

☞ *Servir entre 2007 et 2010, à 17 °C et oxygéné en carafe 15 minutes*

Chili de Cincinnati (R*), filets mignons sauce aux champignons et au porto, rôti de bœuf au vin rouge ou jarret de veau confit et jus de cuisson naturel.

Syrah/Cabernet/Merlot Clancy's 2004

BAROSSA, PETER LEHMANN WINES, AUSTRALIE

17,90 $	SAQ S* (10345707)	★★★ $$	**Corsé**

Un assemblage australien très aromatique, engageant au possible, d'une étonnante richesse pour le prix demandé, à la bouche pleine, juteuse et volumineuse, non dénuée de fraîcheur, aux tanins enveloppés, et aux longues saveurs de fruits noirs et rouges, ainsi que de violette, de café et de cacao. Un régal d'expression. **Cépages :** 42,5 % shiraz, 42,5 % cabernet sauvignon, 15 % merlot. **Alc./**14,5 % **(Capsule à vis)** www.peterlehmannwines.com

☞ *Servir entre 2007 et 2010, à 17 °C*

Bifteck aux champignons, foie de veau en sauce à l'estragon ou filet de porc au café noir (voir Filets de bœuf au café noir) (C*).

Cabernet Sauvignon Antiguas Reserva 2005

VALLE DEL MAIPO, VIÑA COUSIÑO-MACUL, CHILI

17,95 $	SAQ C (212993)	★★☆?☆ $$	**Modéré+**

En 2005, ce grand classique chilien, de la célèbre maison Cousiño-Macul qui a célébré ses 150 ans en 2006, se montre toujours aussi chilien au nez, avec ses typiques parfums rappelant le cassis et l'eucalyptus, mais exprime une chair plus tendre et plus dodue en bouche, contrairement au 2004 qui était lui plus compact. Ce qui lui procure un charme immédiat. Grâce à une expérience chilienne séculaire, la qualité des vins élaborés par ce grand domaine n'a jamais été aussi belle. Plus que jamais une référence. **Cépage :** cabernet sauvignon. **Alc./**14 % www.cousinomacul.com

☞ *Servir entre 2007 et 2009, à 17 °C*

Filets de bœuf grillés et coulis de poivrons verts (C*) ou carré d'agneau marocain et provençal (avec feuilles de menthe, poivre de Cayenne, piment doux, paprika, cumin, romarin frais, thym, ail et moutarde de Dijon).

Cabernet/Merlot Koonunga Hill 2005

SOUTH EASTERN AUSTRALIA, PENFOLDS WINES, AUSTRALIE

17,95 $	SAQ C (613240)	★★★ $$	Corsé

Un assemblage australien à la bordelaise de très belle facture, au nez profond, sans boisé inutile, au corps dense et enrobé, aux tanins veloutés et aux saveurs longues, laissant des traces de crème de cassis et de cerise noire. En novembre 2006, lors du passage à mon bureau de Peter Gago, le maître de chais de Penfolds, j'ai eu la surprise de déguster l'étonnant et profond Koonunga 1976 – le premier millésime du désormais assemblage mondialement connu Syraz/Cabernet (aussi commenté) de Penfolds. Aucun doute sur le potentiel de conservation de ce type de rouge, comme pour cet assemblage Cabernet/Merlot, pourtant on ne peut plus agréable en jeunesse. Alors, osez quelques années de cellier! **Cépages :** cabernet sauvignon (majoritaire), merlot. **Alc./**13,5 % **www.penfolds.com**

☛ *Servir entre 2007 et 2015, à 17 °C*

 Côtelettes d'agneau marinées au porto et au romarin, filets de bœuf sauce au cabernet sauvignon ou brochettes de bœuf sauce au fromage bleu (C*).

Pinotage Fairview 2005

PAARL, FAIRVIEW, AFRIQUE DU SUD

18,20 $	SAQ S (10678481)	★★☆?☆ $$	Corsé

■ NOUVEAUTÉ! Après un bon gros coup de carafe, franchement nécessaire, vous dénicherez un « gros » pinotage, parfait pour les froides soirées d'hiver, c'est-à-dire un rouge joufflu et juteux, aux tanins présents mais enveloppés par une gangue moelleuse, aux saveurs généreuses et pulpeuses. Pour amateurs de rouge qui ne font pas dans la dentelle, donc qui vous en met plein les babines! **Cépage :** pinotage. **Alc./**14,5 % **(Capsule à vis)**

☛ *Servir entre 2007 et 2009, à 17 °C et oxygéné (fortement) en carafe 30 minutes*

 Chili con carne, bœuf à la bière brune et polenta crémeuse au parmesan, brochettes de bœuf sauce au fromage bleu (C*) ou quesadillas (*wraps*) au bifteck et fromage bleu.

Cabernet Sauvignon Max Reserva Errazuriz 2005

VALLE DE ACONCAGUA, VIÑA ERRAZURIZ, CHILI

18,25 $	SAQ C (335174)	★★★ $$	Corsé

Comme à son habitude, le style plutôt bordelais du Don Max *Reserva*, de l'excellente maison Errazuriz, est au rendez-vous. De la couleur. Du fruit à revendre, mais avec fraîcheur et distinction. De l'ampleur, mais aussi des tanins serrés, à la bordelaise, et des saveurs très longues, laissant deviner des notes de fruits rouges, de vanille et d'épices douces, sans aucune pointe végétale. Les amateurs de rouge de type bordeaux qui ne raffolent guère des chiliens aux effluves d'eucalyptus devraient apprécier ce dernier. Il faut savoir que le Don Maximiano, au cœur de l'Aconcagua, est l'un des rares vignobles chiliens plantés en coteaux. Son terroir argilo-graveleux et sablonneux, ainsi que son microclimat semi-désertique, donc chaud mais rafraîchi par la brise en fin d'après-midi, permet l'élaboration d'excellents vins. **Cépages :** 92 % cabernet sauvignon, 8 % shiraz. **Alc./**14,5 % **www.errazuriz.com**

☞ *Servir entre 2007 et 2010, à 17 °C*

Filet de bœuf et lanières de poivrons verts et rouges légèrement confits, carré d'agneau et jus au café expresso (C*) ou
hamburgers d'agneau aux poivrons rouges confits et au
paprika.

Merlot/Cabernet Franc Sileni « Cellar Selection » 2006

HAWKE'S BAY, SILENI ESTATES, NOUVELLE-ZÉLANDE *(DISP. AUTOMNE 07)*

18,65 $	SAQ S (10826210)	★★★ $$	Modéré+

■ NOUVEAUTÉ! Une ixième nouveauté qui mérite votre attention. Cet
assemblage merlot et cabernet franc se montre passablement riche,
aromatique et mûr, au profil plus californien que néo-zélandais, tout
en conservant une certaine fraîcheur sous-jacente caractéristique
des vins de ce petit pays producteur actuellement à l'avant-scène
du Nouveau Monde. Donc, du fruit, de la texture, de l'ampleur et des
tanins tendres, terminant sur une longue finale aux relents de framboise, de cassis et de café. **Cépages :** merlot, cabernet franc.
Alc./13,5 % **(Capsule à vis)** www.sileni.co.nz

☞ *Servir entre 2007 et 2010, à 17 °C*

Bœuf à la Stroganov, pâtes aux tomates séchées et au basilic
ou poulet basquaise (version basque du poulet chasseur
italien avec ajout de lanières de poivrons verts en fin de
cuisson).

Shiraz Cathedral Cellar 2002

COASTAL REGION, KWV, AFRIQUE DU SUD

18,75 $	SAQ S (328567)	★★☆?☆ $$	Corsé

Une shiraz sud-africaine colorée, au nez torréfié des plus engageants, au fruité mûr et épicé, développant des notes balsamiques
provenant de l'élevage en barriques, à la bouche on ne peut plus
veloutée, ample et texturée, aux tanins tendres et aux saveurs
longues, laissant des traces de confiture de fraises, de fumée, de
vanille et de créosote. Un vin sensuel, sans lourdeur, malgré ses
14 degrés d'alcool. **Cépage :** shiraz (syrah). **Alc./**14 %.
www.kwv.co.za

☞ *Servir entre 2007 et 2009, à 16 °C*

Bœuf braisé au jus de carotte (R*), steak de thon grillé à la
pommade d'olives noires (olives noires dénoyautées et huile
d'olive passées au robot), côtes levées sauce barbecue épicée
ou bavette de bœuf déglacée au vinaigre balsamique et porto LBV.

Pizzorno Reserve 2004

CANELÓN CHICO, BODEGAS CARLOS PIZZORNO, URUGUAY

18,80 $	SAQ S (10295375)	★★☆?☆ $$	Modéré+

■ NOUVEAUTÉ! Bel exemple du potentiel de ce petit pays sud-américain. Belle prise de bois, certes Nouveau Monde d'expression mais
sans excès, tanins mûrs et bien travaillés, saveurs expansives et
généreuses, et persistance de bon niveau. Voilà un rouge nourri et
presque velouté, qui se donne avec charme. Vanille, fumée, café et
cerise noire sont au rendez-vous. **Cépages :** tannat, merlot, cabernet sauvignon. **Alc./**13 % www.pizzornowines.com

☞ *Servir entre 2007 et 2009, à 17 °C*

Bœuf bourguignon et polenta crémeuse au parmigiano et aux oignons caramélisés ou boudin noir grillé aux oignons et aux lardons.

Cabernet Sauvignon Cathedral Cellar 2002

COASTAL REGION, KWV, AFRIQUE DU SUD *(DISP. OCT. 07)*

18,95 $	SAQ S (328567)	★★★ $$	Corsé

Un cabernet sud-africain de style australien, très proche du 2001 qui l'a précédé (commenté dans *La Sélection 2007*), c'est-à-dire un brin confituré, richement aromatique, aux notes de fumée et de vanille, à la bouche ample, pleine et veloutée, dotée d'une bonne assise tannique, mais aux tanins mûrs et enveloppés d'une gangue moelleuse, à l'image des « cabs » australs. **Cépage :** cabernet sauvignon. **Alc./**14 % www.kwv.co.za

☞ *Servir entre 2007 et 2010, à 17 °C*

 Brochettes de bœuf sauce au fromage bleu (C*), côtelettes d'agneau marinées au porto et au romarin ou tranches d'épaule d'agneau grillées au poivre noir accompagnées d'un sauté de poivrons verts et rouges à l'huile d'olive et au paprika.

Pinotage Cathedral Cellar 2001

COASTAL REGION, KWV, AFRIQUE DU SUD

19 $	SAQ S (10678456)	★★★ $$	Corsé

■ NOUVEAUTÉ! Ce pinotage, cépage emblématique de ce pays en phase de devenir LA référence du Nouveau Monde, exhale de puissants effluves de fruits confits et de torréfaction, chocolatés à souhait, et présente une bouche juteuse et débordante, aux saveurs pulpeuses, aux tanins très tendres, à l'acidité discrète et au corps sphérique, égrainant des notes de cacao, de café et de confiture de fraises. Difficile de ne pas succomber au charme immédiat et à son épaisseur veloutée. Parfait pour les plats braisés longuement. **Cépage :** pinotage. **Alc./**14 % www.kwv.co.za

☞ *Servir entre 2007 et 2009, à 17 °C*

 Chili de Cincinnati (R*), bœuf bourguignon et polenta crémeuse au parmigiano et aux oignons caramélisés ou carré de porc à la sauce chocolat épicée (*mole poblano*).

Vergelegen « Mill Race » 2004 ♥

STELLENBOSCH, VERGELEGEN ESTATE WINES, AFRIQUE DU SUD

19,40 $	SAQ S (10678472)	★★★?☆ $$	Corsé

■ NOUVEAUTÉ! Célébré comme le meilleur vignoble d'Afrique du Sud, Vergelegen présente une cuvée Mill Race, née d'un assemblage à la bordelaise merlot-cabernet, d'une bonne coloration, d'un nez passablement riche et profond, d'une belle maturité, exhalant des effluves de poivre, de fumée, de graphite, de cassis et de poivron, d'une bouche pulpeuse, sans trop, fraîche, charnue et veloutée, aux tanins moelleux, même si bel et bien présents, et aux saveurs très longues. Superbe harmonie d'ensemble pour un vin qui se laisse déjà prendre, tout en possédant une matière nourrie qui évoluera bien dans le temps. **Cépages :** cabernet sauvignon, merlot. **Alc./**14,5 % www.vergelegen.co.za

☛ *Servir entre 2007 et 2015, à 17 °C et oxygéné en carafe 15 minutes*

 Gigot d'agneau aux herbes séchées (thym, romarin et origan) ou brochettes de bœuf à la pommade de menthe fraîche, poivre concassé et vinaigre balsamique.

Sangiovese Pepi 2004
CALIFORNIA, PEPI WINERY, ÉTATS-UNIS

19,55 $	SAQ S* (540195)	★★★ $$	Modéré+

Contrairement au plus ferme et ramassé Sangiovese de Ca'del Solo 2005 (aussi commenté dans ce guide), celui-ci se montre plus détendu, plus évolué et plus souple. Donc, un californien au nez passablement riche, sur les fruits confits et les tomates séchées, à la bouche pleine, ronde et texturée, aux tanins présents mais enrobés. Un vin de plaisir, laissant de longues traces de café, de confiture et de cacao en fin de bouche. **Cépages :** 77 % sangiovese, 12 % barbera, 6 % syrah, 5 % merlot. **Alc./**13,5 % **(Capsule à vis) www.pepi.com**

☛ *Servir entre 2007 et 2010, à 17 °C*

 Hamburgers aux tomates séchées et cheddar extra-fort, pizza au poulet et au pesto de tomates séchées, saumon grillé à la pommade d'olives noires (olives noires dénoyautées et huile d'olive passées au robot), pâtes aux tomates séchées et au basilic, poulet à la ratatouille (R*) ou risotto au jus de betterave parfumé au girofle et flocons de poissons (R*).

Cabernet Sauvignon Cono Sur Visión 2005
MAIPO VALLEY, VIÑA CONO SUR, CHILI *(DISP. AUTOMNE 07)*

19,75 $	SAQ S (904516)	★★★ $$	Corsé

À nouveau une réussite que ce 2005 typiquement sud-américain, mais doté de la fraîcheur classique des vins de Cono Sur. Coloré, extraverti, sans trop, au fruité riche et habituel des vins de cabernet en sol chilien, c'est-à-dire exprimant des notes de cacao amer, de poivron et de cassis, à la bouche à la fois pleine et dense, ample et ramassée, aux tanins tissés serrés, à la manière bordelaise, et aux saveurs d'une bonne allonge. **Cépage :** cabernet sauvignon. **Alc./**13,5 % **www.conosur.com**

☛ *Servir entre 2007 et 2011, à 17 °C et oxygéné en carafe 15 minutes*

 Côtelettes d'agneau et coulis de poivrons verts (voir Filets de bœuf grillés et coulis de poivrons verts) (C*) ou filets de bœuf aux champignons et au vin rouge.

Pinot Noir Meridian 2005
CENTRAL COAST, MERIDIAN VINEYARDS, ÉTATS-UNIS

19,75 $	SAQ S* (10544802)	★★★ $$	Modéré+

Très beau pinot californien, au nez enjôleur, fruité et épicé à souhait, d'une belle maturité, sans excès, un brin boisé, à la bouche juteuse, fraîche, ample et pénétrante, laissant des traces de fruits rouges, de muscade et de café. Difficile de ne pas succomber à son charme juvénile. Il faut dire que le millésime 2005 a été exceptionnel dans la zone d'appellation Central Coast. **Cépages :** 92 % pinot noir, 4,5 % malbec, 3 % petite sirah, 0,5 % cabernet sauvignon. **Alc./**13,8 % **www.meridianvineyards.com**

☛ *Servir entre 2007 et 2008, à 16 °C*

Dindon rôti (poitrine) sauce au pinot noir, canard du Lac Brome rôti et jus de cuisson naturel ou tourtière aux épices douces (cannelle et muscade).

Pinot Noir Windy Peak 2006

YARRA VALLEY, DE BORTOLI, AUSTRALIE

19,75 $	SAQ **S** (10660985)	★★☆ **$$**	Modéré+

■ **NOUVEAUTÉ!** Une nouveauté australienne exprimant le pinot noir, version australe, avec la générosité et l'ampleur qu'on lui connaît sous ce climat baigné de lumière et de chaleur. Un vin gourmand, au fruité expressif, exprimant des notes de groseille, de grenadine et de fraise, avec une pointe d'épices douces, rappelant la giroflée, aux tanins souples et à l'acidité fraîche qui harmonise l'ensemble. Rafraîchi avant le service, il se donnera au meilleur de sa forme. **Cépage :** pinot noir. **Alc./**13,5 % (**Capsule à vis**) **www.debortoli.com.au**

☛ *Servir entre 2007 et 2009, à 16 °C*

 Focaccia au pesto de tomates séchées, risotto au jus de betterave parfumé au girofle et flocons de poissons (R*), sauté de porc au brocoli et poivrons rouges sur pâtes aux œufs, brochettes de poulet teriyaki ou poulet au soja et à l'anis étoilé.

Syrah Porcupine Ridge 2005

COASTAL REGION, BOEKENHOUTSKLOOF WINES, AFRIQUE DU SUD

19,85 $	SAQ **S** (10678510)	★★★ **$$**	Corsé

■ **NOUVEAUTÉ!** Une syrah passablement concentrée et profonde pour le prix demandé, aux tanins présents mais mûrs et enveloppés, au corps généreux mais compact, et aux saveurs longues et expressives à souhait. Confiture de fraises, café et fumée donnent le ton et signalent l'identité de la syrah. **Cépage :** syrah. **Alc./**14,5 % **www.boekenhoutskloof.co.za**

☛ *Servir entre 2007 et 2010, à 17 °C et oxygéné en carafe 15 minutes*

 Rôti de porc aux épices à steak, côtelettes d'agneau grillées sauce teriyaki à l'orange ou tranches d'épaule d'agneau grillées et pommade d'olives noires (olives noires dénoyautées et huile d'olive passées au robot).

Merlot Oyster Bay 2006

HAWKE'S BAY, OYSTER BAY WINES, NOUVELLE-ZÉLANDE *(DISP. NOV./DÉC. 07)*

19,95 $	SAQ **S** (10826113)	★★★ **$$**	Modéré

■ **NOUVEAUTÉ!** Tout comme le Pinot Noir 2006 de la même maison (aussi commenté dans ce guide), ce merlot, qui devait faire son apparition au milieu de l'automne 2007, se montre tout à fait réussi. Belle coloration. Nez engageant et très frais. Bouche sur les fruits rouges (cerise et grenadine), sans aucune note végétale, aux tanins très fins et au corps modéré et texturé. Digeste et rafraîchissant comme le sont la majorité des vins néo-zélandais. Son prix est plus qu'invitant. **Cépage :** pinot noir. **Alc./**13 % **www.oysterbaywines.com**

☛ *Servir entre 2007 et 2010, à 16 °C*

 Poulet rôti et ratatouille sur couscous, brochettes de poulet aux champignons portobello, carré de porc aux tomates confites ou dindon de Noël sauce aux canneberges.

Petite Sirah Concannon ♥
« Limited Released » 2004
CENTRAL COAST, CONCANNON VINEYARD, ÉTATS-UNIS

19,95 $	SAQ S (859157)	★★★?☆ $		Corsé

Cette explosive petite sirah, à la robe noire et violine, exhale un nez à la fois riche et frais, aux effluves d'une grande concentration mais sans excès, aux notes de liqueur de bleuet et de framboise, ainsi qu'une bouche juteuse, pleine et sphérique, mais dotée d'une certaine retenue pour le style, lui procurant race et élégance, si on peut parler ainsi d'une petite sirah californienne. Pas de bois à l'horizon, que du fruit et de la structure, aux tanins tissés serrés. Sa fraîcheur étonne et la propulsera dans le temps. Il faut savoir que la petite sirah, qui n'a rien à voir avec la syrah (voir détail à son sujet dans le commentaire de la Petite Sirah L. A. Cetto, une aubaine mexicaine à 11,95 $). **Cépage :** petite sirah. **Alc./**13,5 %
www.concannonvineyard.com

☛ *Servir entre 2007 et 2012, à 17 °C et oxygéné en carafe 5 minutes*

 Bavette de bœuf en sauce teriyaki, ragoût de bœuf à la bière, jarrets de veau braisés dans le porto avec polenta et champignons (R*) ou brochettes de bœuf sauce au fromage bleu (C*).

Shiraz Max Reserva Errazuriz 2005
VALLE DE ACONCAGUA, VIÑA ERRAZURIZ, CHILI

19,95 $	SAQ C (864678)	★★★ $$		Corsé

À l'image du Cabernet Sauvignon Don Max (aussi commenté) de style plutôt bordelais, cette shiraz tend plus vers un profil rhodanien, contrairement à la majorité des shiraz chiliennes qui expriment plutôt la surmaturité du Nouveau Monde. Bien sûr que le fond demeure tout à fait sud-américain, mais la fraîche expression aromatique, le détail, les tanins fins, même si présents, et les saveurs d'olive noire, de violette et de cassis, ne sont pas sans rappeler l'aura des vins de syrah du Rhône et du Languedoc. **Cépage :** shiraz. **Alc./**14,5 % **www.errazuriz.com**

☛ *Servir entre 2007 et 2010, à 17 °C*

Bœuf braisé au jus de carotte (R*), brochettes d'agneau à l'ajowan, gigot d'agneau aux herbes séchées (thym, romarin et origan) ou tranches d'épaule d'agneau grillées et pommade d'olives noires (olives noires dénoyautées et huile d'olive passées au robot).

Shiraz Wolfkloof Robertson 2004
ROBERTSON, ROBERTSON WINERY, AFRIQUE DU SUD

19,95 $	SAQ S (10649111)	★★★☆?☆ $$		Corsé

■ NOUVEAUTÉ! Une shiraz sud-africaine, d'un rapport qualité-prix imbattable, au nez ultra-raffiné, à mi-chemin entre le style très frais et minéral des syrahs rhodaniennes et le profil sur le fruit des syrahs de soleil du Midi de la France. Bouche remarquablement éclatante, mais avec une retenue européenne, des tanins très fins, tissés avec élégance, une acidité fraîche, tout en étant discrète, et des saveurs expressives, laissant de longues traces de bleuet, de mûre, de prune et de violette. Le boisé est subtilement intégré. Rares sont les vins du Nouveau Monde à être aussi élégants, profonds et harmonieux. Il faut dire qu'il provient des versants sud plus frais des montagnes Langeberg, où est située la ferme Wolfkloof, appartenant à la famille

Viljoen, dans la vallée de Robertson. **Cépage :** shiraz. **Alc./**14,5 %
www.robertsonwinery.co.za

☛ *Servir entre 2007 et 2013, à 17 °C et oxygéné en carafe 30 minutes*

 Gigot d'agneau aux herbes séchées (thym, romarin et origan), médaillons de porc sauce aux canneberges et au porto LBV ou tajine de ragoût d'agneau aux cinq-épices et aux oignons cipollini caramélisés.

Cabernet Sauvignon Vinum Africa 2004
STELLENBOSCH, THE WINERY, AFRIQUE DU SUD

20,10 $	SAQ S (10678350)	★★★ $$	Corsé

■ NOUVEAUTÉ! Beau cabernet sud-africain, à la fois confit et très frais, avec la retenue européenne typique des vins du Cap, mais aussi doté de l'exubérance du Nouveau Monde. Richesse modérée, corps ample et tanins bien présents, sans trop. Cassis, fraise et torréfaction participent au cocktail. **Cépage :** cabernet sauvignon. **Alc./**13,5 % www.thefunwinery.com

☛ *Servir entre 2007 et 2010, à 17 °C et oxygéné en carafe 5 minutes*

 Filets de bœuf au café noir (C*), rôti de bœuf aux champignons portobello ou hamburgers d'agneau aux poivrons rouges confits et au fromage bleu.

Cabernet Sauvignon Kendall-Jackson « Vintner's Reserve » 2004
CALIFORNIA, KENDALL-JACKSON, ÉTATS-UNIS

20,65 $	SAQ S* (427153)	★★★ $$	Corsé+

Après une première bouteille bouchonnée, ce *king cab* californien s'est montré fort engageant lors de l'ouverture d'une deuxième bouteille. Donc, un rouge coloré, très aromatique, classiquement américain, exhalant des notes de confiture de fraises, de vanille et de cacao, à la bouche généreuse, pulpeuse et tannique, à la chair épaisse et aux saveurs boisées et torréfiées percutantes. **Cépages :** 96 % cabernet sauvignon, 3 % cabernet franc, 1 % merlot. **Alc./**13,5 % www.kj.com

☛ *Servir entre 2007 et 2010, à 17 °C*

Côtelettes d'agneau grillées à la sauce teriyaki ou brochettes de bœuf sauce au fromage bleu (C*).

Carmenère Don Reca 2005
VALLÉE CACHAPOAL, VIÑA LA ROSA, CHILI *(DE RETOUR OCT. 07)*

20,80 $	SAQ S (10694229)	★★★ $$	Corsé+

■ NOUVEAUTÉ! Une nouvelle carmenère, qui complète le duo Don Reca avec le tout aussi nouveau merlot (commenté dans le Répertoire). Il en résulte un rouge presque noir et violacé, au nez passablement concentré, requérant un bon coup de carafe pour livrer ses effluves, au boisé très discret, à la bouche presque juteuse mais dotée d'une belle trame serrée et fraîche, au corps presque longiligne, tout en étant généreux, et aux saveurs longues et précises de poivre, de bleuet et de cacao. **Cépage :** carmenère. **Alc./**14,5 % www.larosa.cl

☛ *Servir entre 2007 et 2011, à 17 °C et oxygéné en carafe 30 minutes*

Bifteck de contre-filet grillé au beurre d'estragon, gigot d'agneau aux herbes séchées (thym, romarin et origan) ou brochettes de bœuf à la pommade de menthe fraîche, poivre concassé et vinaigre balsamique.

Zinfandel Easton 2005

AMADOR COUNTY, EASTON, ÉTATS-UNIS *(DISP. OCT./NOV. 07)*

20,90 $	SAQ S* (897132)	★★★☆ $$	Puissant

Ce « zin » 2005, dégusté en primeur en septembre 2007, se montre plus que jamais explosif et mûr, au fruité confit, passablement riche et profond, à la bouche pleine, presque dodue et capiteuse, aux tanins gras, enveloppés par l'alcool et le fruit. Plein les babines et les papilles ! Il faut dire que grâce à leur style au penchant européen, les vins signés Easton, du domaine de la Terre Rouge, dont les amateurs québécois raffolent, ont atteint au fil des douze ans de *La Sélection Chartier* le statut de référence californienne. La bonne nouvelle : après les 350 caisses, attendues au moment d'aller sous presse (en octobre 2007), 250 autres caisses étaient aussi prévues pour avril 2008. **Cépage :** zinfandel. **Alc./**14,5 % **www.eastonwines.com**

☛*Servir entre 2007 et 2012, à 17 °C*

Jarrets de veau braisés dans le porto avec polenta et champignons (R*), brochettes de bœuf sauce au fromage bleu (C*) ou rognons de veau aux champignons et aux baies de genévrier.

Merlot/Cabernet sauvignon Alpha Domus 2004

HAWKE'S BAY, ALPHA DOMUS, NOUVELLE-ZÉLANDE *(DISP. NOV./DÉC. 07)*

20,95 $	SAQ S (10826535)	★★☆?☆ $$	Modéré

■ NOUVEAUTÉ ! Un assemblage à la bordelaise, en mode fraîcheur, comme le sont de nombreux rouges néo-zélandais. Beau fruit, tanins fins et souples, acidité fraîche et corps modéré, dans un ensemble engageant et désaltérant, laissant des traces de grenadine et de cerise, avec une tonalité fraîchement végétale de la famille des pyrazines (principes actifs du poivron vert) tout à fait typique des vins de ce pays. **Cépages :** merlot, cabernet sauvignon. **Alc./**13 % **(Capsule à vis) www.alphadomus.co.nz**

☛*Servir entre 2007 et 2009, à 16 °C*

Poulet aux olives noires et aux tomates séchées, rôti de veau à la dijonnaise ou veau marengo (de longue cuisson).

Shiraz Wynns 2005

COONAWARRA, WYNNS COONAWARRA ESTATE, AUSTRALIE

20,95 $	SAQ S* (433060)	★★★☆ $$	Corsé

Avec cet époustouflant 2005, Wynns présente à nouveau l'une des plus belles syrahs australiennes offertes en approvisionnement continu à la SAQ. Robe toujours aussi colorée et violacée. Nez expressif comme jamais, passablement riche et frais, marqué par des notes de crème de cassis, de grenadine, de poivre, de violette et de fumée. Boisé parfaitement maîtrisé et encore mieux intégré que l'an passé. Bouche gourmande, pleine, fraîche, ramassée, aux tanins fins, déjà plus ronds, aux saveurs longues et précises. Mérite sa demi-étoile supplémentaire annoncée l'an dernier. **Cépage :** shiraz (syrah). **Alc./**13 % **www.wynns.com.au**

☛*Servir entre 2007 et 2010, à 17 °C*

Thon rouge mi-cuit au poivre concassé et purée de pommes de terre aux olives noires, médaillons de porc sauce aux canneberges et au porto LBV ou côtelettes d'agneau grillées sauce teriyaki à l'orange.

Cabernet Sauvignon Sarnia Farm Angove's 2004

PADTHAWAY, ANGOVE'S, AUSTRALIE

21,10 $	SAQ S (469312)	★★★ $$	Corsé

Très beau cabernet australien, à la fois sur la fraîcheur, surtout par ses notes de la famille des pyrazines (principes actifs du poivron vert et du cacao), et sur le fruit mûr mais sans trop, à la bouche ample et ramassée, fraîche, pleine, longue et très digeste pour le style. On se rapproche du bordelais tout en conservant l'esprit ensoleillé du *down under*. **Cépage :** cabernet sauvignon. **Alc./**14 % **www.angoves.com.au**

☞*Servir entre 2007 et 2011, à 17 °C*

 Carré d'agneau sauce au porto LBV ou filets de bœuf sauce au cabernet sauvignon.

Cabernet Sauvignon Brampton 2005

STELLENBOSCH, RUSTENBERG WINES, AFRIQUE DU SUD *(DISP. NOV./DÉC. 07)*

21,40 $	SAQ S (10678421)	★★★☆ $$	Corsé

■ NOUVEAUTÉ! Après un 2004 tout aussi réussi, ce 2005, de Stellenbosch, la région phare d'Afrique du Sud, est à nouveau une belle référence jouant dans la cour des Bordelais. Le nez, exhalant des notes classiques de menthe, de graphite et de poivron, est d'une fraîcheur rarissime chez les vins du Nouveau Monde, mais commune chez ceux d'Afrique du Sud. En bouche, on se délecte de son invitante fraîcheur, de ses saveurs très aromatiques, de ses tanins fins et tissés serrés, et de son corps à la fois plein et aérien. Son style Bordelais est encore plus marqué que ne l'était le 2004 par cette trame de fond compacte et ramassée. Un excellent achat. **Cépage :** 100 % cabernet sauvignon. **Alc./**14,5 % **(Capsule à vis) www.rustenberg.co.za**

☞*Servir entre 2007 et 2013, à 17 °C*

 Gigot d'agneau aux herbes séchées (thym, romarin et origan) ou tranches d'épaule d'agneau grillées au poivre noir accompagnées d'un sauté de poivrons verts et rouges à l'huile d'olive et au paprika.

Shiraz Brampton 2005

STELLENBOSCH, RUSTENBERG WINES, AFRIQUE DU SUD *(DISP. NOV./DÉC. 07)*

21,40 $	SAQ S (10678341)	★★★ $$	Corsé

■ NOUVEAUTÉ! Deuxième millésime consécutif à nous parvenir en 2007 de cette très engageante et prenante nouveauté sud-africaine. Une shiraz presque noire, passablement concentrée, comme l'était la 2004, aux saveurs riches et compactes, laissant deviner des notes de mûre, de cerise noire et de lis, aux tanins enrobés, qui ont quand même du grain, dotée d'une fraîcheur et d'une retenue européenne qui différencient souvent les vins de ce pays avec ceux du Nouveau Monde plus généreux et ronds. À ce prix, on n'est pas loin du coup de cœur, mais le cabernet sauvignon du même nom (aussi commenté) remporte la mise. **Cépages :** 86 % shiraz, 6,5 % mourvèdre, 6 % grenache, 1,5 % viognier. **Alc./**14,5 % **(Capsule à vis) www.rustenberg.co.za**

☛ *Servir entre 2007 et 2011, à 17 °C et oxygéné en carafe 30 minutes*

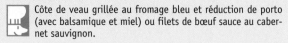 Tartinades d'olives noires (olives noires dénoyautées, graines de fenouil, zestes d'orange et huile d'olive passées au robot), rôti de porc aux épices à steak ou hamburgers de bœuf à la pommade d'olives noires (olives noires dénoyautées et huile d'olive passées au robot).

Cabernet Sauvignon Medalla Trapiche 2004
MENDOZA, BODEGAS TRAPICHE, ARGENTINE

21,50 $	SAQ S (10493806)	★★★ $$	Corsé+

Depuis 1983, année du centenaire du géant argentin qu'est Trapiche, cette cuvée, tout comme celle du nom d'Iscay, est devenue l'une des références de cette maison. En 2004, il en résulte un cabernet fort coloré, richement aromatique, au fruité très bordelais, exhalant des notes de fraise, de cassis et de graphite, marqué par un boisé certes présent mais intégré au vin, sans le dominer, présentant une bouche pleine et juteuse, mais aussi fraîche et verticale, sans la lourdeur de certaines cuvées signatures du Nouveau Monde, ainsi qu'au fruité explosif et aux tanins tissés serrés. Du sérieux pour le style et le prix. **Cépage :** cabernet sauvignon. **Alc./**14 % **www.trapiche.com.ar**

☛ *Servir entre 2007 et 2013, à 17 °C*

Côte de veau grillée au fromage bleu et réduction de porto (avec balsamique et miel) ou filets de bœuf sauce au cabernet sauvignon.

Pinot Noir Kim Crawford 2006
MARLBOROUGH, KIM CRAWFORD WINES, NOUVELLE-ZÉLANDE *(DISP. JANV./FÉVR. 08)*

21,95 $	SAQ C (10754244)	★★☆?☆ $$	Modéré+

■ NOUVEAUTÉ! Un nouveau pinot noir néo-zélandais, qui est attendu en début d'année 2008, tout à fait gorgé de fruits et de saveurs, aux tanins tendres, très frais et au corps enveloppant. Juteux, éclatant et délicieux, égrainant de longues saveurs de cerise noire et d'épices douces. Fera un malheur! **Cépage :** pinot noir. **Alc./**13,5 % (**Capsule à vis**) **www.kimcrawfordwines.co.nz**

☛ *Servir entre 2007 et 2010, à 16 °C*

Filet de saumon au pinot noir (C*), risotto au jus de betterave parfumé au girofle et flocons de poissons (R*), poulet rôti au sésame et aux cinq-épices, lapin chasseur, pâtes aux tomates séchées et au basilic ou dindon de Noël accompagné de risotto au jus de betterave parfumé au girofle (R*).

Shiraz Stellenzicht « Golden Triangle » 2004
STELLENBOSCH, STELLENZICHT, AFRIQUE DU SUD *(DE RETOUR DÉC. 07)*

22,50 $	SAQ S (10679272)	★★★?☆ $$	Corsé

■ NOUVEAUTÉ! Une shiraz sud-africaine – qui a connu un succès rapide lors de son arrivée en juillet 2007 et dont une deuxième commande est prévue fin 2007/début 2008 – proche parent avec les syrahs rhodaniennes, donc au profil plus ramassé et plus frais que la grande majorité des shiraz du Nouveau Monde. Il faut dire que l'Afrique du Sud est en passe de devenir un îlot européen sous l'hémisphère austral tant les vins qui en sont issus se rapprochent de l'élégance et de la fraîcheur des crus de la vieille Europe. Pour preuve, cette shiraz ultra-colorée, au nez épuré, sans artifice et sans boisé inutile, passablement riche et profonde, à la bouche éclatante, façon Nouveau Monde, mais droite, détaillée et longiligne, au fruité savoureux, sans aucune surmaturité. Du bel ouvrage. **Cépage :** shiraz. **Alc./**14,5 % **www.stellenzicht.co.za**

☛*Servir entre 2007 et 2014, à 17 °C et oxygéné (fortement) en carafe 15 minutes*

 Gigot d'agneau à l'ail et au romarin ou thon rouge mi-cuit au poivre et purée de pommes de terre aux olives noires et romarin.

Zinfandel Clos du Bois 2004
NORTH COAST, CLOS DU BOIS WINERY, ÉTATS-UNIS

22,70 $	SAQ S (403816)	★★★ $$	Corsé

Franchement meilleur et plus tendu que le merlot et le cabernet du même domaine (aussi commentés dans le Répertoire). Ce « zin » offre un nez très aromatique, détaillé et frais, aux notes florales, avec des tonalités de fruits des champs et d'épices douces, à la bouche débordante de saveurs, charnue et non dénuée de fraîcheur, contrairement aux deux autres frangins précédemment nommés. **Cépages :** 91 % zinfandel, 9 % petite sirah. **Alc./**13,5 % **www.closdubois.com**

☛*Servir entre 2007 et 2010, à 17 °C*

 Chili con carne épicé, brochettes de bœuf sauce au fromage bleu (C*), longe de porc sauce au boudin noir et vin rouge, quesadillas (*wraps*) au bifteck et au fromage bleu ou rognons de veau aux champignons et aux baies de genévrier.

Shiraz Langmeil « Valley Floor » 2005
BAROSSA VALLEY, LANGMEIL WINERY, AUSTRALIE *(DISP. NOV. 07)*

23,20 $	SAQ S (10765891)	★★★?☆ $$	Corsé

■ **NOUVEAUTÉ!** (Disponible via le magazine SAQ *Cellier*, spécial Afrique du Sud & Australie, mis en marché en deux tranches, les 8 et 22 novembre 2007, dans les SAQ *Sélection*) Colorée, aromatique, confite, débordante de fraîcheur, texturée et presque tendue, voilà une très belle shiraz australienne, aux saveurs de confiture de framboises, d'épices, de fumée et de vanille, harmonieuse tout en étant engageante au possible. **Cépage :** shiraz. **Alc./**14,5 % **www.langmeilwinery.com.au**

☛*Servir entre 2007 et 2011, à 17 °C et oxygéné en carafe 5 minutes*

 Médaillons de porc sauce aux canneberges et au porto LBV.

Shiraz La Motte 2003
WESTERN CAPE, LA MOTTE, AFRIQUE DU SUD

23,30 $	SAQ S (10679328)	★★★ $$	Corsé+

■ **NOUVEAUTÉ!** Forte coloration, nez aromatique, passablement riche, d'une belle fraîcheur, aux notes complexes de grenadine, de cerise au marasquin, d'épices douces et de fleurs rouges, sans aucun boisé à l'horizon, à la bouche droite, serrée et longiligne, tout en étant longue et assez chargée en fruits et en tanins. Débordante de saveurs, malgré une finale un brin chaude. **Cépage :** shiraz. **Alc./**14 % **www.la-motte.com**

☛*Servir entre 2007 et 2012, à 17 °C et oxygéné en carafe 30 minutes*

Hamburgers de bœuf à la pommade d'olives noires, carré d'agneau marocain et provençal (avec feuilles de menthe, poivre de Cayenne, piment doux, paprika, cumin, romarin frais, thym, ail et moutarde de Dijon) ou thon rouge mi-cuit au poivre concassé et purée de pommes de terre aux olives noires.

Merlot Meerlust 2003

STELLENBOSCH, DOMAINE MEERLUST, AFRIQUE DU SUD *(DISP. OCT./NOV. 07)*

| 23,55 $ | SAQ S (10219920) | ★★★?☆ $$ | Corsé |

Ce juteux et très engageant 2003 ne sera disponible qu'après l'épuisement des stocks du plus détendu et agréablement évolué 2000 (aussi commenté dans ce guide). Donc, un 2003 sud-africain au nez très aromatique, passablement riche et marqué par un fruit d'une belle maturité, laissant deviner des notes de cerise noire et de violette, sans boisé apparent, à la bouche à la fois ample et serrée, fraîche et généreuse, aux tanins enveloppés et au corps sphérique, sans être très dense, même plutôt modéré. Très français d'approche et très plaisant à boire dès maintenant. **Cépages :** 90 % merlot, 10 % cabernet sauvignon. **Alc./**13 % www.meerlust.co.za

☞*Servir entre 2008 et 2012, à 17 °C et oxygéné en carafe 15 minutes*

Hamburgers d'agneau aux poivrons rouges confits et au paprika ou cailles sautées à la poêle et riz sauvage aux champignons (C*).

Grenache/Shiraz/Mourvèdre Kaesler « Stonehorse » 2005

BAROSSA VALLEY, KAESLER VINEYARDS, AUSTRALIE *(DISP. OCT. 07)*

| 23,65 $ | SAQ S (10758309) | ★★★ $$ | Corsé |

■ NOUVEAUTÉ! Ce nouvel arrivage, à base de GSM (grenache, syrah et mourvèdre), se montre à la fois très concentré en fruits noirs, exprimant des notes de crème de cassis, et à la fois très frais pour un vin à 15 degrés d'alcool. Harmonie, ampleur, compacité, densité et fraîcheur font de ce rouge du *down under* l'une des belles nouveautés australes de l'automne 2007. La bonne nouvelle, c'est qu'une deuxième commande de 500 caisses, pour la fin de l'année 2007, devait suivre la première débarquée en octobre. **Cépages :** grenache, syrah, mourvèdre. **Alc./**15 % (**Capsule à vis**) www.kaesler.com

☞*Servir entre 2007 et 2011, à 17 °C*

Côtelettes d'agneau grillées sauce teriyaki à l'orange, rôti de porc aux épices à steak ou tajine de ragoût d'agneau aux cinq-épices et aux oignons cipollini caramélisés.

Sangiovese Ca'del Solo 2005

CALIFORNIA, CA'DEL SOLO, ÉTATS-UNIS

| 23,70 $ | SAQ S* (10268431) | ★★★?☆ $$ | Corsé | BIO |

Un sangiovese californien d'une fraîcheur étonnante, lui procurant un style toscan. Il provient du Gimelli Vineyard, dans le comté de San Benito, le premier vignoble à avoir été cultivé en biodynamie, depuis 2005. Il en résulte un vin coloré, aromatique, aux tanins fins, même serrés, avec du grain, de l'élan et de la matière, mais droite et élancée. Une certaine minéralité s'en dégage en finale. Framboise, mûre, cerise noire et café noir donnent le ton. Le plus européen des millésimes élaborés à ce jour pour ce sangiovese habituellement très californien d'approche. **Cépages :** 90 % sangiovese, 5 % nero d'avola, 3 % cinsault, 2 % colorino. **Alc./**14,5 % (**Capsule à vis**)

www.bonnydoonvineyards.com

☛ *Servir entre 2007 et 2016, à 17 °C et oxygéné en carafe 45 minutes*

 Carré d'agneau et jus au café expresso (C*) ou magret de canard grillé parfumé de baies roses.

Clos de los Siete 2005

MENDOZA, MICHEL ROLLAND, ARGENTINE

23,85 $	SAQ S (10394664)	★★★?★ $$	Puissant

■ **NOUVEAUTÉ!** L'été 2007 a été marqué par le retour très attendu de l'un des meilleurs rapports qualité-prix sud-américains. Généreux, confit, charnu, plein et solidement bâti, ce rouge argentin au fruité éclatant résulte d'un projet de sept vignerons français (*los siete* : les sept), mis en marche il y a quelques années par Michel Rolland et son copain, le défunt Jean-Michel Arcaute (château Clinet à Pomerol). Même si certains vignerons associés ont décidé, depuis, de voler de leurs propres ailes (voir les superbes vins argentins de Poesia dans *La Sélection Chartier 2007*), les vins de ce gigantesque domaine de 800 hectares, situé au cœur de la vallée du Tupungato, se démarquent sur la scène internationale. Pour preuve, ce 2005 qui offre à boire et à manger, à quiconque apprécie le style volumineux et dense. **Cépages :** 50 % malbec, 30 % merlot, 10 % syrah, 10 % cabernet sauvignon. **Alc./**15 %

☛ *Servir entre 2007 et 2011, à 17 °C et oxygéné en carafe 30 minutes*

 Longe de porc (fumée si possible) sauce au boudin noir et au vin rouge ou carré d'agneau et jus au café expresso (C*).

Shiraz Mitolo « Jester » 2005

MCLAREN VALE, MITOLLO WINES, AUSTRALIE *(DISP. NOV. 07)*

23,95 $	SAQ S (10769411)	★★★?☆ $$	Corsé

■ **NOUVEAUTÉ!** (Disponible via le magazine SAQ *Cellier*, spécial Afrique du Sud & Australie, mis en marché en deux tranches, les 8 et 22 novembre 2007, dans les SAQ *Sélection*) Une shiraz fortement colorée, au nez ayant besoin d'oxygène pour révéler sa richesse et sa profondeur, à la bouche ample, fraîche et presque soyeuse, aux tanins mûrs et enrobés par des saveurs pulpeuses. Rares sont les vins de ce degré d'alcool à être aussi fins dans leur richesse solaire. **Cépage :** shiraz. **Alc./**14,5 % (**Capsule à vis**) **www.mitolowines.com.au**

☛ *Servir entre 2007 et 2012, à 17 °C et oxygéné (fortement) en carafe 15 minutes*

 Bœuf braisé au jus de carotte (R*).

Pinot Noir Waimea 2005

NELSON, WAIMEA ESTATES, NOUVELLE-ZÉLANDE *(DISP. NOV./DÉC. 07)*

24,50 $	SAQ S (10826447)	★★★☆ $$	Modéré+

■ **NOUVEAUTÉ!** Quel éclat et quel charme! De la couleur, du fruit à revendre (cerise noire, framboise), ainsi que des notes de réglisse, de tomate séchée et de grenadine, de la fraîcheur, de l'ampleur, des tanins très fins, de la générosité et de la prestance. Difficile d'être plus expressif. Vraiment beau et bon. Sera assurément l'une des nouveautés les plus recherchées de l'automne 2007 – et vous en êtes prévenu grâce à cette dégustation effectuée en primeur et commentée dans *La Sélection*, avant son arrivée à la SAQ, comme plus de deux cents futurs arrivages (voir *Calendrier des futurs arrivages* à la page 16). **Cépage :** pinot noir. **Alc./**13,5 % (**Capsule à vis**) www.waimeaestates.co.nz

☛ *Servir entre 2007 et 2020, à 17 °C*

 Bruschetta à la tapenade de tomates séchées, pâtes aux tomates séchées, pizza aux tomates séchées et au fromage de chèvre, poulet chasseur, salade de bœuf grillé à l'orientale, saumon grillé sauce à la tomate de longue cuisson ou risotto à la tomate et au basilic sur aubergines grillées.

Pinot Noir Estancia « Pinnacles Ranches » 2006

MONTEREY COUNTY, ESTANCIA ESTATES, ÉTATS-UNIS *(DISP. AUTOMNE 07)*

24,85 $	SAQ S (10354232)	★★★ $$	Modéré+

Charmeur, assez riche, épicé (girofle et muscade), ample, texturé, généreux, mais aussi très frais, voilà une belle réussite californienne, qui ne prêche pas par une surmaturité écœurante. Du sérieux, jouissif au possible pour le prix demandé. **Cépage :** pinot noir. **Alc./**13,5 % www.estanciawinery.com

☛ *Servir entre 2007 et 2010, à 17 °C*

 Filets de porc à la cannelle et aux canneberges (R*), risotto à la tomate et au basilic sur aubergines grillées, salade de bœuf grillé à l'orientale ou thon grillé à l'huile de basilic.

Clos de Lolol « Hacienda Araucano » 2003

VALLE DE COLCHAGUA, BODEGAS J. & F. LURTON, CHILI

24,95 $	SAQ S (10689868)	★★★?☆ $$	Corsé

■ NOUVEAUTÉ! (Magazine *Cellier*, printemps 2007) Dégusté en primeur, en juin 2006, cet assemblage se montrait très aromatique, on ne peut plus chilien, exultant des notes de cassis, d'eucalyptus et de menthe chocolatée, à la bouche à la fois ample et compacte, fraîche et tannique, d'une belle précision et d'un corps assez relevé, mais sans être d'une grande densité. Située en bordure de mer, la vallée de Lolol jouit d'un climat océanique, aux variations thermiques jour/nuit très importantes. Les Lurton y cultivent la carmenère – qui représente aujourd'hui 7 % des plantations du pays –, afin d'obtenir de très petits rendements (25 hl/ha) et de tester ce que ce cépage a dans le ventre. **Cépages :** 50 % carmenère, 50 % cabernet sauvignon. **Alc./**13,5 % www.jflurton.com

☛ *Servir entre 2007 et 2011, à 17 °C et oxygéné en carafe 15 minutes*

Carré d'agneau en croûte de menthe fraîche aux parfums balsamiques, filets de bœuf grillés et coulis de poivrons verts (C*) ou côtes de veau et purée de pois à la menthe (C*).

Pinot Noir Oyster Bay 2006

MARLBOROUGH, OYSTER BAY WINES, NOUVELLE-ZÉLANDE *(DISP. NOV./DÉC. 07)*

25,95 $	SAQ S (10826105)	★★★ $$	Modéré

■ NOUVEAUTÉ! Un pinot actuellement discret au nez, mais d'une présence inspirante en bouche, aux tanins dodus, à l'acidité discrète et aux saveurs expansives, dévoilant des tonalités d'épices douces (muscade, cannelle), de fruits rouges (cerise, framboise) et de torréfaction (fumée, café). **Cépage :** pinot noir. **Alc./**13 % **(Capsule à vis) www.oysterbaywines.com**

 Servir entre 2007 et 2010, à 16 °C

Bruschetta à la tapenade de tomates séchées, thon rouge aux tomates confites et à l'huile d'olive épicée, poulet au soja et à l'anis étoilé ou pâtes au pesto de tomates séchées.

Merlot Cono Sur « 20 Barrels Limited Edition » 2004

VALLE DE COLCHAGUA, VIÑA CONO SUR, CHILI *(DISP. AUTOMNE 07)*

26,60 $	SAQ S (904490)	★★★?☆ $$$	Corsé

Comme tous les vins signés par Cono Sur, ce merlot démontre un boisé plutôt discret, parfaitement intégré à la matière, ainsi qu'une fraîcheur de fruits rarissime au Chili. Ce qui devrait permettre aux amateurs de vins de la vieille Europe d'apprécier l'expression de ces vins vinifiés avec maestria et retenue. Il en résulte donc un 2004 passablement coloré, au nez à la fois très fin et concentré, sans excès, exhalant des notes de poivre, de mûre et de fumée, à la bouche ample, pleine, très fraîche et prenante, d'une harmonie singulière, lui donnant un profil bordelais. Cassis, poivre et menthe signent le cocktail de saveurs. **Cépage :** merlot. **Alc./**14,5 % **www.conosur.com**

 Servir entre 2007 et 2012, à 17 °C et oxygéné en carafe 15 minutes

Brochettes d'agneau grillées à l'ajowan, gigot d'agneau aux herbes séchées (thym, romarin et origan) ou brochettes de bœuf à la pommade de menthe fraîche, poivre concassé et vinaigre balsamique.

Pinot Noir Benziger 2005

SONOMA COAST, BENZIGER FAMILY WINERY, ÉTATS-UNIS *(DISP. NOV./DÉC. 07)*

26,75 $	SAQ S (470807)	★★★ $$$	Corsé

Un pinot on ne peut plus californien, c'est-à-dire chaleureux, plein, volumineux, tout en étant rond et moelleux, aux saveurs de fruits confits, de tomate séchée et d'épices, dont le girofle. Pas particulièrement frais et complexe, mais drôlement efficace pour quiconque aime le style ensoleillé. **Cépage :** pinot noir. **Alc./**14,5 % **www.benziger.com**

Servir entre 2007 et 2010, à 17 °C

Filet de saumon grillé recouvert d'un concassé grossier des quatre-épices chinoises (poivre, muscade, gingembre en poudre et clou de girofle) ou cailles laquées au miel et aux cinq-épices (R*). Fromage : camembert aux clous de girofle (préalablement macérés quelques jours au centre du fromage).

Lindhorst Max's Shiraz 2003

COASTAL REGION, LINDHORST WINES, AFRIQUE DU SUD

26,85 $	SAQ S (10679344)	★★★ $$$	Corsé

■ NOUVEAUTÉ! Cette nouveauté sud-africaine présente un profil aromatique à la fois frais, épicé et mentholé, aux notes subtiles d'eucalyptus, de poivre et de clou de girofle. La bouche suit avec ampleur, fraîcheur, présence, texture et élan, tout en égrainant des saveurs plus fruitées, aux touches de cassis et de grenadine. Les tanins sont mûrs et enveloppés dans une gaine presque veloutée. Très Nouveau Monde, malgré sa fraîcheur invitante. **Cépages :** 90 % shiraz, 10 % cabernet sauvignon. **Alc./**12,5 % **www.lindhorstwines.com**

☛ *Servir entre 2007 et 2011 à 17 °C et oxygéné en carafe 15 minutes*

 Carré d'agneau marocain et provençal (avec feuilles de menthe, poivre de Cayenne, piment doux, paprika, cumin, romarin frais, thym, ail et moutarde de Dijon) ou gigot d'agneau à l'ail et au romarin.

Zinfandel Cardinal Zin 2005

CALIFORNIA, BONNY DOON VINEYARD, ÉTATS-UNIS

26,95 $	SAQ S* (10253351)	★★★ $$	Modéré+

Ses accents de girofle et de poivre feront fureur à table avec les mets aux mêmes principes actifs. Quel nez! Du fruit, de l'éclat, une certaine richesse, une attaque joufflue, sans trop, de la texture, de la fraîcheur et de l'harmonie, pour un « zin » franchement équilibré et agréable à boire dès maintenant. Avec ses étiquettes plus qu'éclectiques, la mise en marché et même l'encépagement des vins de ce domaine semblent relever du dada, mouvement de remise en question radicale des modes d'expression traditionnels. **Cépages :** 80 % zinfandel, 13 % carignan 5 % mourvèdre, 1 % dolcetto, 1 % barbera. **Alc./15 %** (**Capsule à vis**) **www.bonnydoonvineyards.com**

☛ *Servir entre 2007 et 2010, à 17 °C*

 Jarrets de veau braisés dans le porto avec polenta et champignons (R*), ragoût d'agneau aux quatre-épices (poivre, muscade, gingembre en poudre et clou de girofle), brochettes d'agneau grillées à l'ajowan, gigot d'agneau aux herbes séchées (thym, romarin et origan) ou brochettes de bœuf à la pommade de menthe fraîche, poivre concassé et vinaigre balsamique.

Shiraz Epsilon 2005

BAROSSA VALLEY, MASSENA, AUSTRALIE *(DISP. NOV. 07)*

27 $	SAQ S (10817479)	★★★☆?☆ $$	Corsé

■ NOUVEAUTÉ! (Disponible via le magazine SAQ *Cellier*, spécial Afrique du Sud & Australie, mis en marché en deux tranches, les 8 et 22 novembre 2007, dans les SAQ *Sélection*) Un coup de cœur, provenant de vieilles vignes de trente-deux ans, vinifié avec brio par Dan Standish et Jaysen Collins, deux figures montantes du *down under*, dont Jaysen qui a travaillé chez Turkey Flat (aussi commenté). Vous y dénicherez un vin d'une étonnante définition, sans aucune note boisée, sur les fruits rouges et noirs, et d'une tout aussi surprenante minéralité, aux tanins d'une remarquable finesse et aux saveurs d'une grande allonge. Rares sont les vins australiens avec une aussi prenante race et distinction. Du sérieux. **Cépage :** shiraz. **Alc./14.5 %** **www.massena.com.au** **www.epsilonwines.com.au**

☛ *Servir entre 2007 et 2015, à 17 °C et oxygéné en carafe 30 minutes*

 Steak de thon grillé à la pommade d'olives noires (olives noires dénoyautées et huile d'olive passées au robot).

Rubicon Meerlust 2001

STELLENBOSCH, DOMAINE MEERLUST, AFRIQUE DU SUD *(DISP. OCT./NOV. 07)*

27,05 $	SAQ S (10219823)	★★★☆?☆ $$$	Corsé+

Ce remarquable 2001 a fait son apparition à la SAQ à l'automne 2007, la même année que le 2000 (aussi commenté dans ce guide). Le 2000 était déjà un très bon achat, mais le 2001 représente l'un des meilleurs rapports qualité-prix sud-africains, sinon LE meilleur! Cette cuvée est donc le vin de prestige de cette maison ancestrale, fondée

en 1756 par la famille Myburgh, et toujours dirigée par Hannes Myburgh. Le premier millésime du Rubicon a vu le jour en 1980 et, depuis, il n'est produit que dans les grandes années, sauf en 1990, 1995 et 2002. Pour parachever ce vin de référence, une sélection sévère à la cuve permet ainsi de ne conserver que le meilleur provenant de cet assemblage à la bordelaise, cultivé sur les sols de granite friable, situés au pied du Simonsberg et du Helderberg. La fraîcheur et la finesse des vins de Meerlust proviennent des influences maritimes dues à sa proximité d'avec la mer. Les amateurs de bordeaux seront comblés. De la couleur, du fruit à revendre, de la complexité, de la profondeur, du détail et de la race. Quel nez! La bouche suit avec aplomb, plénitude, volume, texture et persistance, égrainant des notes de framboise, de cerise noire et de graphite, dans une très longue finale. Rares sont les rouges du Nouveau Monde à s'exprimer avec autant d'harmonie et de fraîcheur, dans un ensemble aussi généreux. **Cépages :** 70 % cabernet sauvignon, 15 % merlot, 15 % cabernet franc. **Alc./**13 % www.meerlust.co.za

☞ *Servir entre 2009 et 2019, à 17 °C et oxygéné en carafe 2 heures*

 Magret de canard au vin rouge et aux baies de sureau (C*) ou filets de bœuf sauce balsamique et poêlée de champignons sauvages.

Remhoogte 2004
SIMONSBERG-STELLENBOSCH, ROLLAND-BOUSTRED, REMHOOGTE WINE ESTATE, AFRIQUE DU SUD

27,50 $	SAQ S (10826981)	★★★?☆ $$$	Corsé

■ NOUVEAUTÉ! Du même domaine que le Bonne Nouvelle 2003 (aussi commenté). Très coloré et violacé. Nez aromatique, raffiné très fin et expressif, aux notes de graphite, de suie et de fruits noirs. Bouche éclatante, gorgée de fruits, aux tanins fins et enrobés, mûrs à point, au boisé torréfié et aux saveurs longues et engageantes. Déjà agréable à boire. Il faut savoir que les viticulteurs sud-africains ne sont pas très fanatiques de leur cépage emblématique pinotage. Michel Rolland a donc décidé de le travailler pour lui donner ses lettres de noblesse. **Cépages :** merlot, cabernet sauvignon, pinotage. **Alc./**15 % www.rollandcollection.com

☞ *Servir entre 2007 et 2011 et oxygéné en carafe 15 minutes*

 Burger de bœuf au foie gras de canard et aux champignons.

Shiraz Boschendal Reserve Collection 2003
COASTAL REGION, BOSCHENDAL WINERY, AFRIQUE DU SUD

27,65 $	SAQ S (10440819)	★★★☆ $$	Corsé+

Pour la désormais classique entrecôte grillée à la pommade d'olives noires (olives noires dénoyautées et huile d'olive passées au robot), osez une excellente shiraz sud-africaine, comme celle de Boschendal, au nez révélant une invitante fraîcheur et une distinction unique après oxygénation, à la bouche à la fois chaude et aérienne, pleine et compacte, dense et raffinée, jouant les funambules comme rares en sont capables les rouges à un pourcentage d'alcool aussi élevé. **Cépage :** shiraz. **Alc./**15 % www.boschendalwines.com

☛ *Servir entre 2007 et 2013, à 17 °C et oxygéné en carafe 30 minutes*

 Entrecôte grillée à la pommade d'olives noires (olives noires dénoyautées et huile d'olive passées au robot).

Shiraz Scotchmans Hill 2005

GEELONG, SCOTCHMANS HILL VINEYARDS, AUSTRALIE *(DISP. NOV./DÉC. 07)*

29,45 $	SAQ S (10250863)	★★★☆ $$$	Corsé+

Contrairement au chardonnay et au pinot noir de cette grande maison (aussi commentés), de profil à mi-chemin entre l'Europe et l'Australie, cette nouvelle shiraz se montre on ne peut plus australienne. Nonobstant ce style exubérant, elle est très réussie. Vous y dénicherez un rouge ultra coloré, richement aromatique, quasi explosif, aux parfums de fruits noirs, de fleurs, d'épices, à la bouche juteuse, pleine et dense, mais aussi très fraîche et longiligne pour une shiraz du *down under*. Cassis, poivre, eucalyptus et violette complexifient l'ensemble fort généreux. Connaîtra un succès éclair, dès son arrivée, donc soyez vigilant auprès de votre conseiller en vins. **Cépage : shiraz. Alc./**14,5 % **(Capsule à vis)** **www.scotchmanshill.com.au**

☛ *Servir entre 2007 et 2011, à 17 °C*

 Brochettes de bœuf à la pommade de menthe fraîche, poivre concassé et vinaigre balsamique ou steak de saumon au café noir et aux cinq-épices chinoises (C*).

Corbec 2005

TUPUNGATO-MENDOZA, MASI, ARGENTINE *(DISP. OCT./NOV. 07 ET FÉVR. 08)*

29,55 $	SAQ S (10689964)	★★★☆ $$$	Corsé+

Découvert avec le 2004, lancé lors de l'opération du printemps 2007 du magazine *Cellier*, le Corbec récidive avec un 2005 encore plus soutenu et complet – dont 400 caisses étaient attendues en octobre 2007 et 400 autres en février 2008. Couleur profonde. Nez très frais, sans surmaturité, passablement riche et retenu. Bouche généreuse mais très fraîche, gourmande mais ramassée, pleine mais aussi élancée. Superbe harmonie de matière et de saveurs, sans boisé et sans la surmaturité habituelle des vins provenant en partie ou en totalité de la méthode appassimento, technique de séchage des raisins après vendanges. Ce cru argentin, façon italienne, provient du remarquable vignoble La Arboleda, une zone qualitative de Mendoza située entre 950 et 1 050 mètres d'altitude, né par la même méthode de séchage des raisins utilisée en Vénétie pour la production de l'*amarone*. Mais, contrairement à ce dernier, ici les raisins sont séchés moins longtemps (plus ou moins 20 jours), dû au temps très sec de l'Argentine, comparativement à l'humidité forte de la Valpolicella. Il en résulte donc un vin moins riche en glycérol, moins généreux et moins velouté que chez les *amaroni*. **Cépages :** 70 % corvina, 30 % malbec (séchés tous deux 22 jours). **Alc./**14,5 % **www.masi.it**

☛ *Servir entre 2007 et 2016, à 17 °C et oxygéné en carafe 30 minutes*

 Carré d'agneau et jus au café expresso (C*). Fromage : parmigiano reggiano (plus de 24 mois d'affinage).

Cabernet Sauvignon Plaisir de Merle 2003

PAARL, PLAISIR DE MERLE, AFRIQUE DU SUD *(DE RETOUR NOV. 07)*

29,65 $	SAQ S* (10337731) ★★★ $$$	Corsé

Après un 2002 moins pulpeux, moins détaillé et moins réussi que ne l'était le très bon 2001, Plaisir de Merle revient à l'avant-scène avec un 2003 – dont une nouvelle commande de 500 caisses était attendue en novembre 2007 – engageant et franchement réussi. Vous y dénicherez un cabernet élégant, tout en étant débordant de saveurs façon Nouveau Monde, aux tanins présents mais bien enrobés, et au corps ample, sans excès, lui procurant un profil presque bordelais. Il faut dire que les rouges sud-africains sont les vins du Nouveau Monde au style se rapprochant le plus des vins européens. **Cépage :** cabernet sauvignon. **Alc./**14 % **www.plaisirdemerle.co.za**

☞*Servir entre 2007 et 2010, à 17 °C*

Filet d'agneau et coulis de poivrons rouges ou filets de bœuf sauce au cabernet sauvignon.

Mourvèdre Terre Rouge 2001

AMADOR COUNTY, DOMAINE DE LA TERRE ROUGE, ÉTATS-UNIS

29,75 $	SAQ S (921601) ★★★☆ $$$	Corsé

Un mourvèdre dans le style on ne peut plus bandol, c'est-à-dire sauvage, fumé, épicé et cacaoté à souhait. Musc, réglisse, fruits rouges macérés à l'eau-de-vie et fumée participent au bouquet. Tout en étant dense et capiteuse, la bouche se montre plus détendue que les vins de la célèbre appellation provençale. Du volume, de la texture et de la persistance, à un excellent prix. Grâce à sa chair enveloppante et à ses parfums cacaotés et épicés, il fusionnera avec des plats baignés de sauce au chocolat noir à plus de 70 % de cacao, ainsi que de pimentón (piment espagnol séché et fumé). **Cépage :** mourvèdre. **Alc./**14,5 % **www.terrerougewines.com**

☞*Servir entre 2007 et 2012, à 17 °C*

Filets de bœuf au café noir (C*), homard au vin rouge et au chocolat noir 70 % cacao et pimentón ou osso buco de jarret de veau à la vanille de Tahiti et au chocolat.

Shiraz Gordon Brothers 2003 *(DE RETOUR EN AUTOMNE 07)*

COLUMBIA VALLEY, GORDON BROTHERS CELLARS, ÉTATS-UNIS

29,95 $	SAQ S (10745399) ★★★?☆ $$	Corsé

■ NOUVEAUTÉ! Introduite au printemps 2007, via le magazine SAQ *Cellier*, cette shiraz de l'État de Washington devait faire l'objet d'un deuxième arrivage au courant de l'automne 2007. Il en résulte un rouge presque noir et violacé, au nez à la fois distingué et un brin boisé, à la bouche généreuse, pulpeuse et sphérique, mais sans lourdeur, même dotée d'une certaine fraîcheur, exhalant des saveurs de fruits noirs, de fumée, de cacao et de vanille. Un profil certes californien, mais avec l'élégance des meilleurs vins de cet État. **Cépage :** shiraz. **Alc./**15 % **www.gordonwines.com**

☞*Servir entre 2007 et 2013, à 17 °C*

Côtelettes d'agneau grillées sauce teriyaki à l'orange.

Shiraz Kaesler « Stonehorse » 2005

BAROSSA VALLEY, KAESLER VINEYARDS, AUSTRALIE *(DISP. OCT. 07)*

| 29,95 $ | SAQ S (10769155) | ★★★?☆ $$$ | Corsé |

■ NOUVEAUTÉ! À l'image du nouveau GSM « Stonehorse » 2005 (aussi commenté), cette shiraz se montre à la fois tout aussi concentrée et fraîche. Le fruité est pur, sans boisé superflu. La bouche suit avec certes une certaine générosité, mais ramassée et saisissante comme pas une chez les rouges australs à plus de 15 degrés d'alcool. De l'expression et de la distinction, dans un ensemble pulpeux. Le meilleur des deux mondes. **Cépage :** shiraz. **Alc./**15,5 % **www.kaesler.com**

☛*Servir entre 2007 et 2015, à 17 °C et oxygéné en carafe 30 minutes*

 Jarrets de veau braisés dans le porto (R*), médaillons de porc sauce aux canneberges et au porto LBV ou carré d'agneau rôti farci d'une purée d'olives noires et de romarin, sauce au porto LBV.

Merlot De Trafford 2004 ♥

STELLENBOSCH, DE TRAFFORD, AFRIQUE DU SUD *(DISP. NOV. 07)*

| 31 $ | SAQ S (10710225) | ★★★☆?☆ $$$ | Corsé+ |

■ NOUVEAUTÉ! (Disponible via le magazine SAQ *Cellier*, spécial Afrique du Sud & Australie, mis en marché en deux tranches, les 8 et 22 novembre 2007, dans les SAQ *Sélection*) Un merlot hyper aromatique, à la manière pomerol, torréfié et fruité à souhait, à la bouche pulpeuse comme il se doit pour les grandes pointures de ce cépage, mais aussi ramassée, pleine et presque dense, au fruité généreux et d'une grande allonge, ainsi qu'aux tanins serrés. La finale, fraîche au possible, signe l'origine sud-africaine de ce cru de référence. Aucune filtration n'a été effectuée lors de la mise en bouteilles à la main, comme tous les crus de ce domaine, et un élevage de dix-neuf mois en barriques de chêne français, dont 35 % de fût neuf, complète le tableau. **Cépages :** 95 % merlot, 3 % cabernet franc, 2 % petit verdot. **Alc./**14,5 % **www.detrafford.co.za**

☛*Servir entre 2007 et 2017, à 17 °C et oxygéné en carafe 15 minutes*

 Lapin aux pruneaux.

Shiraz De Trafford « Blueprint » 2004 ♥

STELLENBOSCH, DE TRAFFORD, AFRIQUE DU SUD *(DISP. NOV. 07)*

| 32 $ | SAQ S (10710250) | ★★★☆ $$$ | Corsé |

■ NOUVEAUTÉ! (Disponible via le magazine SAQ *Cellier*, spécial Afrique du Sud & Australie, mis en marché en deux tranches, les 8 et 22 novembre 2007, dans les SAQ *Sélection*) L'Afrique du Sud offre de plus en plus des vins se rapprochant du goût européen, tout en étant solaires comme le sont ceux du Nouveau Monde. Ce à quoi répond avec retenue, profondeur, densité et raffinement cette shiraz de l'une des *micro-wineries* d'avant-garde du Cap. La couleur est soutenue. Le nez est ultra-raffiné, sans boisé apparent. La bouche est à la fois éclatante et fraîche, pleine et longiligne pour le style, aux tanins mûrs et arrondis, ainsi qu'aux saveurs d'une grande allonge, laissant des traces de fraise, de cassis et d'eucalyptus. Élevée dix-neuf mois en barriques, dont seulement 15 % de fûts neufs. Une étonnante réussite quand on sait qu'elle provient de jeunes vignes de plus ou moins six ans. **Cépage :** shiraz. **Alc./**14,5 % www.detrafford.co.za

☛ *Servir entre 2007 et 2016, à 17 °C et oxygéné en carafe 15 minutes*

 Tranches d'épaule d'agneau grillées et pommade d'olives noires (olives noires dénoyautées et huile d'olive passées au robot).

Cabernet Sauvignon Smith & Hook 2003
SANTA LUCIA HIGHLANDS, SMITH & HOOK WINERY, ÉTATS-UNIS *(DISP. OCT./NOV. 07)*

33 $	SAQ S (10754762)	★★★☆ $$$	Corsé

■ **NOUVEAUTÉ!** Un nouveau « cab » californien, qui étonne par sa grande définition aromatique, son fruité mûr mais sans être surmûri, sa fraîcheur, sa trame tannique bien ciselée et son corps longiligne. Belle matière, du fruit, de l'élan et du plaisir à boire malgré ses 14,5 % d'alcool. Bien joué! **Cépages :** cabernet sauvignon, merlot. **Alc./**14,5 % www.smithandhook.com

☛ *Servir entre 2007 et 2011, à 17 °C et oxygéné en carafe 15 minutes*

 Carré d'agneau à la gremolata ou côtes de veau et purée de pois à la menthe (C*).

Pinot Noir Margrain 2005
MARTINBOROUGH, MARGRAIN VINEYARD, NOUVELLE-ZÉLANDE *(DISP. NOV./DÉC. 07)*

33,25 $	SAQ S (10383261)	★★★☆?★ $$$	Corsé

Troisième millésime de ce pinot à nous parvenir au Québec (voir commentaire du 2003, dans *La Sélection 2007*, puis du 2004, dans le Répertoire de ce guide), ce 2005 se montre plus aromatique que jamais, marqué par les tonalités classiques des pinots néo-zélandais (cardamome, macis, giroflée, cerise noire),

d'une bonne intensité et d'une fraîcheur tout aussi typique, provenant de notes de verdure, de la famille des pyrazines, à la bouche gorgée de saveurs, mais aussi d'une fraîcheur plus invitante et plus dominante que dans les deux précédents millésimes, ce qui contribue à lui donner un profil on ne peut plus bourguignon. Des tanins très fins et des saveurs très longues signent cette excellente réussite. **Cépage :** pinot noir. **Alc./**12,5 % www.margrainvineyard.co.nz

☛ *Servir entre 2007 et 2010, à 16 °C*

 Poitrines de poulet farcies au chèvre et aux poivrons rouges, sandwich aux légumes grillés et tapenade de tomates séchées ou thon poêlé aux tomates confites et à l'huile d'olive épicée.

Malbec Piedra Negra Lurton 2002

VALE DE UCO-MENDOZA, BODEGAS J. & F. LURTON, ARGENTINE *(DISP. OCT./NOV. 07)*

37,75 $**   SAQ S (10758616)   ★★★☆ **$$$ Corsé+

Une ixième référence argentine, positionnant plus que jamais le malbec comme LE cépage sud-américain chouchou de l'heure. Grenat très foncé et soutenu. Nez très riche et très mûr, réglissé et confit, ainsi que torréfié, donc on ne peut plus malbec argentin. Bouche pleine, sphérique et juteuse, mais avec une fraîcheur unique chez les grandes cuvées de ce cépage. Tanins serrés, bien enveloppés, et saveurs longues et précises, sans esbroufe et sans boisé inutile. **Cépage :** malbec. **Alc./**14 % www.jflurton.com

☛ *Servir entre 2007 et 2014, à 17 °C*

 Jarret d'agneau confit et lentilles du Puy au jus d'agneau parfumé à la réglisse.

Le Cigare Volant 2002

CALIFORNIA, BONNY DOON VINEYARD, ÉTATS-UNIS

39,75 $**   SAQ S (10253386)   ★★★☆?☆ **$$$$ Corsé+

Obturé par une judicieuse capsule à vis, vous dénicherez un 2002, ayant fait une nouvelle apparition à la SAQ en août 2007, aux allures de bandol très marqué par le mourvèdre, qui entre dans son assemblage. Un californien au nez d'une remarquable fraîcheur, pur et précis, marqué par des notes de fruits rouges et noirs, et par des touches de zeste, de poivre et de girofle, à la bouche compacte, tissée très serrée, au fruité vivant, expressif et persistant. Rares sont les assemblages rhodaniens sous le soleil de la Californie à exprimer autant d'élégance dans la richesse solaire. **Cépages :** 36 % mour-vèdre, 34 % syrah, 22 % grenache, 7 % cinsault, 1 % counoise. **Alc./**13,5 % (**Capsule à vis**) www.bonnydoonvineyards.com

☛ *Servir entre 2007 et 2016, à 17 °C et oxygéné en carafe 15 minutes*

 Braisé de bœuf à l'anis étoilé ou magret de canard rôti à la nigelle.

Le Cigare Volant 2003

CALIFORNIA, BONNY DOON VINEYARD, ÉTATS-UNIS *(DISP. FIN 07/DÉBUT 08)*

39,75 $**   SAQ S (10253386)   ★★★★ **$$$$ Puissant

Le Cigare 2003, élaboré avec des mourvèdres de plus de cent ans d'âge, provenant de Contra Costra County, se montre réglissé à fond, plus substantiel et plus enveloppant que le 2002 (aussi commenté dans ce guide), avec une imposante chair et des saveurs à la fois confites et épicées. Il donne l'impression, à l'image d'un bœuf braisé longuement au vin rouge, qu'il est très riche en *umami*, cette cinquième saveur qui apporte du volume et de la chair aux aliments et au... saké! Pour connaître la savoureuse petite histoire du nom de ce vin, visitez le percutant site Internet de ce domaine référence. **Cépages :** 35 % mourvèdre, 32 % syrah, 26 % grenache, 7 % cinsault. **Alc./**13,5 % www.bonnydoonvineyards.com

☛ *Servir entre 2007 et 2020, à 17 °C et oxygéné en carafe 90 minutes*

 Daube de bœuf au vin et à l'orange, canard rôti et badigeonné au scotch single malt « tourbé » ou lièvre (ou lapin) à l'aigre-doux (C*).

Elderton « Ode to Lorraine » 2004

BAROSSA, ELDERTON WINES, AUSTRALIE *(DISP. OCT./NOV. 07)*

40 $	SAQ S (10829331)	★★★☆?☆ $$$$	Corsé+

■ NOUVEAUTÉ! En hommage à leur mère, la famille Ashmead a élaboré cette stupéfiante grande cuvée, dont 350 caisses de six bouteilles étaient attendues au moment d'aller sous presse. Vous y découvrirez un rouge austral d'une remarquable fraîcheur dans sa richesse exubérante. Un vin vibrant, presque détendu, aux tanins mûrs à point, presque enveloppés, aux saveurs pulpeuses et persistantes, au boisé modéré et marqué par une longue finale, aux relents de cassis, de framboise, de poivron rouge confit et de cacao, d'une saisissante fraîcheur naturelle. Comme tous les vins signés Elderton, son harmonie d'ensemble le rapproche plus des meilleurs crus d'allure européenne comme on en déguste de nos jours chez les vins d'Afrique du Sud. **Cépage :** 57 % cabernet sauvignon, 27 % shiraz, 16 % merlot. **Alc./**14,5 % www.eldertonwines.com.au

☛ *Servir entre 2007 et 2015 à 17 °C et oxygéné en carafe 15 minutes*

 Côte de veau grillée au fromage bleu et réduction de porto (avec balsamique et miel).

Syrah Foley « Rancho Santa Rosa » 2003

SANTA RITA HILLS, FOLEY ESTATE VINEYARD & WINERY, ÉTATS-UNIS
(DE RETOUR EN AUTOMNE 07)

43 $	SAQ S (10754172)	★★★★ $$$$	Corsé

■ NOUVEAUTÉ! J'ai rarement dégusté des syrahs californiennes avec autant de raffinement et de retenue, à la manière des meilleures syrahs rhodaniennes. Le nez est d'une pureté remarquable, dont les producteurs de la côte Ouest devrait prendre exemple... La bouche suit avec richesse, ampleur, chair et fraîcheur, sans aucune lourdeur et même plutôt étonnamment saisissante pour une serine de chez nos voisins du Sud. Il faut dire qu'elle provient de l'un des terroirs de références du comté de Santa Barbara. Quelques caisses étaient encore disponibles au moment d'aller sous presse, mais une deuxième commande était attendue avant la fin de l'année 2007. **Cépage :** syrah. **Alc./**14,1 % www.foleywines.com

☛ *Servir entre 2007 et 2016, à 17 °C et oxygéné en carafe 30 minutes*

 Thon rouge mi-cuit au poivre concassé et purée de pommes de terre aux olives noires.

Napanook 2004

NAPA VALLEY, DOMINUS ESTATE, ÉTATS-UNIS *(DISP. NOV. 07)*

44 $	SAQ S (897488)	★★★★ $$$$	Corsé

Une très grande réussite pour ce cru, deuxième vin de Dominus, signé Christian Moueix et magnifié avec brio par Jean-Claude Berrouet, l'œnologue derrière Pétrus. Coloré. Fruité pulpeux et invitant, passablement riche et frais. Plein, dense, sans être puissant, frais, aux tanins très fins pour le style – le pourcentage beaucoup plus élevé que par le passé de cabernet franc n'est sûrement pas étranger à l'élégance des tanins –, tissés serrés, aux saveurs très longues, laissant des traces de violette, de cerise et de prune, sans aucune note végétale. Boisé formidablement intégré, d'une grande discrétion, et finale virile. Datant de 1836, Napanook, d'où proviennent aussi les raisins servant à la réalisation du grandissime Dominus (voir le dossier Dominus, au chapitre *Livre de cave* de *La Sélection 2007*), est l'un des tout premiers vignobles à avoir été cultivés à Napa. **Cépages :** 71 % cabernet sauvignon, 18 % cabernet franc, 7 % merlot, 3 % petit verdot, 1 % malbec. **Alc./**14,1 % **www.dominusestate.com**

☞ *Servir entre 2007 et 2018, à 17 °C et oxygéné en carafe 30 minutes*

 Carré d'agneau et jus au café expresso (C*).

Shiraz Turkey Flat Vineyards 2005

BAROSSA VALLEY, P. & C. SCHULZ, AUSTRALIE *(DISP. NOV. 07)*

49 $	SAQ SS (10816943) ★★★★ $$$$	Corsé

■ NOUVEAUTÉ! (Disponible via le magazine SAQ *Cellier*, spécial Afrique du Sud & Australie, mis en marché en deux tranches, les 8 et 22 novembre 2007, dans les SAQ *Sélection*) Robe noire et violine. Nez très concentré et profondément fruité. Grande complexité aromatique, jouant dans la sphère du cassis, de la mûre, de la violette et du poivre blanc, sans aucun boisé. Bouche vivifiante, droite et élancée, à mille lieues des trop souvent confits et rondelets rouges australiens. De la fraîcheur, des tanins tissés serrés, sans dureté, du fruité à profusion, mais sans excès, et de la digestibilité à boire, fait plutôt rarissime chez les cuvées haute couture de l'hémisphère Sud. Ira loin. **Cépage :** shiraz. **Alc./**14,5 % **www.turkeyflat.com.au www.epsilonwines.com.au**

☞ *Servir entre 2007 et 2017, à 17 °C et oxygéné en carafe 15 minutes*

 Brochettes de bœuf à la pommade de menthe fraîche, poivre concassé et vinaigre balsamique.

Shiraz De Trafford 2004

STELLENBOSCH, DE TRAFFORD, AFRIQUE DU SUD *(DISP. NOV. 07)*

50 $	SAQ S (10710233) ★★★☆ $$$	Corsé+

■ NOUVEAUTÉ! (Disponible via le magazine SAQ *Cellier*, spécial Afrique du Sud & Australie, mis en marché en deux tranches, les 8 et 22 novembre 2007, dans les SAQ *Sélection*). Wow! Grand raffinement aromatique et richesse exubérante en bouche, mais avec la fraîcheur, l'élan et la race quasi européenne que seule l'Afrique du Sud sait offrir chez les pays du Nouveau Monde. De l'éclat, des fruits noirs, des fleurs, pas de bois, des tanins mûrs et enrobés, avec du grain et de la prise, un brin réglissés et torréfiés, au corps dense et longiligne, sans chaleur ni lourdeur. Une *winery* à suivre de près. **Cépage :** shiraz. **Alc./**14,5 % **www.detrafford.co.za**

☞ *Servir entre 2007 et 2017, à 17 °C et oxygéné en carafe 30 minutes*

 Gigot d'agneau à l'ail et au romarin ou thon rouge mi-cuit au poivre et purée de pommes de terre aux olives noires et romarin.

Cabernet Sauvignon Heitz 2002

NAPA VALLEY, HEITZ WINE CELLARS, ÉTATS-UNIS

52 $	SAQ S (702092)	★★★★ $$$$	Corsé+

Très beau « cab » californien, à la fois plein et ramassé, ample et dense, frais et généreux, d'une harmonie rarissime chez les « kings cabs » de la côte Ouest. Raffinement aromatique et boisé noble ajoutent à la signature. Aucune note végétale, que du fruit. Bravo! **Cépage :** cabernet sauvignon. **Alc./**13,5 % www.heitzcellar.com

☛ *Servir entre 2007 et 2017, à 17 °C et oxygéné en carafe 15 minutes*

 Filets de bœuf sauce au cabernet sauvignon.

De Trafford « Elevation 393 » 2003

STELLENBOSCH, DE TRAFFORD, AFRIQUE DU SUD *(DISP. NOV. 07)*

55 $	SAQ S (10710241)	★★★☆?☆ $$$	Corsé+

■ NOUVEAUTÉ! (Disponible via le magazine SAQ *Cellier*, spécial Afrique du Sud & Australie, mis en marché en deux tranches, les 8 et 22 novembre 2007, dans les SAQ *Sélection*) Un assemblage sud-africain, provenant de sols de granite décomposé, fermenté et élevé en grande partie en barriques françaises neuves, résultant en un vin presque noir, passablement concentré, riche et profondément fruité, au boisé présent, mais sans être dominant, à la bouche dense, concentrée, fraîche et longiligne, étonnamment ramassée pour une cuvée haut de gamme du Nouveau Monde, très longue et saisissante, laissant deviner des traces de cassis, d'épices douces, de menthe et de violette. Aucune filtration n'a été effectuée lors de la mise en bouteilles à la main, comme pour tous les crus de ce domaine. **Cépages :** 42 % cabernet sauvignon, 33 % merlot, 17 % shiraz, 8 % cabernet franc. **Alc./**15 % www.detrafford.co.za

☛ *Servir entre 2007 et 2019, à 17 °C et oxygéné en carafe 30 minutes*

 Osso buco de cerf aux parfums de mûres et de réglisse (C*). Fromage : parmigiano reggiano (plus de 24 mois d'affinage).

Rustenberg « Peter Barlow » 2004 ♥

SIMONSBERG-STELLENBOSCH, RUSTENBERG WINES, AFRIQUE DU SUD *(DISP. FIN 07/DÉBUT 08)*

61 $	SAQ S (10670260)	★★★★?☆ $$$$	Corsé

■ NOUVEAUTÉ! Une cuvée Peter Barlow 2004, faisant suite à l'exceptionnelle 2003 (commentée dans le Répertoire), qui se montre passablement colorée, profondément aromatique, mais sur une retenue juvénile, que seul le temps ou un long passage en carafe peut dégourdir. Un vin plein, dense et serré, exprimant ainsi une bouche plus ramassée, plus longiligne et plus compacte que ne l'était le sphérique 2003. Un millésime racé et distingué, rappelant les grands crus du Médoc, avec cette note de graphite, ainsi que ces tonalités de 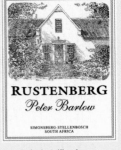 suie, de fruits noirs, de réglisse et de tabac. Pas de bois à l'horizon, grâce à un élevage parfaitement intégré à cette noble matière première. Son profil élancé et strict, rappelant celui des vins du Château

Sociando-Mallet, nécessitera quelques années de patience afin de vraiment saisir sa véritable complexité et sa grande plénitude. Tout comme le 2003, un flacon sur mesure pour comprendre le réel et immense potentiel de ce plus vieux terroir du Nouveau Monde. Une remarquable référence sud-africaine, de l'historique domaine Rustenberg, fondé en 1682, qui, sous l'influence de la famille Barlow depuis deux générations, s'est converti à la viticulture de très haute qualité. Ayant beaucoup appris lors d'un séjour au célèbre Château Angélus saint-émilion, le vinificateur Adi Badenhorst y élabore une remarquable gamme de vins blancs et rouges, où les cabernets font figure de référence par leur profil très proche des grands vins du Médoc. **Cépage :** cabernet sauvignon. **Alc./**14,5 % **www.rustenberg.co.za**

☞ *Servir entre 2011 et 2026, à 17 °C et oxygéné en carafe 2 heures*

 Carré d'agneau et jus au café expresso (C*).

Cabernet Sauvignon Elderton ♥
« Ashmead Single Vineyard » 2004
BAROSSA, ELDERTON WINES, AUSTRALIE *(DISP. FIN OCT. 07)*

71 $	SAQ SS (10665381)	★★★★ $$$$	Corsé+

■ **NOUVEAUTÉ!** Né des plus vielles vignes de cabernet du domaine familial, ce rouge de la Barossa étonne à nouveau par sa fraîcheur et sa race, malgré sa très grande concentration et sa profondeur. Couleur noire. Nez pur et précis, tout en étant profondément fruité, marqué par des notes ultra-raffinées de liqueur de bleuet et de fleurs. Bouche plus ramassée que le 2002 qui l'a précédé, mais presque aussi sphérique et prenante, au fruité débordant, aux tanins très serrés, dignes des vieilles vignes qui le composent, à l'acidité naturellement fraîche, au boisé intégré et aux saveurs d'une grande allonge. Magnifique. Certes très australien de style, mais avec une harmonie d'ensemble qui détonne et qui le rapproche plus des meilleurs crus d'allure européenne comme on en déguste de nos jours chez les vins d'Afrique du Sud. **Cépage :** 100 % cabernet sauvignon (60 ans). **Alc./**14,5 % **www.eldertonwines.com.au**

☞ *Servir entre 2007 et 2017, à 17 °C et oxygéné en carafe 30 minutes*

 Carré d'agneau à la gremolata ou magret de canard rôti au poivre rose.

Malbec Chacayes 2003
MENDOZA CHACAYES, J. & F. LURTON, ARGENTINE

75 $	SAQ SS (10769171)	★★★★ $$$$$	Corsé+

■ **NOUVEAUTÉ!** Planté en 1996, dans la vallée de Chacayes, et élaboré pour la première fois en 2002, ce malbec des frangins Lurton est fermenté en barriques bordelaises, ce qui permet, entre autres, une meilleure polymérisation des tanins, résultant en une masse tannique plus tendre. Il en résulte un 2003 fortement coloré et opaque, au nez d'une grande race, étonnamment minéral et profond, ainsi que détaillé. La bouche est d'une grande fraîcheur et tout aussi précise que le nez, sans boisé dominant, aux saveurs explosives, au corps plein, d'un grand volume, mais à la trame très serrée, ce qui est plutôt rare pour un malbec argentin. Bravo! Un malbec très bordelais, unique, minéral, droit et ramassé, qui ira très loin dans le temps. **Cépage :** malbec. **Alc./**14,5 % **www.jflurton.com**

☛ *Servir entre 2007 et 2018, à 17 °C et oxygéné en carafe 45 minutes*

 Magret de canard rôti et réduction de porto LBV.

Tribute 2003
SONOMA MOUNTAIN, BENZIGER FAMILY WINERY, ÉTATS-UNIS

78 $	SAQ SS (10707350)	★★★★?☆ $$$$	Corsé	BIO

■ NOUVEAUTÉ! L'un des trop rares vins californiens nés de la philoso-phie biodynamique, ce Tribute, de la grande maison Benziger, l'une des toutes premières à avoir osé la culture organique, puis biody-namique, est un sommet d'expression et de raffinement californiens. Dégusté à l'aveugle – comme presque tous les vins qui passent sous mon nez à mon laboratoire de dégustation –, la précision et la pureté de son fruit étonnaient. Quel fruit! Raffinement, richesse, profondeur et fraîcheur sont au rendez-vous aromatique. Quant à la bouche, les tanins sont d'une maturité parfaite, enveloppés dans une gangue dense et veloutée, l'acidité discrète mais bel et bien présente à l'arrière-scène, et les saveurs expansives, avec retenue, sans esbroufe et sans boisé dominant. Prune, framboise et cerise noire s'allongent en fin de bouche, dans une finale minérale à souhait, avec un grain de tanins très serré. **Cépages :** 69 % caber-net sauvignon, 11 % merlot, 15 % cabernet franc, 5 % petit verdot. **Alc./**14.5 % www.benziger.com

☛ *Servir entre 2009 et 2020, à 17 °C et oxygéné en carafe 30 minutes*

 Carré d'agneau et jus au café expresso (C*) ou filets de bœuf sauce au cabernet sauvignon.

Col Solare 2004
COLUMBIA VALLEY, MARCHESI ANTINORI & CHÂTEAU STE. MICHELLE, COL SOLARE WINERY, ÉTATS-UNIS *(DISP. FIN NOV. 07)*

79 $	SAQ SS (10836178)	★★★☆ $$$$$	Corsé

■ NOUVEAUTÉ! Le vin né du projet le plus ambitieux de l'État de Washington, résultant de la collaboration entre la famille Antinori, de Toscane, et le Château Ste. Michelle, figure de proue de l'État de Washington. Dégusté en primeur à mon bureau, en juillet 2007, après avoir goûté à l'aveugle une imposante série de grands vins toscans, ce Col Solare 2004 se montrait passablement coloré, riche-ment aromatique, au fruité mûr à la californienne, mais non dénué de fraîcheur, au boisé à la façon américaine mais avec une certaine retenue européenne, plein, presque sphérique, et presque sucré (sans sucre) – impression augmentée par le fait d'avoir dégusté des italiens plus fermes et serrés juste avant ce dernier –, aux saveurs torréfiées et chocolatées, sans lourdeur, mais bel et bien grasses et boisées. Une belle cuvée, mais qui ne fait pas totalement le poids devant les vins de la vieille Europe offerts au même prix, et même devant certains crus offerts à prix plus doux. Mais, comme nombreux seront les amateurs fortunés à succomber à sa texture crémeuse et chocolatée, ainsi qu'à l'effet nouveauté qui entoure ce projet, le suc-cès sera là. **Cépages :** 80 % cabernet sauvignon, 17 % merlot, 2 % cabernet franc, 1 % petit verdot. **Alc./**14,4 % www.colsolare.com

☛ *Servir entre 2007 et 2012, à 17 °C*

 Osso buco de jarret de veau à la vanille de Tahiti et au cho-colat.

Dominus « Christian Moueix » 2004

NAPA VALLEY, DOMINUS ESTATE, ÉTATS-UNIS *(DISP. NOV. 07)*

110 $	SAQ S (869222)	★★★★☆ $$$$$	Corsé

Depuis le 1984, le premier millésime de Dominus mis en marché, Christian Moueix a démontré avec brio qu'il était possible d'élaborer de grands vins à Napa, sans tomber dans la surextraction. Le 2004 en est une preuve éloquente, qui se montre d'une grande race et d'un raffinement unique en sol californien, tout comme son deuxième vin, la remarquable cuvée Napanook 2004 (coup de cœur de ce guide). En bouche, les tanins sont d'une hallucinante finesse, même si très serrés, l'acidité est plutôt discrète, tout en soutenant l'ensemble vers le haut, les saveurs sont larges mais longilignes. Un vin de méditation qui requiert temps et réflexion pour en saisir toutes les subtilités. Et elles sont multiples. Datant de 1836, le vignoble de Napanook, d'où proviennent les raisins servant à la réalisation de Dominus, comme de la cuvée Napanook (aussi commentée), est l'un des tout premiers vignobles à avoir été cultivés à Napa. En 1995, Christian Moueix en est devenu l'unique propriétaire, après en avoir été copropriétaire depuis 1982. **Cépages :** 85 % cabernet sauvignon, 8 % cabernet franc, 7 % petit verdot. **Alc./**14,1 % **www.dominusestate.com**

☛*Servir entre 2009 et 2022, à 17 °C et oxygéné en carafe 1 heure*

 Magret de canard rôti au poivre rose.

RÉPERTOIRE ADDITIONNEL

Les vins commentés dans les Répertoires additionnels, dont certains avec des propositions harmoniques, sont ceux qui étaient encore disponibles à la SAQ, au moment d'aller sous presse, ou ceux pouvant faire l'objet d'un nouvel arrivage au cours de l'automne 2007 et de l'hiver 2008. Pour de plus amples informations sur les cépages des vins, ainsi que leur origine et leur élaboration, n'hésitez pas à consulter le **site Internet** de chaque domaine.

Tannat-Merlot Don Pascual 2004
JUANICO, ESTABLECIMENTO JUANICO, URUGUAY
10,05 $ SAQ **S** (10746501)   ★☆ $ Modéré
■ **NOUVEAUTÉ!** Frangin du Tannat Don Pascual (aussi commenté), cet assemblage avec le merlot se montre plus souple, plus rond et plus frais, mais aussi moins détaillé et moins généreux, tout en étant plaisant pour le prix. **Alc./**13 % www.juanico.com ■ *Bœuf à la Stroganov.*

Cabernet /Merlot Homestead Goundrey 2004
WESTERN AUSTRALIA, GOUNDREY WINES, AUSTRALIE
13,95 $ SAQ **C** (10495431)   ★★?★ $$ Modéré+
■ *Bifteck au poivre et à l'ail, brochettes de bœuf teriyaki ou foie de veau en sauce à l'estragon.*

J. Carrau Pujol « Gran Tardicion » 2003
CERRO CHAPEU, BODEGAS CARRAU, URUGUAY
14,50 $ SAQ **C** (439331)   ★★☆ $$ Modéré+
Ce 2003 se montrait, en juin 2007, après quelques mois de présence à la SAQ, toujours franchement supérieur au 2002 qui le précédait. Nez toujours aussi aromatique. La bouche est aussi ramassée, tout en étant débordante de saveurs, avec du coffre et du plaisir à un prix plus que compétitif. **Alc./**13,5 % www.bodegascarrau.com ■ *Rôti de porc aux épices à steak.*

Syrah RH Phillips 2004
CALIFORNIA, THE RH PHILLIPS VINEYARD, ÉTATS-UNIS
14,55 $ SAQ **C** (576272)   ★★ $$ Modéré+
Une syrah on ne peut plus californienne et racoleuse, aux saveurs de confitures, avec du fruit à revendre et des rondeurs généreuses. **Alc./**14 % www.rhphillips.com

Cabernet Sauvignon Errazuriz « Estate » 2006
VALLE DE ACONCAGUA, VIÑA ERRAZURIZ, CHILI
14,95 $ SAQ **C** (262717)   ★★?☆ $$ Modéré
Un « cab » qui se montre plus frais et légèrement moins nourri que le merlot du même domaine (aussi commenté). Il n'en demeure pas moins des plus agréables, grâce à la souplesse de ses tanins, ainsi qu'à la fraîcheur de son fruité. **Alc./**14,5 % (**Capsule à vis**) www.errazuriz.com ■ *Bifteck grillé au beurre d'estragon.*

Malbec Barrel Select Norton 2003
MENDOZA, BODEGA NORTON, ARGENTINE
14,95 $ SAQ **S*** (860429)   ★★★?★ $$ Modéré+
Ce malbec, de l'une des meilleures bodegas d'Argentine, se montre à la fois expressif et retenu, à la manière européenne, tout en laissant deviner un fruité invitant et passablement riche. La bouche est d'un touché velouté à souhait, aux tanins tendres et à l'acidité discrète. **Alc./**14 % www.norton.com.ar ■ *Filets de bœuf au fromage bleu et sauce au porto LBV.*

Pinotage Les Ruines 2005
EILANDIA, BON CAP ORGANIC WINES, AFRIQUE DU SUD
15,10 $ SAQ **S** (10678501)   ★★?☆ $$ Modéré+

Tannat de Reserva Castel Pujol « Las Violetas » 2004
CERRO CHAPEU, BODEGAS CARRAU, URUGUAY
15,20 $ SAQ **S** (10293847)   ★☆?☆ $$ Corsé

Shiraz Long Row 2004
SOUTH AUSTRALIA, ANGOVE'S, AUSTRALIE
15,35 $ SAQ **S*** (10257942) ★★☆ $$ Modéré+

Shiraz Long Row Angove's 2004
SOUTH AUSTRALIA, ANGOVE'S, AUSTRALIE
15,35 $ SAQ S* (10257942)   ★★☆ $$ Modéré+
Angove's présente à nouveau une shiraz tout en fraîcheur et en retenue. Le nez est charmeur, sans boisé apparent. Le bouche suit avec finesse, aux tanins souples, au corps modéré et au boisé discret. **Alc./**13,5 % **www.angoves.com.au** ■ *Pâtes aux olives noires (C*).*

Carmenère Calina Reserva 2004
VALLE DEL MAULE, VIÑA CALINA, CHILI
15,80 $ SAQ **S** (10692696)   ★★★ $$ Corsé
(Voir commentaire détaillé dans *La CYBER Sélection Internet*)

Merlot Cono Sur Reserve 2005
VALLE DE COLCHAGUA, VIÑA CONO SUR, CHILI
16,70 $ SAQ S* (904508)   ★★★ $$ Modéré+
Un chilien richement aromatique, au fruité engageant, à la bouche pulpeuse et fraîche, charnue et enveloppante, aux tanins fins et presque tendres. Une véritable aubaine. **Alc./**14,5 % **www.conosur.com** ■ *Saumon grillé beurré de pesto de tomates séchées.*

Pinot Noir Gran Cuvée William Fèvre 2006
VALLE DEL MAIPO, VIÑA WILLIAM FÈVRE, CHILI
17,50 $ SAQ **S** (10692590)   ★★☆ $$ Modéré
■ NOUVEAUTÉ! (Voir commentaire détaillé dans *La CYBER Sélection Internet*)

Merlot Cousiño-Macul « Antiguas Reservas » 2005
VALLE DEL MAIPO, VIÑA COUSIÑO-MACUL, CHILI
17,95 $ SAQ **C** (866723)   ★★☆?☆ $$ Corsé
Un merlot aromatique à souhait, passablement riche et non dénué de fraîcheur, aux tanins presque tendres, mais avec du grain, et aux saveurs amples et persistantes. **Alc./**14,5 % **www.cousinomacul.com** ■ *Brochettes de bœuf à la pommade de menthe fraîche, poivre concassé et vinaigre balsamique.*

Easton House
CALIFORNIA, EASTON, ÉTATS-UNIS
18,20 $ SAQ **S** (10744695)   ★★★ $$ Modéré+
■ NOUVEAUTÉ! Un gourmand californien, né d'un assemblage de différents millésimes (donc non millésimé), débordant de fruits, un brin confits et torréfiés, à la bouche généreuse et dodue, pleine et texturée. **Alc./**13,8 % **(Capsule à vis) www.eastonwines.com**

Big House Red 2004
CALIFORNIA, CA'DEL SOLO, ÉTATS-UNIS
18,30 $ SAQ **C** (308999)   ★★☆ $$ Corsé
Juteux, généreux, presque chaud et bâti tout d'une pièce, ce 2004 semble moins détaillé et moins frais que par le passé. **Alc./**13,5 % **(Capsule à vis) www.bighousewines.com** ■ *Saucisses grillées à la bière.*

Malbec Fabre-Montmayou 2004
LUJAN DE CUYO-MENDOZA, FABRE-MONTMAYOU, ARGENTINE
18,55 $ SAQ **S** (10326080)   ★★★ $$ Corsé
Découverts en 2001, lors d'un séjour en Argentine, les vins de ce domaine franco-argentin sont toujours d'une belle définition, sans boisé dominant et d'une texture envoûtante. À quoi répond ce 2004 aromatique, détaillé, épuré, passablement riche, texturé, plein, au fruité pur et frais. **Alc./**14 % **www.domainevistalba.com** ■ *Hamburgers de bœuf à la pommade d'olives noires.*

Tannat Viña Progreso Reserve 2003
PROGRESO, VIÑEDOS FAMILIA PISANO & LES DOMAINES BOISSET, URUGUAY
18,70 $ SAQ S (10295711)   ★★★ $$ Corsé
Un très beau tannat sud-américain, né du *joint venture* entre la famille Pisano, d'Uruguay, et la famille Boisset, de Bourgogne, vinifié avec doigté par Gustavo Pisano, ainsi que par le Québécois Pascal Marchand, à l'époque où il était encore maître de chais au Domaine de la Vougeraie. Il en résulte un tannat dense et compact, sans dureté, aux tanins noblement extraits, aux saveurs expansives et au corps plein. **Alc./**14 % **www.vinaprogreso.com**

Cabernet Sauvignon Weinert 2000
MENDOZA, BODEGA Y CAVAS DE WEINERT, ARGENTINE
18,85 $ SAQ S (863340)   ★★★☆?☆ $$ Corsé
Comme toujours, les vins Weinert exhalent un nez envoûtant et une texture prenante. Ce à quoi répond avec panache ce cabernet au nez complexe et détaillé (sous-bois, havane, pruneau, épices douces), à la bouche charnue et fraîche, ample et tannique. **Alc./**14 % **www.bodega weinert.com** ■ *Carré d'agneau et jus au café expresso (C*).*

Pinot Noir Yellow Label Wolf Blass 2006
VICTORIA, WOLF BLASS WINES, AUSTRALIE
18,85 $ SAQ S (902940)   ★★☆?☆ $$ Modéré+
Un pinot australien gourmand, presque dense, généreux et épicé à souhait. Sous la barre des vingt dollars, difficile de trouver mieux chez les pinots style Nouveau Monde. **Alc./**14 % **www.wolfblass.com.au**
■ *Filet de saumon grillé et sauté de légumes au curcuma.*

Merlot Roy's Hill 2004
HAWKE'S BAY, CJ PASK WINERY, NOUVELLE-ZÉLANDE
18,90 $ SAQ S (10382727)   ★★★ $$ Modéré+
(Voir commentaire détaillé dans *La CYBER Sélection Internet*)

Zinfandel Liberty School 2005
CALIFORNIA, LIBERTY SCHOOL WINERY, ÉTATS-UNIS
18,95 $ SAQ S* (10709021)   ★★?☆ $$ Corsé
Un « zin » pas très expressif au nez, mais d'une belle texture en bouche, sans être très prenant et expansif comme il se doit avec les vins californiens de ce cépage emblématique de la côte Ouest. **Alc./**13,5 % **www.treana.com**

Syrah Liberty School 2004
CALIFORNIA, LIBERTY SCHOOL WINERY, ÉTATS-UNIS
19,05 $ SAQ S* (10355454)   ★★★ $$ Corsé
Une syrah californienne on ne peut plus gourmande, juteuse, pleine et sphérique. **Alc./**13,5 % **www.treana.com** ■ *Tranches d'épaule d'agneau grillées sauce au porto LBV.*

Merlot Columbia Crest « Grand Estates » 2003
COLUMBIA VALLEY, COLUMBIA CREST WINERY, ÉTATS-UNIS
19,85 $ SAQ S (10748451)   ★★☆?☆ $$ Modéré+
■ NOUVEAUTÉ! (Voir commentaire détaillé dans *La CYBER Sélection Internet*)

Merlot Peninsula Ridge 2004
NIAGARA PENINSULA VQA, PENINSULA RIDGE ESTATES WINERY, CANADA
20,75 $ SAQ S (10764864)   ★★★?☆ $$ Modéré+
■ NOUVEAUTÉ! Vous voulez surprendre vos copains de dégustation avec un beau piège à l'aveugle? Alors, après l'avoir judicieusement passé en carafe et avoir caché la bouteille, servez-leur ce surprenant Merlot de la Peninsula du Niagara, qui offre couleur, fruit à revendre, de l'élan, de la fraîcheur, des saveurs expansives, des tanins mûrs à point et de la persistance. **Alc./**13 % **www.peninsularidge.com**

Merlot Don Reca 2005
VALLÉE CACHAPOAL, VIÑA LA ROSA, CHILI
20,80 $**   SAQ S (10694149)   ★★☆?☆ **$$ Corsé
Un merlot classiquement chilien, c'est-à-dire coloré, pulpeux et généreux, tout en étant marqué par la fraîcheur végétale apportée par les notes de cassis et de poivron, ainsi que par des tanins qui ont de la prise. **Alc./**14,5 % **www.larosa.cl** ■ *Poulet basquaise.*

Quinta do Seival 2004
CAMPANHA, VINICOLA MIOLO, BRÉSIL
21,25 $**   SAQ S (10744812)   ★★★ **$$ Modéré+
■ **NOUVEAUTÉ!** De l'une des meilleures maisons brésiliennes, ce rouge est l'un des rares rouges de ce pays sud-américain à être élaboré avec un assemblage de cépages portugais. Il en résulte un vin au nez passablement mûr et concentré, à la bouche juteuse et débordante de saveurs, au corps expansif et aux tanins souples. **Alc./**13 % **www.miolo.com.br**
■ *Osso buco, fettucine all'amatriciana « à ma façon » (C*) ou hamburgers d'agneau aux poivrons rouges confits et au paprika.*

Merlot Reserve Geyser Peak 2002
ALEXANDER VALLEY, GEYSER PEAK WINERY, ÉTATS-UNIS
21,60 $**   SAQ S (191767)   ★★★ **$$ Corsé
Le retour d'un excellent merlot, à mille lieues des merlots caricaturaux. D'un nez racé, certes concentré mais sans esbroufe, à la bouche compacte, ramassée, fraîche et ample, sans lourdeur. **Alc./**13,5 % **www. geyserpeakwinery.com** ■ *Osso buco au fenouil et gremolata.*

Tête-à-Tête 2003
SIERRA FOOTHILLS, DOMAINE DE LA TERRE ROUGE, ÉTATS-UNIS
22,70 $**   SAQ S (10745989)   ★★★ **$$ Corsé
■ **NOUVEAUTÉ!** (Voir commentaire détaillé dans *La CYBER Sélection Internet*)

Shiraz Faith St Hallett 2004
BAROSSA VALLEY, ST HALLETT WINES, AUSTRALIE
22,80 $**   SAQ S (10243541)   ★★★ **$$ Corsé
(Voir commentaire détaillé dans *La Sélection 2007*)

Syrah Montes Alpha 2005
VALLE DE COLCHAGUA, MONTES ALPHA, CHILI
23,50 $**   SAQ S (10692872)   ★★★?☆ **$$ Corsé
(Voir commentaire détaillé dans *La CYBER Sélection Internet*)

Merlot Meerlust 2000
STELLENBOSCH, DOMAINE MEERLUST, AFRIQUE DU SUD
23,55 $**   SAQ S (10219920)   ★★★ **$$ Modéré+
Ce plus que détendu et agréablement évolué 2000 étonne par son profil confit et épicé, mais non dénué de fraîcheur. Un vin charnu, d'une bonne amplitude, aux tanins un brin secs, qui trouve tout son sens à table. **Alc./**13 % **www.meerlust.co.za**

Pinot Noir « Village Reserve » Le Clos Jordanne 2004
NIAGARA PENINSULA VQA, LE CLOS JORDANNE, CANADA
24,30 $**   SAQ S (10745487)   ★★★?★ **$$ Modéré+
■ **NOUVEAUTÉ!** Un pinot à l'expression aromatique invitante et passablement mûre, à la bouche d'une certaine générosité solaire (14,5 % d'alcool en sol canadien...), lui procurant un certain moelleux, malgré son corps modéré. **Alc./**14,5 % **www.leclosjordanne.com** ■ *Sauté de bœuf au gingembre, poulet au soja et à l'anis étoilé ou sukiyaki de saumon.*

Sacred Hill « Basket Press » 2004
HAWKE'S BAY, SACRED HILL WINES, NOUVELLE-ZÉLANDE
24,75 $**   SAQ S (10382823)   ★★★ **$$ Corsé
(Voir commentaire détaillé dans *La CYBER Sélection Internet*)

Clos de Lolol « Hacienda Araucano » 2003
VALLE DE COLCHAGUA, BODEGAS J. & F. LURTON, CHILI
24,95 $ SAQ S (10689868)   ★★★?☆ $$ Corsé
■ NOUVEAUTÉ! Très aromatique, on ne peut plus chilien, à la bouche à la fois ample et compacte, fraîche et tannique, d'une belle précision et d'un corps assez relevé, mais sans être d'une grande densité. **Alc./**13,5 % **www.jflurton.com** ■ *Carré d'agneau en croûte de menthe fraîche aux parfums balsamiques.*

Malbec Clos des Andes 2004
MENDOZA, HÉLÈNE GARCIN, BODEGA POESIA, ARGENTINE
25 $ SAQ S (10689921)   ★★★?☆ $$ Corsé+
■ NOUVEAUTÉ! Très beau coup de cœur, ultra-poivré, passablement riche, tout en étant frais, aux tanins serrés et gommés par une gangue moelleuse, aux saveurs expansives, laissant de longues traces de fruits noirs et d'épices. **Alc./**13,5 % **www.chateau-haut-bergey.com** ■ *Brochettes de bœuf sauce au poivre vert.*

Rupert & Rothschild « Classique » 2003
WESTERN CAPE, ANTHONIJ RUPERT & BENJAMIN DE ROTHSCHILD, AFRIQUE DU SUD
26,30 $ SAQ S (904144)   ★★★☆ $$$ Corsé
Excellent assemblage à la bordelaise, au nez enivrant, riche et profond, déjà bien ouvert et prenant, à la bouche ronde, joufflue, sans trop, à la texture veloutée et sensuelle au possible. **Alc./**14 % **www.rupert rothschildvignerons.com**

Petite Fleur Lindaflor 2004
VALLE DE UCO, BODEGA MONTEVIEJO, ARGENTINE
26,55 $ SAQ S (10692469)   ★★★☆ $$$ Corsé+
■ NOUVEAUTÉ! Un argentin au nez ultra-raffiné, tout en étant passablement riche et concentré, au boisé intégré avec précision, à la bouche presque tendre, enveloppante et sphérique, non sans fraîcheur, et dotée d'une belle trame tannique et de saveurs persistantes et expressives. **Alc./**14,5 % **www.monteviejo.com**

Rubicon Meerlust 2000
STELLENBOSCH, DOMAINE MEERLUST, AFRIQUE DU SUD
27,05 $ SAQ S (10219823)   ★★★☆ $$$ Corsé
Le nez est éclatant, sur le fruit, passablement concentré et sans boisé. La bouche se démarque par son éclat, son charme et son corps dense et élancé. Très bordelais. Du bel ouvrage. **Alc./**13 % **www.meerlust.co.za**

Shiraz Simonsig « Merindol » 2002
STELLENBOSCH, SIMONSIG WINE ESTATE, AFRIQUE DU SUD
27,45 $ SAQ S (10703172)   ★★★ $$ Corsé+
(Voir commentaire détaillé dans *La CYBER Sélection Internet*)

Shiraz Blackwell St Hallett 2004
BAROSSA VALLEY, ST HALLETT WINES, AUSTRALIE
28,55 $ SAQ S (10245458)   ★★★?☆ $$$ Corsé+
(Voir commentaire détaillé dans *La Sélection 2007*)

Cabernet-Merlot Réserve Henry of Pelham 2004
NIAGARA PENINSULA VQA, HENRY OF PELHAM FAMILY ESTATE, CANADA
29,65 $ SAQ S (1074544)   ★★★ $$$ Corsé
■ NOUVEAUTÉ! Très beau nez typique et passablement riche, suivi d'une bouche débordante de saveurs, ample, presque ronde, aux tanins tendres, à l'acidité discrète et au corps étonnamment plein et velouté. **Alc./**13 % **www.henryofpelham.com** ■ *Gigot d'agneau aux cent gousses d'ail.*

Malbec Luca 2005
ALTOS DE MENDOZA, LUCA WINERY, ARGENTINE
29,65 $ SAQ S (10692442)   ★★★☆ $$$ Corsé+
■ NOUVEAUTÉ! Si vous aimez les rouges du Nouveau Monde qui vous en mettent plein la vue, les narines et les babines, vous serez servi avec ce malbec ultra-coloré, richement aromatique, charnu, moelleux, juteux et débordant de saveurs. **Alc./**14,5 % ■ *Entrecôte au fromage bleu (C*).*

Cabernet Sauvignon Katnook 2003
COONAWARRA, KATNOOK ESTATE/WINGARA WINE GROUP, AUSTRALIE
30,50 $ SAQ S (590471)   ★★★★ $$$ Corsé+
■ Filet de bœuf aux champignons et au vin rouge ou carré d'agneau et jus au café expresso (C*).

Pinot Noir Cambria « Julia's Vineyard » 2005
SANTA MARIA VALLEY, CAMBRIA WINERY, ÉTATS-UNIS
30,50 $ SAQ S (424457)   ★★★☆ $$$ Modéré+
(Voir commentaire détaillé dans La CYBER Sélection Internet)

Syrah L'École Nº 41 2004
COLUMBIA VALLEY, L'ÉCOLE Nº 41, ÉTATS-UNIS
34,75 $ SAQ SS (10709030) ★★★☆ $$$ Corsé
■ NOUVEAUTÉ! Une syrah fortement colorée, richement aromatique, avec race et distinction, sans boisé dominant, à la bouche presque dense, mais aux tanins détendus, à l'acidité discrète, au corps presque joufflu et aux saveurs longues et pures. Alc./13,9 % www.lecole.com ■ Carré d'agneau farci aux olives noires et au romarin.

Pinot Noir Sanford « Sta. Rita Hills » 2005
SANTA BARBARA COUNTY, SANFORD WINERY, ÉTATS-UNIS
36,25 $ SAQ S (10248528)   ★★☆?☆ $$ Modéré
De Santa Barbara, la région phare du pinot en sol californien, ce rouge se montre plutôt discret au nez, de richesse modérée, et tout aussi timide en bouche, mais non dénué d'élégance et de raffinement. À suivre. Alc./14,5 % www.sanfordwinery.com ■ Dindon de Noël accompagné de risotto au jus de betterave parfumé au girofle (R*).

Pinot Noir Schubert « Marion's Vineyard » 2005
WAIRARAPA, SCHUBERT WINES, NOUVELLE-ZÉLANDE
36,25 $ SAQ S (10774288)   ★★★ $$ Modéré+
Cannelle, cerise, grenadine et cardamome donnent le ton au nez de ce pinot d'une belle richesse et d'une fraîcheur invitante. La bouche est caressante à souhait, texturée, ample et veloutée, aux tanins tendres. Alc./14,5 % www.schubert.co.nz ■ Risotto à la tomate, basilic et aubergines grillées.

Caro 2003
MENDOZA, BARONS DE ROTHSCHILD & NICOLAS CATENA, ARGENTINE
38,75 $ SAQ S (10693189)   ★★★☆?☆ $$$ Corsé+
■ NOUVEAUTÉ! Du joint venture de la famille Catena avec le baron Éric de Rothschild, du non moins célèbre Château Lafite-Rothschild à Bordeaux. D'un grand raffinement aromatique, très riche et au boisé présent mais judicieusement intégré, à la bouche à la fois pleine et ramassée, dense et enveloppante, aux tanins tissés très serrés, mais avec justesse et finesse, à l'acidité fraîche et aux saveurs expansives. Alc./14 % www.lafite.com

Pinot Noir La Crema « Russian River Valley » 2005
RUSSIAN RIVER VALLEY, LA CREMA WINERY, ÉTATS-UNIS
39,25 $ SAQ S (707380)   ★★★★ $$$$ Corsé
(Voir commentaire détaillé dans La CYBER Sélection Internet)

Manso de Velasco 2003
CURICÓ VALLEY, MIGUEL TORRES, CHILI
39,75 $ SAQ S (904078)   ★★★☆?☆ $$$$ Corsé+
(Voir commentaire détaillé dans La CYBER Sélection Internet)

Merlot L'École Nº 41 2004
COLUMBIA VALLEY, L'ÉCOLE Nº 41, ÉTATS-UNIS
39,75 $ SAQ S (10709558)   ★★★?☆ $$$$ Modéré+
■ NOUVEAUTÉ! Comme tous les vins signés L'École Nº 41, cet assemblage à la bordelaise a besoin d'une généreuse oxygénation pour livrer ses effluves. Par contre, en bouche, il se montre tout aussi bavard et expressif que ses frangins, remplissant la surface buccale d'une texture enveloppante et veloutée, sans lourdeur. Alc./14,3 % www.lecole.com

Merlot Mission Hill « S.L.C. » 2003

OKANAGAN VALLEY VQA, MISSION HILL VINEYARDS, CANADA

39,75 $ SAQ S (10745524)   ★★★☆ $$$$ Corsé

■ NOUVEAUTÉ! Ce Select Lot Collection se montre étonnamment mûr et profond pour un rouge canadien. Il en résulte un merlot coloré, au nez très ouvert, riche et frais, à la bouche certes généreuse, mais dotée d'une belle trame tannique qui bride l'ensemble et le tend vers le futur. **Alc./**13,5 % **www.missionhillwinery.com** ■ *Magret de canard caramélisé aux épices (C*).*

Cabernet Sauvignon L'École Nº 41 2003

COLUMBIA VALLEY, L'ÉCOLE Nº 41, ÉTATS-UNIS

40,75 $ SAQ SS (10707093)   ★★★☆ $$$$ Corsé

■ NOUVEAUTÉ! Subtilement aromatique, devenant plus présent après un bon coup de carafe, ce cabernet très coloré de la Columbia Valley se montre à la fois généreux et frais, plein et aérien, profond et détendu, marqué par des tanins au grain serré, mais un brin gommé par une masse de fruits passablement imposante. **Alc./**13,9 % **www.lecole.com** ■ *Côtes d'agneau sauce au vin rouge et polenta crémeuse au parmigiano.*

Manso de Velasco 1999

CURICÓ VALLEY, MIGUEL TORRES, CHILI

41 $ SAQ S (10458867)   ★★★☆ $$$$ Corsé

(Voir commentaire détaillé dans *La CYBER Sélection Internet*)

Osoyoos Larose « Le Grand Vin » 2003

OKANAGAN VALLEY VQA, OSOYOOS LAROSE, CANADA

42 $ SAQ S (10293169)   ★★★☆?☆ $$$ Corsé+

(Voir commentaire détaillé dans *La Sélection 2007*)

Manso de Velasco 1998

CURICÓ VALLEY, MIGUEL TORRES, CHILI

43,75 $ SAQ S (10458875)   ★★★★ $$$$ Corsé+

(Voir commentaire détaillé dans *La CYBER Sélection Internet*)

Shiraz Old Block St Hallett 2002

BAROSSA VALLEY, ST HALLETT WINES, AUSTRALIE

46,50 $ SAQ S (10245669)   ★★★☆?☆ $$$$ Puissant

(Voir commentaire détaillé dans *La Sélection 2007*)

Manso de Velasco 1997

CURICÓ VALLEY, MIGUEL TORRES, CHILI

47 $ SAQ S (883108)   ★★★☆ $$$$ Corsé

(Voir commentaire détaillé dans *La CYBER Sélection Internet*)

Cabernet Sauvignon Catena Alta 2003

MENDOZA, BODEGA CATENA ZAPATA, ARGENTINE

48,50 $ SAQ S (521831)   ★★★★ $$$$ Corsé+

(Voir commentaire détaillé dans *La Sélection 2007*)

Carmenère Alka Hacienda Araucano 2005

VALLE DE COLCHAGUA, BODEGAS J. & F. LURTON, CHILI

49 $ SAQ SS (10758632)   ★★★☆?☆ $$$$ Corsé+

■ NOUVEAUTÉ! Une carmenère à la fois intense et raffinée, dense et détendue, aux saveurs généreuses, mais non dénuées de race, exhalant des notes classiques de poivre et d'eucalyptus, aux tanins fins, mais bel et bien présents. **Alc./**14 % **www.jflurton.com**

Purple Angel 2004

VALLE DE COLCHAGUA, MONTES, CHILI

49,50 $ SAQ S (10692901)   ★★★☆?☆ $$$$ Puissant

Un vin – qui a disparu des tablettes rapidement et dont le millésime 2005 est attendu –, élaboré à partir de carmenère, au nez étonnamment subtil, sans boisé dominant, comme dans les autres crus de Montes, à la bouche chaude, pleine et ramassée, tout en étant fraîche et élancée, au grain serré, au corps plein et aux saveurs très longues. **Alc./**14,5 % **www.monteswines.com** ■ *Brochettes d'agneau grillées à l'ajowan.*

Cabernet Sauvignon The Coppermine Road 2002
MCLAREN VALE, D'ARENBERG, AUSTRALIE
50 $ SAQ S (10250839)   ★★★☆?☆ $$$$ Puissant
Signature australienne par excellence, The Coppermine Road est un
cabernet confit, plein, généreux, percutant, joufflu, tannique et persis-
tant à souhait. Alc./14,5 % www.darenberg.com.au ■ Osso buco de cerf
parfumé à la mûre et à la réglisse (C*).

Mourvèdre Old Telegram 2003
CALIFORNIA, BONNY DOON VINEYARD, ÉTATS-UNIS
52 $ SAQ S (10218661)   ★★★★ $$$$ Corsé+   BIO
Ramassé et structuré, sur les fruits noirs, très légèrement boisé, presque
tendu et minéral à fond, des tanins qui ont du grain, typique des vieilles
vignes de mourvèdre. Très belle charpente et profondeur, ira loin.
Alc./13,5 % (Capsule à vis) www.bonnydoonvineyards.com ■ Carré de
porc à la sauce chocolat épicée (mole poblano).

Malbec Catena Alta 2003
MENDOZA, BODEGA CATENA ZAPATA, ARGENTINE
54 $ SAQ S (10205173)   ★★★★ $$$$ Corsé+
(Voir commentaire détaillé dans La Sélection 2007)

Shiraz St. Henri Penfolds 2002
SOUTH AUSTRALIA, PENFOLDS WINES, AUSTRALIE
55 $ SAQ S (510875)   ★★★★ $$$$ Corsé
(Voir commentaire détaillé dans La CYBER Sélection Internet)

Briarcrest Clos du Bois 2003
ALEXANDER VALLEY, CLOS DU BOIS WINERY, ÉTATS-UNIS *(DISP. FÉVR. 08)*
57 $ SAQ S (Code non disp.) ★★★☆ $$$$ Corsé+
On ne peut plus californien que ce cabernet fumé et torréfié, riche et
ample, texturé et tannique, généreux et juicy fruit. Seule sa mollesse,
que l'on retrouve dans presque tous les vins de Clos du Bois, peut vous
en détourner ou vous y conduire, c'est selon. Alc./14,5 % www.clos
dubois.com ■ Côtelettes d'agneau marinées au porto et au romarin.

Heytesbury Vasse Felix 2001
MARGARET RIVER, VASSE FELIX, AUSTRALIE
57 $ SAQ S (10250249)   ★★★☆?☆ $$$$ Corsé+

L'Aventure « Optimus » 2004
PASO ROBLES, STEPHAN VINEYARDS, ÉTATS-UNIS
61 $ SAQ S (725648)   ★★★★ $$$$ Puissant
(Voir commentaire détaillé dans La CYBER Sélection Internet)

Rustenberg « Peter Barlow » 2003
SIMONSBERG-STELLENBOSCH, RUSTENBERG WINES, AFRIQUE DU SUD
61 $ SAQ SS (10670260) ★★★★?☆ $$$$ Corsé
(Voir commentaire détaillé dans La CYBER Sélection Internet)

Vergelegen 2002
STELLENBOSCH, VERGELEGEN ESTATE WINES, AFRIQUE DU SUD
61 $ SAQ SS (10442769) ★★★★ $$$$ Corsé+
(Commenté en primeur dans La Sélection 2007)

Marlstone Clos du Bois 2003
ALEXANDER VALLEY, CLOS DU BOIS WINERY, ÉTATS-UNIS
67 $ SAQ S (10683757)   ★★★☆ $$$$ Corsé+
Bel assemblage californien, passablement dense et concentré, sans
mollesse, contrairement aux autres crus de Clos du Bois, aux tanins mûrs
et enrobés dans une gangue moelleuse, à l'acidité presque fraîche, au
corps expansif et aux saveurs fraîches. Ira loin et prix à l'avenant.
Alc./14,5 % www.closdubois.com ■ Côte de veau grillée au fromage bleu
(réduction de porto, balsamique et miel).

Poesia 2004
MENDOZA, HÉLÈNE GARCIN, BODEGA POESIA, ARGENTINE
75 $ SAQ S (10671545)   ★★★★ $$$$$ Puissant
(Voir commentaire détaillé dans *La Sélection 2007*)

Shiraz Magill Estate 2003
SOUTH AUSTRALIA, PENFOLDS WINES, AUSTRALIE
75 $ SAQ SS (740126)   ★★★★?☆ $$$$$ Corsé+
(Voir commentaire détaillé dans *La CYBER Sélection Internet*)

Dominus 2003
NAPA VALLEY, DOMINUS ESTATE, ÉTATS-UNIS
97 $ SAQ S (869222)   ★★★★?☆ $$$$$ Corsé
(Voir commentaire détaillé dans *La Sélection 2007*)

Grange 2001
SOUTH AUSTRALIA, PENFOLDS WINES, AUSTRALIE
298 $ SAQ S (336388)   ★★★★☆?☆ $$$$$ Puissant
(Voir commentaire détaillé dans *La CYBER Sélection Internet*)

VINS
DE
DESSERTS
ET
APÉRITIFS
DU
NOUVEAU
MONDE

Dégel 2005

CIDRE TRANQUILLE, LA FACE CACHÉE DE LA POMME, HEMMINGFORD, QUÉBEC,
CANADA

| 11,85 $ | SAQ S (10661486) | ★★☆ $$ | Léger+ |

■ **NOUVEAUTÉ!** Ne manquez pas ce méllifère et satiné cidre tranquille,
donc pratiquement sec (malgré les 15 grammes de sucre résiduel) et
sans bulles, aux saveurs croquantes et persistantes, rappelant la
pomme mcIntosh et les fleurs blanches, vinifié avec brio par l'équipe
du désormais célèbre domaine de La Face Cachée de la Pomme. Cette
originale cuvée Dégel, à l'image d'un vin blanc sec, est issue des
sucres toujours emprisonnés dans la glace à l'origine du cidre de
glace Neige (aussi commenté) – lorsque la température extérieure
s'élève au printemps on récolte la deuxième coulée du moût. S'en
suit une fermentation à basse température qui dure six à sept mois,
résultant en cet invitant et vivifiant produit de la pomme. Pommes :
80 % mcIntosh, 20 % spartan. **Alc./**12 % **www.cidredeglace.com**

☛ *Servir entre 2007 et 2008, à 10 °C*

 Apéritif, poulet au cidre, canapés d'asperges et de fromage
de chèvre ou rouleaux de printemps aux crevettes, pommes
et menthe fraîche.

Sauvignon Blanc Vendanges Tardives Concha y Toro 2004

VALLE DEL MAULE, VIÑA CONCHA Y TORO, CHILI

| 12,50 $ (375 ml) | SAQ C (284240) | ★★☆ $ | Modéré+ |

Si vous servez un pudding chômeur, avec crème 35 % et double doigt
de sirop d'érable, voici le vin qu'il vous faut. Un dessert dont la
simple vue vous fait revenir dans le temps, autour de la table avec
vos frères et sœurs, à l'âge où le monde se résumait à l'instant où
votre mère s'apprêtait à vous servir cette ode à la gourmandise.
Question de vous rappeler que vous êtes maintenant à l'âge des
plaisirs adultes, pour complexifier et « contemporaniser » l'expérience, avec ce genre de dessert, il vous faudra servir un vin blanc
liquoreux, comme un sauternes, car certains principes aromatiques
des vins élaborés façon sauternes sont aussi présents dans le sirop
d'érable et dans le caramel. Donc, que ce soit un sauternes ou un
vin du même type, provenant de France, de Hongrie ou du Nouveau
Monde, telle cette onctueuse et pénétrante Vendanges Tardives chilienne, cet accord fera frémir l'adulte qui abrite l'enfant que vous
êtes resté en matière de souvenirs gastronomiques! **Cépage :** sauvignon blanc. **Alc./**11,5 % **www.conchaytoro.com**

☛ *Servir entre 2007 et 2012, à 10 °C*

Toasts de foie gras de canard au torchon ou croustade de foie
gras aux pommes (C*). Desserts : crème brûlée, dattes
chaudes dénoyautées et farcies au fromage bleu (au four, à
180 °C ou 350 °F, 5 minutes), millefeuille de pain d'épices aux
mangues (C*) ou pudding chômeur au sirop d'érable.

Vidal Late Harvest CEV 2005

ONTARIO VQA, COLIO ESTATE WINES, CANADA

| 13,10 $ (375 ml) | SAQ S (10809903) | ★★☆ $ | Modéré |

■ **NOUVEAUTÉ!** Une vendange tardive canadienne certes très aromatique et invitante, mais à la bouche moins engageante que ce que
le nez annonce, spécialement à cause de la présence légère de CO_2.
Elle n'en demeure pas moins très agréable – spécialement à
13,10 $... – et peu sucrée pour le style, rehaussée par une acidité
vibrante et par des notes de papaye et de litchi. Une très bonne

entrée en matière de vins liquoreux à base de vidal. **Cépage :** vidal. **Alc./**12 % www.coliowines.com

☛*Servir entre 2007 et 2009, à 10 °C*

 Litchis au gingembre et salsa d'agrumes, salade de fruits exotiques à la menthe fraîche ou tarte aux fraises et à la rhubarbe d'Huguette (C*).

Sauvignon Blanc Late Harvest Errazuriz 2006
VALLE DE CASABLANCA, VIÑA ERRAZURIZ, CHILI

13,55 $ (375 ml)	SAQ S* (519850)	★★☆ **$**		Modéré

Nombreuses sont les harmonies à se mettre sous la dent avec les blancs liquoreux. Pour les liquoreux à base de sauvignon, spéciale-ment ceux aux effluves d'une grande fraîcheur, rappelant les fruits exotiques et les agrumes, et à l'acidité croquante, donc au corps moins onctueux, comme c'est le cas de cet enjôleur et très abor-dable Late Harvest d'Errazuriz, optez pour des mets tout aussi vivi-fiants. **Cépage :** sauvignon blanc. **Alc./**11,5 % www.errazuriz.com

☛*Servir entre 2007 et 2011, à 10 °C*

 Bouillon de lait de coco piquant au gingembre, poulet et crevettes, tajine de poulet au citron et aux olives ou crevettes sauce aigre-douce. Desserts : clafoutis aux kiwis ou gâteau au fromage baigné d'un coulis de fruit de la passion.

Michel Jodoin Cidre Léger Mousseux Rosé
CIDRE MOUSSEUX, CIDRERIE MICHEL JODOIN, ROUGEMONT, QUÉBEC, CANADA

18,10 $	SAQ S (733394)	★★☆ **$$**		Léger+

Cet excellent cidre mousseux rosé, produit à partir d'une pomme à chair rouge, la Geneva, a plus que jamais de quoi faire rougir d'envie les cidreries normandes! Il a été élaboré selon la méthode traditionnelle – la méthode champenoise – et a été conservé deux ans sur lies, après la deuxième fermentation en bouteille (celle qui lui procure ses bulles!). Le résultat est plus festif que jamais, offrant une texture à la fois caressante et fraîche, des bulles plutôt légères et aériennes mais abondantes, ainsi que des effluves invitants de pomme fraîche et de fleurs séchées, auxquels s'ajoutent des saveurs croquantes rappelant la fraise et la pomme mcIntosh. Avec seule-ment 7 % d'alcool, et avec sa saisissante fraîcheur aérienne, c'est le mousseux rosé parfait pour l'apéritif et pour les brunches du dimanche. **Alc./**7 % www.cidrerie-michel-jodoin.qc.ca

☛*Servir dès sa mise en marché, à 10 °C*

 Apéritifs : *toasts* de saumon fumé, minibrochettes de tomates cerises, de bocconcini et de basilic frais. À table : tartare de thon, jambon à l'ananas, camembert en pâte phyllo sauce aux fraises ou mesclun de foies de volaille aux griottes.

Neige 2006
CIDRE DE GLACE, LA FACE CACHÉE DE LA POMME, HEMMINGFORD, QUÉBEC, CANADA *(DISP. NOV./DÉC. 07)*

23,45 $ (375 ml)	SAQ S (744367)	★★★ **$$**		Modéré+

Dégusté en primeur, en septembre 2007, d'un échantillon « brut de cuve », donc en cours d'élevage et provenant directement de la cidrerie, ce Neige 2006 se montre plus aromatique et plus engageant que jamais. Quel nez! Du fruit, des pommes, des poires et même des ananas, avec élégance et fraîcheur, ainsi qu'une belle liqueur en bouche (150 grammes de sucre résiduel), allégée par une vibrante acidité naturelle, et tendue par des saveurs longues et précises. Plus que jamais un modèle chez les cuvées de base dans l'univers des cidres de glace québécois. Chapeau à Stéphanie Beaudoin et François Pouliot, les deux propriétaires visionnaires de ce beau fleuron de l'industrie de la pomme au Québec qui rayonne à l'étranger avec panache. **Alc./**12 % www.cidredeglace.com

☛ *Servir entre 2007 et 2010, à 10 °C*

Fromages : cheddars (vieux) accompagnés de confiture de poires et de gingembre ou gorgonzola accompagné de marmelade d'oranges. Desserts : tarte à l'ananas et aux zestes d'orange confits (C*) ou tarte aux pommes et aux figues fraîches recouverte de fromage cheddar.

Cuvée Blé Noir « Miellée » 2002

HYDROMEL MOELLEUX, LE CLOS DES BRUMES, PIERRE GOSSELIN, LA PRÉSENTATION, QUÉBEC, CANADA *(DISP. AUTOMNE 07)*

26,35 $ (500 ml)	SAQ **S** (735076)	★★★☆ $$	Modéré+

Quel nez! Camomille, safran, abricot sec et miel de fleurs s'y donnent rendez-vous, avec race et éclat. Difficile d'être plus floral. La bouche suit avec élégance et finesse, tapissant le palais d'une liqueur fine et délicieuse au possible. Un hydromel moelleux au profil plus aérien et plus vaporeux que jamais, et même supérieur au déjà emballant 2001. Cet hydromel, dont les versions 2000 et 2001 ont été saluées dans les deux précédentes *Sélection Chartier*, est issu d'une miellée de récoltes d'une ancienne semence de sarrasin. Le miel qui en résulte, pour l'avoir dégusté, est d'une concentration aromatique unique. Le travail de vinification à plus basse température que par le passé, avec de nombreux soutirages mais moins de bâtonnages, a porté ses fruits. L'éclatant hydromel ainsi obtenu a été élevé deux ans en petites barriques (110 litres) de chêne américain, dont 40 % de fûts neufs. Du grand art! Il faut dire que Pierre Gosselin magnifie ses miels, les plus parfumés qui soient, avec passion et maestria. Aussi disponible au domaine, situé à 15 km au nord de Saint-Hilaire (450 796-3504). **Miel:** sarrasin (d'une ancienne semence). **Alc./**13 % www.tarentule.net/brumes

☛ *Servir dès maintenant, à 14 °C*

Fromages : à croûte fleurie farci de noix grillées et d'un sirop de miel épicé aux sept-épices (farce préalablement macérée quelques jours au centre du fromage), picodon de l'Ardèche accompagné de miel de sarrasin ou ossau-iraty accompagné de confiture de poires au gingembre. Desserts : baklavas aux noix, biscotti, cannelé bordelais, crème brûlée à l'érable ou dattes chaudes dénoyautées et farcies au gorgonzola (au four, à 180 °C ou 350 °F, 5 minutes).

Élie-Anne Réserve Spéciale « Miellée Automnale » 2001

HYDROMEL DOUX, LE CLOS DES BRUMES, PIERRE GOSSELIN, LA PRÉSENTATION, QUÉBEC, CANADA *(DISP. AUTOMNE 07)*

29,20 $ (500 ml)	SAQ **S** (10304673)	★★★ $$$	Modéré+

Couleur plus pâle et nez plus subtil et moins complexe que la remarquable Cuvée Blé Noir 2002 (aussi commentée), mais plus texturée et plus ronde en bouche, aux saveurs expansives, jouant dans la sphère de la pâte d'amandes, de la sève d'érable, de la poire et bien sûr du miel. On y dénote la même élégance et la même précision aromatique que dans tous les hydromels et les miels signés par cet apiculteur de génie. Cette cuvée est composée de miel de fleurs de clairières et de fleurs de bordures d'érablières et de forêts. Aussi disponible au domaine, situé à 15 km au nord de Saint-Hilaire (450 796-3504). **Miel:** miel de fleurs. **Alc./**12,5 %

www.tarentule.net/brumes

☛ *Servir dès maintenant, à 14 °C*

Fromages : são jorge (portugais) et vieux cheddars accompagnés de *marmelada* (confiture de coings portugaise) et de noix de Grenoble (C*). Desserts : pithiviers, tarte fine aux poires ou poires pochées farcies au fromage bleu et coulis de caramel d'épices.

Neige Éternelle 2004

CIDRE DE GLACE, LA FACE CACHÉE DE LA POMME, HEMMINGFORD, QUÉBEC, CANADA

34 $ (375 ml)	SAQ S (10808257)	★★★☆ $$$	Corsé

■ NOUVEAUTÉ! Une cuvée d'une grande fraîcheur, d'une élégance rarissime chez les cidres de glace, ainsi que d'une vibrante acidité, la propulsant vers le futur. On a presque l'impression d'être en présence d'un riesling beerenauslese allemand tant la matière est à la fois tendue et sucrée. Pour amateur averti. **Alc./**11 % **www.cidredeglace.com**

☛ *Servir entre 2007 et 2017, à 10 °C*

Fromage : ossau-iraty (vieux) accompagné de confiture de poires au gingembre. Desserts : croustade de foie gras aux pommes (C*) ou millefeuille de pain d'épices aux figues (C*).

Vidal Icewine Château des Charmes 2004

NIAGARA PENINSULA VQA, CHÂTEAU DES CHARMES WINES, CANADA

42 $ (375 ml)	SAQ S (413732)	★★★☆ $$$$	Puissant

Nez exubérant comme il se doit, rappelant la papaye et les fleurs jaunes, soutenu par une bouche pleine, juteuse, liquoreuse et prenante, aux persistantes saveurs de zeste d'agrume, de miel et de pâte d'amandes. Difficile d'être plus *juicy fruit*. Pour mieux saisir l'ensemble de la production de vins de glace canadiens, voir le chapitre Icewines et vins de glace canadiens dans l'édition 2005 de ce guide. **Cépage :** vidal. **Alc./**9,5 % **www.chateaudescharmes.com**

☛ *Servir entre 2007 et 2011, à 10 °C*

Foie gras de canard poêlé aux pommes épicées et déglacé au cidre de glace. Fromages : époisses (accompagné de pain aux figues ou aux dattes) ou gorgonzola accompagné de marmelade d'oranges. Desserts : croustade de foie gras aux pommes (C*), tarte à la citrouille et au gingembre (C*) ou millefeuille de pain d'épices aux mangues (C*).

Frimas 2006

CIDRE DE GLACE, LA FACE CACHÉE DE LA POMME, HEMMINGFORD, QUÉBEC, CANADA
(DISP. NOV./DÉC. 07)

49,25 $ (375 ml)	SAQ S (742627)	★★★☆?☆ $$$$	Corsé

Dégustée en primeur, septembre 2007, d'un échantillon « brut de cuve», donc en cours d'élevage et provenant directement de la cidrerie, cette cuvée prestige de cidre de glace démontre comme à son habitude une liqueur imposante, ainsi qu'un fruité confit, plus mûr et plus complexe que dans le 2005, déjà très beau mais plus frais (voir *Sélection Chartier 2007*). Un cidre pénétrant, plein, presque sirupeux (145 grammes de sucre résiduel), aux saveurs complexes et subtiles, jouant dans la sphère des épices douces, des fruits confits (abricot, pomme et raisin), ainsi que du miel de tilleul, équilibré par une judicieuse et subtile acidité naturelle qui se cache en arrière-scène. Assurément l'un des plus beaux produits du Québec. **Alc./**12 % **www.cidredeglace.com**

☞ *Servir entre 2007 et 2015, à 12 °C*

 Foie gras de canard poêlé aux pommes épicées et déglacé au cidre de glace ou pastilla d'agneau parfumée aux sept-épices, accompagnée d'un tartare d'abricots secs et d'une poire rôtie au curry (C*). Fromages : cheddar Perron (très vieux) ou cru des érables. Desserts : millefeuille de pain d'épices aux figues (C*) ou gâteau Davidoff (C*).

Vidal Icewine Inniskillin 2005

NIAGARA PENINSULA VQA, INNISKILLIN WINES, CANADA

60 $ (375 ml)	SAQ **S** (551085)	★★★☆ **$$$$**	Corsé+

Un vin de glace... *bench mark*, donc de couleur jaune or soutenue, au nez exotique et très riche, exhalant des notes de litchi et de miel, à la bouche à la fois pleine, généreuse et très fraîche, harmonieuse pour le style et saisissante comme il se doit lorsque les vins de glace sont élaborés à base de vidal. **Cépage :** vidal. **Alc./**10,5 % **www.inniskillin.com**

☞ *Servir entre 2007 et 2011, à 10 °C*

Magret de canard et radicchio aux pommes et à l'érable (R*). Desserts : millefeuille de pain d'épices à l'ananas (C*) ou tartare de litchis aux épices (C*).

« Nouveaux chais à barriques ultra-modernes de Bodegas Cepa21, nouvelle aventure viticole d'Emilio Moro, référence espagnole de la Ribera del Duero. www.emiliomoro.com »

INDEX
DES VINS

- PAR APPELLATION
- PAR PAYS ET
PAR NOMS DE VINS

**Index des VINS
par APPELLATIONS**

C

RESTAURANT EUROPEA

Cuisine créative et moderne
Modern and creative french cuisine

Chef de l'année 2007 - Montreal Chef of the year 2007

LA *f*INESSE DE L'ART CULINAIRE

En plein coeur du centre ville - In the heart of downtown Montréal
1227, Rue de la Montagne - Tel : (514) 398-9229

WWW.EUROPEA.CA

Ferreira

Après un nouveau contrat, la pêche en haute mer.

1446, RUE PEEL, MONTRÉAL 514.848.0988
WWW.FERREIRACAFE.COM

Le magazine complet de la cuisine

avec les suggestions de vin de François Chartier

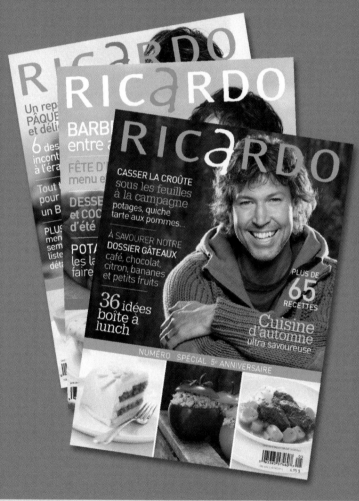

RESTAURANT ALKIMIA, BARCELONE

MENU
DES
HARMONIES
VINS & METS
ET DES
RECETTES

A

Menu des HARMONIES VINS & METS et des RECETTES de *La Sélection Chartier*

Parmi les **2 500 mets** recommandés avec les vins dans cet Index, ceux en caractère gras et identifiés par un (**C***) font l'objet d'une recette dans le livre *À table avec François Chartier*, tandis que les mets en caractère gras identifiés par un (**R***), une nouveauté cette année, se retrouvent dans les recettes des magazines *Ricardo* de l'automne et de Noël 2007, auquel je collabore (voir à la page 387)

À table avec François Chartier

B

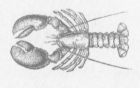

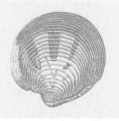

MUSIQUE ÉCOUTÉE
PENDANT LA RÉDACTION
DE L'ÉDITION 2008

Comme je l'ai fait dans le Tome 1 du livre *À table avec François Chartier*, ainsi que dans les éditions 2006 et 2007 de *La Sélection Chartier*, je vous offre à nouveau les musiques qui ont meublé la rédaction de cette douzième édition.

Vous avez peut-être remarqué, dans ces éditions, que le jazz se situe au sommet de mes choix musicaux, suivi de quelques sélections de flamenco, de classique et de blues, ainsi que de quelques plages de pop moderne, de rock des années soixante, soixante-dix, et même de Heavy Metal.

Dans mon esprit et dans mon cœur, vin et musique sont intimement liés tout comme vin et mets. La musique se suffit à elle-même et mérite toute mon attention, mais, une fois que je me suis approprié une œuvre et que je me la suis bien « mise en bouche », elle m'accompagne alors tout au long du processus de création. Voilà pourquoi je souhaitais plus que jamais partager les musiques qui m'ont inspiré et qui, je l'espère, enrichiront vos moments de lecture vineuse, de dégustation entre amis, de repas bien arrosés, de fin de soirée plus festive et, surtout, de moments d'écoute consacrés uniquement à LA musique.

J'aimerais lever mon chapeau au luthier québécois Mario Beauregard pour avoir réalisé cette œuvre d'art (la guitare jazz ci-contre) et merci d'avoir su lire en moi qu'elle était tout indiquée pour mes humbles doigts... (www.beauregardguitars. com). Enfin, un merci tout particulier à Antoine « Nino » Coya, sorti de sa « retraite » de l'enseignement pour partager avec moi, et avec une grande générosité, ses immenses connaissances musicales qui font de moi un meilleur... dégustateur!

Vicente Amigo, *Ciudad de las ideas*
George Benson Quartet, *After Hours*
« Live at Casa Caribe Club » (1973)
Salvatore Bonafede, Enrico Rava & Ralph Towner,
Journey to Donnafugata
Anouar Brahem Trio, *Astrakan Café* (2000)
Angelo Debarre & Ludovic Beier, *Swing Rencontre*
Forestare, *Forestare (avec Richard Desjardins)*
Bill Frisell, Ron Carter & Paul Motian, *Bill Frisell,*
Ron Carter, Paul Motian
Jan Garbarek & The Hilliard Ensemble, *Officium*
Keith Jarrett (avec Jan Garbarek & Charlie Haden),
Arbour Zena (1976)
Salif Keita, *Moffou* (2002)
Russell Malone, *Live at Jazz Standard «volume one»*
Harry Manx & Kevin Breit, *In Good We Trust*
Pat Metheny et Brad Mehldau, *Metheny – Mehldau*
Van Morrison, *Astral Weeks* (1968) et *What's Wrong With*
This Picture (2003)
The Modern Jazz Quartet, *Django*
Pink Floyd, *Wish you where here*
Trio de Guitares de Montréal, *Garam Masala*
Sting & Edin Karamazov, *The Journey & The Labyrinth*
« The Music of John Dowland »
Ali Farka Touré with Ry Cooder, *Talking Timbuktu* (1994)
Van Halen, *Fair Warning* (1981)
Cassandra Wilson, *Thunderbird*
Karen Young, *Âme, corps et désir* (2007)
Led Zeppelin, *Led Zeppelin IV* (1971)

Le cœur du Cognac

RÉMY MARTIN

FINE CHAMPAGNE COGNAC

www.francoischartier.ca

Abonnez-vous maintenant à la CYBER Sélection Chartier Internet

Le guide des vins internet
du sommelier François Chartier

www.francoischartier.ca

Prolongement INTERNET du guide des vins *La Sélection Chartier*, ce guide des vins Internet permet à ses lecteurs de demeurer, tout au long de l'année, à la fine pointe des nouveaux arrivages à la SAQ. Depuis son lancement en novembre 2006, près de 1 000 vins ont été commentés et recommandés.

La CYBER Sélection Chartier Internet, c'est :

- Les NOUVEAUTÉS de la SAQ
- Les vins en primeur du magazine SAQ *CELLIER*
- Les NOUVEAUX ARRIVAGES des primeurs de *La Sélection Chartier 2008*
- Les vins du COURRIER VINICOLE de la SAQ
- Les HARMONIES VINS ET METS de Chartier
- Près de 1 000 VINS commentés (de novembre 06 à septembre 07)

Le plus complet et le plus abordable des guides des vins Internet!

**ABONNEMENT ANNUEL / 12 numéros minimum
Seulement 19,99 $** (avant taxes).
(Le paiement SÉCURISÉ, par carte de crédit, est effectué via le mondialement connu site sécurisé PAYPAL.)

Pour de plus amples informations et pour vous abonner, visitez www.francoischartier.ca
section *La CYBER Sélection Chartier Internet*